APOLOGIA DOS BÁRBAROS

APOLOGIA DOS BÁRBAROS

ensaios contra o império

Mike Davis

APRESENTAÇÃO
Paulo Daniel Farah

CHARGES
Carlos Latuff

TRADUÇÃO
Francisco Raul Cornejo

Copyright © Mike Davis, 2007
Copyright desta edição © Boitempo Editorial, 2008

COORDENAÇÃO EDITORIAL	Ivana Jinkings
EDITORES	Ana Paula Castellani
	João Alexandre Peschanski
ASSISTENTE EDITORIAL	Vivian Miwa Matsushita
TRADUÇÃO	Francisco Raul Cornejo
PREPARAÇÃO	Mariana Echalar
REVISÃO E ÍNDICE DE NOMES	José Muniz Jr.
EDITORAÇÃO ELETRÔNICA	Cintia de Cerqueira Cesar
CAPA	Guilherme Xavier
	sobre foto de Eddie Gerald
IMAGENS	Carlos Latuff
PRODUÇÃO GRÁFICA	Marcel Iha

CIP-BRASIL. CATALOGAÇÃO-NA-FONTE
SINDICATO NACIONAL DOS EDITORES DE LIVROS, RJ.

D 294 A

Davis, Mike, 1946-
   Apologia dos bárbaros : ensaios contra o império / Mike Davis ; tradução de Francisco Raul Cornejo. - São Paulo : Boitempo, 2008.
   il.

   Tradução de: In Praise of Barbarians: Essays Against Empire
   ISBN 978-85-7559-105-5

   1. Estados Unidos - Civilização - Século XXI. 2. Estados Unidos - Política e governo - Século XXI. 3. Estados Unidos - Condições sociais. 4. Estados Unidos - Relações internacionais. I. Título.

08-0273.
CDD 973.92
CDU 94(73)

Todos os direitos reservados. Nenhuma parte
deste livro pode ser utilizada ou reproduzida
sem a expressa autorização da editora.

1ª edição: março de 2008

BOITEMPO EDITORIAL
Jinkings Editores Associados Ltda.
Rua Euclides de Andrade, 27   Perdizes
05030-030   São Paulo   SP
Tel./Fax: (11) 3875-7250 / 3872-6869
editor@boitempoeditorial.com.br
www.boitempoeditorial.com.br

em memória de Michael Zinzun,
guerreiro da liberdade

"'Você é, sim, um verdadeiro Karl Marx!' o comissário militar do esquadrão disse a ele à noite. 'Que diabos você está escrevendo aí?'

'Estou descrevendo vários pensamentos de acordo com o juramento que fiz.' Khlebnikov respondeu..."

Isaac Bábel, *A cavalaria vermelha* (1926)[*]

---

[*] "'You're a real Karl Marx, you are!' the squadron's military commissar said to him in the evening. 'What the hell are you writing there?' 'I am describing various thoughts in accordance with the oath I have taken,' Khlebnikov answered..." Citado em Onookome Okome, "Writing the Anxious City: Images of Lagos in Nigerian Home Video Films", em Okwui Enwezor et al. (orgs.), *Under Siege: Four African Cities – Freetown, Johannesburg, Kinshasa, Lagos* (Ostfildern-Ruit, Hatje Cantz, 2002), p. 316.

Muitos destes artigos foram originalmente publicados na *Socialist Review* (Londres). Sou muito grato a Pete Morgan e aos demais membros do corpo editorial da revista por seu apoio e sua colaboração.

Sumário

Nota à edição 13
Apresentação, por Paulo Daniel Farah 15

PARTE UM – ROMANOS EM CASA

1. O fim da excepcionalidade norte-americana 23
2. Grandes e gloriosos dias 27
3. Os Estados Unidos ocupados 33
4. O flautista de Vermont 38
5. A vinda do Anti-Bush? 41
6. Saltando do vagão 44
7. Édipo Bush 47
8. O que há de errado com os Estados Unidos? 51
9. Democratas pós-novembro 68

PARTE DOIS – LEGIÕES EM GUERRA

10. A última Thule de Bush? 97
11. O grupo de escalpamento 103
12. O vulcão ingrato 108
13. War-Mart 116

14. O Pentágono como senhorio global.. 121
15. A urbanização do império 125

PARTE TRÊS – APREENSÃO NA GÁLIA

16. Estrada de metal pesado 137
17. Chore, Califórnia.. 142
18. Pense grande: impugne o sistema 147
19. O dia do gafanhoto 151
20. O sul da Califórnia em greve 156
21. A matinê nazista de Mel Gibson 160
22. No gulag ensolarado... 163
23. Tumulto imobiliário... 167
24. A grande muralha do capital 172
25. Homem vigilante 176
26. Invasão de fronteira.. 180
27. Arnie reprogramado 185

PARTE QUATRO – ÁGUA NEGRA SUBINDO

28. Nossas férias de verão: 50 mil mortos.. 193
29. O fogo perfeito 196
30. A vista do pico de Hubbert... 199
31. O monstro à porta 203
32. Pobres, negros e esquecidos... 206
33. Um dia chuvoso em Tijuana 209
34. Afogando todas as ilusões 212
35. Na esquina de Nova Orleans com a humanidade 223
36. Irmã Catarina... 250
37. Nós somos os anasazis 254

PARTE CINCO – VELHAS CHAMAS

38. Artífices do terror 261
39. Ilíada urbana 275
40. O resgate do soldado Ivan 280
41. Camisas Fantasmas 284
42. Malcolm – mais do que nunca 287
43. Hora de bater a saída 290
44. Feliz aniversário, grande Bill 295
45. Coragem radical 299
46. Noites de tumulto na Sunset Strip 305

NOTA FINAL

47. Os pobres choraram por Roma? 323

Charges, por Carlos Latuff 325
Índice de nomes 333

Nota à edição

Apologia dos bárbaros: ensaios contra o império reúne 47 textos escritos por Mike Davis entre 2001 e 2007. São conferências e artigos publicados em diversos meios de comunicação, além de uma entrevista concedida à revista *Radical History* e um capítulo de livro. Esses textos analisam, por diferentes perspectivas, a política interna e externa dos Estados Unidos, especialmente após os atentados de 11 de setembro de 2001.

Os ensaios são respostas de Davis, muitas vezes elaboradas no calor da hora, a acontecimentos que revelam as orientações imperialistas do governo norte-americano. Para publicação em livro, o autor reviu alguns textos, atualizou dados e teceu comentários, os quais foram destacados em itálico no fim ou no começo dos artigos.

A tradução preservou o estilo ácido do autor, um cronista contra o império, ao manter expressões e coloquialismos. A fim de auxiliar a leitura, foram inseridas, ao longo da obra, algumas notas explicativas sobre fatos históricos e atores políticos dos Estados Unidos. Diferenciaram-se as que foram elaboradas pelo tradutor das que foram escritas pelo editor.

Dirigindo-se ao público anglo-saxão, Davis cita diversas pessoas, especialmente políticos norte-americanos, pouco conhecidas no Brasil. Sob os cuidados de José Muniz Jr., foi incluído no fim do livro um índice com breves notas biográficas dessas personalidades.

A edição traz ainda uma seleção de imagens do cartunista carioca Carlos Latuff, cujo trabalho tem uma interface clara com a crítica ao império feita por Davis. Os desenhos de Latuff geralmente são publicados em veículos de comunicação alternativos, especialmente na imprensa sindical brasileira. E não ficam restritos apenas ao território nacional: o trabalho do cartunista é reproduzido em diversos países, como Coréia do Sul, Estados Unidos, Irã, Iraque, Palestina e Turquia. Em 2006, Latuff foi premiado na Casa da Caricatura de Teerã. A divulgação internacional o motiva a produzir a maioria dos textos de suas charges em inglês. Na seleção das imagens para este livro, produzidas entre 2002 e 2008, priorizaram-se aquelas que abordassem temas relacionados aos acontecimentos analisados por Davis.

O autor desta obra cada vez mais se consolida como uma das principais referências acadêmicas na crítica ao Império Norte-Americano. Este é o segundo livro dele que a Boitempo publica. O primeiro foi *Planeta Favela*, lançado em 2006; o terceiro, que já está sendo preparado, é uma nova versão de *Cidade de quartzo: escavando o futuro em Los Angeles*, em que Davis analisa as relações sociais e o urbanismo da metrópole californiana.

João Alexandre Peschanski

Apresentação

"A terra é minha pátria e a humanidade, minha família", escreveu Gibran Khalil Gibran, autor de *O profeta*, no início do século XX, em um contexto de criação literária realizada na imigração (no chamado *Mahjar*, que demonstrou o vigor do deslocamento), especificamente em Nova York. O relato foi produzido por um humanista libanês da montanha que inventou seu caminho no exílio, nos Estados Unidos.

Muitos outros – asiáticos, africanos, europeus e americanos – tentaram traçar sua biografia nesse espaço imbuído de sentido, mas a mensagem universalista de respeito e fraternidade de Gibran, que rejeita tentativas maniqueístas e unilaterais de atribuição de estereótipos, contrasta com as representações de Washington como o Império Romano moderno. Essa é a visão que surge na obra de escritores como Amin al-Rihani – que inicialmente descreve os Estados Unidos da América como o "paraíso do mundo" e, posteriormente, critica o que considera "egocentrismo e arrogância imperialista" – e tantos outros intelectuais que atualmente são rotulados como "bárbaros".

Apologia dos bárbaros: ensaios contra o império se propõe a celebrar a contranarrativa dos que não pertencem à autoproclamada "civilização" hegemônica (os quais, portanto, inserem-se automaticamente na categoria amorfa da barbárie), os excluídos da "nova Roma do Potomac", nas palavras de Mike Davis.

Esta coletânea de ensaios pondera que os "bárbaros" foram saudados com regozijo pelas classes desprivilegiadas do Império Romano – como os 40 mil escravos que se aliaram aos godos e os camponeses que apoiavam regimes instaurados vistos como menos extorsivos que o sistema romano. Isso indica o descontentamento com a exploração econômica e com a negação de direitos, e contribui para a compreensão de que o fim de grandes impérios com freqüência se deve mais à "drenagem de sua força vital" por forças elitistas do que pelo bode expiatório da ameaça externa, seja ela árabe, africana ou latina, comunista ou islâmica.

O discurso maniqueísta de George W. Bush – que anunciou uma "luta do bem contra o mal" sem precedentes em sua missão messiânica –, a aprovação em Washington de leis para a detenção de estrangeiros com base em critérios puramente étnicos ou religiosos e a utilização de expressões como "cruzada" e "justiça infinita" para definir as linhas de ação do governo da terra onde outrora nasceu o poeta Walt Whitman ("I contain multitudes") serviram de pretexto para atos xenófobos e de intolerância nos últimos anos.

Em sua fúria colonialista, cujos efeitos são bem conhecidos, a missão civilizadora de potências européias contra a "incultura dos negros" e a "barbárie congênita dos árabes" (na descrição de Frantz Fanon, em *Os condenados da terra*) retornou sem refinamento nem eufemismo e se incorporou à retórica de Washington. Foi expressa de forma evidente nas declarações de Dick Cheney – apoiadas incondicionalmente por Bush – de que, para a administração norte-americana, "sua missão era salvar o mundo".

Nada se menciona, na maioria das análises, a respeito de uma política externa equivocada que inclui dezenas de intervenções para garantir um *Lebensraum* (espaço vital de agrupamentos humanos) sem limites. Entre essas intervenções se destacam recentemente a do Iraque e a do Afeganistão, realizadas a um custo elevado, desviando recursos fundamentais que poderiam ser destinados à assistência humana em subúrbios empobrecidos. Na contramão dessa tendência, esta obra não fecha os olhos diante da luz que incomoda, nem se retrai em nome de uma pretensa fotofobia provocada por interpretações desfavoráveis.

É sempre importante – e prudente, devido às manipulações textuais e verbais – enfatizar que as críticas não implicam uma ode à lei de Talião. Pelo contrário, Davis deixa claro que discorda da triste afirmação de que "os norte-americanos colheram o que semearam" nos atentados de 11 de Setembro:

> As vítimas do massacre do WTC (World Trade Center) – secretárias, contadores, entregadores de lojas de conveniência, lavadores de janelas, corretores da bolsa e bombeiros – não conceberam ou implementaram nossas políticas secretas, antidemocráticas e criminosas no mundo muçulmano.[1]

Além da ameaça islâmica e das fantasias extremistas de "neoconservadores" radicais, como Paul Wolfowitz, Richard Perle e William Kristol, e de entusiastas da agenda intervencionista de Washington, Davis discorre sobre a política interna nos Estados Unidos. O historiador destaca a desigualdade socioeconômica e

---

[1] Cf. p. 24.

Apresentação

argumenta que "essa desigualdade ainda tem uma cor predominante, ou melhor, cores predominantes: negra e parda"[2].

O tratamento reservado aos afro-americanos se caracteriza pelo "desemprego estrutural, superencarceramento com base na raça, brutalidade policial, arrefecimento da ação afirmativa e escolas decadentes"[3]. Assim, não causa estranhamento a análise de que Nova Orleans foi deliberadamente ignorada para que se "purificasse" a cidade de sua população negra e pobre.

Fanon dizia que "vale mais a fome com dignidade do que o pão na escravidão". Nesse sentido, louva-se a tentativa de restituir aos segregados a memória obliterada pelas narrativas de dominação e de gerar um espaço de afirmação que contraponha os efeitos do controle e da negação do "outro", independentemente da cor, da procedência ou da língua. O crescimento dos subúrbios de classe média habitados majoritariamente por negros, a latinização das grandes cidades norte-americanas e o "perigo da invasão mexicana" na Califórnia servem de justificativa para as leis antiimigração que evidenciam uma aversão a latinos e afro-americanos.

Nos ensaios, acompanhados de atualizações e comentários reformulados acerca do tema abordado, Davis lança um alerta contra o perigo do popular chavão "qualquer um, menos Bush" e não poupa críticas a republicanos e democratas.

No primeiro caso, as razões incluem a coalizão com a National Rifle Association (NRA) [Associação Nacional do Rifle] – que promove de forma indistinta a idéia de que o uso de armas é a única solução para a criminalidade e, conseqüentemente, propõe um nivelamento dos cidadãos a partir do prisma da violência –, os lobistas das indústrias de bebidas, tabaco e jogos e as posições cada vez mais radicais e extremistas sobre o Irã, a Palestina e Cuba. Há também a fórmula anti-recessão "armas e caviar": a onipotência militar assegurada por um arsenal megalômano associada ao corte de impostos oferecido aos mais ricos em detrimento de alternativas para a geração de empregos e o fortalecimento de setores como a saúde e a educação.

As reprimendas ao Partido Democrata são motivadas especialmente pela condescendência com a política externa republicana e com as intervenções militares no Afeganistão e no Iraque. O autor desta obra escreve que "os democratas deixaram os escrúpulos na sarjeta assim que se apressaram em apoiar o orwelliano Patriot Act [Ato Patriota] e a agressão dos Estados Unidos contra o Iraque"[4].

As insinuações ou manifestações explícitas de simpatia a prisões sem julgamento e ao uso de tortura em certas circunstâncias – feitas não apenas por re-

---

[2] Cf. p. 208.
[3] Cf. p. 207.
[4] Cf. p. 39.

publicanos, mas também por democratas – revelam um lamentável desrespeito aos direitos humanos e um processo assustador de desumanização dos "bárbaros", o início do fim da humanidade; como descreveu Edward Said: a estratégia essencialista de atribuir características de superioridade a grupos específicos e estereótipos reducionistas a outros.

Entre os desafios atuais do Congresso norte-americano, destacam-se neste livro o legado republicano de corrupção parlamentar e fraude empresarial, demandas sociais prioritárias (incluindo a reconstrução da costa do Golfo) em um contexto de déficits acumulados, a crescente preocupação com os custos sociais da globalização econômica (que cada vez mais passa por cima de valores éticos) e o fiasco da ocupação no Iraque e da "guerra ao terror". Acrescentaria também a incapacidade de resolver uma das questões mais urgentes para que a Organização das Nações Unidas possa cumprir sua missão anunciada: o convívio entre as nações. O descaso com a situação na Palestina, cuja população sobrevive em espaços de ausência, com acesso restrito a água, alimentos, saúde, educação e dignidade, é um sintoma nítido de uma desigualdade de direitos que se amplia também no interior das grandes "democracias"; a supremacia militar não se traduz necessariamente por uma hegemonia econômica – embora a apropriação de recursos fortaleça de forma temporária e ilusória as forças de ocupação.

São também objetos deste conjunto de ensaios o sistema penitenciário (e suas condições desumanas nas prisões da Califórnia, entre outros estados onde se verificam superlotação, reincidência criminal e violência nas prisões), a questão dos recursos hídricos (cujas privatização, contaminação, adulteração e desmineralização representam um perigo inconteste), o aquecimento global (estimulado pela doutrina bushista do consumo até a exaustão) e os desastres "naturais" alavancados pela devastação ambiental.

A imagem dos Estados Unidos como uma cidadela na montanha é eloqüente de uma era de domínio, descontrole e desesperança. Seria essa cidadela um abrigo seguro ou a representação de uma fortaleza como pátria (imperial) isolada?

O poeta palestino Mahmud Darwich refletiu sobre o significado de pátria em um livro de ensaios publicado no início dos anos 1970, logo após o autor ter deixado Israel para viver no exílio. Na obra *Yawmiyyát alhuzn al'adiy* [Crônicas da tristeza ordinária], ele diz que

> a verdadeira pátria não é aquela que é conhecida ou provada. A terra que surge como que de uma equação química ou de um instituto teórico não é uma pátria. Sua necessidade insistente de demonstrar a história das pedras e sua habilidade de inventar provas não lhe dão uma relação prévia com aquele que sabe quando vai chover a partir do cheiro das pedras. Essa pedra, para você, é um esforço intelectual. Para seu dono, ela é o telhado e as paredes.

Como se observa, o espaço referencial não diz respeito apenas às características políticas ou históricas de uma pátria, mas também — de forma vigorosa — às características emocionais e estéticas.

Espera-se que a opção vindoura seja a de abrir a fortaleza, a de espelhar-se em modelos de multiculturalismo — como o que floresceu na Península Ibérica durante séculos (entre outros exemplos possíveis) —, a de conter multidões e a de não mais retratar o diferente como "bárbaro". Ou, se assim for, de exaltá-lo, de declarar-se "apologista dos bárbaros".

Paulo Daniel Farah
São Paulo, janeiro de 2008

parte um

ROMANOS EM CASA

Augusto sabia que a humanidade é governada por nomes; não foi enganado em suas expectativas de que o Senado e o povo iriam se submeter à escravidão, conquanto lhes fosse respeitosamente assegurado que ainda gozavam de sua antiga liberdade.
Edward Gibbon, *Declínio e queda do Império Romano*

parte um

ROMANCES EM CASA

1
O fim da excepcionalidade norte-americana

Naquela que poderia ter sido apenas mais uma linda manhã de setembro, cidadãos norte-americanos comuns de repente se tornaram vulneráveis às conseqüências da história que vinha sendo escrita no Oriente Médio, em nosso nome, nas últimas seis décadas. Um dia "apocalíptico", no exato sentido teológico do termo (segundo o grande teólogo ortodoxo E. Lampert), de uma "revelação que expõe os misteriosos caminhos do mal"[1]. Subitamente, graças a uma trama complexa que envolve petróleo, sionismo e "guerras fantasmas" da CIA, a vida de milhares de nova-iorquinos foi consumida por um inferno de grandeza vulcânica e horror sobrenatural. Do modo mais íntimo e terrível, tornamo-nos cidadãos de um mundo em que se retribui com juros uma atrocidade com outra, em que o preço do petróleo é o massacre de inocentes.

Ninguém, penso, alcançou melhor a essência disso do que o jornalista esquerdista egípcio Hani Shukrallah quando escreveu para *Al Ahram*[2]. Ele focaliza aquilo que, tanto para ele como para muitos outros escritores, foi o horror moral definitivo do ataque: Juliana McCourt, de quatro anos de idade, aninhada nos braços da mãe, enquanto o avião em que ela estava se chocava com o World Trade Center (WTC). Quem de nós, ele se questiona, poderia entender a angústia da mãe em seus últimos momentos? Que políticas monstruosas utilizam crianças pequenas como armas suicidas?

Mas Shukrallah também lembra outra criança aterrorizada e indefesa: Mohammed al-Dorra, de doze anos. Numa expedição com o pai em busca de um carro, esse aluno palestino da sexta série se viu no meio de um tiroteio com o

---

[1] E. Lampert, *The Apocalypse of History* (Londres, Faber and Faber, 1948).
[2] Hani Shukrallah, "Shrouded in Darkness", *Al-Ahram Weekly*, set. 2001.

exército israelense. Por quase uma hora, ele se abrigou junto do pai até ser baleado e morto – com precisão deliberada – por um franco-atirador israelense. "Quantas lágrimas foram derramadas e velas acesas", escreveu Shukrallah,

> no Reino Unido, nos Estados Unidos ou na Alemanha para Mohammed al-Dorra e as milhares de outras crianças palestinas mortas ou mutiladas somente no último ano? Onde estava o horror quando a senhora Albright, ao responder a uma pergunta sobre as 500 mil crianças mortas no Iraque como resultado das sanções impostas pelo governo dos Estados Unidos, asquerosamente afirmou: "acredito que o custo compensou"?[3]

Obviamente, o objetivo de Shukrallah não é justificar o assassinato de uma criança com o de outra, mas lembrar a seus leitores, tanto árabes quanto norte-americanos, que a empatia – "aquela capacidade inata que nos faz dignos de nos designarmos como 'humanos'" – deve ser um princípio consistente. Crimes contra a humanidade não são menos ou mais terríveis quando ocorrem em um arranha-céu de Nova York, em um campo de refugiados palestinos ou em um obscuro vilarejo curdo. E "um mundo", alerta ele, "em que nossas escolhas são limitadas a Bush e Bin Laden está condenado a ser um mundo amaldiçoado pela loucura".

É claro que este é um mundo no qual a maioria das pessoas comuns, tanto do Oriente Médio como da América do Norte, é pouco mais do que peões. A despeito das afirmações de Bush e Bin Laden, povo e império não são sinônimos. Eu, por exemplo, não acredito na afirmação de que "os norte-americanos colheram o que semearam". As vítimas do massacre do WTC – secretárias, contadores, entregadores de lojas de conveniência, lavadores de janelas, corretores da bolsa e bombeiros – não conceberam ou implementaram nossas políticas secretas, antidemocráticas e criminosas no mundo muçulmano.

Eles não depuseram o governo eleito de Mossadegh no Irã; não apoiaram o genocídio de 800 mil militantes de esquerda na Indonésia; não intervieram a favor da Falange fascista contra os palestinos no Líbano; não lutaram uma guerra suja contra os insurgentes de Dhofar; não subscreveram a legitimidade de monarquias absolutistas como a da Arábia Saudita, do xá do Irã, do Marrocos e dos Emirados Árabes; não construíram com bilhões de dólares dos contribuintes o trono dourado em que Mubarak se senta como um faraó dos dias modernos; não armaram Saddam Hussein nos anos 1980, não fizeram vista grossa para o genocídio de comunistas e curdos nem mataram 17 mil civis iraquianos em bombardeios durante a Guerra do Golfo, incluindo as 400 mulheres e crianças que foram incineradas no abrigo antibomba de Amariyah. Tampouco induziram os xiitas do sul do Iraque a se revoltar para depois abandoná-los aos executores de Saddam, porque George Bush pai calculou que a destruição total do regime criaria um vácuo de poder inadmissível, que o Irã logo se prontificaria a preencher.

---

[3] Idem.

De modo análogo, cidadãos nova-iorquinos comuns não explodiram um avião de passageiros iraniano ou mataram a filha de Khaddafi; não venderam armas secretamente ao Irã com o intuito de promover assassinatos em massa na América Central; não condecoraram Ariel Sharon, o açougueiro de Beirute, nem fizeram vista grossa à contínua expropriação de terras palestinas promovida por Israel; não sorriram quando o Kuwait e outras autocracias do Golfo expulsaram 400 mil palestinos; não forneceram mísseis Stinger a Gulbuddin Hekmatyar, um fanático sádico que transformou o Afeganistão no maior exportador de heroína do mundo; não apoiaram uma ditadura militar após outra no Paquistão; não cortejaram os talibãs em 1995-1996 porque a Union Oil queria construir um oleoduto que atravessava o Afeganistão; e não explodiram a fábrica que era a única fonte de medicamentos para o combate à malária no Sudão.

Tampouco os 3 mil nova-iorquinos desaparecidos participaram da festa de sessenta anos promovida pelos gigantes do petróleo, da construção civil e da indústria aeroespacial norte-americana na península arábica. Eles não subornaram xeques, não ofereceram banquetes a torturadores, não venderam armas a assassinos, não patrocinaram terroristas em nome do combate ao terrorismo e não subsidiaram fanáticos religiosos enquanto estes prometiam matar militantes laicos de esquerda. Para preservar o controle sobre a economia mundial, tampouco prostituíram o nome da liberdade para apoiar a dominação de bilionários sobre os pobres.

Tudo isso, e muito mais, no entanto, foi feito em nome do povo norte-americano. "Made in USA" é a marca que se vê em alguns dos episódios mais sinistros da história recente nessas terras ancestrais. Não estou dizendo que os Estados Unidos são o principal promotor de todo o mal e toda a desigualdade no mundo muçulmano, a personificação do "Grande Satã" evocado nas preces dos fundamentalistas. Não, as reacionárias classes dominantes locais são, em última instância, os maiores inimigos da democracia, do feminismo, dos direitos das minorias e da justiça social no mundo árabe e, de modo mais geral, no islâmico. O imperialismo britânico, francês e soviético da era Brejnev, ao lado de Israel, também ajudaram a roubar os sonhos das populações árabes.

Mas quem pode negar que o principal obstáculo estrutural a qualquer tipo de mudança socioeconômica duradoura nessa região é a profana e inexpugnável aliança entre as companhias de petróleo, os fabricantes de armas norte-americanos, o sionismo de direita e as abastadas classes dominantes da península árabe? Quem acredita que a Casa de Saud ou os playboys dos Emirados Árabes sobreviveriam um mês sequer sem seu escudo militar norte-americano? Ou que Israel continuaria a colonizar a Cisjordânia se acaso se deparasse com uma política externa norte-americana tão comprometida com a autodeterminação palestina quanto com a israelense?

Agora nos oferecem como resposta à Al Qaeda versões extremistas de políticas que no passado já se mostraram catastróficas para os direitos humanos. E os principais arquitetos dessas políticas falidas – generais já velhos, mas ainda na ativa, diretores da

CIA e subsecretários de Estado – ultimamente parecem não sair das telas de tevê, onde pregam, 24 horas por dia, virulência e medo com o auxílio de meias-verdades e simplificações grotescas. Confrontados com o *blowback* de meia década de truques sujos da CIA e guerras secretas, somos informados de que a "correção política" e os princípios liberais irresponsáveis deixaram nossos órgãos de inteligência de mãos atadas. Devemos tirar a coleira dos nossos homens de preto, deixá-los fazer miséria, assassinar líderes estrangeiros e transar com torturadores.

Confrontados por toda parte com os destroços morais e políticos da Guerra do Golfo – que se chamem eles Timothy McVeigh ou Osama bin Laden –, somos perseguidos pela discurseira segundo a qual a guerra, incansável e sem fim, desprovida de limites de tempo ou espaço, é a nossa salvação. Como se a revolta nos campos de refugiados e nas favelas não fosse grande o bastante, nossa proposta é bombardear o mais falido e desgraçado país do mundo, o Afeganistão. Como escreveu recentemente Baltasar Garzón, um dos maiores juristas espanhóis, no *Financial Times*, somos forçados a "prometer apoio ilimitado ao bombardeio hipotético de coisa nenhuma, ao massacre da pobreza e à ruptura da lógica mais básica, o que prova que violência gera violência. A espiral de terrorismo é alimentada pelo número de vítimas que ela faz"[4].

O presidente Bush pintou os Estados Unidos como um enorme subúrbio fortificado com câmeras de segurança em cada árvore. Em nome da nossa segurança, é preciso transformar o mundo exterior em zona de tiro para a CIA e para as Forças Delta. Vamos "nos coligar" (esta foi a bizarra escolha de palavras do presidente) em torno da bandeira, com nossas máscaras de gás e cédulas de identidade, e tentar aproveitar a vida como ela era. Isso é diferente da paranóia urbana da guerra contra o crime dos anos 1980, agora elevada ao nível da história mundial? A cidadela na montanha tornou-se um abrigo confortável?

Finalmente, entre tantas assinaturas de cheques em branco e celebrações de objetivos comuns, somos sumariamente traídos por aquilo que agora se consolida como um sistema unipartidário em Washington. George W. Bush – eleito presidente por uma maioria na Suprema Corte, não pela maioria do eleitorado – recebeu poderes de guerra – *contra todos, em toda parte e para sempre* – sem precedentes na história nacional ou talvez mundial. Essa não é a forma de governo imaginada por Thomas Paine ou Thomas Jefferson. Em tempos semelhantes, o dissenso – e o dissenso dentro do dissenso – torna-se a mais profunda e responsável homenagem aos mortos do 11 de Setembro.

setembro de 2001 – aula de protesto na Universidade Estadual de Nova York (Suny)

---

[4] Baltasar Garzón, "The West Shares the Blame", *Financial Times*, 3/10/2001.

2
Grandes e gloriosos dias

> Nalgum grande e glorioso dia, o povo simples desta terra concretizará seus mais profundos desejos, e a Casa Branca será adornada com um inequívoco idiota.*
> H. L. Mencken (1920)

Graças a algumas cédulas duvidosas, a esquadrões de republicanos valentões e a uma Suprema Corte corrupta, George W. Bush – a consumação da mordaz profecia de Mencken[1] – tem adornado o número 1.800 da avenida Pensilvânia nos últimos dezoito meses. Evidentemente, ele é uma insólita marionete em todos os sentidos: falta a ele até mesmo o carisma de Calvin Coolidge ou a agilidade mental de Ronald Reagan. Em qualquer outro lugar do mundo, um brilho assim tão fosco só herda o poder ao fim de uma linhagem aristocrática em franco declínio. Em geral, a subida ao trono indica que os camponeses já afiaram as baionetas e os bolcheviques estão reunidos em Smolnyi.

Pesquisas de opinião, no entanto, confirmam que, desde a sua coroação como rei cruzado em 11 de Setembro, a popularidade interna de Bush se alçou mais alto (e por mais tempo) do que a de qualquer outro presidente na história do país. De fato, o normalmente sóbrio *National Journal* acredita que simplesmente "não há paralelos históricos" – nem mesmo Roosevelt após Pearl Harbor ou Bush pai durante a Guerra do Golfo – para os estratosféricos níveis de aprovação do *Shrub*** entre o "povo simples desta terra" de que falava Mencken, dos quais alarmantes 76% de democratas. Além disso, o conflito de gerações típico dos anos 1960 agora se mostra claramente invertido: eleitores das gerações X e Y comun-

---

* "On some great and glorious day the plain folks of the land/ will reach their heart's desire at last, and the White House/ will be adorned by a downright moron." (N.T.)

[1] Ou seria esta a materialização daquilo que lemos em "Uma fábula política", de Robert Coover (1968): o gato no chapéu como presidente?

** Em inglês, *bush* e *shrub* são sinônimos e querem dizer "arbusto", "moita". O autor usa o termo como apelido para o presidente George W. Bush. (N.T.)

gam pela bandeira em porcentagens maiores do que seus pais. (Nosso novo lema deveria ser: "Não confie em ninguém com menos de trinta anos"?) No total, a liderança dos democratas, com 46% a 37% da preferência partidária como foi registrado em pesquisas realizadas em junho de 2001, foi por água abaixo; ambos os partidos estavam, em março de 2002, empatados.

Fraudar uma eleição para se tornar o segundo governante mais popular da história dos Estados Unidos (ao menos de acordo com uma pesquisa recente, na qual George W. empatou com Roosevelt e ficou atrás apenas de Lincoln) não é pouca coisa. Sob vários aspectos decisivos, incluindo o recurso excessivo ao governo por ordens executivas e privilégios presidenciais, houve o equivalente a um golpe de Estado. Este também é o tipo de aparente paradoxo histórico, que motivou um obscuro jornalista de Londres a escrever um tratado de grandeza quase shakespeariana conhecido como O 18 Brumário.

Como podemos saborear o delicioso tratamento de Marx às intrigas na Flórida, o frenesi alimentar entre os homens do petróleo e os empreiteiros da defesa, o governo secreto inaugurado em 11 de Setembro (ou foi antes?), o sicofantismo pusilânime de Murdoch e Blair, as sorrateiras visitas noturnas de Ashcroft e os rompantes de Rumsfeld, a obediência canina de George W. a Cheney, ao declarar sem hesitação que "sua missão era salvar o mundo", e assim por diante? Ironia dialética em excesso para comprazer-se.

Mas devemos acreditar que, em última instância, a "gente simples desta terra" – ou seja, a classe trabalhadora norte-americana – é um simples "saco de batatas", como os apáticos camponeses franceses que endossaram a truculenta ditadura do último Napoleão? (Se isso parece obscuro, deixo aos leitores a tarefa de conhecer a obra-prima de Marx.) A natureza humana entre as fronteiras mexicana e canadense seria tão pavloviana que nossos governantes precisam apenas agitar bandeiras e camisas ensangüentadas para que uivemos para a lua pedindo táticas nucleares e tribunais militares? Os norte-americanos (assim como os camponeses franceses atormentados pela nostalgia de La Grande Armée* ou os citadinos alemães obcecados pela "traição de 1918") estariam tão aferrados à mitologia do "American Century – Part Two" que não vêem o crescente círculo imperialista de carnificina, sem mencionar a destruição de suas próprias liberdades civis?

Estou certo de que Marx teria dado ênfase a outros pontos. E teria, por assim dizer, posto o rabo no burro, e não no elefante. O verdadeiro "milagre" dessa administração condenada desde o início não foi a chegada pontual de um "Inimigo do Mal", criado em Hollywood para elevar os níveis nacionais de testosterona, nem mais uma vitória de fliperama da tecnologia do Pentágono, mas o

---

* Em francês, "O grande exército". Assim eram conhecidas as tropas militares de Napoleão Bonaparte durante o Primeiro Império (1804–1814). (N. E.)

fato de que tudo isso foi politicamente orquestrado, sem qualquer debate sério ou oposição no Congresso. Se os cidadãos norte-americanos comuns parecem realizar a misantrópica profecia de Mencken, é porque eles foram totalmente traídos pelo Partido Democrata.

Evidentemente, há gerações os socialistas têm demonstrado que os democratas não passam de um partido capitalista com um verniz socialdemocrata. Mas as elites formadas por sindicalistas e militantes dos direitos civis sempre encontraram novos pretextos para o velho vício, mesmo após a brusca guinada à direita da administração Carter, em 1978, e a consolidação do poder do Democratic Leadership Council [Conselho de Liderança Democrata]*, de orientação pós-liberal, durante a década de 1980. Há sempre uma batalha pelo mal menor – reforma das leis trabalhistas, indicações à Suprema Corte, defesa do direito ao aborto, entre outros – para justificar mais um truque, a aquisição de mais um frasco de veneno pró-negócios etiquetado como o mais puro Velho Roosevelt.

Os truques continuam, mas agora não há mais lutas visíveis. A maioria democrata no Senado vendeu a Bill of Rights**, endossou cortes marciais e campos de concentração, apoiou a militarização da fronteira com o México e ofereceu a outra face quando Bush descartou o Protocolo de Kyoto e o Tratado sobre Mísseis Antibalísticos. Sem nenhum debate sério ou qualquer audiência tradicional, o líder da maioria, Tom Daschle, deu carta branca ao Executivo para incrementar sua intervenção na guerra suja da Colômbia, enquanto Bob Graham, o democrata da Flórida que preside o poderoso Comitê de Inteligência do Senado, aprovava a opção do uso de armas nucleares de "pequeno alcance" contra o dito "Eixo do Mal". De maneira análoga, Joe Lieberman, ex-candidato à vice-presidência de Gore, gritava mais alto que qualquer republicano no Senado pela cabeça de Saddam, e Carl McCall – que, na qualidade de auditor das finanças do Estado de Nova York, investiu milhões dos fundos de pensão em Israel – promovia sua campanha para governador exibindo fotos chocantes em que aparece disparando um fuzil M-16 em um campo de treinamento "antiterrorismo" israelense.

Na frente interna, Daschle manteve o partido – aqueles perdulários arrependidos – no estreito e linear caminho da retidão fiscal que Herbert Hoover tornou célebre. Daschle repreende os republicanos malcriados por proporem como saída para a recessão "armas e caviar" (um imenso crescimento no arsenal, combinado a um corte de 1,3 trilhão de dólares em im-

---

* Instituição sem fins lucrativos criada no fulcro das derrotas democratas no auge da Era Reagan, na década de 1980, para redefinir as orientações políticas do Partido Democrata. (N.T.)
** A Constituição dos Estados Unidos, aprovada em 1787. (N.E.)

postos dado de presente aos mais ricos), mas não oferece um programa alternativo de estímulo à criação de empregos e à educação. Ao mesmo tempo, ele e sua contrapartida no plenário, o líder da minoria, Richard Gephardt, recusaram-se a apoiar a tentativa de Teddy Kennedy de repudiar os egrégios cortes de impostos para as classes mais altas propostos por Bush. (Em um recente discurso no Conselho de Liderança Democrata, Gephardt declarou seu amor ao mesmo centralismo corporativo que costumava desdenhar na administração Clinton.)

Escrevendo em bloco no *American Prospect* (o jornal dos quase extintos "democratas progressistas"), Robert Kuttner e Jeff Faux lembram que o atual antikeynesianismo é o mais autêntico espírito do "clintonismo sem Clinton". "Desde que o conselheiro econômico Charles L. Schultze vendeu o democrata Jimmy Carter na questão da desregulamentação", explica Kuttner, "a ressurgência da mão invisível tem sido um projeto bipartidário"[2]. "Pressionado pelo presidente do FED, Alan Greenspan", acrescenta Faux, "Bill Clinton fez do fim da dívida interna algo mais importante do que expandir o investimento em saúde, educação e outros programas"[3]. Mas Greenspan, depois de convencer os democratas de que o déficit é a fonte de todos os males, passou a perna neles ao voltar atrás e subscrever o enorme corte fiscal de Bush.

Os democratas, obviamente, são os mais fanáticos defensores do livre-comércio. Porque Bill Clinton não deu importância à deterioração da situação nas minas de carvão e nas siderúrgicas da Virgínia Ocidental, acabou perdendo muitos dos potenciais votos de Gore em um estado de sólida tradição democrata. Enquanto os líderes do partido continuam preocupados com a "deterioração fiscal" e as barreiras comerciais, Bush está na televisão falando sobre empregos com caminhoneiros e metalúrgicos das regiões republicanas centrais. A taxação de 30% sobre o aço estrangeiro – uma violação inconcebível do dogma globalista dos tempos de Clinton e Rubin – pode muito bem assegurar a continuidade do controle republicano na Casa Branca, ou mesmo a retomada do Senado.

De fato, a escalada da guerra ao terror é astutamente desenhada para fortalecer as atuais vantagens internas dos republicanos. Somando-se às funções óbvias de legitimação do keynesianismo militarista e à supremacia do Executivo, a guerra sem fim tem o objetivo de dividir os democratas. Como demonstrou o ataque raivoso de Trent Lott contra Daschle, os republicanos se apressam em *sadamizar* qualquer democrata que vacile em seu compromisso incondicional com o chefe de Estado.

---

[2] Robert Kuttner, "The Road to Enron", *American Prospect*, 25/3/2002.
[3] Jeff Faux, "Bait and Switch", *American Prospect*, 25/2/2002.

Isso significaria, como sugere Kuttner, que os democratas estão perdendo rapidamente "sua *raison d'être* enquanto partido"[4]? Provavelmente não. Mas o que de fato sustenta as diferenças partidárias no início do século XXI é radicalmente diferente da imagem idealizada que a maior parte dos burocratas das associações comerciais e dos democratas negros fazia do partido de Roosevelt. Graças a grupos que desempenham a função de cães de guarda, monitorando e analisando o financiamento de campanhas eleitorais, as estruturas de poder macroeconômicas de ambos os partidos tornaram-se mais transparentes do que nunca.

Na corrida eleitoral de 2000, por exemplo, os candidatos republicanos ao Congresso receberam três quartos de todas as doações de campanha dos setores de energia e agronegócio, 70% das doações do setor manufatureiro e dois terços do total disponibilizado pelo setor armamentista. (As doações para a campanha presidencial são ainda mais assimétricas: Bush recebeu 93% das doações provenientes do setor de combustíveis e 87% do que foi oferecido pelo agronegócio.) Por outro lado, os democratas receberam uma pequena maioria de doações das áreas de comunicação, indústria eletrônica, entretenimento e jogos, que constituem a nova força motriz da economia nacional. O dito setor Fire (serviços financeiros e previdência) destinou 58% de suas doações para os republicanos e 41% para os democratas, com os bancos comerciais favorecendo Bush e o capital especulativo apostando em Gore[5].

Em outras palavras, os republicanos mantêm-se solidamente ancorados nos setores da Velha Economia: de fato, a administração Bush é virtualmente um comitê executivo das indústrias de energia, construção civil e defesa. Já os democratas, sobretudo nos anos Clinton e Rubin, tiveram ganhos espetaculares com a Nova Economia. Enquanto isso, o dinheiro de Wall Street converge para os republicanos e o da Nova Economia se dirige para os democratas. O setor de serviços de saúde, que favoreceu Clinton em 1992, continua sendo um terreno competitivo para captadores de recursos democratas. Se os bushistas não são exatamente nacionalistas econômicos no sentido mckinleyano propalado por Pat Buchanan, eles certamente estão preparados para usar o orçamento militar e a guerra ao terror para engordar os lucros dos setores da Velha Economia. A administração Clinton, por outro lado, tinha um maior rigor teológico em sua defesa de uma visão mais alinhada com Wall Street em relação à globalização econômica e ao livre-comércio.

Claro que é sempre prudente "seguir o dinheiro", e a atual convergência de frações do capital explica muito bem a timidez dos democratas e a agressividade

---

[4] Robert Kuttner, "The Road to Enron", cit.

[5] Com informações do Center for Responsive Politics [Centro de Política Responsiva], *Long-Term Contribution Trends (1990-2006)*. Disponível em <www.opensecrets.org/industries>.

excessiva dos republicanos. O feito histórico de Clinton foi trazer os bilionários da economia da informação para debaixo da asa do Partido Democrata, e a frente conduzida por Daschle, Gephardt e Gore não fará nada que assuste Hollywood ou o vale do Silício (inclusive se empenhar no escândalo da Enron*). Os republicanos, ao contrário, têm aproveitado a oportunidade para reviver a gloriosa fortuna do petróleo e das guerras, assim como para saquear cada um dos alienados currais eleitorais dos democratas.

Bush pode ser um idiota, mas obviamente estamos num paraíso para os tolos.

abril de 2002 – Socialist Review

---

* Episódio em que foram descobertos diversos crimes fiscais cometidos pela corporação norte-americana Enron, líder mundial no setor energético até 2000. Tais crimes levaram a sua falência em 2001, o que gerou uma crise no mercado financeiro norte-americano. (N.T.)

3
Os Estados Unidos ocupados

Toda noite as forças de ocupação percorrem a paisagem esburacada e pouco amistosa da capital inimiga derrotada. O objetivo é extrair, combater e, se possível, aniquilar qualquer cidadão leal ao antigo regime que tenha sobrevivido.

Evidentemente a capital ocupada é Washington D.C. e, como os bushistas regularmente asseguram aos seus seguidores, a mudança de regime é buscada com ferocidade tanto às margens do rio Potomac como às do Tigre e do Eufrates. De fato, quando ouvimos qualquer um dos demagogos de direita que dominam as ondas de rádio norte-americanas, notamos que os democratas são um inimigo ainda mais covarde e odiado que os baatistas*. Assim como Paul Bremer é o procônsul imperial das novas propriedades petrolíferas norte-americanas na Mesopotâmia, Grover Norquist é o *Gauleiter* de Bush para o ex-cinturão democrata.

"Grover quem?" A maioria dos norte-americanos também desconhece esse nome, mas o ex-lobista das guerrilhas apoiadas pela África do Sul e mentor da fanática organização antigovernista Americans for Tax Reform (ATR) [Norte-Americanos pela Reforma Tributária] é o tacape com o qual a administração Bush espera aniquilar o Partido Democrata. Menino rico e obeso dos subúrbios de Boston, criado em um lar que contava com um estande de tiro e uma grande biblioteca de livros conservadores, Norquist era líder dos Universitários Republicanos quando foi recrutado pela Casa Branca de Reagan, em 1986, para comandar o grupo de frente da ATR. Mais tarde, ele tirou uma folga para apoiar, por meio de *lobby*, grupos terroristas de direita, como os Contras nicaragüenses, a Unita de Jonas Savimbi em Angola e as guerrilhas assassinas de Renamo em Moçambique.

---

* Referência aos integrantes do Baath, antigo partido de Saddam Hussein. (N. E.)

Também aceitou um lucrativo cargo de conselheiro para defender o acuado império da Microsoft em sua famosa batalha contra a legislação antitruste.

Em 1993 e 1994, ele surgiu como eminência parda de Newt Gingrich: comandou uma coalizão sem precedentes de grupos de negócios e conservadores para derrotar a modesta expansão do sistema de saúde pública proposta pela administração Clinton e acelerar o programa radical de Gingrich, "Contrato com os Estados Unidos". (Pode-se culpá-lo diretamente pelo forte aumento nos preços dos planos de saúde – um componente de custo maior que o aço num carro familiar –, o que levou a indústria automobilística de Detroit a eliminar centenas de milhares de postos de trabalho.) Com os republicanos no controle da Câmara dos Deputados pela primeira vez em quarenta anos, grandes grupos industriais (automóveis, construção civil, serviços financeiros e médico-hospitalares, e daí por diante) – que antes dividiam os gastos com campanha entre os partidos – inclinavam-se em massa para os candidatos republicanos. A missão de Norquist era assegurar que a retirada de fundos dos cofres do Partido Democrata seria permanente e irreversível.

Toda quarta-feira, ele presidia uma disciplinada sessão estratégica que procurava sincronizar os esforços dos principais agentes da coalizão, entre eles a Associação Nacional de Rifles (NRA)*, a Coalizão Cristã, os maiores *think tanks* da direita, os lobistas das indústrias de bebidas, tabaco e jogos, assim como o "movimento dos direitos de propriedade", de claro teor antiambientalista. Em uma paródia do marxismo vulgar, o Grupo das Quartas de Norquist (ao lado de um "Grupo das Quintas", que funcionava paralelamente no interior da cúpula do Capitólio) tornou-se, *de facto*, um "comitê executivo da classe dominante", em que lobistas da indústria e extremistas cristãos escreviam abertamente a legislação que Gingrich, o líder da maioria, apresentaria à Câmara.

A grande estratégia, como explicou Norquist, era não apenas reverter o *New Deal*, mas o século XX inteiro, por meio da "espoliação do grande governo". Grandes cortes de impostos para a classe investidora, assim como déficits federais de vários trilhões para as gerações futuras, forçariam a privatização do restante do Estado de bem-estar norte-americano, além de neutralizar definitivamente o Partido Democrata. "Meu objetivo", vangloriava-se Norquist, "é cortar o governo pela metade em 25 anos, diminuí-lo o bastante para podermos afogá-lo na banheira". Os Estados Unidos, como resultado, retornariam à "era dourada de McKinley", quando a ATR e grupos similares abundavam. (Os idos de 1898 foram um período em que crianças trabalhavam em minas, negros eram lincha-

---

* Criada em 1871, é um grupo sem fins lucrativos e com forte influência nas altas esferas políticas norte-americanas. Promove o direito ao porte de armas de fogo nos Estados Unidos. (N.T.)

dos em magnólias, grevistas eram executados por milícias e milionários não pagavam impostos[1].)

Norquist sobreviveu à queda de Gingrich e forneceu novo apoio oculto aos sucessores republicanos deste, Tom DeLay e Dick Armey. Em 1999, ele congregou conservadores céticos em torno de Bush e coordenou os venenosos ataques da direita contra o líder republicano rival, o senador John McCain, do Arizona. Logo após o golpe de Estado presidencial da Flórida, em janeiro de 2001, o Grupo das Quartas de Grover retomou a heróica tarefa de demolir um século de reformas sociais. Com um público habitual de mais de uma centena de pessoas, o grupo de Norquist foi descrito como nada menos do que a "Grande Estação Central", em que dinheiro de empresas e idéias reacionárias eram transformados em diretrizes partidárias de Bush.

As mais expressivas conquistas internas do Grupo das Quartas foram, até o momento, as reduções nos impostos de 2001 e 2003. As dádivas concedidas aos mais ricos (que os republicanos esperam recuperar na forma de doações de campanha) são menos importantes do que o déficit cumulativo de 3,6 trilhões de dólares deliberadamente arquitetado: uma alavanca arquimediana para diminuir e/ou privatizar os gastos sociais. A assustadora facilidade com que Norquist e DeLay passaram por cima da dita Linha Maginot de resistência democrata no Congresso para aprovar o segundo – e maior – corte tributário expôs a falibilidade da estratégia proposta pela liderança dos democratas após o 11 de Setembro, que abdicaram de criticar a guerra ao terror de Bush com o intuito (disseram eles) de manter uma posição de princípios na economia.

Mas o sofrimento dos democratas pode estar apenas começando. O grande feito da Presidência de Clinton – à custa da alienação de sua base eleitoral entre os trabalhadores – foi granjear o apoio de muitas das parcelas da "Nova Economia" com suas políticas de ultralivre-comércio. Hoje, os republicanos, liderados por Norquist e DeLay, estão rompendo à força essa união entre os bilionários da alta tecnologia e os novos democratas. Na visão deles, só há lugar para um partido capitalista na nova ordem de Washington.

Assim, o dito "Projeto da Rua K[2]", de Norquist, rastreou cuidadosamente a filiação partidária dos funcionários-chave dos quatrocentos maiores comitês

---

[1] John Maggs, "Grover at the Gate", *National Journal*, 11/10/2003.

[2] Designação oriunda do endereço comercial de muitos lobistas corporativos – é a metonímia para a porta giratória que transforma muitos membros do Congresso (especialmente presidentes de comitês) e seus auxiliares em lobistas bem-remunerados da indústria farmacêutica, gigantes do petróleo, agentes imobiliários, negociantes de armas e ditadores estrangeiros. Embora os livros de educação cívica ainda tenham de reconhecer sua enorme importância, a "Rua K" é verdadeiramente o quarto ramo "financeiro" do governo federal dos Estados Unidos.

de ação política e associações comerciais. Grupos de negócios foram informados de que podem continuar a escrever as políticas de Bush desde que expulsem os democratas (como Linda, a esposa do líder da maioria no Senado, Tom Daschle) e os substituam por leais oficiais republicanos. Segundo Nicholas Confessore, de *The Washington Monthly*:

> [o] Partido Republicano e alguns de seus principais aliados do setor privado... tornaram-se indissociáveis. Apenas DeLay já nomeou uma dúzia de seus assistentes para postos-chave em empresas de *lobby* e associações comerciais nos últimos anos [...]. Os lobistas de empresas, que chegaram a dirigir a cena, [e eram] leais apenas aos interesses paroquiais de seus empregadores, estão sendo substituídos por ativistas partidários, cuja lealdade pertence antes de tudo ao Partido Republicano.[3]

Evidentemente a área de "Segurança Nacional" provê um gigantesco fundo adicional para recompensar os partidários de Norquist, assim como para republicanizar e militarizar os setores da alta tecnologia. Como conseqüência da queda na bolsa das *ponto-com*, muitas empresas de alta tecnologia – tão ardentemente cortejadas pelos democratas na década de 1990 – acabaram correndo para os comedouros abastecidos com os custos megabilionários da "guerra virtual" da administração Bush, aí incluídos vigilância, armas espaciais e um "bioescudo" nacional. Afogar programas de assistência na banheira de Norquist vai de par com os vastos subsídios federais para corporações ávidas por cantar no coro do "Projeto da Rua K".

Escreve Brendan Koerner em *Mother Jones*:

> As empresas de tecnologia são as mais agressivas na venda de seus produtos como vitais à guerra ao terror. Gigantes da computação, como Oracle e Sun, ansiosas para encontrar novos consumidores para seus programas de bancos de dados e servidores de rede, estão fazendo pressão para que se crie um sistema nacional de identificação por meio de cartões. Empreiteiras da velha guarda do setor de defesa, como Raytheon e Northrop Grumman, abaladas pelo declínio na demanda de grandes sistemas de armas que se seguiu ao fim da Guerra Fria, estão se convertendo em provedores de segurança, contratando "diretores de segurança nacional" e recauchutando suas tecnologias para defender planos nucleares ou adaptar os barcos-patrulha da guarda costeira.[4]

Até mesmo a pedra angular do Partido Democrata de Clinton, Hollywood, especialmente suas subsidiárias de alta tecnologia, está sendo induzida pelas ameaças de Norquist e seduzida pelas ofertas do Pentágono (para criar jogos de guerra e simuladores antiterrorismo, por exemplo).

---

[3] Nicholas Confessore, "Welcome to the Machine", *The Washington Monthly*, jul.-ago. 2003.
[4] Brendan Koerner, "The Security Traders", *Mother Jones*, set.-out. 2002.

Um dos resultados dessa nova fusão a frio entre capital e política é que a administração Bush tem acesso sem precedentes ao poder de mercado das empresas privadas aliadas. Escreve ainda Confessore:

> Durante a guerra no Iraque, por exemplo, o conglomerado de mídia Clear Channel Communications Inc. fez suas emissoras patrocinarem comícios pró-guerra em todo o país (algumas de suas subsidiárias chegaram a banir o grupo Dixie Chicks da grade de programação por ter criticado Bush abertamente).[5]

Além disso, enquanto a velha máquina estatal liberal estiver falida e vendida (parques nacionais, escolas municipais e até mesmo a Previdência Social estão sob grave ameaça atualmente), os republicanos irão solidificar suas lucrativas ligações com os novos expoentes do setor privado. O Pentágono de Rumsfeld, já extensamente privatizado para o benefício de doadores do partido, é o protótipo desse admirável mundo novo de republicanismo eterno, em que os contribuintes subsidiam a Halliburton e a Northrop, e as empresas, por sua vez, subsidiam Norquist e seus capangas.

setembro de 2003 – Socialist Review

---

[5] Nicholas Confessore, "Welcome to the Machine", cit.

4
O flautista de Vermont

A lista crescente de baixas norte-americanas na invasão do Iraque agora inclui os nomes de Dick Gephardt, Joe Liberman, John Edwards, Wesley Clark e talvez até mesmo John Kerry. Não apenas "soldados rasos", mas oficiais de vanguarda do Partido Democrata foram gravemente feridos, senão mortos em ação, no dia 9 de dezembro no bairro do Harlem, quando Al Gore endossou a candidatura de Howard Dean, o pacifista insurgente de Vermont. Esse apoio, que aparentemente pegou todos os demais democratas de surpresa, merece destaque por dois motivos essenciais.

Primeiro, o vencedor do voto popular para a Presidência em 2000 rompeu com os dois ramos da sua filiação política: os Clinton, que desempenharam um papel tipicamente maquiavélico ao encorajar a candidatura de Clark, e o Conselho de Liderança Democrata, mais posicionado à direita, que apóia de maneira fervorosa o *likudnik** Lieberman. Segundo, Gore enfatizou a "coragem" de Dean em se opor ao "erro catastrófico" da invasão do Iraque. Nos últimos meses, o ex-vice-presidente tem soado mais como um eleitor de Nader do que como sua antiga *persona* centrista. Ele tem alertado para a "ditadura" que vem sendo construída pelos bushistas e descrito a aporia do Iraque como a pior decisão no âmbito da política externa norte-americana nos últimos duzentos anos. Como Dean (outro membro renascido do Conselho), Gore acredita piamente que o futuro pertence à MoveOn.org e à nação virtual de jovens ativistas contrários a Bush.

---

* Nome dado a membros de um grupo israelense de extrema direita homônimo, cujas ligações com o partido Likud, tradicional agremiação da direita israelense, não são oficialmente declaradas. (N. T.)

Evidentemente, há uma rica ironia na ascensão irresistível da campanha de Dean. Após o 11 de Setembro, a liderança democrata no Congresso – Richard Gephardt na Câmara e Tom Daschle no Senado – abdicou de qualquer oposição, firmada em princípios, à política externa republicana e às invasões do Afeganistão e do Iraque. Os democratas deixaram os escrúpulos na sarjeta assim que se apressaram em apoiar o orwelliano Patriot Act [Ato Patriota]* e a agressão dos Estados Unidos contra o Iraque.

A estratégia da liderança, subscrita pela Hillary Inc. (como o *National Journal* chama o aparato democrata nacional controlado pelos Clinton), concedeu a Bush a guerra ao terror como prova de patriotismo democrata, enquanto se aplicava em combater as políticas econômicas republicanas na frente interna. Foi uma operação moralmente repulsiva, típica dos novos democratas, que logo se voltou contra seus criadores.

Gephardt e Daschle calcularam mal a resposta das bases velho-democratas – sindicatos, afro-americanos, latinos e mulheres – que desde o início, de maneira ampla e irrestrita, desconfiaram da aventura no Iraque e, ao contrário de seus líderes de outrora, perceberam facilmente a conexão fundamental entre os direitos civis e trabalhistas e o neo-imperialismo ilimitado no Oriente Médio. Como resultado, por quase dois anos a oposição basilar a Bush proliferou sem que nenhum grande democrata tivesse a coragem de aderir ao movimento. Diferentemente da Guerra do Vietnã, não havia um McCarthy, um Kennedy ou um McGovern para canalizar os protestos para as urnas ou cooptar ativistas para o Partido Democrata.

Esse foi um momento perigoso para os democratas e uma rara oportunidade para a esquerda norte-americana. Um Partido Verde nacional, com um forte candidato de base classista, poderia ter aproveitado a chance. Nessa ocasião, no entanto, Ralph Nader estava temporariamente fora do combate, e eis que surgiu Howard Dean. Há, sem dúvida, dois outros democratas mais progressistas que ele concorrendo à nomeação: o populista econômico Dennis Kucinich e um controverso líder dos direitos civis, o reverendo Al Sharpton. Mas eles não conseguiram estimular suas próprias bases (respectivamente, o sindicalismo das regiões industriais decadentes e os afro-americanos) ou cativar a imaginação dos estudantes universitários e dos profissionais das novas tecnologias que constituem a Cruzada das Crianças de Dean.

---

* Acrônimo para Uniting and Strengthening America by Providing Appropriate Tools Required to Intercept and Obstruct Terrorism [Unindo e Estreitando os Estados Unidos ao Prover Ferramentas Apropriadas Requeridas para Interceptar e Obstruir o Terrorismo]. Conjunto de leis aprovado em 26 de outubro de 2001, 45 dias após os ataques de 11 de Setembro. Aumentou a regulamentação, o controle e a fiscalização das atividades cotidianas dos cidadãos norte-americanos, exacerbando o poder de policiamento do governo. (N. T.)

Todos concordam que o principal trunfo de Dean é a sua sólida ferocidade no confronto com as mentiras e os crimes do regime Bush. Ele criou um personagem midiático – direto e combativo – que se apresenta como o oposto do estilo cuidadosamente contido e dissimulado do *establishment* democrata. Acima de tudo, ele congregou seus jovens correligionários e deu a eles uma liberdade inédita para organizar a campanha como um Exército Parlamentar Internético, que conta até com um "*geek** certificado", Joe Trippi, como gerente especialista.

Muito do movimento antiguerra correu para os braços de Dean como um órfão que encontra o pai há muito desaparecido. O palavrório bushista inverso a respeito de "retomarmos a América" excita os anseios messiânicos de uma geração faminta por heróis. "O apoio de Al Gore", escreve um editorialista no influente site CommonDreams.org, "dá a Howard Dean uma oportunidade única de construir uma nova maioria norte-americana [...] e transformar o mundo".

Com efeito, nem a ficha de Dean como governador, nem a fina estampa de seus pronunciamentos recentes sustentam as extravagantes esperanças atreladas a sua campanha. Os habitantes de Vermont recordam-se do rico doutor como um antiprogressista igual a qualquer outro novo democrata. Recentemente, ele retirou de maneira precipitada uma vaga promessa de equanimidade feita aos palestinos depois que o Congresso Judaico Norte-Americano rosnou para ele. Mesmo sua oposição à guerra está comprometida por um calendário impreciso de retirada gradual das tropas norte-americanas. E, mais importante ainda, à medida que ele se aventura pelas primárias sulistas e se aproxima da Convenção Democrata, suas posições indubitavelmente penderão de volta para o centro. O movimento antiguerra tem sido sua base de lançamento, não sua clientela definitiva. Seus seguidores o vêem como um herói populista, mas acima de tudo ele parece uma versão pós-moderna de William Jennings Bryan, o agitador democrata cuja demagogia descarrilou o Partido do Povo em 1896.

O verdadeiro projeto de Dean e Gore é a renovação do Partido Democrata e um retorno aos dias felizes do imperialismo multilateral "normal" de Bill Clinton no fim dos anos 1990. A esquerda norte-americana, coerentemente, deve lutar de maneira tenaz contra o mundo de ilusões que se mantém com o popular chavão "qualquer um, menos Bush".

janeiro de 2004 – Socialist Review

---

* Neologismo que designa os aficionados por computadores. (N.T.)

5

A vinda do Anti-Bush?

Uma carta para Londres

Para apreciar a idiossincrasia das primárias democratas norte-americanas, imagine Tony Blair e Gordon Brown, com sorrisos de palhaço colados a suas faces erodidas, gastando semanas em cumprimentos e adulações aos moradores locais nos bares e serralherias de Barrow-in-Furness. E imagine um sistema eleitoral que desse mais vantagem estratégica a Cornwall e Essex do que a Liverpool e Glasgow. Um sistema que pusesse Londres quase por último na fila, depois de a imprensa já ter ungido um vencedor e os apostadores já terem recolhido seus prêmios.

Tal é, de fato, a lógica ensandecida das primárias norte-americanas. Ela catapulta os estados de Iowa, Nova Hampshire (Concord equivale a Barrow) e Carolina do Sul à frente de estados maiores, e priva as grandes divisões da democracia – como os mexicanos na Califórnia, trabalhadores do setor público em Nova York e afro-americanos em Illinois – de um papel proporcional a seu tamanho ou importância histórica como eleitores. Para sermos honestos, é um sistema que realmente força os candidatos, com suas falas robóticas e seus personagens cuidadosamente elaborados, a ter um breve, mas espontâneo, contato com pessoas de verdade. (Podemos imaginar o imperador Blair se encolhendo de horror diante da possibilidade de se ver cara a cara com os vigorosos correligionários do Partido Trabalhista.)

Mas esse também é um sistema que dá à mídia corporativa uma vantagem estratégica ao moldar a imagem dos candidatos e dos tópicos muito antes das primárias atingirem as grandes cidades e os principais centros industriais. Um exemplo horrendo e típico foi o cerco midiático contra Howard Dean, o crítico mais loquaz da invasão ao Iraque promovida por Bush, após a primária de Iowa. A choradeira de Dean na noite das eleições – interpretada de diversas maneiras, desde um apelo até um colapso nervoso – foi retransmitida incessantemente por vários dias. *The New York Times* estimou que o telespectador médio assistiu vinte vezes a esse episódio. As mesmas emissoras de TV, como a Fox News de Rupert Murdoch, que nunca demonstraram espanto com o estúpido sorriso de vanglória de Bush, a megalomania jactante de Rumsfeld ou as conversas privadas de Ashcroft com Deus, de repente murmuravam aos ouvidos de seus telespectadores que Dean era louco.

Embora Dean não seja mais que um democrata centrista comum, com uma passagem austera como governador de Vermont, sua campanha provocou um temor e uma ojeriza entre as elites nunca vistos desde a nomeação de McGovern, com sua plataforma anti-Guerra do Vietnã, em 1972. Trata-se de uma campanha – agora em rápida reconfiguração e passando por um movimento de sua base partidária rumo à direita – que originalmente floresceu no vácuo político e moral deixado pela abjeta rendição da liderança democrata à guerra ao terror de Bush.

Dean tornou-se um herói para estudantes raivosos e associações comerciais por sua disposição de expressar as opiniões de milhões de cidadãos, as quais nenhum outro democrata teve coragem de dizer: que o presidente dos Estados Unidos é um tolo comerciante de guerras, controlado por um conluio de milionários do petróleo e fanáticos cristãos. Em Iowa e Nova Hampshire, por ironia, Dean tornou-se vítima do sucesso da sua própria campanha quando forçou outros candidatos, em particular John Kerry e John Edwards, a falar sobre a tramóia do Iraque. Decerto Kerry, há muito embalsamado em concessões e hipocrisia, de repente mostrou sinais discretos de sua antiga personalidade: o militante veterano que tão eloqüentemente denunciou os crimes de guerra norte-americanos no conflito do Vietnã diante do Congresso, em 1972. Nos últimos dias em Iowa, ladeado por Teddy Kennedy e uma guarda de honra de veteranos, Kerry se reinventou como "pomba da paz".

Sem o monopólio nas discussões antiguerra, Dean se despedaça no flanco interno, onde suas políticas para a saúde pública, a reforma tributária e a previdência são indiferenciáveis, ou até mais à direita das de outros candidatos. Seu característico apelo para "retomarmos a América", em particular, empalideceu em face do contraste mais militante do tipo "nós contra eles" do senador John Edwards, com suas "duas Américas". Edwards, gabando-se de sua origem humilde, ganhou um inesperado segundo lugar com uma retórica direcionada precisamente ao sofrimento dos distritos de Iowa por causa do desemprego e da dessindicalização.

Na nova safra semanal de primárias, Edwards precisa ganhar em seu estado natal, a Carolina do Sul, para manter sua condição de concorrente sério, enquanto Kerry tentará fortalecer sua liderança conquistando o Missouri (cujo filho favorito, Dick Gephardt, pereceu em Iowa) e o Arizona. Enquanto isso, Dean precisa se manter firme e determinado até a "superprimária" dos grandes estados no começo de março, quando finalmente poderá dar voz à sua sólida base, formada por estudantes universitários e trabalhadores do setor público. O general Wesley Clark, bombardeiro de Belgrado e candidato secreto dos Clinton, até o momento tem se mostrado mais uma figura de papelão do que um herói carismático. E, finalmente, Joe Lieberman, cujos pontos de vista ultra-Likud estão à direita da Casa Branca, hoje é pouco mais que um obscuro objeto de culto, adorado pelo Comitê de Liderança Democrata.

Ao contrário da próxima recoroação de Bush, a corrida democrata se manterá como uma tensa série de suspense por mais algumas semanas, no mínimo. Mas esse é um drama de pouca substância. Apesar da fachada de profundo debate, todos os expoentes democratas, inclusive Dean, não têm aspiração maior do que ser um novo Bill Clinton, a quem todos professam adoração. Nenhum deles discordou da política norte-americana no Afeganistão ou do apoio incondicional a Israel. Todos endossam a guerra ao terror (mas a preferem mais focalizada) e prometem investir mais, e não menos, dinheiro na segurança interna e na promoção da paranóia nacional. Enquanto isso, Kerry é um grande internacionalista da Organização Mundial do Comércio (OMC); Edwards (apesar de seu currículo feito para seduzir as massas) é um bem-sucedido advogado de litígios; e Dean, por sua vez, é um notório conservador na questão fiscal.

O Anti-Bush definitivo será inevitavelmente um clone de Bill Clinton, que prometerá a rápida (mas não imediata) retirada do Iraque e a revogação parcial dos egrégios donativos fiscais de Bush para os super-ricos. Além disso, as "fritas da liberdade"* poderão voltar a ser francesas, e os aliados poderão ser consultados ocasionalmente a respeito dos alvos a serem bombardeados. O que se afigura até novembro, então, é a desestimulante opção entre o "superimperialismo" bushista e o "imperialismo normal" do *status quo ante* democrata.

Ralph Nader, no interlúdio, abdicou de sua nomeação pelo Partido Verde e, de fato, os verdes estão amargamente divididos com relação ao que farão em novembro. Também abundam progressistas proeminentes, embora nenhum de tanta projeção quanto Michael Moore, que tem arrebanhado votos para Clark. Forças paralelas ainda podem se organizar (quiçá por trás do californiano Peter Camejo, do Partido Verde), mas no momento parece que os democratas vão conseguir surrupiar novamente o potencial das bases. Agradeçam à campanha de Dean por ter desorganizado um movimento antiguerra de forte apelo popular.

---

* No original, *freedom fries*. Após a oposição do governo francês à invasão do Iraque, um movimento ufanista dos Estados Unidos pretendeu mudar a designação corrente das batatas fritas – chamadas *french fries* [fritas francesas] – para "fritas da liberdade". (N.T.)

6
Saltando do vagão

Será que o Pentágono é tão pequeno, a guerra contra o terrorismo é tão dócil e o Departamento de Defesa Nacional é tão mal financiado? Para John Kerry, sim. Em dias recentes ele tem atacado repetidamente a administração Bush por não ter conseguido colocar tropas suficientes no campo de batalha ou se mover de maneira agressiva contra a Al Qaeda e a Coréia do Norte. Se eleito, ele promete aumentar drasticamente o contingente militar para 40 mil homens e incrementar os gastos com a defesa interna antiterrorismo. Compromete-se a otimizar a guerra contra o terrorismo e torná-la multilateral (o que chama de "internacionalismo progressista"), com posições mais rígidas em relação aos antigos aliados, como Paquistão e Arábia Saudita. Enquanto se recusa, até o momento, a se comprometer com medidas concretas de redução da presença norte-americana no Iraque, ele endossa especificamente o "direito" de Ariel Sharon de segregar de maneira brutal a Cisjordânia e reitera o tradicional apoio democrata ao ultra-sionismo. Ele também co-patrocinou o recém-aprovado Syrian Accountability Act [Ato de Responsabilidade Síria], que legitima as futuras agressões norte-americanas contra Damasco.

Essa dificilmente seria a plataforma de um candidato "da paz". Com certeza, depois de ter faturado a nomeação democrata, a campanha de Kerry não precisa mais agradar aos eleitores pacifistas de Dean e Kucinich. A rebelião na esquerda do partido está terminada. O mantra agora é "elegibilidade", e Kerry voltou-se para a direita para flertar com democratas conservadores, eleitores independentes e republicanos dissidentes. O conselheiro-chefe para assuntos externos do senador de Massachusetts é Rand Beers, ex-conselheiro-chefe antiterrorismo de George W. Bush. Beers desertou publicamente da Casa Branca porque sentiu que a obsessão neoconservadora pelo Iraque estava desviando a atenção do Afeganistão, da Coréia do Norte e da Colômbia. (Ele foi um dos arquitetos do Plano Colômbia – intervenção norte-americana altamente clandestina na guerra civil colombiana – nos anos Clinton.) Uma administração Kerry, na perspectiva de Beers (assim como na de insignes gurus democratas na área de segurança nacional, como Richard Holbrooke e Sandy Berger), levaria os Estados Unidos e a Europa de volta aos tempos de glória da era Clinton, quando o "imperialismo normal" prevalecia e os aliados sorridentes bombardeavam e invadiam em uníssono.

Ainda que democratas como Gerald McEntee, presidente político da AFL-CIO*, exagerem a importância de novembro próximo como "a mais importante eleição de nossos tempos", é claro que o que estará na mesa serão emendas modestas e não alternativas autênticas à proposta central de Bush. A retirada do Iraque não é uma plataforma de Kerry, tampouco o repúdio ao orwelliano Patriot Act. Kerry votou a favor de ambos e propôs apenas versões mais "gentis e amáveis" daquilo que Rumsfeld e Ashcroft se empenharam para concretizar. (Afinal de contas, não vamos jogar bombas nucleares em Paris.) De fato, como destacaram recentemente tanto *The Economist* quanto *Financial Times*, agora há uma "continuidade" substancial entre as políticas externas republicanas e democratas.

Na frente interna, Kerry reafirmou explicitamente seu compromisso com a "terceira via", personificada por Clinton e Tony Blair, e declarou: "Eu realmente me orgulho de ser pró-negócios". Desde 2001, ele se reuniu publicamente com executivos do vale do Silício pelo menos dezessete vezes; como recompensa, recebeu grande parte das doações de campanha feitas pelas indústrias de telecomunicações e de informática.

"Qualquer um, menos Bush" traduz-se, assim, numa reinstauração do *status quo ante* e numa derrota histórica auto-impingida das forças contrárias à guerra, que se deixaram encurralar no interior do Partido Democrata. Esse é o motivo pelo qual elementos mais corajosos e perspicazes da esquerda norte-americana estão se agrupando em torno da candidatura do "cidadão independente" Ralph Nader. Este, que esperava e acenava enquanto Dean roubava o ímpeto do movimento antiguerra, agora concorre (como explica seu site[1]) para "mobilizar os cidadãos em torno de uma agenda de propostas [...] e tomar nossa democracia dos interesses corporativos que dominam ambos os partidos". Para espanto da maioria dos comentaristas, duas pesquisas recentes feitas pela *Associated Press* e

---

* American Federation of Labor and Congress of Industrial Organizations [Federação Norte-Americana de Trabalho e Congresso de Organizações Industriais], maior confederação de sindicatos dos Estados Unidos. (N.T.)

[1] <www.nader.org>.

por *The New York Times* mostram que a quixotesca campanha de Nader granjeou o apoio de 6% a 7% do eleitorado. (Em 2000, Nader conquistou 5% dos votos nos estados em que seu nome constava da cédula.)

Para os defensores de uma frente popular em torno de Kerry (o que inclui os editores de *The Nation*, o MoveOn.org e a maioria das celebridades de esquerda), a audácia de Nader é pura traição. De fato, como mostrou recentemente *The Los Angeles Times*, "para muitos democratas, Nader representa um ladrão de votos tão nocivo quanto o Anticristo"[2]. Já Peter Camejo, o novo candidato verde a governador da Califórnia e um dos mais respeitados porta-vozes do partido, aplaudiu a candidatura de Nader como "a melhor coisa que ele fez em sua vida".

Para deixarmos claro, Nader não é Eugene Debs (o adorado candidato a presidente do velho movimento socialista norte-americano) nem Jesse Jackson dos idos de 1984. Embora tenha se mostrado surpreendentemente forte em relação às questões trabalhistas durante a campanha de 2000, ele ainda não tem credibilidade suficiente nas cidades do interior e atrai pouco apoio de negros e latinos. Mesmo assim, argumentam Camejo e outros, Nader ainda é o mais festejado campeão da política independente e anticorporativa, e sua campanha é a melhor plataforma disponível para contestar a ressurgência neoliberal democrata, que está confundindo cabeças e sugando as energias de muitos da esquerda liberal.

Mas o impacto definitivo dessa campanha vai depender do escopo crítico da sua plataforma, assim como da sua capacidade para conquistar o apoio da convenção do Partido Verde, em junho. "Mesmo que seja crucial defender o direito de Nader de concorrer", disse-me outro dia um conhecido ativista de esquerda, "ainda não foi dado o veredicto se ele fará uma campanha de esquerda ou não". Da mesma forma, ainda não se sabe se os verdes, apesar dos heróicos esforços de Camejo e de outros, se mobilizarão novamente em favor de Nader. Como sempre, na sombra do monolítico sistema bipartidário norte-americano, o futuro de uma esquerda independente norte-americana está em suspenso.

abril de 2004 – Socialist Review

---

[2] Robin Abcarian, "Nader's Nadir?", *The Los Angeles Times*, 5/3/2004.

7
Édipo Bush

Ronald Reagan era notoriamente especialista em desviar a atenção pública em qualquer ocasião na qual sua administração enfrentasse problemas. Um exemplo famoso foi a invasão da minúscula ilha de Granada, apenas 48 horas depois de um caminhão-bomba ter destruído o quartel dos fuzileiros navais norte-americanos no aeroporto de Beirute, em 1983. Uma derrota sem precedentes da intervenção norte-americana no Oriente Médio foi brilhantemente transformada em uma pequena vitória da contra-revolução no mundo ocidental.

O golpe de mestre de Reagan, no entanto, foi fazer sua própria morte coincidir com a hora de maior necessidade da administração Bush. A sincronia foi perfeita. No exato momento em que as mandíbulas das atrocidades de Abu Ghraib* pareciam se fechar sobre a Casa Branca, a última luz se apagou no cérebro já decrépito do ex-presidente. *Voilà*, a mídia norte-americana abandonou a cobertura das torturas e dos assassinatos no Iraque para transmitir cenas intermináveis da população suburbana em luto (exceto negros e sindicalistas), no velório de Reagan, e de George Bush, com os olhos cheios de lágrimas, lendo um solilóquio num teleprompter. A Casa Branca inundou o planeta com imagens de Reagan e Bush lado a lado. Um colunista de *The New York Times* reclamou que "era difícil dizer onde terminava o 40º presidente e onde começava o 43º"[1].

---

*   Prisão localizada na cidade homônima do oeste do Iraque, internacionalmente conhecida por denúncias de torturas realizadas por soldados norte-americanos durante a ocupação do país. (N.T.)

[1]   Elisabeth Bumiller, "Trying on Reagan's Mantle, but It Doesn't Exactly Fit", *The New York Times*, 14/6/2004.

Mas poucos (além da família Reagan, que reconhecidamente repudia os Bush[2]) contestarão o direito de herança de George W. Como Kenneth Duberstein, ex-chefe de gabinete de Ronnie, disse à imprensa: "O nome pode ser Bush, mas o coração pertence a Reagan". O atual governo há muito tempo se concebe como Reagan III e não como Bush II. É o retrato de Reagan, e não o de papai, que enfeita a mesa de George W. Mais importante ainda, nenhum membro do círculo interno de política externa do velho Bush – incluindo os outrora poderosos James Baker, Lawrence Eagleburger e Brent Scowcroft – tem sequer um penico para urinar desde que Júnior subiu ao poder nas asas de uma eleição roubada. Isso, obviamente, levanta algumas questões edipianas intrigantes, senão alarmantes, sobre o pai e o filho presidentes. Será que Júnior é realmente fruto de um caso de amor entre Reagan e Barbara Bush? (Enquanto isso, o pobre e velho 41º teve de saltar de um avião durante as comemorações do Dia D, na Normandia, para lembrar ao mundo que ainda estava vivo.)

James Mann, um repórter veterano da Casa Branca, não é psicanalista, mas dá um fascinante pano de fundo histórico para a contenda dos Bush em seu novo livro, *The Rise of the Vulcans*[3] [O despertar dos vulcões]. ("Vulcões" foi a alcunha adotada pelos conselheiros de política externa neoconservadores de Bush, durante a campanha de 2000.) Mann traça o cisma nos altos escalões republicanos até os dias pós-Watergate*, quando Cheney e Rumsfeld combateram a tentativa de golpe de Henry Kissinger. Este – que de início era tanto secretário de Estado quanto conselheiro de Segurança Nacional – tentou se apropriar de todos os trunfos da política externa do enfraquecido presidente Gerry Ford. Entretanto, Rumsfeld (chefe de Gabinete e então secretário de Defesa) e Cheney (seu protegido) eram fanaticamente contrários à grande estratégia de Kissinger para se aproximar da hesitante União Soviética.

Nessa guerra civil republicana, que se viu num impasse desde o início até a surpreendente arrogância de suas atuais presidências fantasmas, Rumsfeld e Cheney, segundo Mann, têm demonstrado uma fidelidade notável ao ideal de um mundo unilateralmente comandado pela onipotência militar dos Estados Unidos. Durante trinta anos, eles foram os incansáveis oponentes dos chamados

---

[2] Numa entrevista de 2003 para *Salon*, anterior à morte de seu pai, Ronald Reagan Jr. denunciou com amargura a expropriação por parte da administração Bush da imagem lendária do ator-presidente: "Essa gente do Bush não tem o direito de falar por meu pai, principalmente por causa da posição em que ele se encontra nesse momento. [...] Essas pessoas são muito violentas, agressivas, misteriosas e simplesmente corruptas. Eu não confio neles". Republicado em *The Los Angeles Times*, 15/6/2004.

[3] James Mann, *The Rise of the Vulcans* (Nova York, Viking, 2004).

* Escândalo político ocorrido em 1972, envolvendo espionagem e tráfico de influência cometidos por altos membros do Partido Republicano. Culminou na renúncia do presidente Richard Nixon em 1974. (N.T.)

"realistas" da política externa, quer fossem neokissingerianos (e sua crença no jiu-jítsu na balança do poder) ou democratas neoliberais (e sua ênfase na globalização econômica por intermédio do Fundo Monetário Internacional e do Banco Mundial). Além disso, as ambições presidenciais frustradas de Rumsfeld entraram várias vezes em conflito com as de Bush pai (um "realista" clássico) e com as fantasias extremistas de "neoconservadores" radicais como Paul Wolfowitz, Richard Perle e William Kristol, que consideravam a primeira administração Bush desprovida do zelo cruzado característico do apoio de Reagan à contra-revolução na América Central. Eles estavam particularmente incomodados com a recusa do velho Bush em transformar a derrota de Saddam num completo *jihad* judaico-cristão.

O relato de Mann sobre os acontecimentos desde o 11 de Setembro até o ataque ao Iraque é particularmente esclarecedor quanto aos papéis de Condoleezza Rice e Colin Powell. Rice, mesmo sendo protegida de Scowcroft (e indiretamente de Kissinger, portanto), uniu-se várias vezes a Rumsfeld, Cheney e Wolfowitz; enquanto isso, o secretário de Estado, Powell (que Mann mostra muito mais reacionário do que sua usual imagem de tio), era forçado a ser mais "realista" do que originalmente desejava. Em resumo, Mann é um habilidoso arqueólogo da evolução interna de uma política imperial que culminou numa agressão maciça contra o mundo islâmico. Ainda assim, o maior mérito do seu livro é inquestionavelmente sua insistência em afirmar que a real divisão entre neoconservadores e "realistas", embora ressentidos, é muito tênue. Os realistas diferem dos fundamentalistas sobretudo nas nuances táticas e na ênfase retórica.

Prova disso é, evidentemente, a atual plataforma predatória da campanha de Kerry, que promete não se retirar do Iraque e do Afeganistão, além de engrossar a segurança interna e duplicar as forças especiais do Exército. A ironia é que, enquanto Júnior troca o próprio pai pelo retorno de Reagan, o concorrente democrata encoraja as especulações a respeito de suas propostas de política externa como um retorno aos dias de Camelot de George H. W. (Mais estranha ainda é, sem dúvida, a crescente amizade entre o velho e o mascate de Arkansas, que o derrotou em 1992. Será que o famoso órfão Clinton finalmente encontrou seu pai? O labirinto edipiano dos Bush e dos Clinton manterá os historiadores psicanalíticos ocupados por várias gerações.)

Em *The Atlantic Monthly*, Joshua Marshall lembra recentes discussões com a equipe de política externa de Kerry. Eles esboçam uma estratégia que rejeita "multilateralismo suave e fidelidade às Nações Unidas" em favor de um "gerenciamento diplomático e inclinação ao uso da força no exterior. Uma união entre poder e valores". Quando Marshall sugere que "o que vocês descrevem soa muito como o que eu esperaria de Brent Scowcroft [conselheiro de Segurança Nacional de Bush pai]", eles prontamente concordam[4]. Kerry, que agora desdenha os eleitores de Dean, foca sua campanha em generais descontentes, espiões da Segurança Nacional e amigos de Henry Kissinger. Kerry – aquele que, num momento magnífico na juventude, ousou confrontar a administração Nixon com seus crimes de guerra na Indochina – agora concorre à presidência como um legítimo herdeiro da visão de mundo de Nixon–Kissinger. Há razão melhor do que essa para votar em Ralph Nader e Peter Camejo?

julho de 2004 – Socialist Review

---

[4] Joshua Marshall, "Kerry Faces the World", *The Atlantic Monthly*, jul.-ago. 2004.

8
O que há de errado com os Estados Unidos?

Um debate com Tom Frank

Meu diálogo com o polêmico *best-seller* de Tom Frank, *What's the Matter with Kansas?*[1] [O que há de errado com o Kansas?], concentra-se em um ponto: o que as eleições de 2004 nos revelam sobre a crise de consciência de classe nos Estados Unidos? A vitória de George W. Bush pelo voto popular confirma a tese de Frank de que a classe trabalhadora branca abriu mão de qualquer cálculo racional sobre seus interesses econômicos em favor de um ódio cultural niilista e manipulável?

À primeira vista, a eleição se parece assustadoramente com uma "Revolução Francesa ao avesso – uma [revolução] em que os *sans-culottes* invadem as ruas exigindo mais poder para a aristocracia" –, como diz Frank. Apesar da perda de 18% de sua base industrial nos últimos quatro anos, Ohio – o universalmente aclamado pivô do voto nacional – permanece um estado republicano, em que os eleitores de Buckeye parecem mais alarmados com as imagens de casamentos homossexuais na longínqua São Francisco do que com o fechamento de fábricas em seu próprio quintal. O veterano pesquisador democrata Ruy Teixeira declara que, quando o desastre das pesquisas de intenção de voto for esclarecido, os democratas descobrirão que "Kerry foi eliminado pela classe trabalhadora branca". De acordo com as estimativas, o voto dessa classe – definida como brancos sem educação superior, cerca de metade do eleitorado – elegeu Bush por uma acachapante margem de 23%, ratificando o padrão das eleições proporcionais de 2002 (18%) e as majoritárias de 2000 (17%)[2]. Estará na hora de descartar a "in-

---

[1] Tom Frank, *What's the Matter with Kansas?* (Nova York, Henry Holt, 2004).
[2] Ruy Teixeira, "Cultural Alien", AlterNet, 11/11/2004. Disponível em <www.alternet.org/election04/20464/>.

terpretação econômica da história" e admitir que a cultura se sobrepõe a tudo, especialmente quando Karl Rove é o *generalíssimo* republicano?

Identidade e interesses próprios

As eleições nacionais norte-americanas nunca foram transcrições diretas do interesse econômico: a "guerra cultural" é, de fato, a condição padrão da política nos Estados Unidos. Como há muito tempo argumentam historiadores políticos como Lee Benson e Walter Dean Burnham, "o consenso valorativo dos liberais norte-americanos em torno de fundamentos como a economia e as relações entre Igreja e Estado ajudaram a tornar possível, desde muito cedo, uma articulação total de antagonismos étnico-culturais na política partidária"[3]. Conflitos religiosos, étnicos e raciais, muitas vezes dissimulados sob uma retórica de "valores" (como moderação e direitos do Estado), *normalmente* estruturaram o campo da competição eleitoral. Apenas de maneira esporádica, no fim das décadas de 1820, 1890 e 1930, é que os interesses econômicos (mesmo que em geral na qualidade de meras caricaturas da consciência de classe) constituíram um terreno explícito de rivalidade partidária e, ainda assim, sob uma fachada setorial. A era do New Deal destaca-se quase como única[4].

A primazia da "política identitária" – os puritanos contra os escoceses e irlandeses, a república protestante contra a horda papista, as famílias tradicionais contra os novos imigrantes, os brancos contra os negros – atesta a volatilidade e a constante recomposição da estrutura social norte-americana. (Meu livro *Prisoners of the American Dream* [Prisioneiros do sonho norte-americano], de 1985, oferece um controverso inventário do papel da fragmentação étnica e da supremacia branca no retardamento do florescimento da consciência trabalhista e socialista na história dos Estados Unidos.) Não deveria haver necessidade de enfatizarmos o fato de que a quarta e maior migração na história do país forma o cenário para a era Reagan–Bush, do mesmo modo que a grande imigração de europeus do leste e do sul foi tanto a origem como a causa do declínio da hegemonia republicana de McKinley até Hoover. (Por falar nisso, estamos há 25 anos na era pós-New Deal, em que o intervalo Clinton foi uma insólita reprise de Woodrow Wilson, com Perot no papel de Bull Moose.) Retornarei ao contexto étnico dessa guerra cultural mais adiante.

Antes, eu gostaria de questionar a idéia de uma antinomia entre fantasias de identidade empedernidas e interesses econômicos próprios. Identidades étnico-

---

[3] Lee Benson, *The Concept of Jacksonian Democracy* (Princeton, Princeton University Press, 1962).

[4] Walter Dean Burnham, *The Current Crisis in American Politics* (Nova York, Oxford University Press, 1982).

religiosas e raciais raramente são apenas fantasmas da falsa consciência. Muito freqüentemente, correspondem à asserção ou à defesa de sistemas percebidos como privilégios e direitos. Políticas identitárias quase sempre têm um enorme, ou mesmo dominante, substrato de interesse próprio. Assim, "protestantes" e "brancos" conseguiram atingir posições privilegiadas no mercado, na hierarquia dos processos de trabalho e no apoio político ou no paternalismo econômico.

A maioria dos contra-exemplos "óbvios" na história norte-americana de fervoroso compromisso partidário livre de interesses racionais próprios não se sustenta completamente no escrutínio. Argumenta-se com freqüência, por exemplo, que a raia miúda do Exército dos Confederados não tinha nenhum interesse na escravidão e, mesmo assim, lutou fanaticamente por uma comunidade imaginária, uma "nação sulista". Tenho muito de um Beard desconstruído para duvidar do seguinte: o sul branco e plebeu estava envolvido de forma ampla e variada na exploração do trabalho escravo, mesmo antes de 1860. O nacionalismo sulista foi (e ainda é) uma expressão dos privilégios tanto reais quanto simbólicos dos brancos.

De maneira geral, estou inclinado a acreditar que a literal "falsa consciência", no sentido da síndrome de Estocolmo dado por Frank – adotar uma solidariedade puramente imaginária com o explorador ou opressor – não é comum. (Frank fala, por exemplo, de "trabalhadores robustos e patriotas que recitam o *Pledge of Allegiance* [Juramento da Lealdade] enquanto eliminam suas chances de vida; de pequenos fazendeiros que orgulhosamente abrem mão de suas terras por meio do voto; de pais de família devotados que se empenham para que seus filhos jamais tenham educação universitária ou assistência médica"[5], e assim por diante.) Não estou negando a existência de proventos simbólicos e demônios imaginários, mas guerras culturais irrompem com furor cada vez maior quando conseguem mobilizar interesses materiais, mesmo que ignorantes ou limitados.

Mais pobres e mais republicanos?

Vejamos o espantoso exemplo que abre o livro *What's the Matter with Kansas?* – o condado rural que, muito provavelmente, é o mais pobre do país, mas no qual 80% dos votos são republicanos. Frank escreve: "Quando comentei com uma amiga o fato de o paupérrimo condado de High Plains ser tão apaixonado pelo presidente Bush, ela ficou perplexa. 'Como um trabalhador assalariado pode votar nos republicanos?', perguntou ela. Como tantas pessoas podem não entender?"[6].

Mas foi mesmo esse o caso? Em primeiro lugar, o condado de McPherson, em Nebraska, tem uma população menor que muitas salas de cinema numa sex-

---

[5] Tom Frank, *What's the Matter with Kansas?*, cit.

[6] Idem.

ta-feira à noite: apenas 533 habitantes, segundo o censo de 2000. De fato, a maioria dos condados pobres e republicanos das Sand Hills, em Nebraska e nas adjacências do Kansas, da Dakota do Sul e do Colorado, tem populações menores que 2 mil habitantes. Não está claro o que essas cidades fantasmas e terras de búfalos podem realmente nos dizer sobre a relação entre pobreza, ódio cultural e neopopulismo republicano. Além disso, o residente típico do condado de McPherson parece ser um pequeno criador de gado acostumado à seca, cuja restituição de impostos é um borrão vermelho. Certamente, no quesito rendimentos, seus interesses parecem alinhados com os das famílias chefiadas por mulheres de Washington D.C. ou dos trabalhadores rurais do vale do rio Grande.

No quesito patrimônio, porém, a história é muito diferente. Muitos desses criadores falidos ainda possuem grandes trechos de pastagem e muitas centenas de cabeças de gado. Não conheço suficientemente a política local de subsídios destinados ao gado e à seca nas Grandes Planícies para sugerir como isso se traduz de modo racional na filiação partidária; mas, com certeza, não é correto dizer que o voto do condado de McPherson a favor do Partido Republicano seja uma auto-aniquilação econômica, assim como não é uma sinédoque útil para a falsa consciência da América do Norte branca.

Obviamente, o argumento principal de Frank a respeito de "tantas pessoas não entenderem seus próprios interesses fundamentais" na América do Norte republicana não se mantém ou cai por terra apenas com esse exemplo infinitesimal. Frank parece ter outros em abundância à sua escolha: consideremos, por exemplo, o caso da Virgínia Ocidental.

Partilhando votos na Virgínia Ocidental

Nenhum outro estado deu uma guinada tão abrupta para a direita em seu voto presidencial. Um bastião dos outrora poderosos sindicatos de metalúrgicos e mineiros, a Virgínia Ocidental foi fiel aos democratas mesmo em eleições desastrosas, como as de 1956, 1968 e até 1988; ainda assim, Kerry perdeu ali por uma margem espantosa: 13% (ou mais do que o dobro de Gore). Além disso, ele foi derrotado no estado das montanhas, apesar de as tendências – diminuição de postos de trabalho na indústria, salários e cobertura médica – parecerem favoráveis aos democratas.

Sem qualquer contexto adicional, poderíamos presumir que os republicanos tiveram ganhos consideráveis nas centenas de igrejas das pequenas cidades, onde cidadãos piedosos da Virgínia Ocidental ainda esconjuram Satanás e se afligem com a legalização da sodomia. De fato, a Virgínia Ocidental pode parecer a "jóia da coroa" na estratégia de Rove em usar o *backlash* [a reação] cultural para transformar democratas rooseveltianos em republicanos bushistas. Entretanto, como diz Alice no País das Maravilhas, as coisas nesse estado se tornam "cada vez mais curiosas" quando fazemos uma investigação mais minuciosa: os mesmos eleitores que deram a Bush uma vantagem de 13% deram uma enorme margem de 29% para Joe Manchin, o candidato democrata ao governo estadual. Manchin venceu apesar do espalhafatoso escândalo sexual, bem ao estilo Clinton, que envolveu seu antecessor democrata; do mesmo modo, os democratas mantiveram dois dos seus três assentos no Congresso com uma respeitosa margem de dois terços[7]. Paradoxalmente, a Virgínia Ocidental, mesmo votando em Bush, permanece um estado democrata.

O que explica um voto tão esquizofrênico? É provável que o socialmente conservador Manchin não tenha se incomodado de receber emolumentos da NRA e de alguns grupos antiaborto. Mas ele, com o apoio da AFL-CIO do estado, pregou sobretudo o respeito aos empregos. Em todos os vilarejos do estado, ele procurou divulgar seu plano "Virgínia Ocidental: Aberta para Negócios", prometendo reduzir o desemprego por meio de um bem equipado Conselho de Criação de Empregos. Além disso, desafiou o senso comum eleitoral ao alertar os eleitores para o fato de que, sendo os postos de trabalho sua mais alta prioridade, eles não deveriam contar com benefícios fiscais num futuro próximo. Assim, temos um democrata local, ainda que na verdade um oportunista, que faz um sedutor apelo, apoiado pelos sindicatos, a favor da ação do Estado para reduzir o desemprego e criar postos de trabalho com altos salários. E o que dizer de Kerry e os democratas nacionais?

O contraste é dramático: a campanha de Kerry não teve nada que dizer sobre o declínio da indústria de carvão dos Apalaches, o fenecimento da indústria do aço ou a perda de empregos fabris para o México e a China. O mais rico membro do Senado norte-americano prometeu benefícios fiscais modestos para as grandes empresas que mantivessem a oferta de postos de trabalho no país. Até retoricamente ele falhou ao combater o populismo cultural dos republicanos e os ataques à elite com apelos ao populismo econômico e a um tradicional *ethos* de trabalho assalariado. Ofereceu intermináveis relatos de seus feitos em batalha ("defendendo os Estados Unidos" quando matou camponeses pobres no delta do Mekong) e imagens suas enquanto praticava windsurfe e esqui em estâncias que os cidadãos comuns da Virgínia Ocidental não poderiam sequer sonhar em conhecer.

Bush, por outro lado, impôs uma tarifa temporária de 30% sobre o aço importado em 2001: uma tática cínica, inspirada em Rove[8], para atrair os trabalhadores assalariados democratas; mesmo assim, foi um gesto dramático que arrancou aplausos nas regiões industriais. De uma perspectiva local; o caubói do Texas teve, de fato, a coragem de se impor diante dos concorrentes europeus,

---

[7] Phil Kabler, "Manchin Wins By Wide Margin", *The Charleston Gazette*, 3/11/2004.

[8] James Moore e Wayne Slater, *Bush's Brain* (Nova York, John Wiley & Sons, 2003). A respeito da tarifa sobre o aço, ver p. 294-5.

enquanto o brâmane de Boston ofereceu pouco mais que uma aspirina e um tapinha nas costas para o tratamento de câncer terminal. Bush foi visto (mesmo que incorretamente) como um nacionalista econômico, enquanto Kerry recebeu a pecha de eurófilo indigno de confiança. Como veremos adiante, nem mesmo a era Clinton deu aos democratas a fama de defensores dos empregos na indústria, em comparação com o desempenho de Bush.

Muitos eleitores da região central continuam equiparando o poder militar ao poder industrial norte-americano. Melhor produzir espadas do que não produzir arados nem espada nenhuma. A orgia de gastos com defesa e segurança interna na administração Bush, da mesma forma que a irrupção da "Segunda Guerra Fria" no início da década de 1980 com Reagan, de certo modo é uma política industrial keynesiana. Kerry, por sua vez, não teve política nenhuma para oferecer além de uma fé elitista em mercados globais e alta tecnologia. Portanto, do ponto de vista pró-empregos do eleitor da Virgínia Ocidental, o voto dividido entre Bush e Manchin pôde refletir justamente a coerência, e não a contradição, de seus interesses econômicos próprios.

Muitos democratas liberais e os ditos "progressistas", inclusive Frank, estão simplesmente em contradição com o abandono, por parte dos democratas nacionais, dos interesses do eleitor médio das regiões e dos setores industriais em declínio. Exceto no fim do livro, quando aborda pontos esclarecedores sobre o Conselho de Liderança Democrata, em geral Frank retrata o partido como o representante óbvio dos interesses da classe trabalhadora. No entanto, como mostra o caso da Virgínia Ocidental, muitos assalariados democratas tradicionais não vêem mais como lar um partido nacional dominado pelos planos de exportadores de alta tecnologia, magnatas de Hollywood e advogados de acusação. Para citar um eleitor daquele estado: "Nós não deixamos os democratas, foram eles que nos deixaram".

O legado de Clinton

Além do mais, para que uma teoria da falsa consciência como a de Frank se adequasse completamente ao eleitorado assalariado, os cidadãos do Kansas (ou da Virgínia Ocidental ou de Ohio) deveriam ter a oportunidade de fazer escolhas claras entre "valores" e "interesses", entre cultura e classe. No entanto, é precisamente a ausência radical de tais escolhas que define a atual política norte-americana.

Como argumentei em diversas ocasiões, a grande conquista (e obsessão estratégica) da era Clinton foi redefinir os democratas como o partido da "nova economia", das indústrias da informação das costas leste e oeste, dos jogos e do entretenimento, além dos exportadores de alta tecnologia. (O conceito mesmo de "nova economia", sem dúvida, era de interesse próprio, e os democratas tiveram um papel fundamental para a sua difusão entre a consciência popular e a crítica corrente.) A administração Clinton deu prioridade máxima aos interesses de Hollywood, do vale do Silício, de Las Vegas e da banda de Wall Street, representada por Robert Rubin e Goldman Sachs. Como conseqüência, os setores de eletrônicos e comunicações aumentaram suas doações aos democratas (de acordo com o registro da Comissão Federal de Eleições) de 10 milhões de dólares em 1990 para 71 milhões em 2000; a indústria da segurança, por sua vez, aumentou suas doações de 7 milhões em 1990 para 41,5 milhões de dólares em 2000[9].

Concomitantemente, os interesses econômicos de grande parte da antiga base democrata, em especial os trabalhadores manufatureiros das áreas centrais do país, foram sacrificados ao bezerro de ouro do livre-comércio. Em lugar de um pacote de resgate econômico para essas áreas, como exigido pelos sindicatos industriais, Clinton impôs um exportador de postos de trabalho chamado Nafta. Quase 2 milhões de empregos do setor manufatureiro foram eliminados entre 1996 e 2001, afetando desproporcionalmente as fábricas sindicalizadas. Centenas de trabalhadores locais historicamente sindicalizados desapareceram. Embora o governo tenha ocasionalmente se pronunciado em defesa dos empregos tradicionais da indústria, duvido que alguém possa citar uma única grande fábrica norte-americana que tenha sido salva pelas políticas de Clinton.

Além disso, como mostram as pesquisas nacionais de renda, a desigualdade econômica continuou a crescer dramaticamente nos anos Clinton. Como constantemente nos lembram os progressistas que defendem o emprego dentro do Partido Democrata, um dos feitos fundamentais do New Deal foi a redução da desigualdade de renda, que chegou a proporções grotescas durante o climatério de Coolidge-Hoover na hegemonia dos negócios. Esse abismo, tradicionalmente medido pelos cientistas sociais por meio do índice de Gini, começou a aumentar novamente com a revolução de Reagan e foi alvo da crítica democrata nas eleições de 1988 e 1992. Como conseqüência, a vitória de Bill Clinton deveria ter revertido ou, na pior das hipóteses, freado o crescimento da desigualdade. No entanto, o índice de Gini atingiu altos níveis após a posse (e bem antes de os republicanos assumirem o controle do Parlamento): um impressionante símbolo estatístico da morte do liberalismo do New Deal e do abandono da antiga base social por parte dos novos democratas[10].

Kerry baseou entusiasticamente sua campanha nesse triste legado e, como Gore, foi financiado em grande parte pelas indústrias do entretenimento, da

---

[9] Center for Responsive Politics, *Long-Term Contribution Trends (1990-2006)*. Disponível em <www.opensecrets.org/industries>.

[10] Robert Plotnick et al., "The Twentieth Century Record of Inequality and Poverty in the United States", *Institute for Research on Poverty Discussion Paper*, n. 1166-98, 1998.

informática, de jogos, de investimentos e de especulação financeira, assim como por firmas de advocacia e grupos pró-Israel. Ainda como Gore, candidatou-se sem uma proposta econômica de forte apelo ou uma estratégia séria para estancar perdas maiores de postos de trabalho na indústria manufatureira ou reverter a "walmartização" das áreas centrais. Tampouco havia muitas evidências de solidariedade para com a classe trabalhadora no currículo recente de Kerry. Assim como outros candidatos democratas em 2003 (com exceção de Dennis Kucinich), ele falhou no combate à bem-sucedida tentativa da administração Bush de negar o pagamento de horas extras a milhões de trabalhadores, que foram reclassificados como *managers* [gerentes] – um grande retrocesso no legado do New Deal.

Em outras palavras, o verdadeiro tendão de Aquiles dos democratas foi a economia, não a moralidade. O grande ponto de discordância nos vales do carvão e do aço dos Apalaches, assim como nas cidades têxteis do sul do Piedmont, foi o declínio da indústria (e suas representações nas imagens do poderio nacional), não a ameaça da monogamia gay. Isso não impede que a *Kulturkampf* tenha desempenhado um importante papel marginal. O que Frank chama de "difamação do café-com-leite" – hostilidade visceral dos trabalhadores assalariados em relação à elite da indústria da informação – se baseia, no final das contas, na derrota histórica e na humilhação de classe. Trabalhadores do sexo masculino de todas as raças, sem educação superior, sofrem uma queda dramática em seu poder aquisitivo e *status* social. Com os sindicatos fechados e a extinção da imprensa livre, não surpreende que muitos brancos pobres procurem por respostas em igrejas ou no rádio, com demagogos como Limbaugh e Dobbs. Ou mesmo que equiparem a perda de estabilidade no mercado de trabalho à decadência do patriotismo e dos valores familiares.

Pode ser que em Ohio, por exemplo, onde houve vultosas mobilizações democratas em Cleveland e em Columbus, acompanhadas de resultados igualmente espetaculares dos republicanos nos subúrbios, a margem de vitória de Bush tenha vindo sobretudo dos trabalhadores de condados do sudeste, que já haviam dado seus votos àquele batista devoto e sempre salvo, Bill Clinton. (Alguém notou, por acaso, a extraordinária preponderância de batistas – Carter, Clinton, Gore, Gingrich, DeLay, Jesse Jackson, entre outros – na política norte-americana recente?)

Por outro lado, a evidência fornecida pela Virgínia Ocidental, onde Kerry venceu nos condados produtores de carvão mais pobres do sul do estado, mostra que é mais provável que os democratas abandonados deixem de votar do que cruzem a linha e se tornem republicanos. Nos condados de Mingo, Logan, Boone e McDowell, nos quais a União dos Mineiros se manteve do lado de Kerry, o resultado foi de meros 30%, apesar de a AFL-CIO ter deixado claro que "se tratava da eleição mais importante de nossas vidas"[11]. (No total, os resultados nas eleições presidenciais despencaram de 78% em 1960 para apenas 46% em 2000.)

Em contrapartida, 70% dos eleitores das terras altas do Potomac, na Virgínia Ocidental – uma periferia cada vez mais republicana ligada à expansão da área metropolitana de Washington D.C. –, foram às urnas para reeleger George Bush, um dos inúmeros exemplos da estratégia de Rove para sobrepujar os democratas por meio de resultados percentuais maiores a partir da base partidária. Além disso, os dois partidos lançaram mão de estratégias quase opostas: desde o início, os republicanos apostaram na mobilização de seus redutos, enquanto os democratas estavam obcecados pelos eleitores indecisos. Se Karl Rove conhece sua clientela partidária até o último membro de um clube de campo ou assento de igreja, os democratas travam entre si um debate sem fim sobre quem é de fato sua base.

O voto evangélico

Vamos dar uma olhada na margem de vitória de Bush por vários ângulos diferentes. Rove foi particularmente insistente em levar às urnas os 4 milhões de evangélicos que ele havia previsto que votariam em 2000, mas não votaram. (É útil lembrar que, na verdade, o "cérebro" supostamente invencível de Bush perdeu aquela eleição popular.) Não está claro, no entanto, se os militantes religiosos de fato forneceram a chave para a vitória em 2004. Boa parte dos dados fornecidos pelas pesquisas de intenção de voto foi obscurecida por técnicas pobres de amostragem; contudo, os cristãos conservadores não parecem ter dado uma margem significativamente mais ampla de votos a Bush do que em 2000, mesmo com os referendos contrários ao casamento homossexual orquestrados por Rove nos estados mais relevantes. O aumento absoluto do número de eleitores evangélicos, tanto correligionários de base quanto independentes, nos esforços de campanha, seguindo a decisão republicana de enfatizar mais "a motivação que a persuasão", foi contrabalançado pela mobilização eleitoral democrata.

Ao contrário do que a mídia alegou após as pesquisas de intenção realizadas em Ohio, o "voto por valores" não aumentou em novembro passado: o número de eleitores que disseram aos entrevistadores que votaram sobretudo em valores morais decresceu de maneira uniforme, de 40% em 1996 para 35% em 2000, até chegar a 22% neste ano [2005]. A base política evangélica pode ainda não estar

---

[11] Tim Nesbitt e Brad Witt, "Taking Back Our Country for America's Working Families", discurso proferido na Convenção Estadual da American Federation of Teachers (AFT) [Federação Norte-Americana de Professores], Sun River, Oregon, em 16 de abril de 2004.

totalmente mobilizada, mas as tendências profundas na vida norte-americana sugerem que ela atingiu o ápice da influência eleitoral. A não ser que latinos protestantes convertidos (em sua maioria pentecostais) preencham a lacuna – o que é improvável –, a nação cristã em breve começará a sentir o reverso do *backlash*. (De fato, essa situação é remanescente da última comoção em torno do protestantismo popular na década de 1920, quando a breve vitória de Temperance anunciou uma falsa hegemonia, logo sobrepujada pela explosão de crescimento de uma população urbana de origem imigrante, que chegou à maturidade eleitoral nas grandes eleições redefinidoras de 1932 e 1936.)

Se os evangélicos não foram o fator crítico de oscilação, então onde e como Bush conquistou uma margem de vitória de 3 milhões de votos? Presumo que a maioria das pessoas que acompanha os editoriais locais presumiram que Bush conquistou votos nos principais redutos republicanos, como periferias, pequenos e distantes vilarejos e distritos rurais. Na verdade, os maiores ganhos proporcionais de Bush foram obtidos nas cidades, especialmente nas grandes. A porcentagem na zona rural foi a mesma de 2000, enquanto Kerry granjeou quase 10% a mais de votos que Gore em cidades interioranas, um feito surpreendente. Mas Bush também fez incursões inesperadas nos redutos democratas: aumento de 7% de votos em Rhode Island e Nova York, 6% em Nova Jersey e 5% em Connecticut. Ele melhorou o desempenho em comparação a 2000 até no lar de Kerry, Massachusetts. Quem são esses eleitores novos ou convertidos de Bush?

Para começar, são habitantes de Staten e Long Island, assim como dos arredores da cidade de Nova York, como os subúrbios de Nova Jersey e Connecticut – eles deram juntos meio milhão de votos a mais para o presidente. A motivação? Em termos de religião, de acordo com o Pew Research Center, esses novos eleitores de Bush se dividem igualmente entre católicos e judeus, de um lado, e protestantes, de outro. Cerca de 56% dos católicos brancos votaram a favor dos republicanos em novembro, porém é intrigante que os ganhos mais significativos de Bush estejam entre os menos, e não os mais, assíduos freqüentadores dos cultos[12]. A conclusão óbvia, penso eu, é que as questões de fato polêmicas eram a segurança nacional e o patriotismo, não o aborto e a crítica aos gays; e não surpreende que Bush tenha atraído votos de profissionais de classe média que se deslocam diariamente para trabalhar e de trabalhadores especializados da região antes sombreada pelas Torres Gêmeas.

Os votos entre os latinos também sugerem que a lealdade ao chefe de Estado em tempos de guerra foi mais importante do que os ataques dos prelados ultramontanos a Kerry no Texas. Ainda que algumas pesquisas de intenção de voto

---

[12] Pew Research Center, "Religion and the Presidential Vote", 6/12/2004.

tenham dado erroneamente a vitória a Bush entre os *tejanos** – quando na verdade Kerry venceu por uma estreita margem de dois pontos percentuais –, o presidente teve de fato ganhos consideráveis. De acordo com uma das análises, o desempenho de Bush foi melhor entre homens e latinos no nordeste do país; se o casamento homossexual e o aborto eram questões cruciais para os latinos, então poderíamos esperar um aumento maior de votos entre as latinas do que apenas um ponto percentual.

Obviamente, há outras explicações possíveis para essa margem de vitória. O fenômeno da "mamãe segurança" pode ter sido uma tendência real ou apenas uma invenção, fruto da imaginação dos críticos, mas é indiscutível que a margem de vitória de Bush quase se iguala ao aumento de votos entre as mulheres. Especialmente em Ohio, Kerry foi prejudicado por sua incapacidade para reter ou aumentar o percentual de votos femininos em Gore (50% contra 53%). Com essa parcela de apoio feminino, ele teria vencido, ao invés de perder por pouco, também no Novo México e em Iowa. Os democratas devem temer poucas coisas mais do que o estreitamento cada vez maior do hiato entre os gêneros.

A base republicana

É provável que técnicas estatísticas ainda mais poderosas venham à tona para analisar a margem de vitória de Bush, permitindo que se destrinchem melhor o "fator medo" e o voto de guerra dos valores mais fundamentalistas. Até lá, a eleição de 2004 confirma a tendência geral de toda a era moderna republicana, das revoltas contra os impostos do fim da década de 1970 à eleição de Ronald Reagan: os redutos republicanos são os subúrbios distantes, que estão crescendo rapidamente.

Um divisor de águas na história política norte-americana foi a tomada da Câmara pelos republicanos, em 1994. Como atestam seus perfis no *Almanaque dos políticos norte-americanos*, todos os novos comissionados e líderes republicanos, sem exceção, de Archer e Armey a Talent e Weldon, representavam "cidades periféricas" ricas e áreas suburbanas abastadas: Mesa, Waukesha, Plano, King of Prussia, Irving, Simi Valley, Naperville, West Valley City, Coral Springs, Roswell e muitas outras. Nenhum dos líderes de 1994 vinha de distritos tradicionalmente ricos ou de áreas rurais – as antigas áreas republicanas. Nesse sentido, Bob Dole foi o último da espécie. Com certeza, o estado do Kansas dificilmente se presta a considerações posteriores por parte dos estrategistas republicanos, cuja atenção, aliás, está fixa naquele corredor quase contínuo de bairros suburbanos conservadores, que vai do Beltway até San Diego, com

---

* "Texano" em espanhol. Refere-se aos habitantes do Texas que têm origem latino-americana. (N.T.)

moradores republicanos do sul e do sudoeste das vicejantes cidades-satélites adjacentes à Filadélfia, Milwaukee e Chicago.

Certamente os resultados de Ohio, estado-chave para a vitória de Bush no Colégio Eleitoral, contribuíram para mostrar a relevância dessas cidades para a manutenção de uma maioria republicana. Graças a um enorme esforço dos trabalhistas, Kerry obteve grandes margens de votos em cidades de Ohio. Somente em Cleveland (217.638) ele superou a tradicional predominância de Bush em distritos rurais (208.975), mas perdeu para uma mobilização republicana sem precedentes nas florescentes e abastadas áreas periféricas de Cincinatti (condados de Butler e Warren) e Columbus (condados de Delaware e Fairfield). (De modo semelhante, a grande maioria obtida por Kerry em Milwaukee, por sua vez, foi igualada por resultados históricos do Partido Republicano nos três distritos suburbanos de Waukesha, Ozaukee e Washington.) Nacionalmente, o partido é dominante em 97 dos 100 condados de crescimento mais acelerado (em sua maioria cidades-satélites dos estados do sul e do sudoeste).

Contudo, em uma nação em que a maioria do eleitorado passou a votar nos subúrbios, a própria categoria "subúrbio" não é mais útil para estrategistas de campanha e analistas eleitorais. Mais importante é o contraste entre envelhecimento, subúrbios mais centrais, empregos escassos e recursos fiscais, de um lado, e subúrbios mais distantes – da grande área metropolitana ou "boombúrbios", se preferirmos –, que disputam os mesmos empregos e impostos comerciais, de outro. O grande conflito redistributivo nos Estados Unidos não é mais entre as cidades centrais e seus subúrbios, mas entre cidades e seus antigos subúrbios, de um lado, e cidades da periferia, de outro. *Esse é também o principal teatro onde se encena a redefinição das políticas republicana e democrata.*

A principal inovação trazida por Rove à estratégia republicana, reforçada pelo sábio uso de dados fornecidos por levantamentos microdetalhados dos mais avançados, foi a sólida concentração de esforços na tarefa de construir uma esmagadora maioria republicana em periferias metropolitanas de alto crescimento, onde jovens e famílias brancas ricas – obcecadas por educação, criminalidade e valores familiares – tendem a morar. Tais comunidades são, com freqüência, monoculturas políticas. Certamente, um dos capítulos mais brilhantes de *What's the Matter with Kansas?* é o retrato íntimo que Frank faz de uma grande área periférica de Kansas City, o condado de Johnson, em que o conflito político mais dramático – uma guerra cultural dentro de outra – é travado pelos mais radicais e plebeus republicanos *conservadores* contra a elite, porém socialmente permissiva, dos republicanos *modernos*. Na irremitente caracterização de Frank, o condado de Johnson não compõe uma paisagem social muito alentadora para o liberalismo tradicional.

Mas os progressistas não devem descartar os subúrbios. Uma situação mais ambígua e complexa se dá em meu próprio quintal, no sul da Califórnia: o "Império Interior" dos condados ocidentais de San Bernardino e Riverside. A mídia concedeu o estado a Kerry sem pensar duas vezes, e os resultados eleitorais atraíram pouca atenção dos analistas. Na verdade, o Partido Republicano continua a ganhar terreno nos distritos interioranos de alto crescimento, que vão de Colusa, no norte, a Riverside, no sul. O Império Interior formado pelos dois condados é particularmente importante porque seus votos republicanos (604 mil) em breve superarão os do condado de Orange (674 mil), que deram a Bush a maioria mais ampla no país, em novembro passado. O Império Interior, para o qual se projeta um crescimento de 2,5 milhões de habitantes nos próximos 15 anos, já é alardeado pelos estrategistas republicanos como a chave para o futuro do partido na Califórnia[13].

Mas esse império também mostra uma relação pobre entre o trabalho e os subúrbios republicanos mais externos, que recebem benefícios fiscais, como o condado de Orange, no sul, e San Diego, no norte. Os republicanos de Rancho Cucamonga e Temecula são ricos, mas decididamente não são a elite; eles estão mais próximos dos rancorosos *conservadores* de Johnson, descritos por Frank. Eles passam grande parte de suas vidas nos congestionamentos das rodovias I-15 e 91, deslocando-se de casa para escritórios ou funções em empresas de alta tecnologia nos condados de San Diego ou Orange para pagar hipotecas ou unidades em condomínios que custam 250 mil dólares a menos que suas contrapartidas na zona costeira. Além disso, o império é uma colcha de retalhos, formada por subúrbios de classe média e bairros operários ou conjuntos de apartamentos de baixa renda, como Fontana, Rialto e Perris. Assim como a parte ocidental dos condados de San Bernardino (39%) e Riverside (36%), possuem grandes e crescentes populações de mexicanos.

Em outras palavras, não há nada que predestine o Império Interior a ser o bastião republicano da próxima geração, a não ser a negligência democrata. O que deveria ser um terreno altamente competitivo foi cedido para os republicanos quase que sem luta. No condado de Riverside, o Partido Democrata confiou em terceiros para convocar novos eleitores, enquanto o Partido Republicano mobilizou voluntários comprometidos ideologicamente. Como resultado, estes conseguiram registrar mais de quatro vezes a quantidade de eleitores do que aqueles entre 2000 e a véspera da eleição. No condado de San Bernardino, um antigo bastião democrata, os republicanos não só ganharam de 10 a 1 como também montaram uma impressionante campanha de base, amplamente sustentada pelas igrejas, que trouxeram quase 2 mil delegados de circunscrição e voluntários de zonas ignoradas pelos democratas. "O Comitê Democrata Distrital", segundo um jornal local, "estava tão desorganizado que sua sede na cidade de San Bernardino estava fechada e os telefones, desligados."

---

[13]   Hugo Martin, "GOP Looks to Inland Empire", *The Los Angeles Times*, 10/5/2004.

Enquanto isso, democratas do lado oeste de Los Angeles estavam angariando milhões de dólares para a campanha nacional de Kerry, mas nem um mísero centavo era enviado para os ativistas ligados aos trabalhadores e aos latinos, que competiam contra uma cruzada republicana bem financiada e de forte cunho populista, 120 quilômetros a leste. Conseqüentemente, Bush aumentou sua margem de votos de 7 mil em 2000 para mais de 50 mil em novembro passado. É claro que não fez diferença para o voto do Colégio Eleitoral da Califórnia, mas republicanos de visão estavam construindo as bases para o futuro e investindo em lideranças locais, e não apenas angariando votos para o presidente.

Exceto nas grandes cidades, onde os sindicatos do setor público reavivaram o eleitorado democrata, o antigo partido de Roosevelt parece ter perdido qualquer noção de política de base a longo prazo. Frank está absolutamente certo ao comparar o caráter de "movimento" das políticas republicanas suburbanas com o gerenciamento hierarquizado das campanhas democratas. Os democratas farão qualquer concessão aos preconceitos suburbanos e aos interesses egoístas à medida que se arrastam para a direita, mas mostram pouca habilidade para se organizarem em torno, ou mesmo identificar, as questões e as contradições da vida suburbana que poderiam sustentar uma política mais liberal, ou mesmo progressista. Mas, como sempre, eles não fazem "política estrutural", na acepção de uma política que tem como alvo o controle do espaço de discurso e o estabelecimento de uma pauta com vistas a desorganizar o máximo possível a base social do oponente, enquanto consolida a sua própria. Desde que Eisenhower autorizou as rodovias interestaduais ou, no mínimo, desde que Nixon passou a destinar o grosso dos financiamentos federais para os subúrbios, o Partido Republicano tem conquistado e recompensado a expansão urbana. Afinal de contas, essa é a alavanca arquimediana que constantemente transfere votos das colunas azuis para as vermelhas.

A raça prevalece

Obviamente, expansão urbana é também um eufemismo para ressegregação. Uma tendência muito comentada na década de 1990 foi o surpreendente crescimento dos subúrbios negros de classe média, em especial no entorno da capital e de Atlanta. Há também alguns poucos subúrbios mais distantes genuinamente integrados, inclusive partes de nosso Império Interior, como Fontana e Moreno Valley, embora tendam a ser abundantes em moradias e carentes de empregos. Mas, de modo geral, crescimento exterior e migração para a periferia urbana são uma busca pelo retorno àquele estado edênico que existiu antes da revolução dos Direitos Civis e da latinização das grandes cidades norte-americanas. Frank pode estar certo quando diz que os habitantes do Kansas são reacionários sem serem racistas, e que os manifestantes antiaborto locais reivindicam orgulhosamente o manto de John Brown; mas, se é esse o caso, essa é uma situação única, que abala nossa possibilidade de generalizar "o que há de errado com o Kansas" para "o que há de errado com os Estados Unidos". Em algum outro lugar, o mato deve estar eriçado com comentários racistas e insinuações xenofóbicas.

Californianos do sul testemunharam vividamente essa situação durante a impugnação da eleição de Gray Davis, há dois anos. Para fins de pesquisa, passei um mês, das três às seis da tarde, sintonizado no programa de rádio do mais popular "pregador de ódio" da Califórnia e substituto ocasional de Russ Limbaugh, Roger Hedgecock. Esse ex-contraventor e prefeito exonerado de San Diego reclama para si a glória de ter levado o fervor da impugnação ao seu ápice e, assim, ter pavimentado o caminho para a eleição de Arnold Schwarzenegger. Ele é a síntese local do *backlash* cultural e, à imagem de suas contrapartidas em outras regiões, preenche o tempo de deslocamento de sujeitos brancos em caminhonetes e utilitários, que voltam para suas casas em Escondido ou Temecula, arrastando-se a 3 quilômetros por hora em filas infinitas de fadiga e mau humor.

Com uma certa monotonia hipnótica, Hedgecock investiu, dia após dia, contra a "invasão estrangeira" que congestionou estradas, sobrecarregou escolas e serviços sociais, e transformou o sul do estado em "um formigueiro de língua castelhana". Agora, esbravejava ele, Gray Davis e os democratas queriam "dar uma carteira de motorista a Bin Laden", enquanto as sofridas classes produtoras brancas eram atormentadas pelo flagelo de uma odiosa taxa de licenciamento, o que apenas anunciava o dia em que homossexuais, imigrantes ilegais e o Sierra Club levariam seus utilitários embora. (Se você pensa que estou exagerando é porque você ainda não sintonizou no programa de Roger ou seu equivalente local.)

Entretanto, enquanto eu sofria sob as fustigações de Roger todas as tardes, percebi que estava testemunhando o nascimento de um novo discurso, em que se mesclavam nativismo e tráfego, o "perigo pardo" e os congestionamentos. Em 1978, a revolução de Reagan começou com revoltas contra impostos; agora, as reclamações são sobre engarrafamentos, famílias com pais sempre ausentes e, em geral, uma sensação claustrofóbica de decrescente mobilidade física no sudoeste. Desconheço se esse tipo de "fúria sobre rodas" tem alguma reverberação para além da Califórnia, mas certamente desempenhou um papel importante no fato de que um Hummer tivesse estacionado do lado de fora do palácio do governador, em Sacramento. É também um indicativo do modo como a cultura do ódio de Frank se adapta incessantemente à topografia do fanatismo suburbano.

A raça ainda será a chave para a "maioria republicana emergente", como Kevin Phillips afirmou nos idos de 1969[14]? Talvez, mas com a ressalva de que a

---

[14] Kevin P. Phillips, *The Emerging Republican Majority* (Nova York, Arlington House Publishers, 1969).

xenofobia, amplamente voltada para o "perigo pardo", assim como para asiáticos e muçulmanos, acabou reabrindo uma das mais antigas feridas da história norte-americana, porém com efeitos potencialmente deletérios a longo prazo para candidatos republicanos em estados que se latinizam rapidamente. Ao mesmo tempo, Larry Bartel, da Wilson School de Princeton, desafiou Frank com dados que sugerem que "eleitores de baixa renda têm se tornado cada vez menos democratas em suas identificações partidárias, porém a uma taxa menor que os brancos mais ricos – e tal tendência está integralmente encerrada no sul". Bartels também pensa que, "enquanto preferências relativas a questões sociais têm se tornado mais fortemente relacionadas aos votos presidenciais entre os brancos de renda média e alta, não há evidência de uma tendência correspondente entre os brancos de baixa renda"[15].

Ainda que o livro de Frank preserve seu valor pelo escaldante retrato que faz da hipocrisia conservadora e da incompetência democrata, a verdadeira crise da política norte-americana tem menos relação com *backlash* que com "desistência". Em vez de duas pequenas consciências de classe, talvez haja demasiadas, já que milhões de trabalhadores se recusam a votar por milionários democratas que não têm nada a oferecer além de um palavrório sem sentido sobre livre-comércio e globalização.

2005 – UCLA

Um esmiuçamento posterior dos dados, feito por cientistas políticos, esclareceu os papéis do "hiato de gênero" e o voto dos latinos na reeleição de Bush. Karen Kaufmann, por exemplo, mostrou que tal hiato (tão central para a estratégia democrata nacional desde sua aparição, em 1968) na verdade cresceu, ainda que levemente, para benefício de Kerry em cada região do país, exceto no sul. Em Dixie, contudo, as mulheres se apressaram em apoiar Bush. "No sul, as mulheres preferiram Clinton a Bob Dole por uma margem de 17% em 1996 e Al Gore a George W. Bush por 9% em 2000. Em 2004, entretanto, elas favoreceram Bush por uma margem 2% maior que a dos próprios homens sulistas." A análise de Kaufmann dos dados fornecidos por levantamentos das eleições atribui esse revés insólito à grande repercussão da guerra ao terror e a questões relativas ao Iraque – ainda assim, é um achado curioso, a menos que se presuma que o sul tenha um número desproporcional de mulheres e mães de militares votantes[16].

---

[15] Larry Bartels, "What's the Matter with *What's the Matter with Kansas?*", documento apresentado no encontro anual da American Political Science Association, Washington D.C., 1-4 de setembro de 2005.

[16] Karen Kaufmann, "The Gender Gap", *PS*, jul. 2006.

Concomitantemente, outras pesquisas refutaram as afirmações de que Bush conquistou 44% do voto latino e ainda a maioria dos votos dos mexicanos no Texas: ambas as asserções foram fruto de amostragens inexplicavelmente malfeitas. Por outro lado, o voto protestante latino não cubano (dinamizado pelo rápido crescimento das igrejas pentecostais) provavelmente igualou ou superou o eleitorado cubano-americano pela primeira vez como fonte de apoio aos republicanos. Decerto a única esperança no longo prazo para que os republicanos consigam deter a predominância política nos estados cada vez mais latinizados, porém cruciais para Bush, como Texas e Flórida, seja a expansão da base evangélica. Contudo, como Thomas Edsall recentemente destacou, a maior perda causada pelo recente backlash *contra imigrantes no interior do Partido Republicano tem sido precisamente essa aliança essencial. Ele cita o exemplo do reverendo Luis Cortes Jr., um dos mais proeminentes protestantes latinos e líder da associação de desenvolvimento comunitário Esperanza da Filadélfia, que apoiou Bush de forma bastante agressiva em 2004, mas se voltou contra o partido em 2006, por causa do apoio dado por este a organizações como os Minutemen* e por causa da construção de uma cerca de 700 milhas de extensão na fronteira*[17]. *O árduo trabalho de Karl Rove pode ir por água abaixo se os republicanos não conseguirem manter os latinos evangélicos sob suas asas.*

---

*   Sobre os *Minutemen*, ver capítulo 25, "Homem vigilante". (N.T.)
[17]   Thomas Edsall, "The GOP's Brownout", *National Journal*, 2/9/2006.

9
Democratas pós-novembro

Será que as eleições legislativas de novembro de 2006 foram um massacre político épico ou apenas uma típica contenda de eleições parlamentares? Na semana seguinte à vitória democrata, relações-públicas do partido ofereceram opiniões tão contraditórias quanto as dos protagonistas de *Rashomon*, a célebre narrativa relativista de Akira Kurosawa sobre um assassinato e um estupro. Do lado liberal, Bob Herbert regozijou-se em sua coluna, em *The New York Times*, com o fato de a "anomalia induzida pelo medo" da "era George W. Bush" ter "dado seu último suspiro"[1], enquanto Paul Waldman (de *The Baltimore Sun*) anunciava "um grande passo da nação em direção à esquerda"[2] e George Lakoff (do site CommonDreams.org) celebrava a vitória dos "valores progressistas" e "um emolduramento firmado em valores, factualmente acurado"[3] (seja qual for o significado disso). Do lado conservador, Lawrence Kudlow, de *The National Review*, recusou-se a reconhecer até mesmo as manchas de sangue nos degraus do Congresso: "Veja as vitórias dos 'cães azuis'* democratas e veja as derrotas dos republicanos diante dos liberais no nordeste. A mudança na Câmara pode muito bem ser uma vitória conservadora e não liberal"[4]. William Safire, embora desgostoso com a

---

[1] Bob Herbert, "Ms. Speaker and Other Trends", *The New York Times*, 9/11/2006.
[2] Paul Waldman, "A Big Step in Nation's March to Left", *Baltimore Sun*, 12/11/2006.
[3] George Lakoff, "Building on the Progressive Victory", CommonDreams.org, 14/12/2006.
* No original em inglês, *Blue Dogs*, denominação dada aos políticos democratas de orientação conservadora, predominantemente oriundos de estados do sul. (N.T.)
[4] Lawrence Kudlow, "Reach Out to the Blue Dogs". Disponível em <kudlowsmoneypolitics.blogspot.com>, 8/11/2006.

"esquerda derrotada", finalmente venceu uma eleição, considerando o resultado uma "perda corriqueira para essas eleições"[5].

A vitória e seu preço

Mas Safire e os de sua laia não são confiáveis. Mesmo que a vitória democrata de 2006 não tenha sido a catástrofe que os republicanos liderados por Newt Gingrich, Dick Armey e Tom DeLay causaram em 1994 (ver Tabela 9.1), ela foi tudo menos um resultado "corriqueiro". Apesar da comparativamente baixa relevância eleitoral da economia (o tópico clássico da oposição nesse tipo de eleição), os democratas conseguiram reverter com precisão a maioria na Câmara (o maior massacre de republicanos desde 1974) e tomaram o Senado por uma cadeira. De fato, a casa ganhou seu primeiro "socialista" autoproclamado: Bernie Saunders, de Vermont, um independente alinhado aos democratas.

Pela primeira vez, os democratas não perderam uma só recandidatura ou cadeira vaga na Câmara. Eleitores independentes (26% do eleitorado) convergiram para os democratas a uma taxa de quase dois para um – "a maior margem já medida entre independentes desde as primeiras pesquisas de intenção de voto, em 1976"[6]. Contando com a maior liderança feminina da história do país, eles derrotaram os republicanos nas urnas com os votos das mulheres (por 55% a 45%) nas disputas parlamentares; mais surpreendente ainda, porém, é que eles também tenham conseguido reduzir a famosa liderança dos republicanos entre homens brancos (acachapantes 63% nas disputas de 1994 para a Câmara) para 53%[7]. Segundo o experiente pesquisador Stanley Greenberg, um em cada cinco eleitores de Bush se deslocaram para a coluna azul, mas não de forma tão dramática quanto o segmento do mercado eleitoral composto por "homens privilegiados" (ricos e com educação de nível superior), entre os quais os republicanos perderam 14% de seu apoio em 2004. Embora as perdas na base do partido – evangélicos e moradores dos subúrbios ricos e áreas rurais – tenham sido pequenas, o partido da maioria moral caiu 6% entre católicos devotos, enquanto latinos descontentes – em resposta ao apoio dado a vigilantes e muros de fronteira – eliminaram os republicanos em disputas acirradas no oeste[8].

Na corrida estadual, os democratas mostraram ainda mais força. Às vésperas da eleição, o Partido Republicano gabou-se de uma maioria de governos esta-

---

[5] William Safire, "After the Thumpin", *The New York Times*, 9/11/2006.
[6] William Schneider, "Swing Time", *National Journal*, 11/11/2006.
[7] Thomas Edsall, "White-Guy Rebellion", *National Journal*, 11/11/2006.
[8] Robert Borosage, James Carville e Stanley Greenberg, *The Meltdown Election: Report on the 2006 Post-Election Surveys* (Washington D.C., Democracy Corps, 15/11/2006), p. 2-3.

duais (28 contra 22) e de uma ligeira liderança no controle das assembléias legislativas estaduais (49 contra 47, com duas empatadas[9]). Em contraste com a admirável supremacia democrata nas legislaturas estaduais antes de 1994 (quando os republicanos controlavam apenas oito estados), essa paridade bruta – segundo John Hood, presidente de um *think-tank* conservador da Carolina do Norte – é "um dos produtos mais significativos e duradouros da Revolução Republicana". Mas é um legado que se foi, já que os democratas conseguiram inverter a proporção de governadores (deixando o Executivo nas mãos dos republicanos em apenas três dos dez estados mais populosos) e ganhar o controle de mais oito gabinetes estaduais (novo total: 56 democratas contra 41 republicanos, com um empate). "O que é pior para o Partido Republicano", ressalta Hood, é que os partidos com maioria nas legislaturas estatais controlarão a redistribuição distrital do Congresso no momento do censo de 2010, que se aproxima rapidamente. "Se os democratas mantiverem a margem atual, a Câmara dos Estados Unidos se tornará muito mais azul"[10].

Tabela 9.1
1994 contra 2006

	Crescimento republicano 1994	Crescimento democrata 2006
Câmara	54	31
Senado	8	6
Governos estaduais	10	6
Legislaturas estaduais	20	4
Representantes estaduais	472	320 (aprox.)

Regionalmente, os candidatos republicanos foram dizimados em sua própria casa, a região da Nova Inglaterra (incluindo o notoriamente conservador estado de Nova Hampshire, onde os democratas conquistaram a legislatura pela primeira vez desde a Guerra Civil) e nos estados do Meio Atlântico, o que levou um proeminente conservador a lamentar: "O nordeste está em vias de ser eternamente perdido para os republicanos"[11]. Os democratas também tiveram

---

[9] Existem 98 câmaras partidárias em 50 estados, mas o de Nebraska, graças a seu grande progressista George Norris, possui uma legislatura de câmara única e não partidária desde 1937.

[10] John Hood, "GOP Car Wreck", *National Review*, 4/12/2006. Os democratas dobraram o número de estados (de 8 para 16) onde controlam tanto a legislatura como o palácio do governo. Ver a análise em Tim Storey e Nicole Moore, "Democrats Deliver a Power Punch", *State Legislatures*, dez. 2006.

[11] Jonathan Martin, "Damn Yankees", *National Review*, 18/12/2006.

crescimento surpreendente no meio-oeste e no interior do oeste "vermelho", em especial no Colorado, onde o dinheiro da alta tecnologia impulsionou o crescente voto latino[12]. Mesmo no sul, os democratas conseguiram frear o declínio a longo prazo e tomar de volta dezenove cadeiras em legislaturas estaduais. (Apesar do mito prevalecente de um sul solidamente republicano, os democratas ainda têm uma maioria de 54% nas Assembléias sulistas[13].)

No Kansas – estado ícone da falsa consciência eleitoral para Tom Frank[14] –, a democrata Nancy Boyda derrotou o candidato à reeleição Jim Ryun (ex-astro olímpico de corridas) num distrito parlamentar que Bush havia levado por uma vantagem de 20% apenas dois anos antes. A popular governadora democrata Kathleen Sibelius reelegeu-se facilmente, enquanto os dois outros principais cargos estaduais, os de procurador e de tenente-general, foram conquistados por ex-republicanos que estavam concorrendo como democratas – uma surpreendente reviravolta na tendência predominante de conversão política. O principal conservador dentro da cultura do estado, o procurador Phil Kline, que é fanaticamente contrário ao aborto, foi pulverizado: recebeu apenas um terço dos votos nos subúrbios comumente republicanos de Kansas City (condado de Johnson)[15]. Não parece haver nada de "errado" com o Kansas no outono de 2006.

Tais resultados refutam de maneira muito convincente a lenda de invencibilidade que se formou em torno da estratégia de Karl Rove para mobilizar as bases (em geral estimuladas pela histeria sobre os riscos que correm alguns valores cristãos) e espalhar publicidade negativa (em geral perpetuando hipocriticamente algumas mentiras ou calúnias sobre a oposição). Segundo Stanley Greenberg, "o Partido Republicano agora possui a pior imagem de que se tem memória, ainda pior que no caso Watergate". No entanto, o pesquisador democrata (escrevendo em colaboração com Robert Borosage e James Carville) foi veemente ao afirmar que perdas republicanas não são necessariamente ganhos democratas.

---

[12] Para uma perspectiva histórica de "como liberais milionários estão comprando a política no Colorado", ver John Miller, "The Color Purple", *National Review*, 4/12/2006.

[13] Tim Storey e Nicole Moore, "Democrats Deliver a Power Punch", cit.

[14] O brilhante, bem escrito e influente livro de Frank, de 2004, *What's the Matter with Kansas?*, retrata uma classe trabalhadora branca que se rendeu a qualquer cálculo racional de interesse econômico para adotar uma raiva sem esperança e manipulada. Como outros progressistas, ele conclama os democratas a enfrentar o populismo cultural de Rovian com seu próprio populismo econômico.

[15] Peter Slevin, "Trounced at Polls, Kansas GOP Is Still Plagued by Infighting", *The Washington Post*, 30/12/2006. Slevin afirma que as guerras culturais – em tópicos como evolução e aborto, particularmente – dividiram profunda e, talvez, irreparavelmente o Partido Republicano no Kansas.

O Partido Democrata também acabou sendo visto de modo mais negativo durante essa eleição do que em 2004. [...] os democratas têm apenas modestas vantagens – e são escolhidos por menos de 50% dos pesquisados em questões essenciais, como estar "ao seu lado", "orientado para o futuro" e "ser pró-família".[16]

Thomas Edsall concorda que "os triunfos democratas são frágeis" e alerta para o fato de terem se baseado "muito mais em insatisfação disseminada com a Guerra no Iraque que em mudanças partidárias e ideológicas fundamentais, como ficou patente nos avanços republicanos de 1980 e 1994". A filiação partidária permanece mais próxima da paridade (38% democratas contra 37% republicanos[17]) do que nunca, desde o fim do século XIX, e o controle da Câmara é regulado por oscilações de apenas alguns pontos percentuais. Essa é a razão pela qual os republicanos têm se mostrado tão ávidos para realizar redistribuições controversas de distritos e rezoneamentos, a fim de aumentar seu poderio[18].

Tabela 9.2
Percentual do voto popular em eleições para a Câmara

	Republicanos	Democratas
2000	48	48
2002	51	46
2004	50	47
2006	46	52

Além do mais, os vitoriosos não chegam a um consenso sobre a direção do partido. Em contraste com 1994, quando o Partido Republicano estava todo enlevado em torno da sua "revolução" congressista, no fim de 2006 os ideólogos democratas estavam profundamente divididos. Enquanto progressistas como Ezra Klein (de *American Prospect*) se preocupavam com o fato de os "cães azuis" e os membros do Conselho de Liderança Democrata estarem prontos para "trancar

---

[16] Robert Borosage, James Carville e Stanley Greenberg, *The Meltdown Election: Report on the 2006 Post-Election Surveys*, cit. O pesquisador republicano Frank Luntz concorda com Greenberg: "Muito disto [a eleição] foi mais uma afirmação do desapontamento com a liderança republicana do que uma adoção da alternativa democrata. A eleição foi um referendo sobre o Partido Republicano nacional". Ver também Tim Storey e Nicole Moore, "Democrats Deliver a Power Punch", cit.

[17] Thomas Edsall, "White-Guy Rebellion", cit.

[18] O Senado, no qual o Wyoming com menos de 500 mil habitantes tem a mesma representação que a Califórnia com quase 35 milhões, provê aos republicanos (dominantes nos estados rurais e menos populosos) uma notável vantagem.

os liberais para fora dos muros do poder"[19], Christopher Hayes (de *The Nation*) aplaudiu o "novo populismo democrata"[20] e Michael Tomasky (outro colaborador de *American Prospect*) argumentou que o partido estava se movendo de modo muito astuto para o centro e para a esquerda, ao mesmo tempo ("o partido conseguiu manter sua coalizão de centro esquerda e tornar menos importantes as distinções entre os grupos"[21]). Hillary Clinton e seu coro de vozes sicofantas exibiram orgulho pelo "centro dinâmico e vital", enquanto outros democratas concordaram de forma pessimista com a predição ácida de Safire de que o partido caminhava para uma guerra civil.

Seja como for, os democratas, liderados pela porta-voz da Câmara, Nancy Pelosi, e pelo líder da maioria no Senado, Harry Reid, têm dois anos para consolidar seu acentuado apoio eleitoral e armar Hillary Clinton de forma efetiva para uma batalha hedionda com John McCain ou Rudy Giuliani em 2008[22]. (Nenhum dos dois misteriosos fenômenos – o republicano Mitt Romney e o democrata Barack Obama – têm chances de sobreviver às primárias presidenciais, embora possam ser reciclados em candidatos a vice[23].) Nessa 110ª legislatura no Congresso, os democratas terão oportunidades extraordinárias para repelir as pautas reacionárias estabelecidas em 1994 pela "Revolução Republicana" e no biênio 2001-2002 pela "guerra ao terror". Porém, estarão divididos entre dois imperativos categóricos: de um lado, afundar quantos republicanos for possível no mesmo barco de George Bush, e, de outro, conquistar o "centro" místico e o apoio dos lobistas corporativos. Se o passado recente for bom conselheiro, uma política seriamente populista e ideologicamente combativa é incompatível com o projeto clintonista de transformar os democratas em representantes *par excellence* da economia da informação e da globalização.

---

[19] Ezra Klein, "Spinned Right", *American Prospect Online*, 8/11/2006.

[20] Christopher Hayes, "The New Democratic Populism", *The Nation*, 4/12/2006.

[21] Michael Tomasky, "Dems put the 'big tent' back together", *The Los Angeles Times*, 12/11/2006.

[22] A reação dos eleitores independentes contra Bush soprou ventos favoráveis sobre as velas de McCain e Giuliani, então percebidos como os únicos republicanos que poderiam conquistar aquele segmento do eleitorado; mas ainda mais dramaticamente, isto acabou por aumentar o valor de mercado do "Exterminador". O governador da Califórnia, Arnold Schwarzenegger, cuja bonança política despencou em 2005 após uma desastrosa temporada como conservador, ressurgiu dos mortos numa nova e amplamente popular encarnação, na forma de um perdulário democrata disfarçado. Seus apoiadores estão atualmente granjeando votos para uma possível emenda constitucional que poderia permitir ao ator nascido no exterior concorrer à presidência em 2012.

[23] Uma pesquisa da Opinion Research/CNN sobre quem os eleitores não gostariam que fosse o candidato de seu partido em 2008 mostrou Mitt Romney com 50% entre os republicanos (logo atrás do ex-líder no Senado Bill Frist) e Barack Obama com 38% entre os democratas (depois de Al Gore e o infeliz John Kerry). Ver "Poll Track", *National Journal*, 2/12/2006.

Mais especificamente, a nova maioria democrata precisa testar a ambígua promessa de uma cruzada populista *e* de um centralismo inclusivo contra as recalcitrantes realidades das quatro megaquestões que inevitavelmente dominarão o novo Congresso: 1) o fiasco no Iraque e a guerra ao terror; 2) o legado republicano de corrupção parlamentar e fraude empresarial; 3) demandas sociais urgentes e não satisfeitas (incluindo a reconstrução da Costa do Golfo) dentro do contexto dos gigantescos déficits de Bush; e 4) a crescente preocupação com os custos sociais da globalização econômica. Em cada caso, as esperançosas expectativas dos eleitores em novembro último, com relação a mudanças reais em Washington, podem ser traídas pelo supremo imperativo de eleger Hillary Clinton e favorecer os grandes negócios.

Guerra maior ou menor?

Diferentemente da eleição presidencial de 2004 e da controvérsia referente à importância do "voto de valores", não havia nenhum equívoco a respeito da questão principal que mobilizou a maioria dos eleitores em 2006. Apesar de a bolha econômica da construção civil ainda vicejar (ainda que não esteja tão distante a recessão induzida pela especulação imobiliária) e as críticas a mexicanos e a gays não terem conseguido iniciar um *backlash* em nível nacional, a questão central foi a iminente derrota da intervenção norte-americana no Iraque.

Tabela 9.3
Pesquisa Gallup (28 a 31 de agosto)
(Perguntou-se aos eleitores quais deveriam ser as "prioridades principais" do presidente)

Democratas	%	Independentes	%	Republicanos	%
1. Guerra no Iraque	61	1. Guerra no Iraque	52	1. Guerra no Iraque	38
2. Economia	19	2. Economia	18	2. Preço dos combustíveis	20
3. Saúde pública e preço dos combustíveis	18	3. Saúde pública e preço dos combustíveis	14	3. Imigração	19
4. Crise energética	10	4. Crise energética	13	4. Terrorismo	18
5. Ajuda a vítimas de desastres	10	5. Imigração	9	5. Segurança nacional	12

Seis em cada dez eleitores disseram aos entrevistadores que se preocupavam com o gerenciamento do conflito por parte de Bush — a carnificina crescente em Bagdá e a paralisia na Casa Branca – e votaram de acordo. As críticas em editoriais, de maneira semelhante, acompanhavam as pesquisas ao concordar que o Iraque foi a alavanca arquimediana que levou os independentes tão agudamente em direção aos democratas[24]. Ideólogos conservadores e lobistas, por sua vez, ficaram estarrecidos ao ver suas pautas internas serem sobrepujadas pelo monstro Frankenstein do Iraque[25]. Até mesmo o setor "totalmente subsidiado do Partido Republicano" (como é denominado pela colunista Rosa Brooks), o eleitorado militar, começou a abandonar os quadros: pesquisas de *The Military Times* mostram que o percentual de soldados que se identificam como republicanos caiu de 60% em 2004 para 46% no fim de 2006. Atualmente, apenas pouco mais de um terço aprova a forma como Bush lida com a guerra[26].

Após doze anos de uma arrogante direção majoritária do Congresso, o partido parece estar começando a afundar nas contradições do novo imperialismo. Será mesmo? A ironia do voto antiguerra, é claro, foi que ele acabou elegendo democratas que não têm nenhuma obrigação real de fazer cessar a selvagem ocupação norte-americana. Escrevendo logo depois da eleição, Tom Hayden enalteceu os grupos de cidadãos de Chicago e alhures que lutaram para fazer da eleição um plebiscito de uma guerra cada vez mais impopular, mas alertou profeticamente que "nenhum dos partidos está preparado para aceitar que a guerra é uma causa perdida" e que o relatório do Iraqi Study Group [Grupo de Estudos do Iraque]* ofereceria à liderança democrata terreno comum com os congressistas republicanos "para eliminar a 'retirada imediata' enquanto opção"[27].

Embora a maior parte do público acredite que o Iraque é uma "guerra ruim" e que as tropas devem retornar para casa, a atual estratégia democrata é atirar de

---

[24] William Schneider ficou fascinado com uma correlação numérica quase exata em todas as regiões entre desaprovação à guerra e desaprovação ao presidente. William Schneider, "Swing Time", cit. Charlie Cook, outro renomado analista eleitoral, deu crédito ao Iraque por 70% da transição nacional dos vermelhos para os azuis. Charlie Cook, "The War's Wave", *National Journal*, 11/11/2006.

[25] Ver Bara Vaida e Neil Munro, "Reversal of Fortunes", *National Journal*, 11/11/2006.

[26] Como enfatiza Brooks, a agressiva republicanização dos militares de carreira é um fenômeno relativamente recente (desde Reagan e a Segunda Guerra Fria), que vem sendo reforçado por políticas republicanas que realocaram bases militares e programas de treinamento de oficiais para estados mais conservadores do Sunbelt. Rosa Brooks, "Weaning the military from the GOP", *The Los Angeles Times*, 5/01/2007.

* Grupo bipartidário formado por dez especialistas indicados pelo Congresso, criado em 2006 e incumbido de fornecer análises referentes ao cenário político do Iraque, interferindo diretamente sobre a condução da política externa dos Estados Unidos no país. Também conhecido como Comissão Baker-Hamilton. (N.T.)

[27] Tom Hayden, "Election Interpretation", informativo entregue a seus alunos no Pitzer College, 9/11/2006.

distâncias seguras contra as políticas desastrosas de Bush e evitar qualquer passo decisivo para cessar de fato a ocupação. Com certeza, da perspectiva do frio cálculo político, os democratas têm tanto interesse em ajudar Bush a sair do lamaçal iraquiano como ele próprio em capturar Osama bin Laden. Por conseguinte, como publicou recentemente *The Los Angeles Times*, "Pelosi e os democratas não planejam passos extremos para influenciar o curso da guerra"[28]. Howard Dean, presidente do Comitê Democrata Nacional, que antes afirmava ser a própria encarnação do movimento contra a guerra, agora previne o público de que o máximo que se pode esperar da nova maioria é "algumas restrições ao presidente"[29]. De maneira análoga, Pelosi renunciou de antemão ao único poder efetivo dos democratas sobre as políticas de guerra da Casa Branca: "Nós supervisionaremos. Não cortaremos o financiamento"[30].

A verdadeira oposição democrata à guerra (além da deserção amplamente divulgada de John Murtha) vem das fileiras do cáucus negro, cujos membros (entre eles John Lewis, Charles Rangel e Barbara Lee) são também os principais instigadores do cáucus de retirada do Iraque, recém-organizado e liderado pela feroz Maxine Waters, de Los Angeles. A forte sobreposição de um cáucus antiguerra (que inclui também dez ou mais representantes latinos, liderados por José Serrano, o loquaz parlamentar de Nova York) a um quadro de membros da Câmara mais comprometido com os programas sociais urbanos mostra uma tendência política fundamental, que a mídia tem claramente ignorado: a disseminação da consciência, entre as comunidades não brancas, de que as intervenções no Iraque e no Afeganistão (que custam mais de 2 bilhões de dólares por semana) estão desviando recursos essenciais da assistência humana em cidades pobres do interior e nos subúrbios mais antigos, assim como estão colocando as comunidades imigrantes sob a sombra da deslealdade.

Essa nova equação entre demandas urbanas, direitos civis dos imigrantes e antiimperialismo poderia se tornar uma contrapauta potente na política norte-americana, caso fossem reforçadas pelo ativismo das bases e por protestos constantes. Mas esse é o obstáculo. Apesar de o cáucus de retirada do Iraque ter chegado aos setenta membros em virtude dos votos de novembro, sua influência diminuiu de maneira considerável por causa da ausência de um movimento antiguerra em nível nacional, assim como pela incapacidade dos

---

[28] Noam Levey, "Democracy To-Do List is Modest at Outset", *The Los Angeles Times*, 2/1/2007.
[29] William Schneider, "Warring Sects", *National Journal*, 18/11/2006.
[30] Noam Levey, "Democracy To-Do List is Modest at Outset", cit. Pelosi faz eco ao posicionamento do ideólogo do Conselho de Liderança Democrata, Will Marshall, para quem "aqueles conscientes da história (ou seja, o Vietnã) irão evitar conduzir a política no Iraque por meio de, por exemplo, cortes no orçamento para a guerra", James Kitfield, "Next Steps in Iraq", *National Journal*, 11/11/2006.

grandes sindicatos, como SEIU, Unite Here! e AFT*, em fazer da retirada uma prioridade política.

Tabela 9.4
Democratas divididos – 2006
Membros da Câmara afiliados ao cáucus de orientação ideológica
(algumas afiliações se sobrepõem)

À esquerda		À direita	
Cáucus progressista	70	Coalizão dos novos democratas	60
Cáucus negro	43	Coalizão dos cães azuis	44
Cáucus de retirada do Iraque	74	Democratas pela vida	32

De fato, o cenário eleitoral em novembro se moldou pelo paradoxo central de um sentimento antiguerra crescente sem um movimento correspondente visível. Em contraste com 1968 e 1972 – ou, talvez, até mesmo com 1916 e 1938, – a oposição do eleitor a intervenções no estrangeiro não foi animada por um movimento pacifista organizado, capaz de pressionar os políticos a agir ou de fazer a conexão entre a oposição à guerra e uma crítica mais profunda à política externa (nesse caso, a guerra ao terror). O amplo e espontâneo movimento antiguerra do inverno de 2003 – quando a energia das bases preencheu a lacuna deixada pela oposição democrata à invasão de Bush – foi absorvido de início pela campanha de Dean, na primavera de 2004, e politicamente dissolvido na candidatura de Kerry. A Convenção Democrata de 2004, que deveria ter sido um fórum para ataques de longo alcance contra as políticas republicanas externa e interna, transformou-se em uma ridícula celebração patriótica de Kerry, o Rambo brâmane.

Embora muitos ativistas esperassem que um movimento pacifista autônomo ressurgisse das ruínas da campanha de Kerry, apenas alguns poucos focos regionais de protesto se sustentaram. Uma das principais incumbências de Dean como presidente nacional do partido (e a razão fundamental por que foi escolhido) era manter as forças contrárias à guerra paralisadas numa difusa e hipócrita coalizão do tipo "qualquer um, menos Bush". Ao fazer de Bush e de seus pais políticos, Rumsfeld e Cheney, um ponto de grande relevância política, o sofisma democrata impediu que houvesse um verdadeiro debate sobre o Iraque. Líderes de-

---

* Respectivamente: Service Employees International Union [Sindicato Internacional dos Empregados em Serviços]; Union of Needletrades, Industrial and Textile Employees [Sindicato dos Manufatureiros de Roupas e Empregados dos Setores Industrial e Têxtil] e Hotel Employees and Restaurant Employees International Union [Sindicato Internacional dos Empregados de Hotéis e Restaurantes]; e American Federation of Teachers [Federação Norte-Americana de Professores]. (N. E.)

mocratas podem apedrejar Bush pelo caos em Bagdá, mas nenhum deles chegou a fazer uma crítica da responsabilidade norte-americana na anarquia mais ampla que está engolindo diversos países, do Paquistão ao Sudão. Não houve debate sobre a carta branca da administração Bush ao massacre israelense contra civis libaneses, ou, mais recentemente, sobre o sinistro papel que a CIA desempenhou quando instigou a invasão etíope da Somália. Enquanto isso, a direita israelense sabe que Hillary Clinton será tão intransigentemente solidária com suas políticas em Gaza e na Cisjordânia quanto qualquer fundamentalista texano que espera ansioso pelo fim do mundo.

É evidente que a liderança democrata – com exceção do cáucus negro e de alguns poucos progressistas proeminentes – explorou o ressentimento doméstico com relação às políticas de Bush no Iraque para *consolidar*, e não para desmascarar, o consenso secreto em Washington sobre a guerra ao terror. Embora um movimento nacional antiguerra provavelmente tivesse ligado o apocalipse no Iraque a uma catástrofe próxima no Afeganistão e a um novo conflito regional no Chifre da África, a plataforma democrata preferiu reafirmar seu compromisso com a guerra aos islâmicos como parte de um programa maior de *expansão*, e não de redução, de contra-insurgência global.

"Trazer as tropas de volta agora" não era a plataforma democrata; em vez disso, duplicar o tamanho das Forças Especiais "para destruir redes terroristas" e aumentar os gastos com contraterrorismo interno são itens centrais da "Nova direção para os Estados Unidos" propalada pelos democratas (uma coleção de trechos ruidosos e slogans que oferece apenas uma pálida sombra do robusto plano de Gingrich, de 1994, "Contrato com os Estados Unidos"[31]).

De modo semelhante, a liderança democrata tem evitado deliberadamente o debate sobre as implicações constitucionais do Patriot Act; nenhum democrata proeminente propôs a reversão pura e simples dos poderes totalitários exigidos pela presidência desde o 11 de Setembro. De fato, Hillary Clinton já sugeriu que é simpática a prisões sem julgamento e até ao uso de tortura, em certas circunstâncias. Enquanto isso, a porta-voz Pelosi enfatizou que os objetivos principais do partido nesse 110º Congresso serão, em primeiro lugar, colher os frutos do incontroverso pacote de reformas (salário mínimo, legislação e empréstimos estudantis, entre outras) e, em seguida, se mexer para aprovar uma "pauta de inovações" para as indústrias de alta tecnologia. O debate sobre a política externa

---

[31] Quando o *National Journal* perguntou a Ike Skelton, o novo presidente do Comitê dos Serviços Armados, sobre suas prioridades, ele respondeu: "Eles vão ter equipamentos de interferência de telecomunicações? Eles terão coletes à prova de balas? A Infantaria e as Forças Especiais precisam se tornar maiores, mais bem treinadas e mais bem equipadas", "Democrats To Watch", *National Journal*, 17/11/2006.

na Câmara – graças ao contrapeso dissimulado de mais de cem novos democratas e "cães azuis" – não irá além das presunções bipartidárias do Plano Baker–Hamilton ou qualquer nova e coercitiva estratégia para a auto-aniquilação nacional da Palestina proposta por Condoleezza Rice.

O que foi, então, efetivamente conquistado pelo voto antiguerra? Ao fim e ao cabo, a desilusão pública com as políticas messiânicas dos neoconservadores abriu caminho para uma restauração "realista", sob a égide do plano de Baker–Hamilton, que concilia os consensos da política externa de Bush pai e de Clinton. O banho de sangue no Iraque abriu cada túmulo do Potomac e pôs em movimento um exército paralítico de antigos secretários de Estado e conselheiros de Segurança (Skowcroft, Eagleburger, Brzezinski e, é claro, a múmia-chefe, Kissinger em pessoa), ávidos por ditar abordagens "racionais" ao Congresso para impor a vontade norte-americana ao resto do mundo. Hillary Clinton, obviamente, é a rainha dos realistas (exceto quando há conflito com os interesses israelenses), e é pouco provável que a nova maioria democrata na Câmara se desvie do enredo já divulgado para a campanha de 2008. Já podemos imaginar Hillary, em debates futuros com Rudy Giuliani ou John McCain (que recentemente se anunciou salvador da "vitória" no Iraque), se aprumando como um soldado musculoso e rebatendo cada gesto machista com posições cada vez mais rígidas sobre a Al Qaeda, o Irã, a Palestina e Cuba.

O limite, se é que existe, é que os democratas no Congresso, com os membros do cáucus negro pressionando pela retirada das tropas, estão aptos principalmente a serem varridos pela revolta pública, à medida que a insurgência e a guerra civil no Iraque forem exaurindo os recursos da ocupação. Numa jogada desesperada para agradar aos sunitas e defender uma zona de controle em Bagdá, a administração Bush pondera realizar um ataque maciço ("onda", em sua precondição militar) sobre as milícias muçulmanas de Muqatada al-Sadr. Um novo conflito com o Exército de Sadr (incrementado e mais bem treinado desde suas primeiras batalhas com as tropas norte-americanas, em 2004) abriria outra caixa de Pandora, arriscando perdas norte-americanas insustentáveis e uma resposta explosiva de todo o mundo xiita. (Inevitáveis ataques aéreos dos Estados Unidos sobre a cidade de Sadr produziriam cenas grotescas, comparáveis às do bombardeio israelense sobre o sul de Beirute.)

Se Condoleezza Rice e Robert Gates sancionarem essa última escalada, eles têm boas chances de trazer alguns democratas machões para bordo (embora percam, quase que com certeza, alguns republicanos importantes). O líder do Senado, Harry Reid, já mostrou sua confusão épica ao endossar e logo retirar seu apoio à "onda" de mais 35 mil soldados em Bagdá. No Senado, o astuto Joe Lieberman, reeleito como independente após ser derrotado nas primárias democratas, será um voto livre poderoso em favor da escalada. Pelosi, nesse momento em que escrevo, está opondo resistência à liberação de verbas para a "onda", mas não se intrometerá no financiamento das tropas já instaladas.

A posição que Pelosi e Reid assumirão no final das contas e o quanto se esforçarão pela "retirada gradual" proposta no programa de seis pontos de novembro serão amplamente determinados pela ressurgência – ou não – do movimento antiguerra. Os eleitores de novembro passado certamente se iludiam menos com a situação que seus candidatos (segundo pesquisas realizadas, "apenas um em cada cinco eleitores diz acreditar que o presidente *ou* os democratas têm um plano claro para o Iraque"[32]), e a opinião pública pode encontrar novamente alternativas radicais para um Congresso impotente. De fato, somente protestos em massa, desvinculados da *realpolitik* de Howard Dean e do MoveOn.org, podem fazer a balança do poder no Congresso pender para um debate decisivo sobre a retirada.

Os limites da indagação

Um dos momentos mais deliciosos da votação de novembro foi a eleição de Nick Lampson para a cadeira de Tom DeLay, pelo 22º Distrito do Texas. Lampson – um professor que já havia sido congressista democrata por Galveston – foi uma das principais vítimas da infame redistribuição distrital de DeLay, em 2003: um rezoneamento sem precedentes ocorrido em meados da década, que se tornou possível graças a doações maciças oriundas da lavagem de dinheiro que o líder da maioria na Câmara havia destinado à eleição de uma maioria republicana para a legislatura do Texas no ano anterior. Graças à coragem do júri popular local e ao promotor público do condado de Travis, Ronnie Earle, DeLay foi indiciado por perjúrio em setembro de 2005 e, logo depois, já sob investigação federal por sua ligação estreita com o corrupto lobista Jack Abramoff, foi forçado a renunciar à liderança da maioria e, em seguida, à cadeira no Congresso.

Evidentemente, DeLay foi o Robespierre da "Revolução Republicana" de 1994, talvez o mais brutal defensor do governo unipartidário na história do país. Como co-fundador do dito "Projeto da Rua K", ao lado de Rick Santorum e Grover Norquist, ele era conhecido por coagir lobistas a fazer grandes doações de campanha (assim como a contratar somente republicanos) e em troca permitia que redigissem diretamente a legislação proposta pelo partido. Na qualidade de líder da maioria (chamado "martelo" por seus colegas parlamentares), ele impôs uma disciplina ideológica sem precedentes no partido (desafiando até mesmo uma tentativa da Casa Branca de dar uma pequena isenção fiscal a famílias de baixa renda), ao mesmo tempo em que atacava qualquer traço de bipartidarismo e civilidade colegial. Em parceria com o infame lobista Jack Abramoff, também defendeu as causas mais sórdidas no Capitólio, do apoio ao trabalho irrestrito no paraíso das fábricas ilegais nas Marianas do Norte (território norte-

---

[32] Dados do Pew Research Center citados em William Schneider, "The Price of Patience", *National Journal*, 2/12/2006.

americano não protegido pelas leis trabalhistas nacionais) a favores escusos a uma gigantesca empresa russa que, em troca, doou dinheiro para causas relacionadas a DeLay[33].

Depois de mais de uma década de atropelos na sórdida investida eleitoral financiada por DeLay (com Karl Rove ao volante), os democratas têm agora a oportunidade de reverter a "Revolução Republicana" – o que significa romper os fluxos corrompidos de dinheiro e de poder personificados por DeLay e por seu "Projeto da Rua K". O Congresso, é claro, sempre funcionou à base do "toma lá dá cá" e da lubrificação da máquina política por lobistas, mas antes de 1994 os republicanos nunca foram tão coercitivos para se impor como um partido *obrigatório* e não simplesmente *natural* para os negócios. (Foi, em parte, uma reação ao êxito dos democratas, que atraíram o apoio de setores da nova economia de costa a costa, como entretenimento, mídia, computação, biotecnologia e jogos.)

A exuberante promessa feita após a vitória em novembro é a de que um quadro de democratas liberais veteranos – Charles Rangel (Comissão de Finanças Públicas), Barney Frank (Serviços Financeiros), Henry Waxman (Reforma Governamental), David Obey (Aquisições), Ike Selton (Forças Armadas) e John Rockefeller IV (Comissão de Inteligência do Senado) – utilizará os cargos de comissão arduamente conquistados para organizar amplas investigações sobre a corrupção no Himalaia e o conluio dos anos DeLay. Com o poder de intimação finalmente nas mãos da oposição, os interesses especiais que dominam a administração Bush enfrentarão uma exposição e uma prestação de contas abrangentes, das quais conseguiram escapar no fim do escândalo da Enron. Os esqueletos sairão cambaleando do armário republicano e o público perceberá a extensão do roubo e da fraude na ocupação do Iraque, na não-reconstrução de Nova Orleans, nos projetos de araque para "segurança interna", como o farsesco programa do Bioescudo*, e no subsídio às seguradoras e às indústrias farmacêutica e petrolífera. Aí então os eleitores endossarão de maneira esmagadora um novo regime de vigilância governamental, uma regulação ambiental e médico-hospitalar renovada e uma séria reforma no financiamento de campanhas.

Esta é a verdadeira oportunidade para os democratas se sobressaírem, mas há poucas chances de a liderança democrata permitir de fato que as investigações parlamentares sigam o dinheiro e a corrupção até sua origem. A esperança progressista de que o Congresso volte aos dias heróicos das investigações antitruste

---

[33] Ver Lou Dubose e Jan Reid, *The Hammer: Tom DeLay, God, Money, and the Rise of the Republican Congress* (Nova York, Public Affairs, 2004).

* Controverso projeto do Executivo tornado lei pelo Congresso em 2004, cuja justificativa era tornar mais eficientes os procedimentos operacionais de proteção imunológica para os cidadãos norte-americanos diante de um possível ataque biológico terrorista. (N.T.)

de Thurman Arnold, no fim da década de 1930, ou da revelação do Comitê Watergate de que os republicanos estavam desrespeitando a lei, na década de 1970, é uma quimera diante da insistência de Pelosi para que os cães de guarda democratas fiquem bem encoleirados no interesse de construir o "centrismo". Ela já arrancou juras de lealdade humilhantes dos dois democratas negros mais aptos a fazer balançar o barco bipartidário: obrigou John Conyers (presidente da Comissão Judiciária) a abandonar a pregação pró-*impeachment* ("o país não quer ou não precisa de mais paralisia partidária no governo", disse ele recentemente) e fez Charles Rangel (presidente da Comissão de Finanças Públicas), que vem batendo forte em Dick Cheney no Congresso, cantar um refrão ou dois do hino da companhia ("tenho de assumir uma postura de liderança", prometeu ele[34]). De forma até mais diabólica, encarregou Henry Waxman ("inimigo número 1 da Casa Branca") de assegurar (nas palavras do analista Brian Friel) que a vigilância parlamentar não traga "acusações de obstrucionismo e de extremismo para os democratas no próximo ciclo eleitoral"[35].

Na falta de uma pressão constante de grupos trabalhistas e ambientalistas, os democratas provavelmente não mexerão com os poderosos interesses econômicos que, de outro modo, eles adorariam arrancar dos republicanos. Com certeza haverá algum ajuste de contas a respeito da Halliburton e das fraudes contratuais no Iraque, e o julgamento por perjúrio de Scooter Libby (chefe de gabinete indicado por Cheney, que foi autuado) será apimentado, talvez, por novas revelações de Rockefeller e de sua Comissão de Inteligência do Senado sobre as mentiras e as provas forjadas pela administração rumo a Bagdá. Porém, um círculo cada vez maior de exposição encontrará resistências também cada vez maiores, não apenas de republicanos que estarão lutando por suas vidas, mas de democratas que tentarão proteger suas novas alianças com os mesmos grupos empresariais que estão no coração da corrupção e do escândalo. A oportunidade de expor e reformular será contrabalançada a cada passo pela tentação de fazer acordos e obter doações de campanha. Como foi dito de modo cínico, mas acurado, por *The Economist*: "Os novos chefes da Câmara não se vêem como revolucionários. O objetivo deles, afinal de contas, não é aprovar uma pauta específica, mas preparar o terreno para a eleição presidencial de 2008"[36].

Por temer o poder de intimação controlado por Rangel e Waxman (mesmo que restringido por Pelosi), os lobistas das empresas irão alegremente procurar refúgio nos comitês de campanha democratas. A fusão entre a América do Norte empresarial e o Partido Republicano parece menos permanente e inatingível

---

[34] Richard Cohen, David Baumann e Kirk Victor, "Going Blue", *National Journal*, 11/11/2006, p. 16.
[35] Brian Friel, "Junkyard Dogs, on a Leash", *National Journal*, 11/11/2006.
[36] "Old dogs; few tricks", *The Economist*, 11/11/2006.

do que um ano atrás e, como a *Business Week* previu logo após a eleição, "as companhias se apressarão a equipar seus lobistas com credenciais democratas"[37]. De sua parte, a liderança democrata corre atrás do dinheiro sem nenhum pudor. A próxima corrida eleitoral será a mais cara da história, e Hillary Clinton dificilmente aprovará audiências parlamentares sobre os crimes cometidos pelas indústrias farmacêutica, petrolífera ou bélica que possam lhe acarretar retaliações das empresas em 2008. De uma perspectiva estratégica, faz muito mais sentido para os democratas concentrar a exposição num punhado de vilões administrativos no Congresso, enquanto sorrateiramente reconstroem o equivalente representativo da Rua K, onde muitos macacos alados se felicitam abertamente por ter se livrado de DeLay, a bruxa má do Texas.

Como disse a *Business Week* para reconfortar os leitores aflitos, qualquer tendência a favor de um populismo excessivo no novo Congresso terá o revide de milionários, advogados de empresas e empresários da alta tecnologia dentro da própria Democracia, em especial da Nova Coalizão Democrata (braço parlamentar do Conselho), de fervorosa orientação pró-negócios e presidida pela deputada Ellen Tauscher, da Califórnia. "Em uma Câmara democrata rigorosamente dividida, o grupo de mais de quarenta moderados econômicos de Tauscher teria nas mãos um poder extraordinário para influenciar as políticas fiscais, comerciais e orçamentárias." Além disso, os capitães da indústria preocupados com possíveis indiciamentos ou as empresas malignas temerosas de perder seus lucrativos contratos federais ainda podem apelar para o novo prodígio da Rua K, George Crawford, que na qualidade de ex-chefe de gabinete de Pelosi se colocou como o novo chefe das negociatas. ("Nos últimos meses", revela *BusinessWeek*, "ele acrescentou a Exxon Mobil Corp. e a Amgen Inc. à sua lista de clientes"[38].)

Para além da incontroversa pauta das "100 Horas", poucas das reformas prometidas pelos democratas que acabaram atraindo eleitores progressistas têm chances de se sustentar contra a pressão das empresas e a captação de recursos políticos em andamento, organizada por Crawford e outros democratas infiltrados. A política energética, por exemplo, tem sido um dos tópicos de maior destaque do partido, e a senadora Barbara Boxer (a nova presidente da Comissão de Meio Ambiente e Serviços Públicos) montou uma ampla coalizão de ambientalistas em torno de questões como a emissão de gases e os padrões de economia de combustível para os automóveis. Mas, como disse há pouco tempo o jornalista Richard Simon em *The Los Angeles Times*, os fabricantes de automóveis de Detroit e os homens do petróleo do Texas estão surpreendentemente

---

[37] Richard Dunham e Eamon Javers, "The Politics of Change", *Business Week*, 20/11/2006.

[38] Idem.

despreocupados. "Estamos confiantes de que há muitos democratas que nos conhecem e nos entendem", disse a ele um líder da Associação Nacional de Refinadores e Petroquímicos[39].

Os "democratas compreensivos" do 100º Congresso incluem senadores de estados exportadores de energia, tais como Mary Mandrieu (Louisiana) e Jeff Bingaman (Novo México), e também o poderoso presidente da Comissão de Energia da Câmara, John Dingell (Michigan), que defenderão até a última molécula de dióxido de carbono emitida por um Ford Explorer ou um Chevrolet Suburban. Nancy Pelosi pode até retirar algumas das mais ultrajantes isenções dadas à indústria petrolífera, mas Barbara Boxer jamais privará os cidadãos ricos de seus utilitários ou de sua dependência do petróleo estrangeiro. Não importa quantos milhões de pessoas estejam aterrorizadas com a "verdade inconveniente" do aquecimento global: sempre haverá democratas para ajudar a obstruir qualquer restrição à emissão de poluentes ou para votar pela manutenção dos privilégios especiais dados à indústria do petróleo.

Déficits e canis

Ao contrário da maioria dos sistemas parlamentares europeus, o sistema partidário norte-americano é apenas parcialmente "nacionalizado"; sendo assim, tanto as pautas locais como as regionais têm uma relevância excepcional para o funcionamento do Congresso. A corrida eleitoral de 2006 é um caso espetacularmente exemplar: tendo o eleitorado convergido de fato ou não para a esquerda, a representatividade no Congresso – em uma das mais dramáticas transposições geográficas de poder que se pode recordar – voltou a privilegiar os estados costeiros democratas. Texas, Flórida, Virgínia e Geórgia (cujos subúrbios foram o pivô estratégico da "Revolução Republicana" de 1994) ficaram de fora, enquanto Califórnia e Nova York (os párias da era Bush) entraram. Ou, para ser mais preciso, os democratas que representam o triângulo dourado formado por Wall Street, Hollywood e o vale do Silício agora dirigem o Congresso.

Embora tanto Califórnia como Nova York (ao lado de Massachusetts e Washington) dominem a economia da informação e as exportações norte-americanas de tecnologia, entretenimento e serviços financeiros, elas se tornaram a vaca leiteira das políticas republicanas de redistribuição regional desde 1994. A Califórnia é talvez o caso extremo. Durante meia década, de Lendlease até a queda do Muro de Berlim, as indústrias aeroespacial e tecnológica da Califórnia foram irrigadas por um aqueduto de dólares vindos

---

[39] Richard Simon, "Green laws no slam-dunk in new Congress", *The Los Angeles Times*, 18/12/2006.

da Defesa; pelo menos desde 1990, os subsídios fiscais mudaram de direção e o estado agora exporta seus tributos para outros estados fortemente republicanos. Apesar de já ter recebido 1,15 dólar em verbas federais para cada dólar pago em impostos, hoje a Califórnia recebe míseros 79 centavos de dólar. (A disparidade é ainda pior do que mostra a Tabela 9.5, pois Califórnia e Nova York também são os maiores portos de entrada para novos imigrantes e serviços financeiros, cujo encargo deveria ser da União.) Em parte como resultado dessa carência, a principal economia regional do mundo baseada na ciência se apóia em infra-estruturas físicas, sociais e educacionais (no mínimo até o ensino médio) escandalosamente decaídas.

Tabela 9.5
Ganhos contra perdas
(razão entre verbas e impostos federais por estado)

Vermelhos (Republicanos)		Azuis (Democratas)	
Texas	1,00	Califórnia	0,79
Flórida	0,98	Nova York	0,80
Virgínia	1,59	Illinois	0,72
Geórgia	0,96	Massachusetts	0,79
Arizona	1,23	Connecticut	0,67
Alabama	1,68	Minnesota	0,69
Carolina do Sul	1,08	Wisconsin	0,83
Carolina do Norte	1,36	Michigan	0,86
Kentucky	1,51	Oregon	0,99
Alasca	1,90	Washington	0,91

Mas os democratas terão de lutar contra si mesmos, e não apenas contra os republicanos, se quiserem reverter o declínio relativo das despesas federais, sobretudo em determinadas cidades dos estados mais azuis. Ao mesmo tempo em que as novas lideranças no Congresso, em especial Pelosi e Clinton, geravam individualmente uma pressão favorável às necessidades de seus próprios distritos e estados, acabaram atando as mãos do partido de modo coletivo, com um comprometimento cego à redução do déficit e à frugalidade fiscal. Embora o Iraque e a corrupção política fossem as questões mais importantes para os eleitores, o velho grito de guerra dos democratas – "responsabilidade fiscal" – foi o principal ponto programático de sua "Nova direção para os Estados Unidos".

Apesar das afirmações em *The Nation* e alhures de que os democratas estão deixando aflorar o "populista interno", o partido se mantém totalmente escravo da "Rubinomia" – a fervorosa ênfase na disciplina orçamentária em detrimento das despesas sociais que caracterizou o reinado do ex-diretor executivo da Goldman Sachs, Robert Rubin, na qualidade de secretário do Tesouro de Clinton. Na prática, isso se traduz não só em uma relutância democrata em empreender novos gastos, mas também em uma recusa em debater o fim do trilhão de dólares em benefícios fiscais que Bush concedeu aos mais ricos. "Impostos e despesas, impostos e despesas, impostos e despesas", disse o senador Kent Conrad (presidente da Comissão de Orçamento) a *The New York Times*, "não vamos entrar nesse tema"[40]. O presidente pode dar o Tesouro de presente aos super-ricos e acumular dívidas colossais à medida que invade o mundo: os democratas continuarão presos a uma trilha de retidão anti-keynesiana que faria corar até Calvin Coolidge.

Com certeza os mais "raivosos equilibradores do orçamento" (essa é a descrição oficial do site na internet) no Congresso são os "cães azuis", um comitê de democratas conservadores criado em 1995 numa emulação invejosa dos republicanos de Gingrich. Oriundos, na maioria, de pequenas cidades com rápido crescimento e de periferias, como Merced, Tallahassee e Hot Springs, eles cultivam uma imagem interiorana de "armas e bíblias" em contraste com a imagem de "bebedores de *capuccino*" atrelada aos novos democratas (que tendem a representar os subúrbios abastados de Connecticut e da Califórnia). Embora compartilhem as astutas políticas desse grupo do Conselho, são menos simpáticos a fundos de *hedge** e a acordos de livre-comércio. A verdadeira motivação dos "cães azuis", entretanto, é sua oposição demagógica em relação à previdência do Estado e, especialmente, ao auxílio federal para grandes cidades de maioria negra ou latina. Com 44 membros no "canil" ampliado e diversos aliados no lado republicano, os "cães azuis" se dedicam ao enxugamento dos gastos no próximo Congresso, enquanto reúnem forças para aprovar uma emenda constitucional que exige um orçamento federal anual equilibrado[41]. Um de seus maiores aliados, o deputado John Spratt, da Carolina do Sul, será o presidente da Comissão de Finanças na Câmara e, com a bênção de Pelosi, o "delegado-chefe" da austeridade orçamentária no partido[42].

Aterrorizada com as repercussões eleitorais e financeiras da tentativa de reformar o atual sistema tributário, e com os "cães azuis" ladrando a seus pés, a liderança prefere deixar que os déficits e os cortes fiscais republicanos ditem a política

---

[40] Edmund Andrews, "The Democrats' Cautious Tiptoe Around the President's Tax Cuts", *The New York Times*, 4/1/2007.

* Instrumento de proteção utilizado em operações financeiras para reduzir os riscos de um investimento, principalmente resguardando-o de flutuações mercantis e cambiais. (N.T.)

[41] Blue Dog Coalition, "12-Point Reform Plan for Curing Our Nation's Addiction to Deficit Spending". Disponível em <www.bluedogdemocrat.org>.

[42] "Democrats To Watch", *National Journal*, 17/11/2006.

democrata. Karl Rove logo viu aí uma oportunidade de implodir a nova maioria com seus próprios petardos e, no Ano Novo, Bush os convidou a se juntarem a ele na tarefa de equilibrar o orçamento, "um objetivo que ataria as mãos dos democratas", deixando-os "com pouco ou nenhum espaço de manobra para suas prioridades no Congresso"[43].

Nova Orleans contra o vale do Silício

A preferência confessada da liderança democrata por orçamentos equilibrados em detrimento das necessidades sociais é, em parte, um reflexo do equilíbrio de forças no interior do partido, em que os "cães azuis" (sozinhos ou aliados aos novos democratas) agora exigem poder de veto *de facto* sobre a nova legislação. É provável que tenha sido a pressão dos democratas brancos conservadores que levou os estrategistas das eleições parlamentares, sob o comando do deputado Rahm Emanuel, de Illinois, a eliminar da campanha de 2006 qualquer menção a Nova Orleans[44].

É evidente que o destino de Nova Orleans é um dos grandes dilemas morais da recente história norte-americana, mas a maior parte dos democratas se recusou deliberadamente a efetivar qualquer tipo de reação federal ao furacão Katrina e à subseqüente limpeza étnica na Costa do Golfo, questões cruciais da campanha. Embora o próprio presidente Bush tenha declarado em seu discurso na praça Jackson que "temos o dever de enfrentar tal pobreza [revelada pelo Katrina] com ações ousadas", os democratas não demonstraram mais senso de "dever" ou capacidade de "ação ousada" do que uma Casa Branca notoriamente hipócrita e incompetente.

As prioridades dos democratas foram explicitadas pela plataforma de seis partes apresentada em novembro, em que se enfatizaram déficits e incremento de tropas mas não se mencionaram nem o Katrina nem a pobreza. Até o cáucus negro, com algumas exceções, se mostrou surpreendentemente desinteressado em responder a uma série interminável de provocações da administração Bush (incluindo, mais recentemente, a decisão de demolir 4 mil unidades habitacionais públicas pouco danificadas em Nova Orleans e cortar de maneira abrupta o auxílio a milhares de refugiados do Katrina que se concentraram nas periferias da cidade). Embora Rangel, natural do Harlem, tenha prometido novas audiências no Congresso para discutir a pobreza à luz da catástrofe em Nova Orleans, é pouco provável que ele desafie o fetiche do partido por redução de déficits. Será mais fácil jogar a culpa (muito merecida,

---

[43] Joel Havemann, "Bush Wants Budget Balanced by 2012", *The Los Angeles Times*, 4/1/2007.

[44] "É como se neste ano o Katrina tivesse se tornado o tema subliminar", Michael Tisserand, "The Katrina Factor", *The Nation*, 1/1/2007.

é claro) nas políticas republicanas do que reverter as isenções fiscais para cobrir novas despesas sociais.

Contudo, Nancy, Harry e Hillary travam uma cruzada interna cuja importância transcende quaisquer outros dogmas e restrições: a promoção da "pauta de inovações" com a qual os democratas esperam solidificar drasticamente seu apoio junto a indústrias de alta tecnologia e empresas baseadas no avanço científico, em todo o país. Se desejávamos encontrar aquela urgência e aquela paixão que faltou aos democratas dedicar ao Katrina e à pobreza urbana, elas eram patentes nos inflamados discursos que Pelosi e outros democratas proferiram em nichos tecnológicos como Emeryville, Mountain View, Raleigh e Redmond.

Em vez de retirar as tropas do Iraque ou reconstruir lares e vidas em Nova Orleans, a pauta de inovações é a "verdadeira" prioridade dos democratas. Irritados com a incapacidade dos republicanos para renovar os créditos tributários essenciais para a pesquisa e o desenvolvimento das empresas do vale do Silício, os líderes do setor tecnológico, incluindo os diretores executivos da Cisco e da Genetech, trabalharam com Pelosi e seus colegas democratas da Bay Area para definir uma lista de exigências centrais – incluindo novos critérios contábeis para ações, créditos permanentes para pesquisa e desenvolvimento, reforma da legislação de patentes, subsídios para fontes alternativas de energia, duplicação do financiamento para a Fundação Nacional de Ciência e "neutralidade de redes" para a internet – que os democratas prometeram aprovar em 2007[45]. (Estes também têm apoiado há tempos o programa de vistos de trabalho H1-B, que provê o vale do Silício de engenheiros estrangeiros baratos, cuja maioria não tem sequer o direito de se afiliar a sindicatos ou se organizar[46].)

O ávido interesse dos democratas por patentes e inovações foi pontualmente recompensado com um aumento de 50% (em 2004) das doações de campanha feitas pelas indústrias de alta tecnologia ao Comitê Democrata para a campanha ao Congresso[47]. Ao mesmo tempo, de acordo com o Center for Responsive Politics [Centro para uma Política Responsiva]*, a parte que coube aos republicanos do dinheiro vindo do vale do Silício, que em 2000 "era de 43%, agora é de 4%"[48]. Desde os primeiros dias da administração Clinton, seduzir os setores da computação e da biotecnologia, assim como seus aliados

---

[45] Jim Puzzanghera, "Pelosi likely to speak up for tech industry", *The Los Angeles Times*, 13/11/2006.

[46] David Bacon, "Immigrants Find Hi-Tech Servitude in Silicon Valley", *Labor Notes*, set. 2000.

[47] Jim Puzzanghera, "Pelosi likely to speak up for tech industry", cit.

* Organização não-governamental, sem fins lucrativos e apartidária que rastreia as contribuições e as doações para campanhas políticas, avaliando seu impacto nas eleições e em políticas públicas. (N.T.)

[48] O diretor de comunicação do CRP, Massie Ritsch, num dos boletins "Technology Daily" do *National Journal*, ago. 2006.

no setor do capital especulativo (além dos laços profundos com a indústria da mídia e do entretenimento, que se estreitavam cada vez mais), foi o equivalente democrata do "Projeto da Rua K" republicano[49]. Agora que Al Gore se instalou a bordo do Google e da Apple, e que Pelosi passou a tramar futuros virtuais com os fundadores do Google, Larry Page e Sergey Brin, o milênio finalmente chegou. Com a ascensão dos democratas da Bay Area a posições tão decisivas no Congresso, Nova Orleans certamente continuará mofando na miséria, mas agora o vale do Silício e arredores poderão negociar porcos de igual para igual com os homens do petróleo e os empreiteiros da defesa ainda entrincheirados no interior da Casa Branca.

Populismo negro

Os democratas, como Thomas Edsall tem ressaltado freqüentemente, representam dois universos populacionais muito diversos e amplamente incompatíveis. Dois em cada cinco eleitores democratas se encaixam no estereótipo dos "profissionais culturalmente liberais, instruídos e remediados", mas o restante da base partidária é formado por pessoas "social e economicamente desvalidas" na nova Era Dourada: classes trabalhadoras negras e latinas, mulheres brancas em cargos subalternos do setor da informação e homens brancos em ocupações industriais cada vez mais raras[50]. O partido pós-New Deal liderado pelos Clinton está todo mobilizado em favor da articulação e da defesa dos interesses dos funcionários da rica indústria da informação e das empresas globalizadas para as quais eles trabalham; o resto dos democratas viaja na traseira do ônibus com a cínica presunção de que negros, imigrantes e brancos das áreas industriais decadentes não têm para onde correr e, portanto, são um voto azul automático.

Desde a ascensão e a queda da empolgante "Coalizão Multicolorida"* na campanha de Jesse Jackson, em 1984, não houve nenhuma ameaça séria ao domínio dos novos democratas e de sua versão da "terceira via", que mistura neoliberalismo econômico e tolerância cultural. Ainda assim, o sonho de um novo levante populista, anti-*yuppie*, que se alimente de uma revolta da classe trabalhadora e desperte a maioria do partido há muito negligenciada, continua inspiran-

---

[49] Ver Sara Miles, *How to Hack a Party Line: The Democrats and Silicon Valley* (Nova York, Farrar Straus Giroux, 2001).

[50] Thomas Edsall, *National Journal*, 23/9/2006. Ele utiliza dados do Pew Research Center para caracterizar o eleitorado democrata.

* Movimento criado na esteira da corrida presidencial de 1984, em que apoiadores da candidatura do reverendo Jesse Jackson tentaram reunir eleitores, independentemente de sua origem étnica e social, que não se sentissem incluídos nos programas dos partidos majoritários. (N.T.)

do os progressistas e os veteranos do "Arco-Íris", enquanto sofrem o jugo arrogante dos centristas do conselho e dos globalizados econômicos.

Poucos dias após uma impressionante vitória sobre George Allen, na Virgínia, o senador democrata eleito, James Webb, publicou um editorial em *The Wall Street Journal* sob o provocativo título "Luta de classes". Webb, que foi secretário da Marinha de Ronald Reagan, alertou para o fato de que uma "divisão cada vez maior" baseada na desigualdade socioeconômica estava levando o país de volta a "um sistema de classes, do tipo que não vemos desde o século XIX". Enquanto os salários estagnavam e a assistência social diminuía, a classe trabalhadora norte-americana era distraída por uma histeria cuidadosamente orquestrada acerca de "Deus, armas, gays, aborto e bandeira". "A política da era Karl Rove", alertou o ex-líder republicano, "foi concebida para distrair e dividir o mesmo povo que normalmente se rebelaria contra a deterioração de seu padrão de vida"[51].

É provável que a coluna de Webb tenha chocado muitos leitores do jornal, mas deleitou os progressistas, que reconheceram aí uma reprodução quase literal de *What's the Matter with Kansas?* e o endosso do chamado de Tom Frank para que os democratas reclamem o manto do populismo econômico. Webb afirmou que a vitória democrata asseguraria que "os trabalhadores norte-americanos teriam [finalmente] a chance de serem ouvidos" em suas queixas legítimas contra os custos sociais do livre-comércio e da exportação de empregos. "E os líderes de nosso governo", entoou, "não possuem dever maior do que enfrentar a injustiça crescente destes tempos de globalização."

Um discurso grandiloqüente ou um manifesto do tão esperado levante? Escrevendo para *The Nation* algumas semanas depois, Christopher Hayes argumentou que a renovada preocupação de Webb com as vítimas da globalização entre a classe trabalhadora era parte de uma genuína tendência populista no interior do Partido Democrata, cujos outros expoentes são o congressista reeleito Heath Shuler, da Carolina do Norte, e o novo senador Sherrod Brown, de Ohio[52]. Com certeza os apelos ao patriotismo econômico (Shuler acusou seu oponente republicano de "vender famílias norte-americanas") e as denúncias estridentes contra "internacionalistas" e "livre-cambistas" produzem faíscas nas cidades têxteis da Carolina e da Virgínia ou nos condados apalachianos de Ohio, onde indústrias inteiras desapareceram na última década. Em 2004, John Kerry perdeu as montanhas e as regiões piemontesas (inclusive a Virgínia Ocidental, solidamente democrata) porque não tinha quase nada a dizer sobre a crise re-

---

[51] James Webb, "Class Struggle: American workers have a chance to be heard", *The Wall Street Journal*, 15/11/2006.

[52] Christopher Hayes, "The New Democratic Populism", cit.

gional e os empregos; dessa vez, os democratas lançaram mão de uma demagogia de primeira classe, com sotaque local.

Contudo, como o próprio Hayes enfatiza de maneira bastante eloqüente, "o populismo econômico tem um lado negro", e ele considera que outros analistas

> [...] apontam o perigo da emergência de uma ala do partido "à moda de Lou Dobbs", cujos argumentos econômicos estão inextricavelmente ligados a um nacionalismo racial, um tipo de populismo que critica confortavelmente tanto as empresas que eliminam postos de trabalho quanto os "forasteiros ilegais" que tomam empregos de cidadãos norte-americanos aqui em casa, e cuja oposição à Guerra do Iraque, como a de Pat Buchanan, está firmada em um isolacionismo que prioriza exclusivamente os Estados Unidos.

Embora Hayes prefira acreditar na tendência progressista de figuras como Webb e Shuler, creio que ele é mais preciso quando compara as propostas destes a demagogos midiáticos racistas como Dobbs e Buchanan[53].

Uma leitura cuidadosa do artigo de Webb sobre a "luta de classes" revela, por exemplo, sua crença de que jardineiros mexicanos e bancos de investimentos exploram igualmente a classe trabalhadora nativa, com "uma vasta fonte subterrânea de mão-de-obra, fruto da imigração ilegal", esperando para acabar com os salários e os valores norte-americanos. Uma passagem estranha sobre a "insinuação velada" de que "certos grupos de imigrantes possuem a 'genética correta' e, portanto, são candidatos naturais à 'plutocracia'" pode ser lida como uma alusão às fantasias sobre o "perigo amarelo" que inspiram os pronunciamentos públicos de Webb. Como secretário da Marinha, ele foi um dos principais defensores da continuidade de uma Guerra Fria com a China, a qual, imaginou ele mais tarde, estaria desenvolvendo "um eixo estratégico com o mundo muçulmano"; ele rompeu com as políticas de Bush no Iraque justamente porque temia que Rumsfeld estivesse "fortalecendo" de maneira criminosa os verdadeiros inimigos: Irã e China[54].

Heath Shuler, ex-astro do futebol americano como quarto-zagueiro dos Washington Redskins, também faz muitos capacetes se virarem para ele quando solta seu palavrório apaixonado contra o Nafta e a exportação de postos de trabalho das regiões centrais. Assim como Webb, porém, sua mensagem populista se perde num nativismo que incluiu anúncios televisivos que o retratam como

---

[53] Idem. Reservo para outra discussão a campanha presidencial emergente de John Edwards, o qual, numa tentativa de fragilizar o flanco de Hillary à esquerda, aparentemente assumiu uma postura mais robusta e um progressismo mais autêntico do que o falso populismo que desapontou seus seguidores em 2004. Para uma prévia intrigante, ver Perry Bacon, "The Anti-Clinton", *Time*, 15/1/2007.

[54] James Webb, "What to do about China?", *The New York Times*, 15/6/1998; e "Heading for Trouble", *The Washington Post*, 4/9/2002.

um herói solitário no combate à anistia de imigrantes ilegais. Ezra Klein comentou recentemente, em *The American Prospect*, que os liberais não devem se preocupar demais com o ufanismo de Webb e Shuler, ou com suas posições reacionárias em relação aos gays e ao aborto. Em um Congresso dominado por democratas, explica Klein,

> [...] eles terão pouquíssimas oportunidades de professar seu conservadorismo social. Suas crenças econômicas, contudo, terão maior projeção em um Congresso ansioso para, após longa espera, dirigir sua atenção para a saúde publica, os empregos, a desigualdade, a regulação de empresas e todas as outras questões internas que os democratas tanto adoram abordar.[55]

Apesar das suposições heróicas de Klein sobre as intenções de reforma dos democratas, ele subestima seriamente os perigos que o nacionalismo econômico impõe no interior das fileiras do partido. Karl Rove e a Casa Branca, por sua vez, foram dramaticamente traídos no ano passado pela explosão de histeria antiimigratória no interior de suas bases conservadoras; e os editores de *The American Prospect* (a revista dos "democratas progressistas") ainda se arrependerão por subestimar a xenofobia democrata. Pelo menos metade das trinta cadeiras que os democratas tomaram dos republicanos foi ocupada por candidatos que têm posições conservadoras sobre a imigração. Além disso, por todo o sul e meio-oeste, os democratas acusaram os republicanos de serem "brandos com a questão da imigração ilegal", e o site de um comitê de campanha democrata para o Senado chegou a justapor imagens de pessoas escalando as cercas na fronteira a retratos de Bin Laden e de Kim Jon II. Os "cães azuis", em particular, são ávidos simpatizantes de um muro fronteiriço de escala continental e do uso de força policial para ajudar na execução das leis nacionais de imigração[56].

Será interessante observar nesse novo Congresso quão longe chegarão os Webb e os Shuler com seus ataques "proletários" aos princípios do livre-comércio, tão caros aos novos democratas e aos clintonianos. (Meu palpite é de que as feridas de classe importarão menos para ambos os parlamentares depois que eles iniciarem gratificantes conversações com os sujeitos ricos da alta tecnologia em parques tecnológicos como o Triângulo de Pesquisa e Beltway.) Por outro lado, há uma chance tangível de que os aspectos antiimigratórios e sinofóbicos de seu antigo populismo sejam amplificados pela sinergia com republicanos que possuem idéias afins. Os democratas podem se deleitar temporariamente com a autodestruição da "estratégia latina" dos republicanos, mas não estarão imunes a esses mesmos demônios dentro de seu próprio partido. Na pior das hipóteses, o tão aguardado Novo Populismo simplesmente se

---

[55] Ezra Klein, "Spinned Right", cit.
[56] Brian Friel, "Splits of Their Own", *National Journal*, 9/9/2006.

tornará um ajuntamento bipartidário de fanáticos e excêntricos, enquanto a liderança democrata continuará buscando dicas na Goldman Sachs e na Genentech.

março–abril de 2007 – New Left Review

parte dois

LEGIÕES EM GUERRA

Observar os bárbaros morrerem era parte corriqueira da diversão.
Peter Heather, *The Fall of the Roman Empire*[1]

---

[1] Peter Heather, *The Fall of the Roman Empire: A New History of Rome and the Barbarians* (Nova York, Oxford University Press, 2006).

10
A última Thule* de Bush?

Início do verão de 1951, um grupo de caçadores inuítes que guiava um antropólogo francês numa ousada expedição à ilha Ellesmere, no Canadá, retornava a Thule, no noroeste da Groenlândia. Quando eles partiram no ano anterior, Thule era uma das comunidades mais remotas do planeta: vinte iglus e um posto de troca estabelecido em 1910 pelo herói nacional da Groenlândia, Knud Rasmussen, com o intuito de prover uma base para suas explorações etnográficas.

Quando cruzaram o mar congelado, ficaram estarrecidos com uma "miragem" extraordinária. "Uma cidade de estacas e de tendas, de folhas de metal e de alumínio, que reluzia ao sol entre fumaça e pó, ergueu-se diante de nós numa planície onde, até dias atrás, não existia nada." Durante a ausência deles, uma armada norte-americana de 120 navios e 12 mil homens – a maior operação anfíbia desde Okinawa – tomou posse da baía da Estrela Polar. Sem nenhuma consulta prévia aos habitantes de Thule, o Pentágono havia transformado as terras de caça à raposa em uma base de bombardeio para a guerra nuclear que parecia iminente após o confronto entre os exércitos norte-americano e chinês, na Coréia.

Em 1953, com o intuito de abrir espaço para uma nova bateria de mísseis Nike, o comandante norte-americano concedeu aos habitantes de Thule apenas quatro dias para abandonarem seus lares. Eles foram removidos à força para um novo vilarejo – uma "favela instantânea", na opinião de alguns – a 125 milhas

---

* O autor refere-se a uma expressão grega que significa um ponto de culminância virtualmente inalcançável, um *nec plus ultra*. O cartógrafo grego Píteas indicou em mapa a existência de tal lugar e o considerava o ponto boreal extremo do mundo. No início do século XX, uma municipalidade da Groenlândia recebeu o nome de Thule. (N.T.)

dali. Autoridades dinamarquesas e norte-americanas mentiram para o mundo, dizendo que a transferência fora "voluntária"[1]. Agora, meio século depois, os netos desses nativos, muitos deles membros do partido socialista inuíte Ataqatigiit, tornaram-se talvez o maior empecilho à "guerra nas estrelas"*, a fantasia de onipotência militar global de Washington.

Como no início da Guerra Fria, a localização de Thule no topo do mundo, no ponto mais extremo do pólo, entre a Ásia Central e o Oriente Médio, é mais uma vez considerada um dos trunfos geopolíticos mais importantes para o Pentágono. A administração Bush alega que o programa National Missile Defense (NMD) [Defesa Nacional de Mísseis]** depende urgentemente da atualização das enormes instalações de radares BMEWS em Thule e em Fylingdale, na Inglaterra. É óbvio que a subserviência de Londres veio imediatamente à tona; já Copenhague, de maneira mais discreta, assinalou sua disposição para barganhar Thule, como no passado, em troca de alguns pequenos favores. Mas Nuuk, a minúscula capital do território autônomo de Kalaallit Nunaat (como a Groenlândia é denominada por seu povo), até o momento tem se recusado a tomar parte "nesse projeto insano".

Eis que, numa histórica eleição em dezembro (2002), a maioria dos groenlandeses votou a favor de uma coalizão contrária ao NMD, formada pelo partido socialdemocrata Siumut e pelo radical IA, cujos representantes prometeram opor-se a qualquer tentativa de controle unilateral dinamarquês sobre Thule e acelerar o processo de completa independência da região. Essa guinada à esquerda, num desafio tanto a Copenhague quanto a Washington, é um desenvolvimento notável, enraizado numa amarga e pouco compreendida experiência colonial.

Embora os dinamarqueses tenham estabelecido um colonialismo teocrático no sudoeste da Groenlândia desde o começo do século XVIII, a costa leste inuíte só foi "descoberta" na década de 1880, e a região de Thule permaneceu autônoma (contando até com seus próprios selos postais) até a década de 1930. Nesse mesmo período, o reconhecimento diplomático geral da pretensão dinamarquesa sobre toda a ilha (há muito disputada pela Noruega) coincidiu com o reconhecimento de rotas aéreas da Groenlândia por estrategistas militares alemães, britânicos e norte-americanos. (Um "explorador" alemão dessa época foi um dos assassinos de Rosa Luxemburgo e Karl Liebknecht.)

Na primavera de 1941, o presidente Roosevelt, preocupado tanto com a ameaça de um desembarque canadense quanto com uma invasão alemã, estendeu

---

[1] Jean Malaurie, *Last Kings of Thule* (Londres, Allen & Unwin, 1956).

* Projeto aeroespacial norte-americano que teve início durante o mandato de Ronald Reagan na década de 1980, envolvendo a pesquisa e a implementação de novas tecnologias de defesa contra ataques nucleares. (N. T.)

** Programa norte-americano de defesa contra mísseis balísticos de curto alcance. (N. T.)

a Doutrina Monroe* à Groenlândia, tornando-a rapidamente a maior base aérea usada para despachar bombardeiros B-17 e B-24 para a Inglaterra. Um país que os dinamarqueses haviam mantido tão afastado do resto do mundo quanto o Tibete foi invadido em poucos meses por milhares de soldados que ocuparam 17 bases espalhadas pelas costas austrais. Com a Dinamarca como satélite alemão, a Groenlândia (juntamente com a Islândia) tornou-se uma colônia militar norte-americana.

Após a guerra, o Pentágono estava ansioso por manter o controle sobre o "maior porta-aviões do mundo" e pressionou a administração Truman a comprar a Groenlândia da Dinamarca. Por fim, Washington teve de se contentar com o melhor possível: um tratado de 1951 concedeu ao Strategic Air Command (SAC) [Comando Estratégico Aéreo]** dos Estados Unidos domínio livre para transformar Thule em uma base de lançamentos para o Armagedom. No outono de 1956, bombardeiros B-47 com base em Thule fizeram repetidas incursões pelo espaço aéreo soviético (operação Home Run) com o objetivo de levar ao limite o nervosismo no Kremlin. Mais tarde, Curtis Le May, o comandante singularmente sinistro do SAC, recordou de maneira melancólica que "com um pouco de sorte poderíamos ter iniciado a Terceira Guerra Mundial naquela época".

Em 1961, os comandantes do SAC quase ordenaram um ataque nuclear depois que perderam contato com Thule por causa de uma falha técnica interpretada erroneamente como um ataque-surpresa dos soviéticos. Sete anos depois, um B-52B armado com quatro bombas de hidrogênio pegou fogo e espatifou-se no litoral da região. Apesar de a Força Aérea insistir em afirmar que havia recuperado todas as bombas, pessoas que trabalharam no resgate disseram que uma delas jamais foi encontrada. Em 2001, *The Independent* de Londres confirmou a informação (o número da bomba é 78.252) e estimou que doze quilos de plutônio haviam escapado para o ecossistema. De acordo com a Associação dos Trabalhadores de Thule, que representa os groenlandeses que participaram dos esforços de resgate, isso explicaria as altas incidências de câncer no local, assim como outros fenômenos estranhos, como focas sem pêlo e bois-almiscarados com deformações nos cascos.

---

* Política anunciada em 1823 pelo então presidente norte-americano James Monroe, informando aos governantes europeus que os Estados Unidos haviam decidido intensificar sua influência nas Américas e que não aceitavam as pretensões coloniais destes no continente. O discurso de Monroe se baseou em uma proposta da Inglaterra, que dividia a influência das Américas com sua ex-colônia – proposta que foi rejeitada pelo governo norte-americano. Durante o século XIX, a Doutrina justificou intervenções militares dos Estados Unidos em diversas regiões do continente. (N. E.)

** Comando da Força Aérea Norte-Americana encarregado dos ataques internacionais, especialmente os que envolvem o uso de armas nucleares. (N. T.)

Embora os B-52 tenham sido retirados finalmente de Thule durante a Guerra do Vietnã e as grandes bases norte-americanas de Narsarsuaq e Kangerlusuaq tenham sido desativadas, o Pentágono nunca limpou a sujeira que fez. Nem a Dinamarca, o colonizador cúmplice, chegou a protestar contra o lixo norte-americano – ainda que, como documentou o Greenpeace, haja níveis altos de toxicidade e de deterioração ambiental no arquipélago, decorrentes do abandono de bases aéreas e estações de radar dos Estados Unidos.

No Tratado para a Proteção da Groenlândia de 1951, a contrapartida do Pentágono para militarizar o Alto Ártico era a estrita proibição de contato entre norte-americanos e groenlandeses. Para assegurar a permanente hegemonia dinamarquesa sobre a população nativa, a Groenlândia tornou-se parte da metrópole em 1953 – uma situação que, como na Argélia "francesa", acentuou, em vez de diminuir, as desigualdades cívicas. No decorrer da geração seguinte, os groenlandeses – incluindo os caçadores exilados de Thule – foram submetidos a uma "modernização" coercitiva e paternalista que mudou radicalmente sua cultura. A estratégia dinamarquesa era concentrar a população dos muito distantes vilarejos de pescadores em alguns poucos centros "eficientes" ao redor de grandes fábricas de enlatados e de complexos administrativos.

Os rústicos e independentes caçadores do Ártico – agora desempregados – foram transferidos para grandes conjuntos habitacionais de concreto, enquanto seus filhos passavam a estudar dinamarquês e suas esposas faziam faxina ou trabalhavam nas fábricas de processamento de peixe. O trabalho qualificado e profissional era reservado a uma camada bem-remunerada de trabalhadores importados, os verdadeiros beneficiários dos elevados subsídios concedidos à Groenlândia, contra os quais a direita dinamarquesa adora protestar. As políticas de Copenhague atuaram em conjunto com a política econômica das bases norte-americanas – demanda de mão-de-obra, desperdício prodigioso e celebração do consumismo – para urbanizar de maneira catastrófica, e em uma única geração, a cultura inuíte. O resultado sancionado pelo Estado foi uma calamidade em forma de vício. Hoje, na Groenlândia, 56 mil pessoas fumam 120 milhões de cigarros e bebem 40 milhões de latas de cerveja por ano. Do mesmo modo, a moderna Nuuk, com apenas 15 mil habitantes, consegue rivalizar com a região centro-sul de Los Angeles com seus grafites raivosos em muros de edifícios residenciais, com suas brigas de gangues em becos e com seus traficantes de haxixe perambulando em trenós turbinados.

Ciosos de seu passado comunitário e de seu heróico modo de vida, os groenlandeses lutaram vigorosamente contra o colonialismo norte-americano e dinamarquês. A autonomia obtida em 1979 foi tanto uma concessão ao nacionalismo groenlandês quanto uma tentativa do domínio dinamarquês de neocolonizar a região por meio da promoção de uma nova elite inuíte educada em Copenhague. O entrave foi o Partido Inuíte Ataqatigiit, uma formação política criada por uma nova esquerda inuíte que se inspirou no Vietnã e nas revoluções anticoloniais da década de 1970. O IA (partido ao qual pertence Smilla, personagem do famoso romance de Peter Hoeg, *Smilla's Sense of Snow*[2]) é ocasionalmente descrito como a contrapartida groenlandesa do partido de centro dinamarquês, o Partido Socialista Popular, mas seu programa é muito original: tradicionalista, pan-inuíte, verde e vermelho ao mesmo tempo. O IA desempenhou um papel de destaque na criação da Conferência Inuíte do Círculo Polar, uma ONG ativista que funciona como um governo paralelo para 152 mil habitantes inuítes em quatro países e compartilha o sonho do IA de um Ártico sem bombas atômicas, vícios ou poluição.

Em dezembro passado, esperava-se que o IA ultrapassasse o partido socialdemocrata Siumut como o maior partido da Groenlândia. Falhou por pouco na tarefa, porque a liderança do Siumut foi tomada por Hans Enoksen, um defensor da independência que depôs o longevo líder do partido e primeiro-ministro Jonathan Motzfeldt depois que este último compareceu a uma conferência da Otan*, em Praga. Contudo, a coligação IA-Siumut liderada por Enoksen autodestruiu-se em janeiro, apenas algumas semanas após a sua criação. Jornais estrangeiros caricaturaram a crise como resultado de o Siumut ter contratado um tradicional "feiticeiro" para exorcizar os prédios governamentais. Na verdade, o IA afastou-se – como fez anos antes – da corrupção exacerbada e do favoritismo dentro do governo. Prontamente, o Siumut formou um novo governo com o partido neocolonialista Atassut, que compartilha a vontade de Copenhague de negociar o projeto "guerra nas estrelas" com Washington.

O rompimento do IA com Enoksen apenas fortalece sua pretensão de ser a única voz genuína da obstinação groenlandesa. Mais ainda, continua ferozmente contrário aos planos de Washington de remilitarizar o Ártico. Como Johan Olsen, um dos líderes do IA, disse ao Parlamento Europeu no ano passado:

---

[2] Peter Hoeg, *Smilla's Sense of Snow* (Nova York, Dell, 1995). [Ed. bras.: *Senhorita Smilla e o senso da neve*, São Paulo, Companhia das Letras, 1994 – N. E.]

* Criada em 1949, na Guerra Fria, a Organização do Tratado do Atlântico Norte surgiu – sob a liderança dos Estados Unidos – com o intuito de formar uma oposição militar ao bloco comunista. Os países signatários se comprometiam a auxiliar qualquer outro membro quando este fosse atacado. Assim, complementava o Plano Marshall, mais direcionado à esfera econômica. Atualmente, a Otan já incorporou algumas nações que pertenceram ao bloco soviético e conta com mais de 25 nações, como Estados Unidos, França, Reino Unido, Itália, Alemanha, Grécia, Turquia, Hungria e Polônia. (N. E.)

A Groenlândia não deve tomar parte de nenhum regateio com os Estados Unidos para promover o desejo norte-americano de modernizar os radares de Thule. [...] Nossa opinião é que é necessário declarar o Ártico uma zona desmilitarizada e livre de armas.

fevereiro de 2002 – Socialist Review, *após uma visita ao leste da Groenlândia*

Em 2004, o governo autônomo, aflito com as catastróficas mudanças climáticas e com o declínio da economia tradicional de caça e pesca, concordou com a modernização de Thule em troca de uma vaga promessa de auxílio econômico e de empregos na base. Colin Powell fez uma breve parada em Nuuk para agradecer aos groenlandeses por se colocarem mais uma vez na linha de frente de futuras guerras frias e possíveis trocas nucleares com os Estados Unidos. Até o momento, no entanto, a maioria dos novos postos de trabalho em Thule foi ocupada por dinamarqueses expatriados, deixando aos groenlandeses – descendentes de heróicos caçadores e exploradores – a contemplação de um futuro de calotas derretidas, favelas polares e crianças perdidas.

11
O grupo de escalpamento

> Fiquei tão completamente horrorizado com os atos infernais de meus colegas que sentimentos estranhos, semelhantes a pesadelos, tomaram conta de mim, tornando meus dias miseráveis e minhas noites uma série de sonhos aterrorizantes.
>
> Sam Chamberlain (1850)

Em sua macabra obra-prima, *Blood Meridian*[1], o escritor Cormac McCarthy conta a aterrorizante história de uma gangue de gringos caçadores de escalpos que deixou um rastro apocalíptico de carnificina de Chihuahua até o sul da Califórnia, no início da década de 1850. Encarregados pelas autoridades mexicanas de caçar saqueadores apaches, o grupo de ex-aventureiros e de condenados sob o comando de John Joel Glanton e de seu tenente psicopata, "juiz Holden", rapidamente se deixou levar pela violência. Sob a constante instigação de Holden (um gigante calvo que, quando não estava sodomizando criancinhas, dava obscuras aulas de geologia a seus companheiros), a gangue exterminou fazendeiros, pastores e índios hostis. Quando não havia mais inocentes para violentar e matar, voltaram-se contra si mesmos com uma fúria de tubarões.

Muitos leitores se ressentiram do repugnante extremismo imagético de McCarthy: crânios calcinados de prisioneiros torturados, colares de orelhas humanas, uma indescritível árvore de crianças mortas, e muito mais. Outros empacaram na ênfase antipatriota da origem genocida do oeste norte-americano e na óbvia alusão às missões de "procura e destruição" *à moda* do Vietnã. Mas *Blood Meridian*, assim como outros romances de McCarthy, é fundamentado em pesquisas meticulosas. Glanton e Holden, os selvagens brancos, existiram de fato, e um dos poucos sobreviventes da gangue, o futuro herói da Guerra Civil e diretor da penitenciária de Massachusetts, Samuel Chamberlain,

---

[1] Cormac McCarthy, *Blood Meridian* (Nova York, Random House, 1985). [Ed. port.: *Meridiano de sangue*, Lisboa, Relógio d'Água, 2004 – N. E.]

deixou um registro extraordinário, que McCarthy utiliza como base narrativa[2]. Na verdade, *Blood Meridian* deveria ser lido em conjunto com o horripilante relato em primeira mão de Chamberlain sobre a história satânica do Destino Manifesto, ilustrado por ele com assustadoras aquarelas de massacres, igrejas incendiadas e abutres devorando cadáveres.

Mas se Glanton e Holden são os ancestrais que a maioria dos norte-americanos (em particular os que glorificam a conquista do sudoeste) preferiria esquecer, eles também são os fantasmas que não se pode evitar. Há seis semanas, um corajoso jornal da zona industrial decadente de Ohio – *The Blade*, de Toledo – desenterrou uma história de extermínio ocorrida durante a Guerra do Vietnã e oficialmente acobertada, que lembra *Blood Meridian* em seus horríveis e insuportáveis detalhes. A reencarnação do grupo de escalpamento de Glanton era formada por uma unidade de elite de 45 homens da 101ª Divisão Aerotransportada, conhecida como Força Tigre. A intrincada reconstrução da marcha assassina pelo planalto central do Vietnã, durante o verão e o outono de 1967, valeu o Prêmio Pulitzer a *The Blade* e deve ser lida na íntegra, em cada horripilante detalhe[3].

Os repórteres Michael Sallah e Mitch Weiss entrevistaram mais de cem veteranos norte-americanos e sobreviventes vietnamitas. As atrocidades da Força Tigre começaram com a tortura e a execução de prisioneiros em campo de batalha, até chegar ao massacre rotineiro de fazendeiros desarmados, de idosos e mesmo de crianças pequenas. Como declarou a *The Blade* um sargento reformado: "Não importava que fossem civis. Se não era para estarem na área, nós atirávamos neles. Se não entendiam o medo, nós o ensinávamos a eles".

Desde o início, a Força Tigre costumava escalpar as vítimas (os escalpos eram pendurados na ponta dos fuzis M-16) e cortar suas orelhas como suvenires. Um membro da Força – que mais tarde viria a decapitar uma criança – pendurava essas orelhas num fantasmagórico colar (como Toadvine, em *Blood Meridian*), enquanto outro as enviava para a esposa pelo correio. Outros davam pontapés na boca dos aldeões mortos para extrair pontes de ouro. Um sargento reformado da Força disse aos repórteres que "matou tantos civis que perdeu a conta". *The Blade* estima que as mortes de inocentes se contavam "às centenas". Outro veterano, médico da unidade, falou em 150 civis desarmados mortos em um único mês.

Os oficiais superiores, em especial o comandante do batalhão Gerald Morse (ou "Motoqueiro fantasma", como gostava de ser chamado), uma réplica de

---

[2] Samuel Chamberlain, *My Confession: Recollections of a Rogue* (ed. William Goetzmann, Austin, Texas State Historical Society, 1996).

[3] Michael Sallah e Mitch Weiss, *Tiger Force: A True Story of Men and War* (Nova York, Little, Brown & Company, 2006).

Glanton, patrocinaram a carnificina. Ordens foram dadas para "atirar em qualquer coisa que se movesse" e Morse estabeleceu uma cota de 327 corpos (o número do batalhão), que a Força Tigre alcançou entusiasticamente com camponeses e garotas jovens. Soldados de outras unidades que reclamavam dos extermínios eram ignorados ou avisados para se manterem calados; já os negligentes eram rapidamente transferidos da Força Tigre.

Assim como ocorreu com a gangue de Glanton, ou com os *Einsatzgruppen** do oeste da Ucrânia, em 1941, a atrocidade criou seu momento insaciável de glória. Nada era inimaginável no vale do Song Ve. "Uma garota de treze anos foi degolada depois de ser violentada", e uma jovem mãe foi baleada após os soldados incendiarem sua cabana. Um adolescente desarmado foi baleado nas costas depois de um sargento ordenar que todos os jovens deixassem o vilarejo, e um bebê foi decapitado para que um soldado pudesse pegar seu colar.

Rumores sobre a decapitação do bebê se espalharam de tal modo que o Exército foi finalmente obrigado a iniciar um inquérito secreto, em 1971. A investigação durou quase cinco anos e averiguou trinta supostos crimes de guerra cometidos pela Força Tigre. Foram encontradas provas suficientes para sustentar a acusação contra pelo menos dezoito membros do pelotão. No decorrer do processo, no entanto, seis veteranos mais comprometidos tiveram permissão para pedir baixa, evitando assim uma intimação militar; em 1975, o Pentágono enterrou silenciosamente toda a investigação.

The Blade declara que "não se sabe quão alto na administração Ford se tomou essa decisão", mas vale a pena lembrar quem eram os protagonistas na época: o secretário de Defesa era Donald Rumsfeld; o diretor da CIA era George Bush; e o chefe de Gabinete era Dick Cheney. Recentemente, Seymour Hirsch – que ajudou a revelar o massacre de My Lai – denunciou em *The New Yorker* a incapacidade da mídia, em especial as quatro maiores redes de televisão do país, em divulgar as descobertas de *The Blade* ou mesmo iniciar investigações próprias sobre o acobertamento oficial. Ele também lembra que o Exército ocultou detalhes de outro grande massacre de civis no vilarejo de My Khe 4, perto de My Lai, ocorrido no mesmo dia que se cometeu essa atrocidade, em 1968[4].

Na verdade, a história da Força Tigre foi a terceira grande revelação de crimes de guerra nos últimos anos a deparar com a apatia da mídia e/ou a indiferença e o desprezo de Washington. Em 1999, uma equipe de repórteres investigativos da Associated Press revelou a trama de um terrível massacre de mais de quatrocentos civis coreanos desarmados, cometido por tropas norte-americanas em julho de 1950. O fato ocorreu em uma ponte nos arredores do vilarejo de No Gun Ri, e

---

* Denominação conferida às brigadas da morte alemãs durante a Segunda Guerra Mundial. (N. T.)
[4] Seymour Hirsch, "Uncovered", *The New Yorker*, 10/11/2003.

a unidade envolvida era o batalhão do general Custer, o 7º Regimento de Cavalaria. Como disse um veterano à Associated Press: "O tenente berrava como um louco, 'ponham fogo em tudo, matem todos'. [...] Crianças, havia crianças ali, não importa quem fosse, de oito a oitenta, cegos, aleijados ou loucos, eles atiraram em todos". Outro ex-soldado era atormentado pela lembrança de uma criança aterrorizada: "Ela veio correndo na nossa direção. Você deveria ter visto os caras tentando matar aquela menininha, com metralhadoras"[5].

Um relutante inquérito do Pentágono sobre essa versão coreana do massacre de Wounded Knee reconheceu a morte de civis, mas considerou-a "uma tragédia infeliz, inerente à guerra", a despeito das provas gritantes de uma política deliberada dos Estados Unidos de bombardear e fuzilar fileiras de refugiados. (*The Bridge at No Gun Ri* [A ponte de No Gun Ri], de 2001, escrito por três jornalistas da AP vencedores do Prêmio Pulitzer, atualmente está estacionado na marca dos 200 mil exemplares vendidos da lista da Amazon.com.)

Do mesmo modo, parece um tanto ultrajante que um criminoso de guerra confesso como Bob Kerrey presida a prestigiosa e outrora liberal New School, da cidade de Nova York. Em 2001, o ex-membro do SEAL* e da Marinha e ex-senador por Nebraska foi obrigado a confessar, após anos de mentiras, que o heróico combate pelo qual recebeu a Estrela de Bronze, em 1969, envolveu o massacre de inúmeros civis desarmados, principalmente mulheres e crianças. "Descrever o ocorrido como uma atrocidade", admitiu ele, "é estar bem próximo do correto." Mas o operário e ex-membro do SEAL que revelou a verdade sobre a matança em Than Phong sob o comando de Kerrey foi publicamente denunciado como bêbado e traidor, enquanto democratas poderosos – liderados pelos senadores Max Cleland e John Kerry – armaram barricadas para proteger Kerrey de futuras investigações e de um possível processo. Eles argumentaram que era errado "culpar o guerreiro em vez da guerra" e clamaram por um "processo de cura". Com certeza, acobertar atrocidades é um negócio amplamente bipartidário nos Estados Unidos. Afinal, os democratas andam considerando o bombardeador de Belgrado, general Wesley Clark, seu potencial paladino num cavalo branco. Entrementes, a administração Bush ameaça o resto do mundo com cortes de auxílios e sanções comerciais, a menos que as tropas norte-americanas sejam dispensadas da jurisdição do novo Tribunal Penal Internacional.

É óbvio que os Estados Unidos têm boas razões para exigir imunidade a vários dos princípios que ajudaram a estabelecer em Nuremberg, em 1946-1947.

---

[5] Sang-Hun Choe, Martha Mendoza e Charles Hanley, *The Bridge at No Gon Ri: A Hidden Nightmare from the Korean War* (Nova York, Henry Holt & Company, 2001).

* United States Navy Sea, Air and Land é uma força de operações especiais do Exército dos Estados Unidos que atua em operações antiterroristas. (N. T.)

Tropas das Forças Especiais norte-americanas, por exemplo, muito provavelmente foram cúmplices nos massacres de centenas de prisioneiros talibãs, cometidos pela Aliança do Norte* durante muitos anos. Além disso, "perdas colaterais" entre civis são parte do novo fardo do homem branco para "democratizar" o Oriente Médio e tornar o mundo seguro para Bechtel e Halliburton. Assim, os Glanton ainda têm seu lugar no esquema do império e os grupos de escalpamento, que outrora uivavam nas regiões selvagens do Gila, agora cavalgam distantes, ao longo das margens do Eufrates e ao pé do Hindu Kuch.

dezembro de 2003 – Socialist Review

No verão de 2006, o pesquisador Nick Turse e a repórter Deborah Nelson, de The Los Angeles Times, *publicaram um relato sobre uma investigação de 9 mil páginas do Pentágono, até então mantida em segredo, que respondia a acusações de atrocidades feitas por ex-soldados durante as audiências da investigação* Winter Soldier, *defendida pelos Veteranos do Vietnã contra a Guerra, em Detroit, em 1971. Os incidentes do Winter Soldier e do My Lai acabaram se revelando apenas a ponta de um vasto iceberg de desumanidade. Os investigadores do Exército apontaram 320 casos de crimes de guerra, que envolviam "cada divisão do Exército que chegou a operar no Vietnã". Outras 500 atrocidades citadas não foram comprovadas ou levadas em conta*[6].

---

* Grupo rebelde afegão que se opunha ao governo talibã e se aliou aos Estados Unidos na ocupação do Afeganistão. (N. T.)
[6] Nick Turse e Deborah Nelson, "Vietnam: The War Crimes Files", *The Los Angeles Times*, 6/8/2006.

12
O vulcão ingrato

> Os mouros, ainda que ignorantes da justiça, não toleravam a opressão: a vida errante e a selvageria sem limites desapontavam as armas e iludiam as correntes do conquistador.
>
> Edward Gibbon

O Pentágono teria um "*bureau* de história"? Haveria uma sala, em algum lugar no vasto labirinto, onde pesquisadores monacais labutam entre velhos arquivos de poder, exumando lições de colônias conquistadas e perdidas, impérios erguidos e derrubados? Duvido muito. O interesse do Pentágono pela história é provavelmente tão grande quanto a paixão suíça pelo surfe ou o entusiasmo saudita pelo hóquei sobre gelo. Contraditório demais.

É pena. Uma enorme carnificina teria sido evitada se Donald Rumsfeld – ou mesmo Tony Blair – tivesse se preocupado em ler as cartas de Gertrude Bell e os diários de Winston Churchill. Gertie e Winnie conheciam muito bem a região entre os rios. Afinal, foram eles que transformaram três prósperas e etnicamente distintas províncias do Império Otomano em um infeliz território britânico.

"'Iraque?' Conheci e conquistei, meu velho. Na nossa vez, foi uma tragédia sangrenta; agora vocês, ianques, criaram uma farsa apocalíptica. Estranho como a história se repete às margens do Eufrates, não? Abraços."

Imaginemos que tipo de recado os velhos imperialistas poderiam ter deixado para seus caubóis descendentes. Um *précis*, de certa forma, da ocupação prévia. Não seria uma "fábula edificante" – afinal, já subimos demais o rio no rumo da escuridão. Cautela e humanidade já foram colocadas em sacos para cadáveres. Contudo, o precedente britânico pode indicar uma trajetória geral para a soberba imperialista. No início, os britânicos também esperaram beijos e abraços, e acabaram retribuindo com bombas e genocídio.

A festa do chá da senhora Bell

O que Woodrow Wilson denunciaria mais tarde como uma "disputa completamente nojenta" pelo Oriente Médio começou quando os britânicos invadiram a "Mesopotâmia", em 1914. O Ministério da Guerra já sabia que o século XX seria movido a petróleo. Oficialmente, os britânicos estavam apenas protegendo suas propriedades petrolíferas na vizinha Pérsia contra a atenção indesejável de turcos ou alemães. Extra-oficialmente, eles estavam prospectando petróleo ao redor de Basra.

Esperava-se que a conquista da Mesopotâmia fosse um desfile triunfal diante da fragmentada resistência turca. Na verdade, foi uma marcha singularmente infeliz, que envolveu muito calor, poeira, sede e morte. O avanço do exército do major-general Charles Townshend se transformou em uma retirada infame e, depois, em uma catástrofe geral em Kut al-Amara, na primavera de 1916, com a morte de mais de 20 mil soldados ingleses e indianos. Londres, aturdida com uma humilhação que rivalizava com a de Gallipoli, foi forçada a retirar suas tropas da Índia, a fim de montar uma segunda e mais vasta expedição. Em 1917, os Lanceiros de Bengala finalmente conseguiram entrar em Bagdá e a senhora Bell pôde tomar seu chá às margens do Tigre.

A crença generalizada era a de que, expulsos os turcos malvados, o resto da população cobriria os britânicos de beijos. "É maravilhoso sentir a afeição e a confiança de todo um povo à sua volta", entusiasmava-se Bell nos primeiros meses da ocupação. Oficialmente, a secretária Oriental (ou seja, a especialista em "mente árabe") da administração britânica, a culta e aventureira senhora Bell, era um Paul Wolfowitz *avant la lettre*: o ideólogo otimista da ocupação bem-sucedida[1].

O projeto dela não divergia muito do plano revelado pelo secretário adjunto da Defesa no inverno de 2003. A ocupação do Iraque, segundo Bell, seria paga à vista com a exploração do petróleo – então duplicada pela anexação ilegal da região de Mossul, em 1918 –, reembolsando o já sobrecarregado Tesouro, enquanto os iraquianos (que ainda não eram chamados assim) vigiariam a si mesmos sob a supervisão da Coroa. Livre do domínio otomano, a população local seria paulatinamente educada nos valores democráticos, embora o novo arranjo se baseasse, na verdade, em arrogantes *sahibs** ingleses que dividiam o poder com um punhado de notáveis sunitas, enquanto os xeques eram presos, os clérigos xiitas eram perseguidos e as terras petrolíferas pertencentes a certas tribos eram confiscadas.

Na verdade, a população fez uma comparação desfavorável entre o domínio turco, com seu quociente confortável de autonomia local, e o inglês, com sua ânsia por eficiência, especialmente na coleta de impostos. Apesar da inquietação crescente, a senhora Bell ainda estava acampada numa nuvem. "No geral", ela escreveu em 1918, "o país está em processo de abertura, e o povo em geral apre-

---

[1] Gertrude Bell, *The Letters of Gertrude Bell* (Londres, Ernest Benn, 1927).

* Do original árabe "amigo, companheiro", designação usualmente conferida a estrangeiros nos países do Oriente Médio. (N. T.)

cia isso [...]. Basra está em condições pacíficas e não tivemos quase nenhum problema em Bagdá". Seu chefe, sir Arnold Wilson, antecessor de Paul Bremer, era igualmente otimista: "O árabe comum, em oposição ao punhado de políticos amadores de Bagdá, vê um futuro de negociações justas e de progresso material e moral sob a égide da Grã-Bretanha".

No ano seguinte, em Versalhes, a causa nacional árabe (em serviço da qual a senhora Bell e seu colega coronel T. E. Lawrence se insinuaram desde o início da guerra) foi completamente traída pela divisão anglo-francesa do Oriente Médio, que concedeu ao sionismo uma cabeça-de-ponte na Palestina e entregou a Síria à França. A Mesopotâmia, por sua vez, era objeto de uma disputa interna feroz no governo de Lloyd George. De um lado, os "indianistas" desejavam uma colônia à moda antiga, com diversas sinecuras permanentes para aristocratas britânicos desocupados; de outro, os "arabistas", como Bell, queriam desesperadamente um trono para satisfazer a dinastia hachemita, recém-expulsa de Damasco pela Legião Estrangeira. ("Você deve entender", escreveu um oficial britânico para outro, "que aquilo que desejamos é um rei que fique feliz em reinar, mas não em governar.")

Havia pouca preocupação com o que a população comum pensava de sátrapas coloniais ou monarcas estrangeiros. Os curdos estavam particularmente impacientes e, em maio de 1919, se insurgiram contra os britânicos apenas para serem esmagados. Em Bagdá, Bell e outros pensaram que isso liquidaria o assunto. Em Londres, a preocupação era sobretudo com os norte-americanos e com as exigências da Standard Oil por um pedaço da Mesopotâmia.

A doutrina Churchill

Enquanto ocorriam tais maquinações, algumas das mentes mais brilhantes de Londres buscavam um modo de reduzir os elevados custos da ocupação. Diante de um público britânico cada vez mais descontente, Lloyd George e seus parceiros *tories** se empenhavam em pelo menos seis intervenções militares de grande escala, além daquela na Mesopotâmia: a ocupação da Renânia e do Dardanelos, o auxílio aos brancos no combate aos vermelhos na Rússia e a repressão dos levantes nacionalistas na Irlanda, na Índia e no Egito. Os principais ativos da Grã-Bretanha há muito já haviam sido empenhados em grandes empréstimos de guerra concedidos pelos Estados Unidos, e o Tesouro, para efeitos práticos, estava à beira da falência.

Winston Churchill, que então acumulava os cargos de secretário de Estado de Guerra e da Aeronáutica, escreveu ao comandante da Real Força Aérea (RAF), sir Hugh Trenchard, em fevereiro de 1920, indagando se um império quebrado não

---

* Apelido dado aos membros do Partido Conservador na Grã-Bretanha. O termo também é utilizado para designar pessoas de posições políticas conservadoras. (N. T.)

economizaria dinheiro se substituísse tropas por aviões. Ele expressou grande interesse por armas químicas, como as bombas de gás mostarda que a RAF havia utilizado contra os bolcheviques. Sir Hugh entusiasmou-se e, em março, respondeu com um plano detalhado para o controle aéreo militar da Mesopotâmia. Foi bem a tempo.

Em 1º de maio de 1920, o Tratado de San Remo estabelecia o Iraque como território britânico. Três semanas depois, quatro soldados britânicos foram mortos em Tel Afar, perto de Mossul, após a prisão de um xeque. Um esquadrão de blindados foi destacado para restaurar a ordem, mas foi emboscado e aniquilado por rebeldes locais. Era o começo de um levante geral – como o que os Estados Unidos ainda enfrentarão – dos súditos "afeiçoados" a que se referia a senhora Bell.

Mais tarde, Churchill se maravilharia cínica e secretamente com a habilidade das autoridades de ocupação para unir o país contra elas.

> É um feito extraordinário que a administração civil britânica tenha logrado em tão curto espaço de tempo indispor o país inteiro, a ponto de fazer os árabes deixarem de lado as contendas de sangue que nutriram por séculos e as tribos sunitas e xiitas trabalharem juntas. Fomos prevenidos pelos nativos de que o melhor modo de transportar nossos suprimentos rio acima seria hasteando a bandeira turca [...].

A liderança da rebelião era formada tanto pelos membros expurgados dos quadros do antigo regime (ex-autoridades e funcionários otomanos) como pela raivosa maioria xiita do sul. (Soa familiar?) Em meados de julho, as lutas se estenderam até o baixo Eufrates. O brigadeiro Coningham perdeu 35 homens ao atacar a cidadela insurgente de Rumaitha, para então descobrir que os rebeldes haviam saído dali para sitiar a cidade de Kifl. Enquanto marchava para Kifl, o Regimento Manchester foi surpreendido e quase massacrado. As baixas do major-general Leslie contavam 180 mortos e 160 homens capturados. O pânico quase se instalou.

O gabinete londrino, por sua vez, estava ocupado com a guerrilha que se travava na Irlanda e com a contra-revolução na Rússia. Havia, após todos os relatórios enaltecedores da senhora Bell e de outros "arabistas", certa descrença de que 130 mil nativos tivessem de fato se armado contra seus libertadores. Mas a crise piorou em agosto, quando o levante alcançou o alto Eufrates e os arredores de Bagdá. Em pouco tempo haveria outros no norte curdo. Os rebeldes bloquearam as ferrovias de ligação com a Pérsia e tomaram diversas cidades importantes, inclusive Baquba e Sharahban, matando todo e qualquer funcionário inglês que caísse em suas mãos.

Churchill pressionou a RAF para seguir adiante com as bombas de gás ("especialmente gás mostarda"), mas afinal foi obrigado a estourar o orçamento convocando forças de reserva indianas. A maré começou a virar contra os insurgentes. O Exército britânico abriu um precedente para a barbaridade quando usou cápsulas de gás venenoso, enquanto a RAF despejava bombas e, segundo o historiador David Omissi, "metralhava mulheres e crianças à medida que fugiam de suas casas". O massacre foi, em grande parte, indiscriminado, e se completou com o enforcamento de prisioneiros políticos em Bagdá[2].

Em setembro, T. E. Lawrence escreveu uma carta extraordinária a *The Sunday Times*, em que protestava contra a selvageria da mal-sucedida ocupação "amistosa" promovida pela Grã-Bretanha. Ela poderia muito bem ser republicada em *The New York Times* de hoje.

> Nosso governo é pior que o antigo sistema dos turcos. Eles tinham 14 mil conscritos locais e matavam 200 árabes em média ao ano, a fim de manter a paz. Nós temos 90 mil homens, aeroplanos, blindados, barcos armados e trens blindados. Matamos mais de 10 mil árabes envolvidos na rebelião neste verão [...]. Por quanto tempo ainda permitiremos que milhões de libras, milhares de tropas imperiais e dezenas de milhares de árabes sejam sacrificados em nome de uma administração colonial que não beneficia ninguém, além de seus próprios administradores?[3]

O laboratório do diabo

Graças aos bombardeiros, ao gás venenoso e aos tanques, os britânicos finalmente recuperaram o controle do país em setembro de 1920. Figuras rudes do gabinete indiano asseguraram a paz cartaginense. No Natal, expedições punitivas partiram em patrulha pelos territórios rebeldes; queimaram vilarejos, executaram suspeitos, confiscaram mantimentos e aplicaram multas.

Churchill, que pouco depois seria promovido a secretário das Colônias, continuou a defender o terror aéreo como o modo mais barato e eficiente de submeter "vulcões ingratos", como o Iraque e outras colônias muçulmanas. Em março de 1921, a RAF concluiu os últimos detalhes de um plano de "controle aéreo" que considerava o uso de oito esquadrões de aeronaves, incluindo dois esquadrões de bombardeiros, e seis companhias de blindados da RAF, em substituição à maior parte das divisões regulares do Exército. A essência da estratégia, explicou o brigadeiro-do-ar Chamier, era que a retaliação jamais deveria ser comedida. A RAF deveria inspirar terror. "Todas as aeronaves disponíveis devem ser reunidas, o ataque com bombas e metralhadoras deve ser incansável e ininterrupto, mantido continuamente, dia e noite, em cima de casas, moradores, lavouras e gado."[4]

---

[2] David Omissi, *British Air Power and Colonial Control in Iraq: 1920-1923* (Manchester, Manchester Univerty Press, 1990).

[3] Christopher Catherwood, *Churchill's Folly: How Winston Churchill Created Modern Iraq* (Nova York, Carrol & Graf, 2004) e David Omissi, *British Air Power and Colonial Control in Iraq: 1920-1923*, cit.

[4] Idem.

A senhora Bell e outros notáveis árabes compareceram a uma excitante demonstração de novas armas incendiárias que a RAF se propunha a usar contra vilarejos criminosos e tribos recalcitrantes.

> Esta foi ainda mais surpreendente que a última que vimos na exibição da Força Aérea, porque era mais real. Construíram uma vila fictícia à distância de uma milha de onde estávamos, na represa de Kiala, e as duas primeiras bombas, lançadas de uma altura de 3 mil pés, caíram bem no meio dela, incendiando-a. Foi maravilhoso e horrível. Então, despejaram mais bombas nos arredores, como se quisessem alcançar os fugitivos, e por fim bombas incendiárias, que, mesmo sob a mais intensa luz do sol, provocaram chamas reluzentes no deserto. Elas queimaram até o metal e nem água as extinguia. No final, carros blindados cercaram os fugitivos com metralhadoras.[5]

A morte ardente vinda das alturas tornou-se uma punição não só para a rebelião armada, mas também, de forma ainda mais corriqueira, para a inadimplência. Como disse gentilmente um dos biógrafos de Churchill: em junho de 1921, uma "ação aérea foi efetuada no baixo Eufrates não para reprimir um tumulto, mas para pressionar certos vilarejos a pagar seus impostos". Quando Churchill indagou sobre a conveniência de usar bombardeiros na coleta de impostos, sir Percy Cox respondeu que estava apenas implementando a doutrina de Churchill e perguntou, de maneira retórica, se o secretário de Guerra e da Aeronáutica realmente desejava "reprimir o crescimento" do poderio aéreo. Churchill imediatamente declarou: "Acredito piamente nesse poderio e auxiliarei seu avanço de todas as formas"[6].

Como resultado, bombardear e metralhar tornaram-se políticas fiscais e administrativas, assim como militares. O Iraque, por assim dizer, tornou-se o laboratório do diabo para que o Gabinete das Colônias experimentasse novos usos do poder aéreo para aterrorizar as populações civis. Como Jonathan Glancey lembrou aos leitores de *The Guardian*, em abril:

> Bombardeios terroristas, bombardeios noturnos, bombardeios pesados, bombas de ação retardada (particularmente letais contra crianças), tudo isso foi desenvolvido por ocasião dos ataques a vilarejos de pedra, lama e mato, durante a vigência da Liga das Nações britânica.

Em fins de 1921, de seu novo e mais alto cargo no Gabinete das Colônias, Churchill observou com satisfação que "os aeroplanos agora são realmente temidos". Ele continuou defendendo o uso de gás venenoso no Iraque e alhures.

---

[5] Gertrude Bell, *The Letters of Gertrude Bell*, cit.
[6] David Omissi, *British Air Power and Colonial Control in Iraq: 1920-1923*, cit.

Apologia dos bárbaros

Quando um certo coronel Meinertzhagen, habituado aos horrores dos ataques a gás na frente ocidental, questionou a aplicação desse "método bárbaro de guerra" contra as populações árabes civis, Churchill o repreendeu duramente: "Estou disposto a autorizar a fabricação dessas bombas imediatamente". Em outra ocasião, o secretário das Colônias esbravejou: "Não entendo essa aversão ao uso de gás. Sou totalmente a favor do uso de gás venenoso contra as tribos incivilizadas".

O "controle aéreo" manteve-se como política oficial ao longo da década de 1920, seja no governo *tory*, seja no trabalhista. Uma das piores atrocidades ocorreu no longo outono e inverno de 1923-1924, quando o grupo tribal Bani Hashim, da região de Samawa, no Iraque, não conseguiu pagar os impostos. À mercê da fome causada pela seca, o Bani Hashim declarou estado de miséria. Como bem enfatizou um historiador, "não havia nenhum indício da existência de indisciplina ou desordem na região". No entanto, eles receberam um ultimato de 48 horas e, então, foram bombardeados. A RAF registrou oficialmente a morte de 144 pessoas, inclusive mulheres e crianças.

Embora oponentes internos ocasionais, como o trabalhista George Lansbury, denunciassem "esse método de guerra huno e bárbaro contra pessoas desarmadas", foi assim que se fundou o trono de brinquedo no qual, em 1921, foi empossado o príncipe Faiçal, um forasteiro da família hachemita. Sua "eleição", com o voto de 96% de seus novos súditos – um triunfo da causa "arabista" da senhora Bell – foi, na verdade, um plebiscito manipulado pela patrulha da RAF e orquestrado por xeques e notáveis corruptos. Os verdadeiros vencedores foram a Companhia de Petróleo do Iraque e seus acionistas, em Chelsea e Pimlico. Como observaria um veterano desiludido, em 1925: "Se as ordens do rei Faiçal têm força legal em seu reino, é inteiramente em razão dos aeroplanos britânicos. Se amanhã eles fossem retirados, inevitavelmente toda a estrutura ruiria"[7].

Os britânicos, mais uma vez instigados por Churchill, ainda bombardearam o Iraque na primavera de 1941, dois anos após a morte de Faiçal (que alguns atribuem a agentes britânicos) e logo depois da tomada do poder em Bagdá pelo "Quadrado Dourado", um grupo nacionalista clandestino, formado por oficiais iraquianos do Exército e da Aeronáutica, que apoiava o primeiro-ministro islâmico Rashid Ali el Gailani. Diante de um possível corte no fornecimento de petróleo iraquiano no exato momento em que o recém-chegado Africakorps do general Erwin Rommel conquistava posições britânicas na Líbia, Churchill enviou dois exércitos ao Iraque e mais duzentas aeronaves. Numa guerra curta, porém cruel, a RAF mais uma vez destruiu vilarejos e, após aniquilar a modesta força aérea iraquiana (bem como mandar um punhado de aviões alemães e

---

[7] Idem.

italianos de volta à Síria comandada por Vichy), massacrou os indefesos soldados do Quadrado Dourado. No Ocidente, o ataque promovido por Churchill contra Bagdá, em 1941, tornou-se apenas uma nota obscura e esquecida entre as operações militares Aliadas no Mediterrâneo e no Oriente Médio, mas, para os iraquianos, ele sobreviveu como uma amarga memória nacional[8].

É óbvio que a história que serviu de base para o ataque norte-americano ao Iraque, uma história talvez desconhecida da maioria dos membros do Congresso, tanto democratas quanto republicanos, ainda é uma recordação dolorosa para os iraquianos. De maneira geral, as pessoas comuns do mundo muçulmano (a começar pela Líbia, em 1911-1912) ainda se lembram de terem sido as primeiras cobaias com as quais os poderes coloniais europeus aperfeiçoaram o bombardeio terrorista a populações civis. A trajetória até Guernica, Varsóvia, Dresden e Hiroshima começou nas margens do Tigre e na encosta do Atlas. Além do Iraque, a RAF aplicou a doutrina Churchill em civis egípcios, palestinos, somalis, sudaneses, iemenitas (Áden) e afegãos na década de 1920. Nessa mesma época, os espanhóis e os franceses bombardearam e atacaram com gás os vilarejos rebeldes do Rif marroquino. Quem, então, eram os terroristas?

originalmente publicado em Mark LeVine, Viggo Mortensen e Pilar Perez,
Twilight of Empire: Responses to Occupation
(Santa Mônica, Perceval Press, 2003)

---

[8] Douglas Porch, *The Path to Victory: The Mediterranean Theater in World War II* (Nova York, Farrar, Straus & Giroux, 2004), em especial o capítulo 12 sobre a invasão do Iraque promovida por Churchill em 1941.

13
War-Mart*

A Washington imperial, assim como a Berlim do fim da década de 1930, contaminou-se com fantasias exageradas de poder total. Assim, além de criar uma nova ordem geopolítica pró-Estados Unidos no Oriente Médio, agora os maiores pensadores do Pentágono nos dizem que a invasão do Iraque também inaugurará "a mais importante 'revolução nos assuntos militares' (ou RMA) dos últimos duzentos anos".

De acordo com o almirante William Owen, um dos teóricos-chefes da nova revolução, a primeira Guerra do Golfo não foi "um tipo novo de conflito, mas o último dos antigos". Do mesmo modo, as guerras aéreas no Kosovo e no Afeganistão foram apenas uma pálida estréia da *blitzkrieg*** pós-moderna que lançaremos contra o regime baatista. Em vez das antiquadas batalhas seqüenciais, prometemos um esquema de "choque e pavor" não linear. Os noticiários sem dúvida se concentrarão na parafernália de ficção científica envolvida – bombas termobáricas, armamento de microondas, veículos aéreos que dispensam controle humano (UAVs), robôs PackBot, veículos de combate Stryker, e assim por diante. Porém, as verdadeiras grandes inovações (como afirmam os CDFs da guerra) estarão na organização e no próprio conceito de guerra. No bizarro jargão do Gabinete de Transformação de Forças do Pentágono (o centro nervo-

---

* Trocadilho com o nome da rede de supermercados Wal-Mart e o vocábulo *war*, "guerra" em inglês. (N. T.)

** Traduzido do alemão, "guerra relâmpago". Termo oriundo das táticas de guerra do exército nazista que consistiam em ofensivas maciças e velozes sobre o inimigo, pioneiras na utilização de blindados e de apoio aéreo para a rápida eliminação de oponentes. (N. T.)

so da revolução), um novo tipo de "ecossistema de combate", conhecido como "conflito centralizado em rede" (ou NCW), está somente esperando por Bagdá para vir à luz. Promovido por militares futuristas como uma forma de conflito "minimalista", que poupa vidas porque substitui atrito por precisão, o NCW pode ser na verdade o caminho inevitável para a guerra nuclear.

É claro que "revoluções" militares com base em novas tecnologias vêm e vão desde que fanáticos pelo poderio aéreo, como Giulio Douhet, Billy Mitchell e Hugh Trenchard, proclamaram a obsolescência dos exércitos tradicionais e das naves de batalha no começo da década de 1920. Dessa vez, no entanto, a superarma não é um bombardeiro de longo alcance ou uma assustadora bomba H, mas o computador e sua capacidade de gerar organização virtual no "espaço de batalha", assim como no mercado, por meio da internet.

Como todo bom revolucionário, os defensores do RMA/NCW no Pentágono respondem pela crise e declínio do *Ancien Régime*. Ainda que a Primeira Guerra do Golfo tenha sido publicamente celebrada como uma vitória infalível da tecnologia e das políticas de aliança, a verdadeira história fala de disputas terríveis entre comandantes norte-americanos e de falhas potencialmente desastrosas nas tomadas de decisão. Proponentes dos conflitos de alta tecnologia, como os ataques com "bombas inteligentes" à infra-estrutura de Bagdá, entraram em choque intenso com os tradicionalistas do metal pesado, enquanto Norman Schwarzkopf, o frustrado diretor executivo do campo de batalha, tinha espantosos acessos de raiva.

Os embates prosseguiram no interior do Pentágono, onde os revolucionários – na maioria coronéis bitolados que se entrincheiraram nos misteriosos *think tanks* – encontraram um poderoso protetor em Andrew Marshall, o venerável chefe de pesquisas e avaliação tecnológica. Em 1993, Marshall – guru tanto de Dick Cheney como da liderança democrata – forneceu à futura administração Clinton um relatório de pesquisas que alertava para a obsolescência das "plataformas" armamentárias da Guerra Fria, como os porta-aviões da classe Nimitz e os blindados pesados, diante das armas de precisão e dos mísseis de cruzeiro. Marshall, porém, fez proselitismo em favor de armas mais baratas, rápidas e inteligentes, que aproveitariam todas as vantagens da liderança norte-americana na área da tecnologia da informação. Alertou, contudo, que "ao aperfeiçoar tais armas de precisão, os Estados Unidos forçarão seus inimigos a apelar para atividades terroristas, que são alvos difíceis". Ele pôs em dúvida a capacidade das hierarquias fossilizadas do Pentágono de se adaptar aos desafios do chamado "conflito assimétrico".

Os revolucionários foram ainda mais longe: afirmaram que os potenciais da tecnologia de guerra do século XXI estavam sendo desperdiçados com burocracias do século XIX. As novas forças militares de produção estavam tentando se libertar das relações arcaicas de produção. Compararam maliciosamente o Pentágono a uma empresa da "velha economia" – "rígida, burra e cabeçuda" –, que estava indo à extinção no mercado contemporâneo da "nova economia".

A alternativa? Wal-Mart, o leviatã do varejo com sede no Arkansas. Pode parecer estranho, para dizer o mínimo, indicar uma cadeia de lojas que vende cereais matinais, jeans e óleo de motor como modelo para um Pentágono mais enxuto e maléfico, mas os assessores de Marshall estavam apenas seguindo os passos dos teóricos do gerenciamento que já haviam beatificado o Wal-Mart como a essência de uma "rede ampla e auto-sincronizada com consciência operacional em tempo real". Traduzindo, isso significa que as caixas registradoras das lojas transmitem automaticamente os dados para os fornecedores do Wal-Mart e que o estoque é gerenciado por meio de redes "horizontais", em vez da tradicional hierarquia dos escritórios centrais.

"Estamos tentando fazer algo semelhante nas forças armadas", escreveram os autores de *Network Centric Warfare: developing and leveraging information superiority* [Conflito centralizado em rede: desenvolvendo e capitalizando a superioridade informacional], o manifesto dos partidários do RMA/NCW lançado em 1998 que cita os relatórios anuais do Wal-Mart em sua bibliografia[1]. No "espaço de batalha", atores militares móveis (que vão de *hackers* a pilotos de bombardeiros invisíveis aos radares) seriam a contrapartida dos pontos-de-venda inteligentes do Wal-Mart. Em vez de depender de ordens em papel e de cadeias onerosas de comando, eles estabeleceriam "colaborações virtuais" (independentes do ramo de serviço) para concentrar toda a violência em alvos definidos com precisão. Estruturas de comando seriam "niveladas" a um punhado de generais, assistidos nas tomadas de decisão por auxiliares computadorizados, em diálogo igualitário com os "atiradores".

É claro que o ícone disso tudo é o agente das Forças Especiais em Pathan, que utilizaria um computador portátil para convocar ataques aéreos contra uma posição dos talibãs que outro agente aponta com sua mira a laser. Para os gurus do NCW, contudo, isso ainda se trata de bugigangas um tanto primitivas. Eles prefeririam "enxamear" o território inimigo com miríades de sensores em miniatura robotizados e pequenas câmeras voadoras, cujas informações seriam reunidas numa única imagem pan-óptica e compartilhadas tanto por qualquer soldado raso num veículo de combate quanto por generais de Exército em seus postos de comando na Flórida e no Qatar.

De modo inverso, na medida em que a "consciência do campo de batalha" dos norte-americanos cresce exponencialmente com os sensores em rede, torna-se cada vez mais importante neutralizar os oponentes com ataques aéreos de

---

[1] David Alberts, John Garstka e Frederick Stein, *Network Centric Warfare: Developing and Leveraging Information Superiority* (Washington, CCRP Publications Series, 1999).

precisão às suas estruturas equivalentes (ou ultrapassadas) de "comando e controle". Isso implica necessariamente pôr um fim impiedoso nas telecomunicações civis, na distribuição de energia e nas malhas viárias – e ainda melhor, dentro da perspectiva do Pentágono, permitir que unidades de guerra psicológica norte-americanas lancem propaganda ou, se necessário, terror sobre a população.

Críticos do RMA/NCW comparam-no a um culto do novo milênio, análogo ao fundamentalismo dos fanáticos da Bíblia ou mesmo da Al Qaeda. De fato, ao ler as arrebatadoras descrições de como a "Lei de Metcalfe"* garante um aumento de "poder em rede proporcional ao quadrado do número de nós", poderíamos nos perguntar o que esses CDFs andam fumando em seus escritórios no Pentágono. (Coincidentemente, Marshall defende o uso de drogas que alteram o comportamento para criar "soldados bioconstruídos", à moda de O exterminador do futuro.) A afirmação mais ultrajante que fizeram é a de que o famoso "nevoeiro da guerra" de Von Clausewitz – o caos e as contingências do campo de batalha – pode ser decifrado por uns poucos sensores, redes e armas inteligentes. Assim, o vice-almirante Arthur Cebrowski, diretor do Pentágono para a "transformação de forças", tem desvarios com a idéia de que, "em apenas alguns anos, se a capacidade tecnológica dos inimigos dos Estados Unidos permanecer igual à de hoje, nossas forças poderiam efetivamente alcançar um conhecimento total a respeito do campo de batalha".

Donald Rumsfeld, assim como Dick Cheney (mas não como Colin Powell), é um notório viciado nas fantasias do RNA/NCW – já colocado em um altar como a doutrina oficial da administração Clinton, em 1998. Ao abrir as comportas para um orçamento militar gigantesco (equivalente a quase todo o gasto militar do resto do mundo), o 11 de Setembro deu a Rumsfeld a chance de prosseguir a revolução e comprar os reacionários com o financiamento de seus sistemas armamentários barrocos, incluindo três versões rivais de um novo caça tático. O preço do compromisso – endossado também pela maioria dos democratas – será pago com o corte de gastos federais em educação, saúde e governo local.

Uma segunda guerra no Iraque, aos olhos dos zelotes do RNA/NCW, é o teatro inevitável para mostrar ao resto do mundo que a superioridade bélica norte-americana é agora inaudita e inimitável. Assombrados pela catástrofe de 1993 em Mogadíscio, quando milícias somalis parcamente armadas derrotaram as tropas de elite do Pentágono, os CDFs da guerra têm de mostrar que, agora,

---

* Lei formulada por Robert Metcalfe em relação à dinâmica das redes de computadores Ethernet, que se tornou um dos paradigmas das novas teorias econômicas. Seu axioma básico afirma que o valor de uma rede é igual ao quadrado do número de usuários (nós) do sistema. (N. T.)

a tecnologia em rede pode prevalecer em um contexto labiríntico de guerra urbana. Para isso, eles contam com uma combinação de onisciência do campo de batalha, bombas inteligentes e novas armas, como pulsos de microondas e gases nauseantes, para expulsar os habitantes de Bagdá de seus lares e abrigos. O uso de armas "não letais" (*sic*) contra populações civis, especialmente depois do horror que aconteceu com os reféns em Moscou, em outubro de 2002*, é um crime de guerra prestes a ocorrer.

Mas e se o segundo advento da guerra do RCA/NCW não chegar pontualmente, como prometido? O que acontecerá se os iraquianos ou os inimigos futuros encontrarem modos de ludibriar os enxames de sensores, o equipamento de visão noturna das Forças Especiais, os pequenos robôs que sobem escadas, os veículos de controle remoto armados com mísseis? E se algum esquadrão norte-coreano da ciberguerra (ou mesmo algum *hacker* de quinze anos de Des Moines) conseguir derrubar o "sistema dos sistemas" do Pentágono que está por trás do pan-óptico do espaço de guerra? Se as redes de combate norte-americanas começarem a se fragmentar (como ocorreu parcialmente em fevereiro de 1991), o novo paradigma – com sua logística "just in time" e com sua reduzida "área de campo de batalha" – deixará poucos recursos em termos de reservas militares tradicionais. Esta é uma das razões por que o Pentágono de Rumsfeld aproveita qualquer oportunidade para brandir seu sabre nuclear.

No exato momento em que as armas de precisão ressuscitam todas as visões ensandecidas de onipotência dos velhos bombardeiros estratégicos, o RNA/NCW dá vida nova às monstruosas fantasias de armas táticas nucleares integradas ao espaço de batalha eletrônico. Os Estados Unidos, e isso nunca deve ser esquecido, travaram a Guerra Fria com a constante ameaça do "primeiro tiro" de uma arma nuclear em resposta a um ataque soviético convencional. Agora o limiar se reduz a ataques iraquianos com gás, lançamentos de mísseis norte-coreanos ou até mesmo retaliação por futuros ataques terroristas a cidades norte-americanas. Apesar de todo o jargão bitolado sobre redes e ecossistemas, além da exaltação milenarista de um conflito mínimo e robotizado, os Estados Unidos estão se tornando um Estado de terror puro e simples: uma Assíria do século XXI, com laptops e modems.

março de 2004 – Socialist Review

---

* Episódio em que um grupo de 54 rebeldes chechenos tomou o Teatro do Palácio da Cultura em Moscou e manteve 700 pessoas como reféns durante 57 horas. O exército russo invadiu o local e matou os seqüestradores. No ataque, morreram 67 reféns. (N. T.)

14
O Pentágono como senhorio global

O jovem fuzileiro está exultante. "É o sonho de qualquer franco-atirador", diz ele ao repórter de *The Los Angeles Times*, nos arredores de Fallujah. "Você pode ir a qualquer lugar e há muitos meios de atirar no inimigo sem que ele saiba onde você está. Eventualmente, um deles cai e eu o deixo no chão, gritando um pouco, para destruir o moral de seus companheiros. Então uso um segundo tiro." "Abater o vilão", explica ele, é uma "injeção de adrenalina" sem comparação. Ele se gaba de ter "24 mortes confirmadas" na fase inicial do brutal ataque norte-americano a essa cidade rebelde de 300 mil habitantes[1].

Diante de uma resistência popular intransigente, que remete à heróica defesa vietcongue de Hue em 1968, os fuzileiros mais uma vez espalham um terror indiscriminado. De acordo com jornalistas independentes e agentes de saúde locais, massacraram ao menos 200 mulheres e crianças nas duas primeiras semanas de conflito. A batalha de Fallujah, além dos conflitos paralelos desencadeados em cidades xiitas e favelas de Bagdá, é um teste de alto risco, não apenas para a política norte-americana no Iraque, mas também para a capacidade de Washington de dominar aquilo que o Pentágono considera "o principal espaço de batalha no futuro": as cidades do Terceiro Mundo.

A derrota em Mogadíscio, em 1993, quando milícias locais causaram baixas de 60% na guarda de elite do Exército, obrigou os estrategistas a repensar o que é conhecido em "pentagonês" como "Mout", Militarized Operations on Urbanized

---

[1] Tony Perry, "For Marine Snipers, War is Up Close and Personal", *The Los Angeles Times*, 19/4/2004.

Terrain*. E, por último, uma avaliação do Painel de Defesa Nacional, realizada em dezembro de 1997, criticou severamente a falta de preparo do Exército para combates prolongados no inexpugnável labirinto de ruas das cidades pobres. Como resultado, as quatro forças armadas lançaram programas relâmpagos de treinamento para atingir a excelência em conflitos urbanos sob condições realistas do Terceiro Mundo. "O futuro da guerra", declarou o jornal da Escola do Exército, "está nas ruas, nos esgotos, nos arranha-céus e na floresta de casas que formam as cidades miseráveis do mundo"[2].

Conselheiros israelenses foram discretamente trazidos para ensinar a fuzileiros, Rangers e SEALs da Marinha as últimas novidades táticas – especialmente a sofisticada coordenação de equipes de demolição e de franco-atiradores com blindados pesados e poderio aéreo esmagador –, usadas tão impiedosamente pelas forças de defesa israelenses em Gaza e na Cisjordânia. Paisagens urbanas artificiais foram construídas para simular condições de combate em localidades densamente povoadas, como Bagdá e Porto Príncipe. O Laboratório de Guerra dos Fuzileiros também encenou jogos de guerra realistas ("Guerreiro Urbano") em Oakland e Chicago, enquanto o comando de operações especiais do Exército "invadiu" Pittsburgh.

Atualmente, muitos dos fuzileiros baseados em Fallujah têm diploma em exercícios desse tipo, assim como em combates simulados em "Yodaville" (um complexo de treinamento urbano em Yuma, no Arizona), e as unidades de exército que cercam as cidades de Sadr e Najaf são formadas por alunos que receberam treinamento no simulador Mout, de 34 milhões de dólares, em Fort Polk, na Louisiana. Essa "israelização" tática da doutrina de combate norte-americana veio acompanhada de uma "sharonização" da visão de mundo do Pentágono. Teóricos militares prevêem que a capacidade evolutiva da guerra de alta tecnologia pode conter, se não destruir, as insurgências "terroristas" crônicas que se enraízam no desespero de megafavelas cada vez maiores.

Na década de 1990, para ajudar no desenvolvimento de uma estrutura geopolítica para a guerra urbana, estrategistas militares se voltaram para a Corporação Rand, a antiga *alma mater* do Doutor Fantástico. A Rand, um *think tank* sem fins lucrativos criado pela Aeronáutica em 1948, ficou conhecida por realizar jogos de guerra com o Armagedom nuclear nos anos 1950 e por ajudar a planejar a Guerra do Vietnã, na década de 1960. Hoje, a Rand faz cidades – em grande estilo. Seus pesquisadores analisam as estatísticas de criminalidade urbana,

---

* Acrônimo de uso corrente no Pentágono compreendendo o grupo de estratégias que definem as ações militares planejadas e conduzidas em um terreno no qual as construções humanas afetam as opções táticas. (N.T.)

2 Ralph Peters, "Our Soldiers, Their Cities", *Parameters*, primavera de 1996.

saúde pública nas periferias e privatização da educação pública. Também dirigem o Centro Arroyo do Exército, que já publicou uma pequena biblioteca de estudos atuais sobre o contexto e a mecânica da guerra urbana.

Um dos projetos mais importantes da Rand, iniciado no começo da década de 1990, é um grande estudo sobre "como mudanças demográficas afetarão conflitos futuros". A conclusão, segundo a Rand, é que a urbanização da pobreza mundial produziu "a urbanização da insurgência" (na verdade, o título do relatório). "Os insurgentes perseguem seus perseguidores dentro das cidades", alerta a Rand, "estabelecendo 'zonas livres' em favelas [...]. Nem a doutrina, nem o treinamento, nem o equipamento norte-americano são projetados para a contra-insurgência urbana". Um dos resultados é que as favelas se tornaram o ponto fraco do império norte-americano. Os pesquisadores da Rand analisaram o exemplo de El Salvador, onde as tropas locais, apesar do apoio maciço dos Estados Unidos, não conseguiram impedir que a FMLN* estabelecesse uma frente urbana. De fato,

> Se os rebeldes da Frente Farabundo Martí para la Liberación Nacional tivessem operado efetivamente do interior das cidades desde o início do levante, é questionável quanto os Estados Unidos poderiam ter feito para ajudar a manter até mesmo o impasse entre o governo e os insurgentes.[3]

Mais recentemente, um proeminente teórico da Força Aérea levantou questões similares em *The Aerospace Power Journal*. "A acelerada urbanização nos países em desenvolvimento", escreve o capitão Troy Thomas, "resulta em um ambiente de batalha que é cognoscível de modo decrescente, já que é não-planejado de modo crescente". Thomas compara os núcleos urbanos "hierárquicos" modernos, cujas infra-estruturas centralizadas podem ser facilmente danificadas por ataques aéreos (Belgrado) ou terroristas (Manhattan), com as esparramadas periferias pobres do Terceiro Mundo, que se organizam em "subsistemas informais e descentralizados", onde "não existem plantas e os pontos de alavancagem no sistema não são imediatamente discerníveis"[4].

Tomando como exemplo o "mar de miséria urbana" que circunda Karachi, Thomas retrata o contundente desafio do "combate assimétrico" no interior de zonas urbanas "não nodais e não hierárquicas" contra milícias "baseadas em

---

* Frente Farabundo Martí para la Liberación Nacional. Organização salvadorenha de esquerda, criada em 1970. (N. T.)

[3] Jennifer Taw e Bruce Hoffman, *The Urbanization of Insurgency: The Potential Challenge to U.S. Army Operations* (Santa Mônica, Rand Corporation, 1994).

[4] Capitão Troy Thomas, "Slumlords: Aerospace Power in Urban Fights", *The Aerospace Power Journal*, primavera de 2002.

clãs", impelidas por "desespero e ódio". Ele cita as extensas favelas de Lagos e Kinshasa como outros potenciais campos de batalha problemáticos. Entretanto, o capitão Thomas (cujo artigo tem um título provocador: "Slumlords: Aerospace Power in Urban Fights" [Senhorios: poderio aeroespacial em batalhas urbanas]), como a Rand, não tem pudor de se mostrar confiante em que os novos investimentos maciços do Pentágono em tecnologia Mout e em treinamentos superarão todas as complexidades desconexas da guerra em favelas. Um dos manuais da Rand (*Aerospace Operations in Urban Environments* [Operações Aeroespaciais em Ambientes Urbanos]) fornece até uma tabela útil para calcular o limiar aceitável de "danos colaterais" (ou seja, bebês mortos) sob restrições políticas e operacionais diversas.

Evidentemente, a ocupação do Iraque é pintada pelos ideólogos de Bush como um "laboratório para a democracia" no Oriente Médio. Para os gênios do Mout, no entanto, trata-se de outro tipo de laboratório, onde franco-atiradores e pilotos da Força Aérea testam novas técnicas de matança numa guerra emergente contra os pobres das cidades.

março de 2004 – Socialist Review

15
A urbanização do império

> Já que [os bárbaros] foram privados pelos ministros do imperador dos benefícios comuns da natureza e do justo intercurso da vida social, eles descontaram as injustiças nos súditos do império.
>
> Edward Gibbon

Os grandes impérios coloniais do século XIX e do início do século XX eram máquinas brutais de extrair rendas, safras e minérios dos trópicos. Cidades coloniais e entrepostos, embora em geral fossem vastos, dinâmicos e crescentes, eram demograficamente muito insignificantes. As populações urbanas dos impérios britânico, francês, belga e holandês, em seu auge eduardiano, provavelmente não excediam 3% a 5% do mundo colonizado. Essas mesmas taxas provavelmente também valiam para os decadentes impérios espanhol e português, assim como para as últimas conquistas de países *nouveaux riches*, como Alemanha, Itália, Japão e Estados Unidos. Ainda que houvesse algumas exceções importantes – por exemplo, Irlanda, Cuba, Argélia, Palestina e África do Sul (após 1910) –, até mesmo nesses casos os citadinos raramente formavam mais de um sexto da população.

As cidades coloniais também não foram os focos principais da resistência nativa. Poder-se-ia esperar que os portos e os centros administrativos, com suas desigualdades extremas, suas concentrações de intelectuais nativos e seus movimentos trabalhistas em germe, fossem os principais incubadores do nacionalismo revolucionário. Em muitos casos, de fato, o *milieu* urbano foi o progenitor decisivo de políticas nacionalistas e anticoloniais, mas a cidade colonial foi apenas episodicamente, e em geral de forma muito breve, palco de revoltas violentas.

Na verdade, é surpreendente que tão poucos recursos repressivos, especialmente tropas européias, tenham sido necessários para controlar cidades como Cairo, Havana, Bombaim, Manila e Dublin. Em parte, isso era reflexo da influência conservadora de comerciantes de classe média, cujo nacionalismo, quando existia, usualmente tomava feições cautelosas, reformistas e não violentas. Contudo, muitos dos citadinos miseráveis – como soldados, criados, prostitutas e mascates – também se integravam na ecologia parasitária da metrópole colonial. Em Dublin, em 1916, por exemplo, os pobres que residiam em cortiços (cujos filhos de muitos lutavam pela Coroa na Frente Ocidental) vaiaram os sobreviventes da revolta da Páscoa enquanto estes eram conduzidos às prisões britânicas.

As zonas sustentáveis de resistência anticolonial se localizavam no interior, em particular onde a agricultura de exportação conflitava mais agudamente com a sobrevivência dos pequenos fazendeiros e das províncias rurais tradicionais. Em sua impressionante análise comparativa de protestos rurais mundo afora, Jeffery Paige assinalou que tanto as parcerias como os assentamentos produziram sistemas agrícolas que levaram à violência crônica e a levantes episódicos.

> Desenvolveram-se conflitos entre os proprietários estrangeiros das novas organizações agrícolas e seus trabalhadores assalariados, entre as novas classes altas agrárias e os velhos senhores de terra pré-industriais a quem substituíram, como também entre senhores convertidos em comerciantes e seus antigos arrendatários, agora presos entre si por laços salariais e aluguéis. A força do controle político colonial e imperial evitou por muitos anos a expressão política desses conflitos, mas, com o declínio do poder colonial no período pós-guerra, os setores de exportação comercial do mundo subdesenvolvido tornaram-se centros de movimentos sociais revolucionários.[1]

Além disso, o padrão recorrente dos movimentos de libertação nacional modernos – que remetem às revoluções norte-americanas e irlandesas do final do século XVIII – é a fuga das vanguardas revolucionárias urbanas para redutos rurais com uma longa tradição de revolta. Assim, os nacionalistas cubanos, tanto na década de 1860 quanto na de 1950, trocaram as cidades pelas *sierras* rebeldes do leste de Cuba; os nacionalistas árabes encontraram refúgio no Rif ou nos vilarejos do Alto Egito; o Sinn Fein* escapou de Dublin e Cork e foi para Wicklow e para os montes de Galty; Gandhi voltou-se para o generoso interior indiano; Emilio Aguinaldo recuou de Manila em direção às rudes montanhas de Luzón; e os jovens partidos comunistas da China, Vietnã e Indonésia seguiram em longas marchas das cidades para as remotas fortalezas rurais.

Para os impérios anteriores a 1940, portanto, o controle imperial era um problema de contra-insurgência rural. Obviamente, a clássica resposta vitoriana era a expedição punitiva, que buscava não apenas reduzir as rebeliões nas zonas interioranas, mas também devastar sua base de subsistência: dessa forma,

---

[1] Jeffery Paige, *Agrarian Revolution: Social Movements and Export Agriculture in the Undeveloped World* (Nova York, Free Press, 1975).

* Movimento político irlandês criado em 1905 com o objetivo de conquistar a independência da Irlanda do Norte com relação ao Reino Unido. (N. T.)

vimos a 7ª Cavalaria exterminar os bisões das planícies, tropas alemãs dizimar os rebanhos dos *herreros*, fuzileiros franceses destruir os estoques de arroz de Tonquim, e assim por diante. Porém, em geral, a ação dos exércitos imperiais era falha, porque deixava para trás brasas de insurgência que poderiam ser insufladas numa nova rebelião.

Durante a segunda guerra cubana de libertação, na década de 1890, o general espanhol Valeriano Weyler ofereceu uma solução mais radical. Weyler era o maior perito da Espanha em contra-insurgência rural: ele combateu os insurgentes de Santo Domingo e de Cuba, na década de 1860, e os carlistas de Navarra, na década de 1870. Mais uma vez diante de um ambiente rural intransigentemente anti-espanhol, ele tentou separar os *insurrectos* de sua base social, encerrando os camponeses e os trabalhadores rurais em fétidos campos de "reconcentração". O interior "vazio" tornou-se, então, um campo de matança indiscriminada. Concomitantemente, os *reconcentrados* começaram a morrer em grande número (quase 20 mil) em razão de doenças e da falta de saneamento[2].

A estratégia de Weyler foi denunciada como "barbarismo" pela imprensa norte-americana e logo se tornaria um dos pretextos formais para que o presidente McKinley declarasse guerra à Espanha, em 1898. Mas, pouco depois, o exército norte-americano instituía seus próprios campos de concentração letais e zonas de tiro livre contra nacionalistas filipinos no sul de Luzón e em Visaya, enquanto os britânicos faziam o mesmo no Transvaal e os alemães, no sudoeste da África. Os impiedosos princípios subjacentes à guerra colonial eduardiana foram sistematizados pelo coronel C. E. Callwell, veterano das Guerras dos Bôeres e do Afeganistão, na edição de 1904 de seu *Small Wars: Their Principles and Practice* [Pequenas guerras: seus princípios e sua prática] – um texto que atualmente goza de uma revivescência *cult* entre os oficiais norte-americanos no Iraque e no Afeganistão.

No entanto, como ficou demonstrado na Guerra dos Bôeres, concentração da população e expedições punitivas ainda constituíam uma estratégia falha para conter zonas rurais hostis e rebeldes. O passo seguinte foi o bombardeio aéreo dos insurgentes camponeses e nômades. Os primeiros experimentos foram realizados pelos italianos durante a tomada da Líbia, às vésperas da Primeira Guerra Mundial, mas os mestres dos bombardeios coloniais foram os britânicos. Em 1919-1920, confrontado com os altos custos da ocupação mesopotâmica, o ministro do Ar (e, em breve, ministro das Colônias), Winston Churchill, converteu-se em apóstolo do uso do poderio aéreo "barato" – somado a colunas rápidas de blindados – contra os focos de revolta. Como vimos na discussão anterior a

---

[2] Gabriel Cardona e Juan Carlos Losada, *Weyler, nuestro hombre en La Habana* (Barcelona, Planeta, 1998).

respeito do "vulcão ingrato" iraquiano, a doutrina de controle aéreo desenvolvida por Churchill tratava muito mais de criar terror que de atingir alvos específicos. Na década seguinte, a RAF bombardearia e metralharia insurgentes rurais na Mesopotâmia, na Somália, no Afeganistão e em Áden, assim como manifestantes urbanos no Egito[3].

A guerra norte-americana na Indochina foi o clímax histórico e a maior retomada dessas estratégias canônicas de expedição punitiva (ou "missões de busca e destruição"), concentração de população (agora com o nome de "vilas estratégicas") e zonas restritas de tiro livre (agora aplicadas a áreas de mais de 1 milhão de habitantes). Primeiramente, o terror aéreo foi lançado com uma ferocidade sem precedentes, chegando a consumir mais do que o total de bombas usado em todas as guerras anteriores, com o objetivo ou resultado de destruir ecossistemas rurais, estruturas sociais e populações inteiras.

O proletariado informal

O novo imperialismo do início do século XXI, qualquer que seja a definição adotada, ainda compreende zonas de conflito nos padrões clássicos. A 10ª Divisão de Montanha, com base no sul do Afeganistão, segue inadvertidamente as pegadas dos comandos russos e dos Lanceiros de Bengala, enquanto em Mindanao um grande contingente de Forças Especiais norte-americanas combate os bisnetos dos mesmos rebeldes que emboscaram as patrulhas de "Black Jack" Pershing um século atrás. Já a participação dos Estados Unidos na guerra suja da Colômbia, seja de modo clandestino ou oficial, é parte de uma história contínua de intervenção que remete à Nicarágua e ao Haiti da década de 1920.

Mas o Terceiro Mundo – a principal arena do discurso neo-imperial sobre "Estados fracassados" e os fardos do homem branco pós-moderno – é cada vez mais um universo de moradias urbanas carentes e favelas periféricas. O paradigmático campo de Mao não mais circunda as cidades, antes implode seu interior. Muito mais rápido do que previsto pelo famoso relatório do Clube de Roma no começo da década de 1970, a humanidade ultrapassou o limiar de uma época: hoje, os habitantes de 50 mil cidades superam o número de habitantes de mais de 2 milhões de vilarejos.

De acordo com demógrafos da ONU, a população rural mundial alcançou um nível máximo de 3 bilhões de pessoas e não crescerá mais de forma significativa. Por outro lado, as cidades crescem a taxas de 60 milhões de pessoas por ano, sendo que 90% do aumento populacional mundial na próxima geração se abrigará nas áreas urbanas das regiões menos desenvolvidas. Em outras palavras,

---

[3] David Omissi, *British Air Power and Colonial Control in Iraq: 1920-1923* (Manchester, Manchester Univerty Press, 1990).

2 bilhões a mais de pessoas lutarão para sobreviver nas cidades até 2030, especialmente nos grandes centros metropolitanos da África e da Ásia.

Como apontaram os pesquisadores da ONU, em 2003, no relatório *The Challenge of Slums* [O desafio das favelas], que se tornou um divisor de águas, a explosão da população urbana estará quase que totalmente desligada ou "desintegrada" do crescimento industrial e da oferta de empregos formais[4]. Embora estudos sobre a dita economia informal urbana tenham mostrado uma diversidade de ligações ocultas com sistemas multinacionais de produção carentes de recursos, o fato é que centenas de milhões de novos habitantes da urbe precisarão subdividir ainda mais os nichos periféricos de serviços a pessoas, trabalho temporário, venda de rua, coleta de lixo reciclável, mendicância e crime.

Esse proletariado excluído – talvez 1,5 bilhão de pessoas hoje e 2,5 bilhões em 2030 – é a mais nova classe social do planeta e a que cresce mais rápido. De modo geral, a classe trabalhadora informal urbana não é um exército de mão-de-obra de reserva no mesmo sentido do que se via no século XIX: um amontoado de não-grevistas durante as fases de crescimento, que era posto na rua em tempos de carestia e reabsorvido na expansão seguinte. Ao contrário, essa é uma massa de seres humanos estrutural e biologicamente supérflua para a acumulação global e para a matriz empresarial.

Essa massa é ontologicamente semelhante e dessemelhante ao ator histórico descrito no *Manifesto Comunista*. Como as classes trabalhadoras industriais tradicionais, ela possui "correntes radicais", no sentido de que há pouco interesse próprio na reprodução da propriedade privada. Mas não se trata de uma coletividade de trabalho socializada, pois carece de poder significativo para perturbar ou tomar o controle dos meios de produção ou para reorganizar a vida industrial moderna com base em sua própria cultura de classe. Entretanto, ela tem poderes – ainda não mensurados – para subverter a ordem urbana e interferir em fluxos globais vitais de pessoas e de informação.

As fileiras do proletariado informal engrossam sem parar, e a crise urbana se aprofunda por causa da regulação econômica internacional, enfatizam os autores de *The Challenge of Slums*. Regimes de débito esgotam as finanças públicas dos países em desenvolvimento e estrangulam novos investimentos em moradia e infra-estrutura. Programas de ajuste estrutural impostos de fora dizimam o funcionalismo público, destroem indústrias capazes de substituir as importações e deslocam dezenas de milhões de produtores rurais que não conseguem competir com o agrocapitalismo maciçamente subsidiado dos países ricos. Até mesmo o milagre de mercado da China produziu uma população urbana flu-

---

[4] United Nations Human Settlements Program, *The Challenge of Slums: Global Report on Human Settlements 2003* (Londres, Earthscan Publications, 2003).

tuante de 100 milhões de migrantes rurais desprovidos de direitos, desprezados e superexplorados.

A privatização dos serviços públicos e da propriedade social, por sua vez, são apenas eufemismos para o saque e a pirataria em uma escala nunca vista desde a conquista nazista da Europa. Conforme aponta a ONU, criou-se uma casta de bilionários nos antigos blocos do Comecom* à custa do crescimento da pobreza extrema, que passou de menos de 3 milhões de pessoas em 1988 para quase 170 milhões nos dias de hoje. Seria tentador caracterizar esse "triunfo da democracia de mercado" como o maior retrocesso social em tempos de paz da história, se o título já não pertencesse à África subsaariana do período pós-libertação. A exploração da enorme riqueza petrolífera da Nigéria, por exemplo, veio de mãos dadas com um aumento quase exponencial da pobreza, de 28% em 1980 para 66% em 1996. Prevê-se que o corredor urbano que vai de Abidjan a Ibadan se torne o maior cinturão de favelas da Terra, com mais de 50 milhões de habitantes pobres.

O relatório da ONU fornece lições sombrias, porém francas:

> O colapso do emprego urbano formal no mundo em desenvolvimento e a ascensão do setor informal são vistos como funções diretas da liberalização [...]. A miséria urbana tem aumentado na maioria dos países sujeitos a programas de ajustes estruturais, muitos dos quais são antiurbanos por natureza.[5]

Da perspectiva da ONU-Habitat, a capacidade do Estado de criar empregos formais e moradia foi sacrificada em louvor ao bezerro dourado da estabilidade monetária. Sob o atual regime neoliberal de globalização – na verdade, sob quase qualquer forma imaginável de capitalismo pós-keynesiano –, os novos pobres urbanos não podem ser incorporados: *há um excedente de seres humanos*.

Obviamente, o corolário dessa urbanização da pobreza mundial é a extraordinária proliferação de favelas nos arredores das cidades do Terceiro Mundo. Pelas definições conservadoras da ONU, a população global das favelas é hoje quase o equivalente à população mundial em 1844, quando o jovem Friedrich Engels se aventurou pela primeira vez nas perigosas ruas de Manchester. Até 2030, o mundo parecerá *grosso modo* com o que segue:

1) Dos 8 bilhões de pessoas, 5 bilhões residirão em cidades;
2) 1 bilhão de residentes de cidades – proprietários, gerentes, técnicos e trabalhadores qualificados do setor da informação – exercerão a principal demanda da produção industrial internacional;

---

* Conselho Econômico de Assistência Mútua. Criado pela União Soviética em 1949, pretendia conduzir a política econômica européia para superar a crise do pós-Segunda Guerra Mundial. (N. T.)

[5] Idem.

3) 1,5 a 2 bilhões de trabalhadores – de auxiliares de enfermagem mexicano-americanos em Los Angeles a adolescentes que trabalham em fábricas ilegais em Ho Chi Minh – produzirão a força de trabalho metropolitana para a economia global, incluindo a demanda crescente por serviços geriátricos em sociedades ricas que envelhecem rapidamente;
4) 2 a 3 bilhões de trabalhadores informais – dos quais pelo menos 2 bilhões residirão em favelas ou cortiços – viverão de algum modo à margem das relações formais de produção, em estado de miséria dickensiana ou, pior, infectados por doenças emergentes e sujeitos às diversas grandes catástrofes que ocorrerão com o advento do aquecimento global e com o fim das reservas urbanas de água. A marginalidade social corresponderá cada vez mais à idade, assim como à raça, e os novos "desgraçados da terra" constituirão as mais jovens coortes da humanidade.

A batalha do crepúsculo

A nova pobreza urbana, no entanto, não entrará gentilmente nessa noite escura. Na verdade, sua resistência será a principal condição para a sobrevivência da união da raça humana contra a triagem implícita à nova ordem global. Mas é uma resistência cujas expressões ideológicas e políticas ainda não têm uma unidade global ou um norte histórico: nada remotamente equivalente, vale dizer, à Internacional Comunista ou ao movimento Tricontinental. As classes trabalhadores informais urbanas, embora compartilhem os mesmos grilhões de negligência e de marginalização, constituem um alarmante espectro de identidades, crenças e ativismo diversos.

Em primeiro lugar, os mais pobres entre os pobres tendem a ser minorias lingüísticas, étnicas ou religiosas. Dessa forma, Dharavi, a maior favela do mundo, localizada em Mumbai, é um enclave do dialeto tâmil num oceano onde se fala predominantemente marata e hindi. Em segundo lugar, a classe trabalhadora informal, sem nenhum vínculo com coletividades trabalhadoras de grande escala, carece tanto de um movimento organizacional centralizador como de um poder social estratégico. Em terceiro lugar, as populações das favelas tendem a ser sociologicamente anômicas, em razão do impacto atomizante do vício e da violência: Los Angeles, Medellín e Soweto são graves exemplos disso. (No entanto, as redes de criminalidade podem vir a gerar paragovernos de pobres surpreendentemente organizados, como no caso da Camorra, em Nápoles, ou mais recentemente das favelas no Rio de Janeiro.)

Mesmo as comunidades mais carentes, porém, podem preservar e transmitir antigas solidariedades rurais e urbanas, inclusive culturas já extintas oriundas do trabalho fabril ou da mineração. Assim, vemos as *colonias populares** da Cidade do México, como Carlos Monsivais tão brilhantemente mostrou em um livro magnífico, que desafiam qualquer correlação linear entre pobreza e informalidade, de um lado, e sociedade civil em colapso, de outro. Diante de grandes catástrofes – um terremoto ou a explosão de um oleoduto, por exemplo –, as *colonias* demonstraram uma enorme capacidade de auto-organização, comparada com as ineficientes e corruptas intervenções do Estado[6]. De maneira similar, o movimento chavista nos precários assentamentos montanheses de Caracas mobiliza ricas tradições históricas, assim como os movimentos de El Alto, a irmã menosprezada de La Paz, onde a cultura revolucionária dos antigos mineiros foi transformada em resistência urbana.

Contudo, os mais altos quocientes de organização civil entre os contingentes da nova pobreza urbana são encontrados provavelmente no mundo muçulmano. As complexas redes educacionais e filantrópicas da sociedade civil islâmica fornecem uma regulação moral da vida nas favelas que não tem equivalente real em outras culturas. Um dos resultados disso é a drástica redução dos níveis de criminalidade ou violência espontânea: Cairo é um exemplo paradigmático. Além disso, essas mesmas instituições podem opor entraves imensamente difíceis e contumazes a ocupações que, de outro modo, seriam esmagadoras.

Assim, onda após onda, a repressão tecnologicamente superior dos israelenses parece rebentar em vão no rochedo de Gaza (sem mencionar o Hezbollah no sul do Líbano), enquanto no Iraque o que a ocupação norte-americana mais teme é a erupção do vulcão xiita a leste de Bagdá, em Sadr. Por toda parte, as favelas muçulmanas são reservatórios de desespero altamente disciplinado. Não surpreende que os recentes homens-bombas na Turquia tenham vindo da imensa favela de Bagcilar, em Istambul, assim como da sinistra cidade de Bingol, onde 60% da população está desempregada. Carros-bombas, minas terrestres e outros "dispositivos explosivos improvisados" (IEDs, em "pentagonês") – especialmente quando os agressores estão dispostos a se sacrificar para garantir que o alvo será atingido – têm provado que são extremamente difíceis de derrotar, tanto por exércitos treinados nas formas clássicas de guerra pesada como na contra-insurgência rural da época do Vietnã, em densos cenários urbanos contra os quais o poderio aéreo é muitas vezes impotente e a concentração populacional atua em benefício dos próprios insurgentes.

Mas, em última instância – e este é meu argumento principal –, essa não é uma "guerra de civilizações" e sim um choque indireto entre o *imperium* nor-

---

* Bairros periféricos das regiões metropolitanas do México. (N. T.)

[6] Carlos Monsivais, *Entrada libre: crónicas de la sociedad que se organiza* (México, Era, 1987).

te-americano e a força de trabalho que foi eliminada da economia formal mundial. Os contornos futuros dessa nova "batalha do crepúsculo" (como um dia se chamou a Guerra Fria) são difíceis de prever. Tendências podem persistir ou desenvolvimentos completamente novos, incluindo híbridos ideológicos inesperados, podem emergir.

Quem, por exemplo, poderia ter previsto em 1900 que em apenas 25 anos haveria uma convergência entre o marxismo urbano e a rebelião rural na Ásia? As atuais vogas de pentecostalismo e de islamismo nas novas favelas da América Latina, da África e da Ásia podem vir a ser hegemonias permanentes ou, então, versões dos movimentos camponeses milenaristas ou de outro tipo qualquer, como as Danças dos Fantasmas anticoloniais dos anos 1890, derivadas da pobreza urbana. O que está claro é que a megafavela contemporânea traz problemas únicos para a ordem imperial e para o controle social, cujo registro mal começou a ser feito pela geopolítica convencional. Se o objetivo da guerra contra o terrorismo é perseguir o inimigo em seu labirinto cultural e sociológico, então as periferias pobres das cidades em desenvolvimento serão campos de batalha permanentes do século XXI.

2004 – Social Text, n. 81

parte três

APREENSÃO NA GÁLIA

[...] *ibi totum licet* ("ali vale tudo").
Escritor romano, sobre a Gália do século V

16
Estrada de metal pesado

Qual seria o equivalente moral do tráfego – ou seria o inverso? Peço desculpas se minhas categorias estão um pouco confusas, mas vivo no sul da Califórnia, que é "um paraíso para se viver e ver, mas só se você tiver um utilitário", para citar Woody Guthrie mal e porcamente. Meu traslado diário, que se estende por terríveis noventa milhas em cada direção, se parece cada vez mais com a célebre batalha de tanques de El-Alamein. O que um escritor chamou na década de 1920 de "o *tour de force* hedonista sul-californiano" é agora uma guerra sem misericórdia, em que 18 milhões de pessoas em 14 milhões de veículos enfrentam os maiores congestionamentos do país. Toda manhã eu me acomodo em meu blindado pessoal – uma mal-encarada picape Toyota Tundra, com motor V-8 e tração nas quatro rodas – e me arrasto por uma das pistas da interestadual 5. Durante uma hora e meia, brigo com meus concidadãos – sem ceder ou sequer pedir espaço – por um *Lebensraum** da rodovia.

Divisões Panzer** de "veículos esporte utilitários" – imaginem uma antiquada perua familiar que tenha se viciado em esteróides e metanfetaminas – agora dominam as estradas. A *pole position* numa dessas rodovias do sul da Califórnia sempre foi perturbadora, mas agora, sob o domínio do metal pesado, ela é especialmente assustadora. A estratégia básica da guerra rodoviária nos horários de

---

* Em alemão, "espaço vital", território reivindicado por um país para satisfazer sua expansão demográfica e suas necessidades econômicas. Os nazistas empregaram o termo para justificar sua expansão territorial. (N. T.)

** Denominação das divisões de blindados do exército alemão durante a Segunda Guerra Mundial. (N. T.)

pico é aterrorizar o carro da frente. Isso é muito fácil de conseguir quando se tem uma enorme carcaça de metal para combate, como um Chevrolet Suburban ou um Ford Explorer, enquanto o coitado da frente rasteja num patético Corolla ou num Ford Escort.

O ideal é pegá-lo de surpresa. O procedimento padrão consiste em parar sorrateiramente a milímetros do pára-choque traseiro do outro. É de péssimo tom (ou pior, é um hábito nova-iorquino) buzinar. O melhor é esperar que ele, pelo retrovisor, note de súbito sua presença ameaçadora. A aterrorizada mudança de pista é sinal de deferência social. Na maioria das vezes, no entanto, um utilitário simplesmente bate em outro. Nesse caso, os privilégios de classe se anulam mutuamente e não há alternativa senão esperar que os nervos do outro cedam e ele saia do caminho. Como na guerra, e em outros esportes sangrentos, a frieza em situações de pressão é a virtude suprema. Quem se atreveria a não admirar a valente dona-de-casa da região oeste que bebe calmamente seu *capuccino* e conversa ao celular enquanto atira de modo temerário seu monstruoso Dodge contra o confuso tráfego à sua frente?

É verdade que cardíacos em convalescença, imigrantes pobres em latas velhas, mães medrosas com bebês a bordo e discípulos de Gandhi em geral se esgueiram pela faixa da direita. Mas esse é um subterfúgio um tanto tolo, porque é se colocar diretamente no caminho dos muitos utilitários que acessam a via expressa à velocidade da luz ou acabar entre caminhões de onze metros que podem esmagar qualquer um como se fosse uma latinha de alumínio. Inevitavelmente, a hegemonia dos utilitários no trânsito dita a postura de rearmamento defensivo e a lógica de desencorajamento mútuo. Ainda que em teoria eu, na qualidade de defensor radical do meio ambiente, prefira dirigir um automóvel elétrico e ecologicamente correto – ou, melhor ainda, uma bicicleta – para ir trabalhar sob o quente sol da Califórnia, não vejo nenhuma outra escolha realista a não ser me proteger numa picape que faria delirar muitos membros de gangue.

Contudo, precisamos ensinar às nossas crianças que, mesmo no sul da Califórnia, o tráfego nem sempre foi tão sanguinário. Houve uma época, mais ou menos entre os rabos-de-peixe e os utilitários, e ainda como conseqüência da crise energética de 1973, em que os destemidos, econômicos e pequeninos carros compactos, fabricados por engenhosos elfos japoneses, dominaram as estradas. Foi a Terra Média da combustão interna. Por que ela desapareceu tão abruptamente na década de 1990?

Estou certo de que a resposta se encontra no perfeito cruzamento patológico entre os utilitários e o medo da classe média, no começo da década. Certamente não foi por acaso que a nova geração de tanques de Detroit surgiu no momento em que os "seqüestros relâmpagos" e os tiroteios nas auto-estradas dominavam os noticiários do horário nobre. Ou quando a burguesia começou se refugiar aos milhares em subúrbios fortificados e vigiados por exércitos de seguranças particulares. De modo análogo, a classe média viu o utilitário como um casulo de metal que oferecia proteção nas terras indômitas das vias expressas. Rapidamente, essas enormes carcaças de aço japonesas e coreanas se tornaram símbolos másculos do novo republicanismo, ao melhor estilo "vou invadir seu país e matar sua mãezinha". Os ataques de 11 de setembro lançaram a moda das bandeirolas como acessório automotivo, dando aos Suburban e aos Explorer – embandeirados de listras e estrelas – um brio patriótico comparável ao da 7ª Cavalaria ao investir contra um vilarejo sioux.

Por fim, os utilitários são moradias temporárias de luxo, concebidas para suportar o inferno do deslocamento. O tráfego do sul da Califórnia ainda é um dos piores dos Estados Unidos (embora os de Washington e Seattle não fiquem muito atrás), em que motoristas de subúrbios adjacentes sacrificam ao demônio do engarrafamento o equivalente a duas semanas extras de trabalho por ano (75 horas). Em termos econômicos, o custo anual estimado do deslocamento diário na região de Los Angeles é de quase 9 bilhões de dólares, ou seja, 1.688 dólares por pessoa. Além disso, a quantidade de veículos está aumentando muito mais rápido que a população, e as novas auto-estradas chegam ao seu limite em apenas quatro anos. Um estudo recente mostrou que a área metropolitana de Los Angeles é a mais difícil para escapadas de fim de semana: trata-se da confirmação científica da raivosa claustrofobia que está substituindo a outrora alardeada cultura regional de mobilidade física e longos passeios de carro nos fins de semana. Em uma recente e respeitável pesquisa de opinião realizada no sul da Califórnia, o tráfego figura muito à frente da oferta de trabalho, da criminalidade, da educação e da habitação como um dos principais problemas da região.

Programas de rádio e blogs da direita local são privadas entupidas de histeria nativista que culpam os imigrantes ilegais pelos engarrafamentos. Mas o verdadeiro motor dos congestionamentos é a expansão e inflação imobiliária, não a demografia. Em sua incessante busca por moradias mais baratas e distantes dos epicentros da violência urbana, milhões de famílias se mudaram para os limites do deserto ou além. Já que os empregos, em sua maioria, não seguiram atrás, a etiqueta do sonho sul-californiano agora exibe uma viagem de três horas por dia ida e volta entre os lares no interior e os escritórios na costa. Ao mesmo tempo, a estrutura de transportes da Califórnia – que já foi uma das maravilhas do mundo – agora está muito atrás dos padrões do resto do mundo industrial avançado. Desde as revoltas tributárias do fim da década de 1970, as rodovias do estado estão tão esburacadas e pouco confiáveis quanto as escolas da região central estão ruindo e as redes de energia estão caducando. Apesar de vinte anos de avisos apocalípticos, o abismo entre a riqueza concentrada no estado e o preço da moradia na costa, de um lado, e as despesas com infra-estrutura física e social, de outro, continua crescendo.

A incapacidade do sistema político local para deter a violência, controlar a expansão imobiliária ou investir em transportes coletivos eficientes assegura que o vasto estacionamento em que se transformou a malha viária do sul da Califórnia fique ainda mais lotado na próxima geração. As atuais sete horas diárias de imobilidade nos horários de pico poderão chegar a vinte horas, assim como a velocidade média nas estradas poderá cair para a velocidade das carroças. De fato, os estrategistas regionais temem que o aumento previsto de 30% no volume de tráfego vá estrangular, literalmente, a décima segunda economia do mundo. Até que os transportes coletivos futuros consigam resolver alguma coisa, o sul da Califórnia estima perder miríades de postos de trabalho e de moradores de classe média para áreas metropolitanas com menos congestionamentos, rotas de traslado mais curtas e melhor qualidade de vida.

Entrementes, os utilitários dão compensações mágicas de poder e de conforto, mesmo que temporárias. Na triste democracia dos engarrafamentos, eles parecem conferir *noblesse oblige* ou, no mínimo, uma habilidade insolente de se apoderar da faixa da esquerda. (Contudo, os motoristas tendem a ignorar o fato de que o tamanho e a altura do centro de gravidade desses veículos, que os tornam tão intimidadores para os carros pequenos, também os tornam letalmente instáveis e propensos a capotagens violentas.)

Essa tendência irresistível aponta para uma militarização das rodovias conduzida pelos utilitários, em sincronia com uma militarização e uma imobilização mais amplas do espaço urbano. O símbolo mais gritante disso é a propaganda que se tem feito ao redor do Humvee, um verdadeiro veículo de guerra do Exército, como a última palavra em termos de transporte familiar. O Hummer, uma versão civil ligeiramente modificada, é um Tiranossauro Rex em ascensão nas estradas, e seu garoto-propaganda, além de maior entusiasta, é o ator Arnold Schwarzenegger, cujos Hummers personalizados (ele tem quatro) há muito são atração turística em Santa Mônica. Estrela ascendente no Partido Republicano, Schwarzenegger também é visto como um dos principais concorrentes ao governo da Califórnia – um cenário temido pelos ativistas ambientais. Com o próprio Exterminador no poder e milhões de barris de petróleo do Iraque "livre" circulando no mercado, a era do utilitário pode não ter fim.

2003 – Il Manifesto

Pouco depois de sua eleição em 2003, Schwarzenegger recompensou os donos de utilitários e as revendedoras (alguns de seus mais relevantes colaboradores de campanha), vetando as taxas de licenciamento que haviam acabado de ser propostas. O rombo de 4 milhões de dólares resultante no orçamento estadual foi compensado com o corte de serviços essenciais aos pobres. Diante do aumento de preço dos combustíveis, vendi minha picape de gângster e comprei um utilitário menor (e um pouco mais ecologicamente correto); contudo, depois que a megafauna yuppie *me empurrou de um lado para o outro na rodovia I-5, decidi voltar o quanto antes à blindagem pesada (de preferência equipada com metralhadoras duplas calibre 50). Saia do caminho ou morra.*

17
Chore, Califórnia

Todo candidato envolvido na obscura comédia de impugnação eleitoral californiana deveria ser obrigado a responder à pergunta: "Onde fica Duroville?". Duroville é o que nenhum visitante da Califórnia vê e os peritos ignoram quando debatem o futuro da sexta maior economia mundial. Oficialmente, essa decrépita e desértica comunidade de 4 mil habitantes do vale de Coachella nem mesmo existe. É uma favela – semelhante aos campos *okie** em *As vinhas da ira* – erguida por trabalhadores rurais sem-teto nas terras pertencentes a Harvey Duro, um membro da nação indígena Cahuilla.

O vale de Coachella é o protótipo de um futuro – uma mistura de Beverly Hills com Tijuana – que os conservadores californianos parecem querer implantar por toda parte. O lado oeste do vale, de Palm Springs a La Quinta, é um paraíso refrigerado, com comunidades protegidas por portões e construídas ao redor de lagos artificiais e campos de golfe de dezoito buracos. O morador típico é o aposentado branco, de 65 anos, empoleirado num carrinho de golfe. É o eleitor zeloso que repudia impostos, ações afirmativas e assistência social aos imigrantes que lhe prestam serviço.

A face leste do vale, de Indio a Mecca, é onde vivem as camareiras das pousadas, os mensageiros, os limpadores de piscinas e os trabalhadores rurais. Há ali uma montanha artificial erguida com 500 mil toneladas de detritos (esgoto sólido), transportados por caminhão de Los Angeles, mas nem sequer um fio de

---

* Termo que designa um residente ou nativo de Oklahoma, tornado popular com certa denotação pejorativa durante o êxodo populacional de habitantes desse estado durante a crise econômica da década de 1930. (N. T.)

gramado. Em Duroville, a maior massa de água é a lagoa de esgoto, e o playground local é um aterro contaminado por dioxina. O típico residente tem dezoito anos, fala espanhol ou algum dialeto mixteca e trabalha o dia todo na fornalha que é o calor do deserto. Ela ou ele, muito provavelmente, ainda não é um cidadão e, portanto, não pode votar.

Miséria, exploração e desrespeito às leis trabalhistas não são anomalias exclusivas dos vales agrícolas da Califórnia e das "fábricas do interior". Existem Durovilles urbanas também, como a expansão de conjuntos habitacionais a apenas alguns quarteirões a oeste do centro de Los Angeles. Na costa norte de San Diego, uma população estimada em 10 mil imigrantes, entre diaristas e prestadores de serviços, dormem sem nenhum conforto nos desfiladeiros selvagens que confinam com casas pré-fabricadas de 800 mil dólares. Por todo o estado, centenas de milhares de trabalhadores imigrantes vivem em garagens adaptadas ilegalmente, trailers abandonados e até mesmo em galinheiros.

A desigualdade econômica na Califórnia aumentou nesta última geração, em particular na porção sul do estado. Na área de Los Angeles, por exemplo, os 20% que estão no topo da força de trabalho ganham em média *25 vezes* mais do que os 20% que estão na base. De modo similar, um terço dos moradores de Los Angeles não tem plano de saúde e depende de meia dúzia de hospitais públicos superlotados, cujos médicos deram recentemente um frio testemunho do número crescente de mortes desnecessárias em razão da falta de pessoal e de leitos. Além disso, quase 1 milhão de habitantes pobres de Los Angeles passam fome ocasionalmente, e essa percentagem cresceu no período entre 2001 e 2005, especialmente entre mulheres grávidas. De fato, a crise alimentar é tão grave que o Banco Regional de Alimentos de Los Angeles distribui mais de 18 mil toneladas de alimentos por ano, mal chegando a atender a demanda.

Essa Califórnia terceiro-mundista, simbolizada tão pungentemente por Duroville, não é uma criação acidental. A célebre revolta tributária do fim da década de 1970 era política racial convertida em populismo fiscal. Como a população latina cresceu, os eleitores brancos, encorajados pelos demagogos de direita, deixaram de apoiar o setor público. A Califórnia tornou-se um estado de péssimas escolas e, conseqüentemente, um estado de baixa renda. Salas de aula superlotadas e playgrounds perigosos fazem parte de um círculo vicioso de trabalho semi-escravo e favelas.

Revigorado por uma nova geração de formas de organização, o movimento trabalhista californiano tentou deter essa assustadora "mississipização" propondo pisos salariais dignos, aumento nos gastos com educação e fim dos benefícios fiscais para os ricos. Houve algumas vitórias (principalmente no financiamento da educação), mas as políticas progressistas lutam penosamente contra dois gigantescos obstáculos estruturais. O primeiro deles é o próprio legado da Proposição 13, que pressupõe amplas maiorias para arrecadar mais impostos. O segundo, e mais desafiador, é o passo moroso do registro dos novos imigrantes. Embora constituam a minoria da população, os anglo-saxões ainda representam 70% do eleitorado. Segundo projeções do Instituto de Políticas Públicas da Califórnia, os brancos (apenas 35% da população) ainda representarão 53% dos votos em 2040. Se a tendência atual se confirmar, essa minoria branca geriátrica também abocanhará a maior parte dos serviços públicos e dos recursos tributários.

Obviamente, a visão de mundo conservadora inverte essa realidade. Liderados pelo ex-governador Pete Wilson, os republicanos afirmam que o estado se tornou uma área de despejo de indigentes ineptos e sem escolaridade vindos do sul. O México, como retratado numa famosa campanha de Wilson ("Eles estão chegando!"), está invadindo a Califórnia anglo-saxônica e impondo um rude fardo fiscal, criminal e ambiental aos honestos burgueses. Os verdadeiros desafortunados da região são os sujeitos brancos, sofridos e sobretaxados que se empoleiram nos seus carrinhos de golfe.

A razão agoniza diante de tamanho disparate, mas é o que difundem, 24 horas por dia, os enfurecidos locutores que dominam as rádios AM californianas e, cada vez mais, a televisão comercial. O ódio branco também é o esteróide que, assim esperam os estrategistas republicanos, fortalecerá Arnold Schwarzenegger no halterofilismo que se seguirá à impugnação de Gray Davis. Comentadores liberais têm atacado o desajeitado e musculoso astro do cinema por sua singular falta de posições articuladas sobre questões decisivas. Mas a crítica é injusta.

O Exterminador, na verdade, tem uma longa história de comprometimento ideológico que, por razões táticas, seus chefes de campanha preferem desmerecer. O mais impressionante é seu extenso envolvimento com cruzadas nativistas pelo não-direito dos imigrantes sem documentos aos serviços de saúde e educação, e pelo inglês como único idioma oficial. O garoto pobre dos bosques alpinos, que admite ter trabalhado ilegalmente nos primeiros anos que passou no território norte-americano, foi um dos principais apoiadores da Proposição 187 antiimigrante* em 1994 e, o que é ainda mais sinistro, foi um membro antigo do conselho da U.S. English, uma organização nacional notoriamente ligada aos homens de capuz branco.

De qualquer modo, seria um equívoco achar que Arnie é a estrela atual de seu mais novo e extravagante filme. Como todos os especuladores de Sacramento já notaram, o título verdadeiro deveria ser: "O retorno dos mortos: Wilson parte três". O ex-governador é o espectro que assombra a impugnação. Sua

---

* Proposição de referendo elaborada pelo congressista republicano da Califórnia Dick Mountjoy em 1994. Seu objetivo era refrear a entrada de imigrantes no estado, ao privá-los de acesso à educação, à saúde e aos demais serviços públicos. Foi aprovada com 58,8% do voto popular e, posteriormente, vetada pela Suprema Corte. (N. T.)

equipe de veteranos (entre eles George Gorton, que recentemente comandou a reeleição de Boris Yeltsin) controla todos os fios que movimentam as partes vitais de Schwarzenegger, enquanto o próprio Wilson dirige uma campanha de vendas que conseguiu reunir a maioria dos bilionários do estado. Como resultado, o círculo interno da cruzada "populista" de Schwarzenegger parece uma festa da toga em Bohemia Grove: desde Donald Bren, George Schultz, David Murdoch, Warren Buffett, e outros, até hordas de construtores e revendedores de utilitários. É evidente que Wilson é um anátema para latinos, negros e movimentos trabalhistas. Supostamente, a Califórnia havia dado fim à segregação racial em 1998, quando os eleitores de Wilson rejeitaram seu pupilo, o procurador Dan Lungren, e no ano passado não deram a vitória a outro de seus clones magnatas. Quem então esqueceu a estaca de prata?

Agora que os ratos estão em terra firme, é fácil para muitos democratas desprezar o empossado e mal-acompanhado Gray Davis como uma escolha singularmente infeliz: um robô sem nenhum carisma e um esbanjador que permitiu que a Enron pilhasse o estado durante a falsa crise energética há três anos. Mas, justiça seja feita, Davis exemplifica precisamente aquelas qualidades – pró-empresa, centrista e totalmente a favor da lei e da ordem – que o Conselho de Liderança Democrata vem recomendando há muito tempo como a salvação do partido. Sua derrocada também não foi única: basta observar os outros democratas "moderados" que foram eliminados nos primeiros estágios da primária presidencial.

Esse é o motivo pelo qual a ala trabalhista dos democratas californianos deveria ter aproveitado a oportunidade da impugnação para lançar um de seus próprios candidatos. Davis é, em geral, repudiado pelos ativistas sindicais. Apesar disso, a Federação Estadual do Trabalho – e praticamente mais ninguém – permaneceu pateticamente leal ao rei Gray e permitiu que o astuto e inescrupuloso vice-governador, Cruz Bustamante, concorresse com o apoio do partido.

Bustamante pode ser preferível ao Pete Wilson que se esconde no cavalo-de-tróia chamado Schwarzenegger, mas a diferença é provavelmente menor do que muitos eleitores democratas imaginam. Há alguns anos, Bustamante envolveu-se em uma batalha de egos com (o então governador) Wilson. Eles discutiam emendas à lei que permitissem a execução de menores de idade. Quando Wilson sugeriu sentenças de morte para criminosos a partir de quatorze anos, Bustamante respondeu que poderia, "com lágrimas nos olhos, votar a favor da execução de 'criminosos irrecuperáveis' a partir de treze anos de idade".

A principal alternativa aos assassinos de crianças da Califórnia é o Partido Verde. Na eleição para governador do ano passado, o candidato verde Peter Camejo conquistou 5% dos votos e encorajou milhares de progressistas a vislumbrar alguma vida após os democratas. Camejo, um veterano de Berkeley dos anos 1960, ainda tem certo fogo interior e percorreu o estado exibindo Michael

Moore como alternativa ao "Roger"* de Gray Davis. Ele é um dos primeiros verdes a ter impacto sobre sindicatos e latinos.

Infelizmente, muito da atenção da mídia, que poderia ter sido capitalizada pelos verdes, acabou se voltando para Arianna Huffington, que concorria como independente. Convidada profissional de programas de televisão, colunista e ex-esposa de um dos mais ricos republicanos da região, ela empreendeu uma jornada incomum pelo deserto da política norte-americana: deslocou-se da extrema direita para a esquerda moderada. Ela tem sido, por exemplo, uma eloqüente e eficaz crítica da guerra ao terror de Bush. Mas, ao contrário de Camejo, que foi escolhido em eleição realizada por membros do Partido Verde, ela está se aventurando com o estrito auxílio do dinheiro de Hollywood e seu acesso privilegiado à mídia. Além disso, sua credibilidade populista diminuiu após a revelação de que, embora tenha uma mansão de 7 milhões de dólares, ela praticamente não pagou imposto de renda nos últimos anos. O efeito mais provável de sua candidatura, apesar das promessas de coordenação com Camejo, será reduzir, e não aumentar, o voto dos eleitores à esquerda dos democratas.

Independentemente do resultado em novembro, a batalha da impugnação ajudou a visualizar o novo terreno da política californiana. De um lado, os republicanos ganharam uma enorme confiança em sua capacidade de frustrar qualquer esforço legislativo futuro para levar a cabo a reforma tributária ou fazer justiça econômica. De outro, os democratas liberais levaram na cara a podridão moral do próprio partido. Enquanto isso, em Duroville, os moradores fitam para além do lago imundo a vida opulenta de um sonho californiano que se esvai rapidamente.

setembro de 2003 – Socialist Review

---

* Referência ao documentário *Roger e eu*, de Michael Moore. Nesse longa-metragem, o cineasta norte-americano relata a perseguição que empreendeu a Roger Smith, presidente da General Motors, em busca de explicações para o fechamento da fábrica da companhia em Flint, Michigan. Esse evento resultou na demissão de 30 mil trabalhadores e desencadeou uma grave crise econômica na cidade. (N. E.)

18
Pense grande: impugne o sistema

Onde foram parar as perspectivas ousadas e os sonhos radicais pelos quais a Califórnia foi outrora mundialmente celebrada? Se o mercado político funciona realmente do modo como os teóricos neoliberais sempre afirmaram, então a eleição impugnada de Gray Davis deveria ter sido um dinâmico banquete de idéias competidoras. Com 135 candidatos clamando por nossa atenção, deveríamos ter sido esmagados por uma diversidade de programas e debates substanciais. Em vez disso, a impugnação foi tão maçante, e decerto tão viciada, quanto a eleição normal do ano passado. Tantos candidatos, mas poucas idéias genuinamente novas – muito pouco para inspirar nossos milhões de abstencionistas alienados a se deslocarem até os cartórios eleitorais ou mesmo até as cabines de votação.

De fato, a vacuidade política alcançou novos níveis de excelência com a campanha de Schwarzenegger. Eis o suposto líder de 35 milhões de pessoas, tão intelectualmente frágil que seus tutores se recusam a deixá-lo sair para brincar com outros candidatos. Esperamos que Pete Wilson o desmame. O concorrente conservador, Tom McClintock, tem decerto muitas opiniões agradáveis e sinceras, mas elas datam principalmente da era McKinley. Ele é o fantasma do passado republicano.

Já o vice-governador Cruz Bustamante, o oponente democrata de centro, defende posições bárbaras quanto à pena de morte e uma atitude oportunista com relação ao trabalho rural, e parece ser uma subsidiária autônoma da indústria do jogo. Ele mudaria pouca coisa no esquema de Davis e manteria intacta a compulsão obsessiva por financiamentos permanentes. No flanco esquerdo de Bustamante está uma sonegadora de impostos e sedutora profissional, cujo compromisso de longo prazo com qualquer ideal que não seja a autopromoção ainda precisa ser comprovado. Arianna Huffington tem slogans atraentes ("escolas e não prisões"), mas a maioria dos democratas da ala trabalhista tem razão em ser cética diante de pronunciamentos populistas saídos de uma mansão de 7 milhões de dólares em Santa Mônica.

Entrementes, as dúzias de outros candidatos – que poderiam criar um magnífico carnaval de idéias excêntricas e inovadoras – formam, ao contrário, um clube de corações solitários. Eles querem contatos (ou capitais de investimentos, ou mesmo fãs para o último filme pornô que estrelaram), e não enriquecer nosso universo político com idéias heterodoxas e causas pouco divulgadas. Na minha opinião, apenas o Partido Verde apresenta elementos de uma visão alternativa de fato. Milhares de horas de debates com as bases serviram para moldar nossas elaboradas posições quanto a energia solar, preservação ambiental, pisos salariais, direitos dos homossexuais, saúde pública e educação.

Mas o programa verde tende a ser uma coalizão de causas, não uma visão integrada. Conseqüentemente, a campanha de Peter Camejo mostra caráter, mas carece de um centro moral, de um tema para a sua cruzada. A esquerda, em geral, sem dúvida falhou ao definir uma prioridade tão apelativa quanto a visão conservadora sobre o setor público parasitário ou a invasão estrangeira – apesar de o "tópico dos tópicos" saltar aos olhos à margem da eleição: o escândalo da pobreza infantil na Califórnia.

Certamente, a medida moral mais fundamental de qualquer sistema social é o estatuto de suas crianças e a qualidade da infância. Ainda assim, inacreditáveis 43% (4,36 milhões) das crianças californianas vivem perto ou abaixo da linha federal de pobreza. Isso é quase o dobro da percentagem de 1960 e muito acima da taxa nacional atual. A Califórnia ocupa o 1º lugar em bilionários, mas é o 37º em qualidade de vida infantil (Levantamento Comunitário Norte-Americano). A pobreza infantil extrema é especialmente endêmica no vale de San Joaquin (36% no condado de Fresno e 40% no condado de Tulare) e no condado de Los Angeles (35%). Essas são realidades tão dickensianas quanto steinbeckianas.

Além disso, a pobreza contemporânea desafia os estereótipos conservadores da mãe dependente da assistência do Estado ou do imigrante indigente. Quatro quintos dessas crianças vêm de famílias de trabalhadores. Os pais não são negligentes ou parasitas, mas modelos de trabalhadores, em sua maioria. São as peças de xadrez pós-modernas que formam a espinha dorsal da agricultura, da construção civil, dos serviços domésticos, do turismo e da manufatura leve na Califórnia. Se os livros de economia estivessem corretos, o *boom* fantasmagórico de empresas *ponto-com* e a explosão de riqueza do final da década de 1990 deveriam ter gerado um impulso significativo e renovado a esperança dessas crianças. Não foi bem assim. Ao contrário, a pobreza infantil extrema aumentou em 430 mil crianças. A mão invisível parece tão pouco capaz de aliviar a pobreza dos trabalhadores da Califórnia contemporânea como de acabar com o desemprego em massa durante a Depressão. As forças de mercado sozinhas apenas fecham os portões da prisão da baixa renda.

A definição do dicionário para "radical" é "ir à raiz". Logo, uma autêntica visão radical acerca do futuro do estado impugnaria esse sistema que reproduz e perpetua a pobreza crônica. Garantiria às crianças pobres uma participação equânime e substancial no novo sonho californiano. Prometeria a reforma de um ensino público que outrora foi glorioso e hoje está falido, e que não consegue formar mais de 40% de crianças negras e latinas no nível médio. Eis aí, então, uma cruzada genuína, que poderia congregar os verdes e a ala trabalhista do Partido Democrata: acabar com a pobreza que obnubila nosso futuro comum e ameaça nossa prosperidade vindoura. Fazer dos direitos da criança, e não dos privilégios das empresas e do estilo de vida luxuoso, a estrela-guia de Sacramento.

Isso soa insolitamente familiar? Era uma vez visionários "tão grandiosos quanto nossas montanhas" (para parafrasear nosso lema estadual). Um deles era o cronista e popular romancista Upton Sinclair. Há setenta anos ele lançou o programa "End Poverty in California" (Epic) [Acabe com a Pobreza na Califórnia]. Uppie disse aos eleitores que a pobreza em massa em uma terra tão rica quanto a Califórnia era um pecado mortal. Ele propôs retirar o auxílio municipal dos desempregados e pô-los de volta no mercado para que provessem a própria subsistência, utilizando meios ociosos de produção e materiais brutos. Em agosto de 1934, ele provocou um terremoto político ao vencer a primária democrata, obtendo 1 milhão de votos dos republicanos do sul da Califórnia.

A política moderna californiana nasceu da batalha subseqüente entre Sinclair e o republicano hooveriano Frank Merriam pelo governo do estado. Um movimento político utópico, que contava com a paixão das bases, enfrentou as maiores empresas e os maiores proprietários de terra do estado. Os grandes do mercado disseram que o Epic era um cavalo-de-tróia, que visava a confiscar as riquezas e introduzir um comunismo nos moldes soviéticos. Sinclair respondeu que se tratava apenas da aplicação política do Sermão da Montanha.

Os primeiros consultores políticos da história, Clem Whitaker e Leone Baxter, organizaram uma ignóbil campanha contra Sinclair e o Epic. Recrutaram magnatas de Hollywood, como Louis B. Mayer, para forjar documentários falsos de uma "invasão de mendigos" na Califórnia, e usaram a imprensa controlada por republicanos, especialmente *The Los Angeles Times*, para publicar falsos relatos sobre o puritano Sinclair como um sedutor de meninas. No final, Whitaker e Baxter derrotaram Sinclair. Mas o Epic estava longe do fim. A energia moral que ele produziu continuou a galvanizar as políticas progressistas na Califórnia por mais de duas décadas.

Por outro lado, Whitaker e Baker tornaram-se os Barnum e Bailey do moderno circo político californiano. O reinado dos consultores políticos e da "política como relações públicas" começou em 1934 e não teve mais fim. Sua principal tendência tem sido despir a política eleitoral de qualquer idealismo, princípio programático ou pensamento radical. Whitaker e Baxter até codificaram, para os interessados, os cínicos princípios sobre os quais eles fundaram a era da política midiática. "O cidadão comum não quer ser educado, não deseja aprimorar sua mente [...] (ele) gosta de ser entretido. Gosta de filmes [...]. Então, se você não consegue entrar na briga, MONTE UM ESPETÁCULO!" E o espetáculo continua sem parar. (E o que poderia ser mais interessante que um candidato milionário após o outro prometendo expulsar os cambistas do templo?) A atual impugnação eleitoral é o epítome desse sistema, e não a sua nêmesis.

No entanto, as cinzas do Epic e de outras cruzadas perdidas ainda inflamam algumas poucas imaginações políticas. Recentemente, os senadores Richard Alarcon e Gloria Romero criaram um comitê do Senado para o combate à pobreza na Califórnia, numa clara homenagem a Sinclair. Os jovens democratas das vizinhanças latinas de Los Angeles fizeram do comitê um excelente púlpito para divulgar uma nova guerra à miséria em nível estadual. Contudo, poucos líderes democratas ou verdes deram atenção aos seus extraordinários pronunciamentos ou corresponderam ao conceito de um novo movimento Epic em torno das necessidades dos trabalhadores pobres californianos. Os democratas centristas (republicanos nixonianos, em essência) preferem se ater à lei e à ordem, enquanto muitos verdes – perdidos em estilos de vida arrogantes e incapazes de priorizar suas batalhas – carecem de uma compreensão estratégica das questões da classe trabalhadora.

A Califórnia está a ponto de explodir, apesar de apenas a direita saber como atear fogo. Alarcon e Romero, quaisquer que sejam suas falhas em relação a outras questões, parecem ter um conhecimento genuíno disso e, quando evocaram o precedente do Epic, destacaram o fato de seu próprio partido carecer de uma paixão moral fundamental. É uma pena que o estado tenha perdido suas utopias e enterrado todos os seus profetas.

19
O dia do gafanhoto

As turbas urraram novamente na Califórnia e trincaram vidraças no Potomac. Os bárbaros estarão marchando em direção ao leste, como fizeram após a famosa revolta tributária do fim da década de 1970, ou será este apenas mais um episódio de lua cheia na costa leste, de poucas conseqüências para a nação? O significado real do triunfo da vontade de Schwarzenegger, evidentemente, depende de como se interpretam os lamentos que deram combustível emocional à impugnação. Mas devo alertar que a análise dessa eleição é uma aventura num mundo de paradoxos e contradições assombrosos. De qualquer modo, poderá nos dizer muito a respeito do cenário emergente na política norte-americana.

Os ideólogos extremistas do governo zero e do capitalismo da era McKinley trombeteiam a impugnação do governador democrata Gray Davis como uma nova revolução populista no mesmo espírito da Proposição 13* de Howard Jarvis, em 1978. Eles ecoam os clamores republicanos locais de que um democrata corrupto, aliado aos grandes sindicatos e às classes que dependem da assistência social, estava acabando com a livre iniciativa e empurrando as esforçadas classes médias para o Arizona, por causa das enormes e injustas cargas tributárias. Davis, em suma, era o Anticristo, e estava arruinando o sonho dourado californiano em nome de um eleitorado egoísta, formado por professores, imigrantes ilegais e proprietários de cassinos indígenas. O Exterminador, asseguram eles,

---

* Também conhecida como People's Initiative to Limit Property Taxation [Iniciativa popular para limitar o imposto sobre a propriedade], propôs um referendo para implementar uma emenda constitucional de acordo com a qual a taxação de propriedades particulares não poderia ultrapassar 1% do valor venal. (N. T.)

literalmente salvou a Califórnia do ameaçador abismo de "impostos, impostos, impostos; gastos, gastos, gastos".

Para um observador externo, isso pode parecer ridículo. Para começar, Davis é um centrista autístico, bem ao estilo do Conselho de Liderança Democrata, que governou a Califórnia nos últimos cinco anos como um bom republicano. Na política fiscal, assim como na questão penitenciária, na educação e na lubrificação dos interesses empresariais, não houve distanciamento significativo em relação ao paradigma do seu antecessor (e guru de Schwarzenegger), o republicano Pete Wilson. De fato, Davis foi um carrasco tão delirante e um construtor de presídios tão fanático que o tema crime e punição desapareceu da pauta republicana. Já o pesado fardo tributário dos californianos é simplesmente uma mentira republicana, repetida infinitamente: hoje, em termos de impostos estaduais somados aos impostos locais *per capita*, o estado está atrás do Arizona, terra utópica do partido, e até mesmo do tacanho estado de Utah.

Além disso, se a classe média da Califórnia tem algum motivo para se sentir pilhada e violentada nos últimos anos, os culpados são Pete Wilson, a eminência parda de Arnold, que desregulou o setor de serviços, e os cartéis bushistas do setor de energia, como a Enron, que saqueou os consumidores californianos durante a falsa crise energética de 2000-2001. E foi a administração Bush que ordenou aos falidos governos estaduais e municipais de todo o país que "caíssem duros", enquanto bilhões são enterrados no buraco negro que ela mesma criou no Iraque. Em outras palavras, a crise fiscal deveria ser um tópico controlado pelos democratas.

Logo, é estranho que quase dois terços dos eleitores do megaestado, que supostamente pertence de corpo e alma aos democratas, tenha endossado o retorno sorrateiro de Pete Wilson – o cérebro por trás dos músculos de Arnie – ou votado em Tom McClintock, um charlatão de direita. Esse é um resultado eleitoral que se espera em estados de sólida tradição republicana, como Idaho e Wyoming, não na alardeada costa leste. Além disso, quando se observa mais de perto a dinâmica da fúria impugnativa, todo o fenômeno parece ainda mais estranho.

Aqui em San Diego, onde vivo e onde a impugnação teve origem, a *blitzkrieg* de Schwarzenegger parecia sorver raiva do límpido céu azul. Afinal de contas, não estamos em Youngstown nem em Stockton ou San Bernardino. Até onde sei, os eleitores republicanos não foram despejados em massa de suas "McMansões" ou forçados a roubar leite para seus bebês famintos. Longe disso, o valor das moradias de padrão médio aumentou quase 100 mil dólares no ano passado, e a região está novamente mergulhada nos dólares do Pentágono. As rodovias estão entupidas de Hummers e outros utilitários, e quem leva uma vida de luxo, cuidadosamente servido por exércitos de trabalhadores de pele parda, brinca sob o sol das isenções fiscais dadas por Bush.

O alistamento no exército do Arnie, formado por quem se opõe aos impostos – e cujo lema é "que diabos, não vamos mais tolerar isso" –, teve pouca relação com os problemas econômicos propriamente ditos. De fato, as enquetes mostram que, tanto em San Diego como no resto do estado, o apoio a Schwarzenegger aumenta com a renda e chega ao máximo em clubes de campo e condomínios. Ainda assim, durante semanas, a San Diego suburbana se contorceu num ódio arrogante e visceral contra o suposto regime satânico de Sacramento.

Os ricaços da Califórnia estariam, então, apenas imitando a cólera populista? Dotados de tão irrisória correlação com o rigor econômico efetivo (maior, é claro, em comunidades negras e latinas pró-democratas da área metropolitana e dos vales rurais), o que explica essa espantosa mobilização emocional eleitoral, particularmente em subúrbios brancos ricos? Em meu microcosmo, parte da resposta poderia ser encontrada no extremo inferior da freqüência AM. Na KOGO 600, Roger Hedgecock, o "prefeito do rádio de San Diego", preside aquilo que, mesmo antes de a campanha oficial ter começado, orgulhosamente se autodenominava "Estação Impugnação". Hedgecock, um ex-prefeito que foi condenado por conspiração e perjúrio na década de 1980 e que ocasionalmente substitui Rush Limbaugh na rádio do ódio nacional, merece crédito pelo "levantamento de peso" que colocou Arnold Schwarzenegger no palácio do governo, em Sacramento. Os republicanos reconhecem que ele foi a voz mais influente a favor da impugnação no sul da Califórnia.

Das três às seis da tarde, "Roger" – como é universalmente chamado por seus mais de 300 mil ouvintes regulares – impera sobre as rodovias engarrafadas, num vasto mercado radiofônico que se estende para o norte até Santa Barbara. O sul da Califórnia, é claro, abriga os piores congestionamentos do país, e até mesmo os longos traslados se transformam em fonte contínua e opressiva de ódio variável. Hedgecock manipula com destreza essa frustração dos prisioneiros do tráfego. Ele é a tribuna furiosa de homens brancos que dirigem picapes Dodge 4x4 ou Ford Expedition.

Há quase duas décadas, sua maior obsessão é o perigo pardo, a suposta "invasão mexicana" da Califórnia. Ele foi o principal instigador da Proposição 187 antiimigratória, em 1994, assim como dos protestos locais semivigilantes contra os que cruzam a fronteira. Às vésperas da impugnação, ele não parou de advertir seus ouvintes de que a ameaça mexicana havia alcançado proporções apocalípticas, já que Gray Davis havia sancionado um projeto que permitia a imigrantes sem documentos obter a carteira de motorista.

"Esse é o fim da democracia norte-americana, o fim das eleições idôneas", fulminou. "Um grande número de agentes", alertou, "está registrando imigrantes recém-legalizados para que depositem centenas de milhares de votos ilegais nas urnas com o intuito de manter Davis no poder". Além disso, San Diego estava enfrentando uma "invasão" de sindicatos de comércio oriundos da Los Angeles estrangeira que "derrubariam faixas pró-impugnação" e, de forma geral, aterrorizariam as vizinhanças. Roger convocou os moradores a defender seus lares e a resistir às hordas de imigrantes ilegais e trabalhistas truculentos de Los Angeles "dentro do espírito de 1776".

Em várias semanas de diatribes, pontuadas por aleluias e améns vindos do coral de vozes que ecoavam dos celulares, o único assunto que chegou mais perto do mesmo nível de decibéis da imigração ilegal foi um passeio pelo tema da taxa de licenciamento de veículos. Hedgecock ignorou o fato de a escalada automática da taxa de licenciamento (2% do valor do carro) ter origem na legislação da era Wilson. Ao contrário, ele relacionou o aumento diretamente (e absurdamente) aos imigrantes ilegais, "cujo custo para o estado da Califórnia é quase o mesmo que o déficit do orçamento". "Isso é para ver como as coisas estão feias, senhoras e senhores", entoava a todo momento. Taxas de licenciamento e trabalhadores ilegais são seus delírios mais constantes.

A mídia comercial fez um péssimo trabalho de registro da organização pela impugnação no nível das bases, em que vozes da banda AM, como Roger ou seus equivalentes – Bill Handel, em Los Angeles, e Eric Hogue, em Sacramento –, despertaram milhares de mini-Exterminadores. Como resultado, houve uma legitimação excessivamente respeitosa do "populismo econômico" dentro da dinâmica da impugnação e apenas um tênue registro do papel central desempenhado pela tradicional demagogia racista e da revivescência da retórica do perigo pardo. Para adaptar uma rima de rap: "Tudo se resume ao medo de um planeta pardo".

No entanto, não pretendo sugerir que isso é uma simples repetição da Proposição 187 de Pete Wilson dentro de um contexto de recessão e de crise nacional de financiamento público. Arnold Schwarzenegger realmente traz algo novo à mistura. Ele não é apenas mais um ator na política, mas é também um extraordinário pára-raios, tanto nas telas como na vida real, de fantasias de onipotência sombrias e libidinosas.

Prazer na humilhação alheia – compulsão vitalícia de Schwarzenegger – é a definição típica do sadismo e a ração diária do ódio direitista que domina as rádios. Como governador, Schwarzenegger se torna a soma de todos os pequenos sadismos, como os de Roger Hedgecock, que, por sua vez, manipula o "réptil interior" de milhões de consumidores–trasladadores que por fora são ricos, mas por dentro são atormentados. Em sua majestade, os eleitores predominantemente brancos dos impérios do interior e dos subúrbios fortificados da Califórnia ungiram uma personalidade clinicamente hitlerista como seu salvador pessoal.

Evidentemente, a palavra final a respeito disso tudo deveria ser de Nathanael West. Em seu clássico romance *The Day of the Locust**, de 1939, ele previu claramente que o fanatismo era uma versão incipiente do fascismo. Dos confins das planícies de néon de Hollywood, ele vislumbrou os anseios da pequena burguesia californiana:

> Eles eram rudes e amargos, especialmente os de meia-idade e os velhos [...]. Seu tédio torna-se cada vez mais terrível. Eles percebem que foram enganados e consumidos pelo ressentimento [...]. Não há nada que seja violento o suficiente para estimular seus preguiçosos corpos e mentes.

outubro de 2003 – Sacramento Bee

---

* Ed. bras.: *O dia do gafanhoto* (Rio de Janeiro, Record, 1950). (N. E.)

20
O sul da Califórnia em greve

Hoje, a visão mais comum no sul da Califórnia não é uma filmagem ou uma festa na praia. É um piquete. De Malibu à fronteira mexicana, 70 mil funcionários de supermercados – dois terços dos quais são mulheres – estão em greve ou paralisados desde 11 de outubro. Mais de 850 lojas foram afetadas. É a maior disputa sindical do setor privado na costa oeste desde a greve geral de Hollywood, em 1946. Além disso, nenhuma greve na história moderna – nem mesmo as paralisações recentes de ônibus e de escolas – conseguiu afetar a população de forma tão abrangente. Quase todos os 20 milhões de habitantes tiveram de enfrentar o dilema moral de atravessar ou não um piquete.

Os tópicos são difíceis. Os grevistas, representados pelo United Food and Commercial Workers (UFCW) [Trabalhadores Associados dos Setores Alimentício e Comercial], estão resistindo a uma tentativa brutal das três maiores redes de varejo da Califórnia de acabar com os benefícios médicos definidos em contrato e reduzir os salários dos recém-contratados. O terreno é local, mas os tópicos – sobretudo a assistência médica – são nacionais. Como disse o historiador Nelson Lichtenstein a *The Los Angeles Times*: "O movimento trabalhista nacional com certeza está vendo isso como um evento decisivo, que ditará o rumo das políticas sociais no país por muitos anos".

Os Estados Unidos, obviamente, são uma exceção entre as nações ricas industrializadas pela total ausência de direitos universais à assistência hospitalar. A sindicalização, mais que a cidadania, é o que tradicionalmente dá acesso ao tratamento médico subsidiado. Porém, com o encolhimento dos sindicatos para menos de 9% da força de trabalho no setor privado, e com a subida dos custos médicos a níveis vertiginosos, uma parcela cada vez maior do orçamento familiar deve ser desviada para os planos de saúde. No entanto, a maioria das famílias de trabalhadores não pode pagar um plano privado de assistência médica; ao contrário, precisa contar com os hospitais públicos.

O condado de Los Angeles, a capital nacional do trabalho semi-escravo, é um exemplo chocante. Inacreditáveis 4 milhões de habitantes não possuem cobertura médica e carecem da assistência hospitalar e odontológica mais básica. Em situações de risco de morte, eles lotam salas de espera de um sistema de saúde sem fundos e em colapso. Médicos furiosos deram recentemente um testemunho de que seus pacientes estão morrendo dia a dia por falta de cuidados ou de acesso a um atendimento médico apropriado.

O setor do varejo é o "terceiro mundo" da economia norte-americana e tem as mais altas percentagens de trabalhadores mal remunerados, temporários e sem plano de saúde. Funcionários de supermercados sindicalizados são uma dramática exceção, e os benefícios salariais oferecidos são um poderoso chamariz para os não-sindicalizados. Isso não quer dizer que os membros da UFCW sejam magnatas ou aristocratas do trabalho. A maioria luta para sobreviver com salários médios de doze a quatorze dólares por hora. Contudo, os amplos benefícios concedidos dão um seguro-saúde familiar com o qual a maioria dos não-sindicalizados pode apenas sonhar.

No entanto, a principal tendência nas relações industriais nos Estados Unidos hoje é que as grandes indústrias se livrem de suas obrigações com assistência médica. O modelo para todos é aquele colosso moderno da ganância e da superexploração: o Wal-Mart. De fato, a explicação pública dada pelos supermercados para exigir compensações à UFCW é a iminente invasão da Califórnia pelo Wal-Mart. Segundo um dirigente sindical, esse gigante não sindicalizado do varejo agora é "a terceira parte que entra em qualquer situação de negociação". As três redes de supermercados afirmam que, se o sindicato não fizer concessões, elas serão incapazes de concorrer com os quarenta novos "supercentros" que o Wal-Mart planeja abrir entre 2004 e 2005. Destacam que os funcionários do Wal-Mart ganham em geral a metade do salário dos trabalhadores sindicalizados e pagam a maior fatia do valor do seguro-saúde (razão pela qual a maioria deles simplesmente não possui nenhum plano de saúde)[1].

É evidente que o Wal-Mart tomou o lugar da General Motors como a maior empresa do mundo. A rede, cuja sede fica em Bentonville, no Arkansas, fez da família Sam Walton a mais rica do país (com uma fortuna líquida atualmente em torno dos 100 bilhões de dólares), combinando a tecnologia "just in time" com as características mais selvagens do capitalismo e do colonialismo vitorianos. Conhecida por pagar salários miseráveis e fraudar as horas extras de seu

---

[1] Nelson Lichtenstein, "Wal-Mart and the New World Order", *New Labor Forum*, primavera de 2005.

1 milhão de empregados nos Estados Unidos, o Wal-Mart age de forma ainda mais sinistra no estrangeiro, pressionando incessantemente seus milhares de fornecedores em Bangladesh, na China e na América Central para que reduzam os custos do trabalho e suprimam direitos trabalhistas. O Wal-Mart é, sem dúvida, o maior empregador indireto de mão-de-obra semi-escrava ou infantil do planeta. A "walmartização" tornou-se, portanto, sinônimo de "corrida ao fundo do poço", completa abolição dos direitos do trabalhador e da cidadania. É também a desculpa mais conveniente para que outras empresas varejistas, como as redes de supermercados, lancem ataques preventivos contra seus empregados.

Esses temas têm a compreensão de todos os sindicatos, e a UFCW obteve uma solidariedade impressionante entre professores, maquinistas, zeladores e profissionais da saúde. Em certa ocasião, 3 mil estivadores marcharam das docas de Los Angeles para fazer uma manifestação num supermercado local. E, numa drástica ruptura com suas tradições usualmente egoístas, o poderoso sindicato dos caminhoneiros recusou-se recentemente a transportar alimentos e produtos para as centrais de distribuição. Contudo, o desenvolvimento mais notável e inesperado disso tudo é a solidariedade demonstrada pela população. Centenas de milhares de sul-californianos, senão milhões, mudaram seus hábitos de consumo e freqüentemente passaram a percorrer longas distâncias para evitar os piquetes. Há um aroma revigorante de anos 1930 no ar.

Mesmo com uma enorme queda nas vendas e nos lucros, as três redes de supermercados, unidas num pacto ilegal de "ajuda mútua", se recusaram a retirar sua principal exigência, ou seja, a redução das contribuições para a assistência médica. Elas travarão essa guerra até o fim. Sendo assim, a greve provavelmente se arrastará até o Ano Novo. Pode parecer insólito que uma disputa trabalhista na ensolarada Califórnia seja vista como um divisor de águas no sindicalismo do comércio norte-americano, mas todos estão conscientes de que a UFCW precisa vencer essa disputa a qualquer custo, se quiser ter alguma chance de organizar o império de trabalho semi-escravo do Wal-Mart.

dezembro de 2003 – Socialist Review

Apesar do magnífico apoio da população e da dedicada resistência das fileiras, a mal-liderada UFCW capitulou após dezenove semanas e acedeu a virtualmente todas as exigências dos empregadores no começo de março de 2004. Embora o candidato John Kerry tenha feito uma breve aparição nos piquetes durante a última semana de greve, pouco da vasta força do Partido Democrata em Los Angeles ou o dito liberalismo de Hollywood se mobilizou pelos trabalhadores em guerra. Do mesmo modo, a UFCW recusou-se a estender a greve a Chicago e outras cidades onde os contratos também estavam vencendo, enviando uma desastrosa mensagem aos gigantes do varejo de que eles poderiam facilmente atacar o sindicato em cada região ou cidade. Como resultado da rendição da UFCW, os salários e os benefícios médicos dos recém-contratados serão drasticamente reduzidos, abrindo caminho para que as redes possam competir com o Wal-Mart na pauperização de seus funcionários. Por causa disso, a "classe média" de Los Angeles será definitivamente menor.

21
A matinê nazista de Mel Gibson

Talvez o filme mais maléfico de todos os tempos seja *Jud Suess*, que o ministro da propaganda nazista, Josef Goebbels, encomendou em 1940 para disseminar o ódio contra os judeus, às vésperas da Solução Final. Um milênio de anti-semitismo europeu foi condensado na imagem assustadora do espoliador Suess, de barba suja, nariz aquilino e voz lamurienta. No fim do filme, os espectadores eram compelidos a se alegrar com o linchamento desse monstro subumano.

Para qualquer um que tenha visto *Jud Suess* (como eu, na faculdade), o mais impressionante em *A paixão de Cristo*, de Mel Gibson – até mais que a crueldade perversamente erotizada –, é a extraordinária fidelidade às convenções anti-semitas do cinema hitleriano. De fato, o sacerdote Caifás e seus companheiros são réplicas tão perfeitas e gritantes de Suess que eu suspeito se tratarem de apropriações diretas. (A inclinação de Gibson pela estética fascista já havia sido notada pelo escritor Jonathan Foreman, que, em edição de julho de 2000 do jornal *The Guardian,* afirmou: "se os nazistas tivessem vencido a guerra na Europa e seu ministério da propaganda decidisse fazer um filme sobre a revolução norte-americana, *O patriota* seria o tipo de produção que se veria".)

Além disso, *A paixão de Cristo* é um dos filmes mais manipuladores já realizados. Após duas horas diante de turbas de judeus se deleitando com o sofrimento de Cristo, não surpreende que muitos espectadores devotos norte-americanos, assim como seus antecessores alemães, tenham deixado o cinema resmungando: "Odeio judeus". Os romanos, por outro lado, são mostrados como nobres imperialistas. Em contraste com o vil Caifás, Pôncio Pilatos é retratado por Gibson como uma figura simpática e até santa, tragicamente dividida entre as ordens de Roma (acabar com os levantes) e as implacáveis maquinações dos sacerdotes.

Assim como em *Jud Suess*, há um contraste persistente entre estereótipos: os tipos mediterrâneos – as duas Marias, Pilatos e sua esposa, e outros – são representados com características delicadas e espíritos sensíveis; já os semitas – Caifás, o sibarítico rei Herodes e outros – são retratados com traços rudes e repulsivamente sensuais. (É claro que, no contexto norte-americano contemporâneo, um anti-semitismo visual tão veemente leva de imediato a conotações antiárabes.)

A insistência de Gibson em utilizar as línguas originais – aramaico e latim – levou espectadores ingênuos a imaginar que *A paixão de Cristo* inaugurava um novo nível de excelência em termos de precisão histórica. Na verdade, a história (ou o pouco que efetivamente se registrou de tais eventos, além da teologia póstuma dos evangelhos) sofreu uma inversão bizarra. Jesus, obviamente, é uma figura muito enigmática. Os únicos "fatos" de sua vida – atestados por historiadores judeus e romanos – são que ele existiu e foi executado pelos romanos. Pilatos, por sua vez, deixou um registro um pouco mais extenso. Ao contrário da ficção enaltecedora de Gibson, o Pilatos histórico era um procurador imperial comum, numa província de terceira classe, que ocupou suas legiões com execuções brutais de judeus e rebeldes samaritanos. A Palestina daquela época, assim como a de hoje, vivia sob mão-de-ferro, e a confusão que *A paixão de Cristo* opera entre opressor e oprimido é moralmente reprovável.

Alguns críticos norte-americanos, entretanto, tentaram defender *A paixão de Cristo*, destacando que a verdadeira *bête noire* de Gibson é o Vaticano, não os judeus. De fato, Gibson fez o filme explicitamente para promover a visão religiosa do grupo católico radical, tradicionalista e independente no qual foi educado. (O atormentado Jesus do filme, o ator Jim Caviezel, de Seattle, também é um fundamentalista católico que regularmente choca os entrevistadores com relatos de visitas que teria recebido da Virgem.) Mas a "tradição" que Gibson defende de modo tão zeloso (e que herdou do pai, um revisionista do Holocausto) é precisamente o fascismo católico anti-semita do ex-ditador espanhol, o general Francisco Franco, e do papa Pio XII. E, assim como os ideólogos de Franco e suas contrapartidas fascistas croatas daqueles tempos, Gibson compartilha da mesma obsessão mórbida e vingativa pela dor, pela mutilação, pela corrupção carnal e pelas onipresentes tentações satânicas (que rondam constantemente seu filme).

Em suma, *A paixão de Cristo* é a perspectiva medieval de um adepto do *pogrom*, amplificada pelos efeitos especiais de Hollywood e pelo cachê da celebridade. Trata-se de um filme protegido por uma formidável muralha erguida pelo endosso da direita religiosa norte-americana (incluindo alguns judeus conservadores, como o rabino Daniel Lapin, Michael Medved e David Horowitz), assim como pela tolerância dos fãs de Gibson, que simplesmente não conseguem acreditar que seu tolo e atraente herói possa ser um reacionário tão grotesco.

fevereiro de 2004 – Tomdispatch.com

Nem todos os jornalistas e agentes do reino juntos serão capazes de reerguer Mel Gibson. Desde que ele rosnou um "malditos judeus" para um delegado judeu, ao ser preso por dirigir embriagado em agosto de 2006, em Malibu, é mais fácil afirmar que a Terra é chata ou que o coelhinho da Páscoa existe do que desculpar o ator por seu comportamento preconceituoso. À luz de sua afirmação radical de que "os judeus são responsáveis por todas as guerras no mundo", é interessante retornar à arrogante alegação de seus aliados judeus conservadores de que o pobre Mel teria sido "crucificado" injustamente pelos críticos liberais de A paixão de Cristo *(como Michael Medved declarou à* American Enterprise Magazine, *em junho de 2004). Na verdade, esses simpatizantes do Likud mostraram que são capazes de tudo, inclusive de apologias distorcidas ao anti-semitismo ostensivo, para satisfazer os aliados de Israel da direita cristã. É aterrador pensar que, até bem pouco tempo atrás, essa mesma aliança de forças promoveu Gibson como potencial candidato republicano a um cargo de alto escalão. Mas seja como for, os californianos já têm um antigo admirador confesso de Adolf Hitler, Arnold Schwarzenegger, como governador.*

22
No gulag ensolarado

Khem Singh era pouco mais que um esqueleto mirrado quando morreu de inanição no começo de fevereiro [2004], em decorrência de uma greve de fome, no célebre presídio estadual Corcoran, na Califórnia. O sacerdote sique de 72 anos, que mal falava inglês, foi condenado a uma sentença draconiana de 23 anos, em 2001, por "tocar uma jovem de maneira inadequada". Embora tenha feito greve de fome por semanas e murchado para menos de 35 quilos, os funcionários da prisão não conseguiram detectar seu fim ou levá-lo para a UTI. Alguns guardas disseram a um repórter que "não perceberam que o prisioneiro estava enfraquecendo".

Essa foi a segunda terrível "surpresa" em duas semanas em Corcoran – um vasto e conhecido complexo penitenciário no coração do vale Central da Califórnia. Em 1º de fevereiro, um detento que estava fazendo diálise em uma máquina defeituosa sangrou até a morte em sua cela. Embora outros detentos tenham testemunhado que Ronald Herrera, de 58 anos, gritou por socorro a noite inteira, os guardas mais próximos, absortos na televisão, recusaram-se a atendê-lo. Pela manhã, os guardas do turno seguinte notaram que uma grande poça de alguma coisa que parecia ser "suco de framboesa" escorria da cela de Herrera. Dentro dela, o cadáver jazia no chão, grotescamente pálido e exangue.

As mortes de Singh e Herrera, além do misterioso enforcamento de dois jovens detentos um mês antes em outra instituição, forneceram um bizarro pano de fundo para uma investigação legislativa sem precedentes sobre as condições desumanas nas prisões da Califórnia. As audiências em andamento, presididas pela senadora Gloria Romero – uma democrata progressista de Los Angeles –, produziram evidências sensacionais de corrupção, conspiração e assassinato cometidos por guardas e administradores de um sistema penitenciário que prende mais (170 mil detentos) do que as prisões do Reino Unido e da Alemanha Ocidental juntas.

As audiências são resultado de uma grande campanha que ativistas dos direitos humanos iniciaram em meados da década de 1990 após denúncias contra guardas de Corcoran – organizados em uma quadrilha chamada "Tubarões" –, que estariam encenando combates gladiatórios entre os presos para "entretenimento e esporte sanguinário". Detentos de gangues rivais eram rotineiramente jogados uns contra os outros em um pátio de exercícios fechado, onde às vezes, caso não se matassem, eram executados por guardas que disparavam seus rifles das torres de vigilância.

De fato, guardas de todo o sistema penitenciário californiano mataram 39 detentos em disputa com outros detentos ao longo da década de 1990 – um número maior que o total registrado em todas as outras prisões do país juntas. Segundo o que se testemunhou no Senado da Califórnia, guardas e administradores se valiam de um código de silêncio institucional para encobrir tais atrocidades. Houve acusação de perjúrio contra guardas da prisão de Pelican Bay – a famigerada instituição de segurança "supermáxima", na costa Redwood –, que teriam organizado os detentos para que atacassem, e até mesmo assassinassem, outros detentos; assim como no caso do "Muro Verde", uma quadrilha de agentes do presídio estadual de Salinas Valley, que torturaram e mataram uma grande quantidade de prisioneiros. Da mesma forma, a administração do presídio de Folsom é acusada de acobertar uma sangrenta rebelião (24 detentos gravemente feridos) que parece ter sido deliberadamente arquitetada por seus guardas.

Por que o Legislativo demorou uma década para investigar um sistema carcerário controlado por quadrilhas de guardas sádicos, que abusam e matam os detentos corriqueiramente? O gulag da Califórnia devora 7 bilhões de dólares ao ano dos recursos estaduais para gerar desumanidade em uma escala normalmente associada apenas às sociedades mais maléficas e totalitárias. Na verdade, o governo estadual em Sacramento vem sendo maciçamente corrompido por lobistas poderosos, favoráveis a guardas penitenciários e empreiteiros. O governador deposto, Gray Davis (um democrata), por exemplo, recebeu 3,4 milhões de dólares de doação de campanha somente do sindicato dos guardas penitenciários. Em troca, Sacramento construiu uma dúzia de novos presídios e elevou o salário dos guardas (74 mil dólares por ano, atualmente) para o dobro do segundo maior valor salarial pago pelo Estado.

Agora um investigador especial, nomeado por um juiz federal, abriu um processo contra o ex-diretor penitenciário Edward Almeida – o queridinho tanto de republicanos quanto de democratas durante anos – e seu adjunto. A comissão do Senado provavelmente também recomendará a exoneração dos diretores mentirosos e dos guardas desonestos. O novo governador musculoso da Califórnia, Arnold Schwarzenegger, também prometeu conter a arrogância do *lobby* dos guardas penitenciários. O recebedor das gordas doações de campanha feitas pelas gigantescas empresas de segurança particular (e rompe-greve) como a Wackenhut, com sede na Flórida, demonstrou certo interesse em privatizar partes do gulag ensolarado. O encarceramento é uma indústria internacional de alta lucratividade, e a Califórnia é um filão potencial de condenados para as empresas correcionais privadas.

É claro que, do ponto de vista dos detentos, pouco importa se os guardas são funcionários públicos ou mercenários particulares. Do mesmo modo, a punição de um punhado de carcereiros mentirosos — ainda que merecida — não adiantará de nada para mudar a dura rotina nas prisões superlotadas e hiperviolentas da Califórnia. O problema basilar ainda é o consenso político bipartidário em torno da impiedosa lei dos "três erros", de uma catastrófica "guerra às drogas" e das longas penas sem a menor chance de prover educação ou treinamento profissional aos detentos. Além disso, a Califórnia é o único estado que separa comumente os detentos por raça e tolera guerras interétnicas e raciais quase incessantes em suas cadeias e presídios municipais. Enquanto o preconceito racial e o princípio de classe do superencarceramento não forem atacados de frente, as prisões da Califórnia permanecerão como cemitérios dos direitos humanos.

março de 2004 — Socialist Review

Dois anos e meio depois, 173 mil detentos ainda dormiam em beliches triplos ou em colchonetes espalhados pelos corredores e pátios de 33 prisões estaduais. Depois que os tribunais federais decidiram que a morte por negligência de detentos doentes é "inconstitucional", Schwarzenegger foi obrigado a aumentar os gastos com assistência médica e psicológica nas prisões. Mas o impacto será pequeno enquanto a Califórnia for líder em superlotação, reincidência criminal e violência nas prisões. A única e inequívoca boa nova, graças a um sindicato poderoso, é que 6 mil guardas penitenciários agora declaram rendimentos anuais de mais de 100 mil dólares (um tenente ganhou 225 mil dólares em horas extras, em 2005), o que os torna os oficiais correcionais mais bem pagos do mundo.

Em outubro de 2006, o governador Schwarzenegger declarou "estado de emergência" para poder transferir à força para fora do estado um contingente de 6 a 10 mil detentos. Apesar da forte pressão dos tribunais federais, o governador está menos preocupado com as condições desumanas do que em recompensar as empresas correcionais privadas que administram a maioria dos presídios do Arizona, de Oklahoma e do Tennessee. Ele já havia reaberto duas prisões particulares de segurança mínima na Califórnia, às quais o sindicato dos agentes penitenciários se opunha há anos, mas a melhor maneira de recompensar o setor penitenciário privado (o grande financiador da campanha de Arnie, junto com os revendedores de utilitários) é despachar — ou melhor, vender — os detentos para outros estados.

Apologia dos bárbaros

O retorno a Sacramento do ex-governador (e, mais recentemente, prefeito de Oakland) Jerry Brown como procurador-geral dificilmente moderará a selvageria que passa por justiça e correção na Califórnia. De fato, foi o governador Brown que, em 1979 (num tempo em que a população carcerária era de apenas 21 mil), abandonou a reabilitação de prisioneiros como um objetivo social e adotou penas mais severas. Jerry e Arnie provavelmente formarão uma bela equipe: duas ambições incoerentes, porém vastas, postas lado a lado em um mesquinho dueto de crueldade.

23
Tumulto imobiliário

Em fevereiro último [2005], as sirenes ecoaram por Hollywood quando a polícia de Los Angeles enviou reforços para a avenida La Miranda, na altura do nº 5.600. Enquanto um capitão ladrava ordens com um megafone, uma multidão enfurecida de 3 mil pessoas respondia com obscenidades. Um transeunte poderia confundir o confronto com uma filmagem ou talvez com o início de mais um tumulto em Los Angeles. Na verdade, como disse posteriormente o capitão Michael Downing à imprensa, havia "pessoas desesperadas, com uma mentalidade de turba. Era como se elas estivessem tentando pegar um último pedaço de pão".

A alusão a um tumulto por comida era adequada, embora na verdade a multidão estivesse reclamando as últimas migalhas de moradia acessível em uma cidade onde os aluguéis e as hipotecas subiram a níveis estratosféricos. Disputavam 56 apartamentos que estavam sendo construídos por uma empresa sem fins lucrativos. Os construtores esperavam um retorno de, no máximo, algumas centenas de compradores. Quando milhares de candidatos desesperados apareceram, a situação logo se complicou e a polícia interveio.

Poucas semanas após esse tenso confronto em Hollywood, outra turba ansiosa – dessa vez composta por uma clientela mais rica – se enfileirou durante horas para ter a oportunidade de fazer lances ultrajantes por uma casa simples, abandonada e com as fundações comprometidas em um bairro próximo, conhecido por suas boas escolas. "A enorme multidão", escreveu Steve Lopez, colunista de *The Los Angeles Times*, "não foi uma surpresa, dadas as últimas evidências de que as escolas públicas californianas são fábricas de desistência."

Segundo um relatório recente de pesquisadores de Harvard, as escolas de Los Angeles – sem dinheiro, superlotadas e violentas – estão fracassando na tarefa de formar a maioria dos estudantes negros e latinos, assim como um terço dos brancos[1]. Outro estudo, realizado por pesquisadores da Universidade da Califórnia, Los Angeles (UCLA), encontrou um conjunto de instituições públicas de ensino médio no qual as taxas de reprovação são literalmente uma catástrofe: "menos de um terço dos estudantes do nono ano* se formam no período programado"[2]. Os pais, como resultado, estão dispostos a fazer enormes sacrifícios para transferir seus filhos para subúrbios onde há uma educação pública decente. Isso dá uma nova conotação ao velho adágio do mercado imobiliário "lugar é tudo": a moradia no sul da Califórnia é amplamente divulgada e avaliada pelo prestígio dos distritos escolares locais.

Evidentemente, a crise habitacional na região também tem seu lado ensolarado. Nos últimos cinco anos, o preço médio da habitação subiu 118% em Los Angeles e extraordinários 137% na vizinha San Diego. Segundo um relatório de 2005 da California Building Industry Association [Associação de Construtores Civis da Califórnia], a totalidade dos proprietários de imóveis na Califórnia obteve um incremento de *1 trilhão* de dólares no valor líquido de seus imóveis desde 2000, e proprietários de casas simples de família tiveram um espantoso ganho médio de 230.386 dólares[3]. (A prestigiosa Anderson Forecast [escola de negócios] da UCLA fez em março de 2005 uma afirmação ainda mais drástica a respeito desse aumento de 1,7 trilhão de dólares: "o equivalente a cerca de 35% da renda *per capita* total do estado desde 2001".) Conseqüentemente, o sítio da família tornou-se uma máquina particular de fazer dinheiro, proporcionando aos donos uma liquidez mágica e fácil para comprar utilitários novos, dar entrada em casas de veraneio e financiar a educação superior cada vez mais cara dos filhos.

A grande bolha habitacional norte-americana, como seus equivalentes obesos no Reino Unido, na Irlanda, na Holanda, na Espanha e na Austrália, é um clássico jogo de soma zero. Sem gerar um átomo sequer de novas riquezas, a inflação imobiliária redistribui impiedosamente a riqueza dos compradores para os especuladores, reforçando as divisões tanto entre eles como entre as classes sociais. Uma jovem professora de San Diego, por exemplo, arca com um custo anual habitacional (24 mil dólares por dois quartos em uma área central) equi-

---

[1] Civil Rights Project, *Confronting the Graduation Rate Crisis in California*, Harvard University, 24/3/2005.

* O nono ano de estudos consiste no período de transição entre a *middle school* (ou a *junior high school*) e a *high school*. Equivale, no sistema de ensino brasileiro atual, ao primeiro ano do ensino médio. (N. T.)

[2] Duke Helfand, "Nearly Half of Blacks, Latinos Drop Out, School Study Shows", *The Los Angeles Times*, 24/3/2005.

[3] Alan Nevin (economista-chefe da CBIA), *California Home Equity Analysis*, California Building Industry Association, Sacramento, jun. 2005.

valente a dois terços de seu salário. Já um motorista de ônibus mais velho, que possua uma casa modesta nas vizinhanças, pode ter "ganho" quase tanto com a inflação habitacional quanto recebeu com seu emprego sindicalizado.

Essa bolha é cria bastarda de outra, a da especulação financeira de meados da década de 1990. Os preços da habitação, especialmente na Costa Oeste e no corredor entre Washington e Boston, no Leste, começaram a subir na segunda metade de 1995, à medida que os lucros das empresas *ponto-com* se concentravam no mercado imobiliário. O *boom* é sustentado por taxas hipotecárias extremamente baixas, graças sobretudo à disposição da China para comprar vastas quantidades de títulos do Tesouro norte-americano, apesar da rentabilidade baixa ou mesmo negativa. Pequim tem se mostrado inclinada a subsidiar os devedores norte-americanos como o preço a pagar para manter abertas as portas para as exportações chinesas.

De modo similar, os mercados mais aquecidos – sul da Califórnia, Las Vegas, Nova York, Miami e Washington D.C. – atraíram hordas de puros especuladores, que compram e vendem casas apostando que os preços continuarão a subir. O especulador mais bem-sucedido, obviamente, é George W. Bush. Aumentar os preços da habitação impulsionou uma economia estagnada e arrefeceu as críticas a políticas econômicas que, de outra maneira, seriam desastrosas. Segundo levantamentos da Wharton Business School, desde que Bush roubou a eleição de 2000 as segundas hipotecas e os refinanciamentos imobiliários geraram uma despesa adicional de vários trilhões de dólares para o consumidor. Por conseguinte, se os "valores" é que formaram a base de sua reeleição em 2004, eram valores de propriedades e não princípios morais ou preceitos religiosos.

Os democratas, por sua vez, não conseguiram abordar de maneira séria a crise de milhões de famílias que foram privadas do sonho da casa própria. Na Califórnia, por exemplo, a renda está tão abaixo da inflação imobiliária e das despesas com moradia que, na última década, a população do estado aumentou em 10 milhões, mas apenas 1 milhão de novos lares foram construídos e vendidos. No nível estadual, a fração de californianos capazes de financiar uma casa de um andar caiu de 44% em 2003 para 24% dois anos depois. Em cidades-bolha como San Diego, Santa Ana e San Jose, menos de 15% dos californianos ganham o suficiente para entrar no mercado imobiliário sem ter de fazer sacrifícios excepcionais. Além disso, nessas áreas de liquidez superinflacionada, as famílias de baixa renda são forçadas cada vez mais a dividir residências de família simples ou procurar abrigo em garagens adaptadas ilegalmente – uma praga que se espalha por muitas partes do condado de Los Angeles.

Diante dessas tendências perversas, a campanha de Kerry, assim como na questão dos custos da assistência médica e da exportação de empregos, simplesmente andou no vazio. Não ofereceu nenhuma alternativa sedutora ao *status quo*. Mas os republicanos têm coisas mais importantes com que se preocupar do que com os democratas. Quando a bolha do mercado imobiliário atingir seu auge, George Bush poderá descobrir que vinha surfando num tsunami e que o abismo vertiginoso se aproxima.

Como será a vida na Califórnia e em outros estados-bolha quando o caixa automático imobiliário for fechado? No caso californiano, *em que espantosos 2% dos trabalhadores adultos do estado são agentes ou corretores imobiliários credenciados*, a confiança na indústria imobiliária é tão grande quanto o antigo vício por ações *ponto-com* e taxas de ganho de capital. Metade dos empregos criados na Califórnia nos últimos anos (aproximadamente 225 mil) depende do mercado imobiliário e, portanto, está sujeita à extinção se a bolha estourar ou mesmo diminuir. "Uma simples desaceleração na acumulação de rendimentos no estado", disse um porta-voz da Anderson Forecast a *The Los Angeles Times*, "pode desencorajar seriamente os hábitos de despesa, a criação de empregos e o crescimento econômico."

A economia nacional pode estar igualmente vulnerável à deflação imobiliária: um golpe leve pode ser o suficiente para acabar com o atual *boom* norte-americano e, talvez, levar à recessão todas as economias atreladas ao dólar. Vários economistas eminentes de Wall Street, como Stephen Roach, da Morgan Stanley, há muito alertam para os efeitos nocivos do círculo vicioso criado entre a bolha habitacional subsidiada por dinheiro estrangeiro e os imensos déficits comerciais e orçamentários do país. "O financiamento dos Estados Unidos", escreveu, "é uma tragédia anunciada."

No final das contas, a hegemonia militar norte-americana não é mais subscrita por uma igual supremacia econômica (como nas décadas de 1950 e 1960), e a bolha habitacional, como o *boom* das empresas *ponto-com* antes dela, mascarou temporariamente um amontoado de contradições econômicas. Se a inflação imobiliária desacelerar ou se inverter em estados-bolha como a Califórnia, o segundo mandato de George W. Bush pode nos reservar surpresas shakespearianas de primeira classe.

19 de abril de 2005 – The Los Angeles Times

O verdadeiro dano infligido à Califórnia pela inflação habitacional foi revelado em dezembro de 2006 por um estudo do Departamento de Finanças e do Instituto de Políticas Públicas da Califórnia. Apesar de um crescimento razoavelmente saudável das taxas de emprego, o estado sofreu sua primeira fuga populacional em massa desde a recessão e as revoltas do começo da década de 1990. A maior parte do êxodo (441 mil pessoas de 2000 a 2005) é composta por anglo-saxões ricos, que investiram seus rendimentos em palacetes em Utah, casas de praia no Havaí e condomínios de aposentados em Baja California. No entanto, os pesquisadores também descobriram que os latinos da classe trabalhadora estavam sendo expulsos da Califórnia pela inacessibilidade de moradia: 320 mil mais partidas para outros estados do que chegadas. Mesmo que os preços estejam começando a cair nos mercados mais improváveis (Beverly Hills e Malibu, por exemplo), isso trará um alívio pequeno para os inquilinos de baixa renda, em particular nas vizinhanças do centro de Los Angeles, San Diego e San Jose, que estão passando por uma rápida revitalização. Além disso, a esperada retração nas vendas de propriedades suntuosas terá um impacto exagerado na renda estadual – que é excessivamente dependente das taxas de ganhos de capital – e, portanto, nos serviços sociais e na educação. Como um "Karl Marx californiano", o economista político e profeta social Henry George previu há mais de 125 anos que o futuro da democracia e da igualdade no estado dependem do controle social da inflação imobiliária.

24
A grande muralha do capital

Quando multidões em delírio derrubaram o Muro de Berlim em 1989, muitos imaginaram um milênio de liberdade sem fronteiras ao alcance de todos. As pessoas aboliram a idade das trevas, feita de cercas eletrificadas, fronteiras minadas e cidades divididas por muros. Supunha-se que a globalização inauguraria uma era de mobilidade física e eletrônico-virtual sem precedentes.

Em vez disso, o capitalismo neoliberal estimulou a maior onda de construção de muralhas e de fortificação de fronteiras da história. A realidade física se parece mais com os impérios Sung ou romano tardio do que com a era dourada do liberalismo vitoriano de Cobden e Gladstone. Essa grande muralha do capital, que separa umas poucas dúzias de países ricos da maioria pobre do mundo, põe a Cortina de Ferro no chinelo. Essa não é apenas uma expansão figurativa das fronteiras nacionais, mas, cada vez mais, um sistema único e integrado de fortificação, vigilância, patrulhamento armado e encarceramento.

Ela diz respeito a metade do planeta, isola 12 mil quilômetros de fronteiras terrestres no mínimo e é, comparativamente, muito mais letal contra intrusos desesperados. Ao contrário da Grande Muralha chinesa, essa nova muralha é apenas parcialmente visível do espaço. Embora inclua os tradicionais muros (a fronteira do México com os Estados Unidos) e os campos minados cercados de arame farpado (entre a Grécia e a Turquia), muito do controle globalizado de imigração age atualmente no mar e no ar; assim, as fronteiras agora são tanto digitais como geográficas.

Tomemos como exemplo a fortaleza européia, na qual um sistema integrado de dados (uma atualização da rede Schengen*, localizada em Estrasburgo) – cujo

---

* Rede de informações criada em 1985 na Convenção de Schengen, Luxemburgo, para catalogar, controlar e vigiar pessoas que transitam pelas fronteiras internas da União Européia. (N. T.)

sinistro acrônimo é Prosecur – se tornará a base para um sistema comum de patrulhamento de fronteiras, protegido pelos recém-instituídos Corpos Europeus de Segurança de Fronteira. A União Européia (UE) já gastou centenas de milhões de euros com a famigerada "cortina eletrônica" em suas fronteiras orientais expandidas, e refinou seu Sistema de Vigilância dos Estreitos, com o qual espera manter a África do lado de lá de Gibraltar. Além disso, Tony Blair pediu recentemente aos seus colegas líderes da UE que estendam a defesa da fronteira da Europa branca até o coração do Terceiro Mundo. Ele propôs a criação de "zonas de proteção" em áreas de conflitos intensos na África e na Ásia, onde refugiados potenciais poderiam ser mantidos por anos numa quarentena de esqualidez mortal.

Evidentemente, o modelo de Blair é a Austrália, onde o primeiro-ministro de direita John Howard declarou guerra aberta aos refugiados curdos, afegãos e timorenses. Após a onda de revoltas e greves de fome realizadas no ano passado por imigrantes detidos por tempo indefinido em buracos infernais do deserto, como Woomera, no sul da Austrália, Howard utilizou a Marinha para interceptar barcos encontrados em águas internacionais e enclausurar os refugiados em campos ainda mais tenebrosos, como Nauru ou Manus, uma ilha infestada de malária na costa da Papua-Nova Guiné. Blair, de acordo com *The Guardian*, também cogitou utilizar a Marinha Real para deter passadores no Mediterrâneo e a RAF para mandar os imigrantes de volta aos seus países de origem.

Se agora o patrulhamento de fronteiras se deslocou para o alto-mar, ele também está no nosso quintal. Há muito os habitantes do sudoeste dos Estados Unidos suportam os longos congestionamentos causados pelas barreiras da "segunda fronteira", localizadas bem antes dos limites reais. As operações de busca e apreensão se tornaram comuns no interior dos Estados Unidos. Conseqüentemente, até mesmo a distinção conceitual entre controle de fronteira e controle interno, ou entre política de imigração e "guerra ao terrorismo", está desaparecendo rapidamente. Há muito os ativistas "antifronteira" na Europa alertam para o fato de que os sistemas orwellianos de dados, usados para rastrear não-membros da UE, se voltarão também contra os movimentos antiglobalização.

Nos Estados Unidos, sindicatos do comércio e grupos latinos não vêem com bons olhos as propostas republicanas de treinar 1 milhão de policiais e xerifes como agentes de imigração. De fato, o Congresso já aprovou programas-piloto no Alabama e na Flórida, enquanto os governos da Califórnia, da Pensilvânia e do sul estão cedendo às pressões dos Minutemen e de outros nativistas organizados, que exigem a criminalização dos diaristas que procuram trabalho em lojas de materiais de construção e a proibição de alugar imóveis a inquilinos que não possuam cidadania norte-americana.

Entrementes, o Departamento de Justiça, o Pentágono e o Departamento de Defesa Nacional estão promovendo uma revolução tecnológica em matéria de vigilância de fronteiras. O Sistema de Segurança Nacional para Registro de Entrada, lançado com grande alarde pelo procurador-geral John Ashcroft em junho de 2002, emprega a biometria para identificar e rastrear visitantes estrangeiros. Novos sistemas de leitura e exame em aeroportos, portos e fronteiras terrestres utilizarão os mesmos recursos biométricos para monitorar e reunir dados sobre estrangeiros. Ao mesmo tempo, a região entre San Diego e Tijuana se transformou em laboratório prático para o Centro Tecnológico de Pesquisa de Fronteira (cujo quartel-general se localiza em um arranha-céu no centro de San Diego), que é patrocinado por verbas federais e trabalha constantemente para aperfeiçoar os sistemas de alta tecnologia usados pela Patrulha de Fronteira para detectar intrusos — como as redes de sensores sísmicos, magnéticos e infravermelho e as câmeras de vigilância, que agora estão conectadas aos satélites para permitir o monitoramento à distância, a partir de um posto central de comando.

Em 1989, após longa ausência, o Pentágono voltou a se envolver no patrulhamento de fronteira, criando a Força-Tarefa Conjunta 6, em Fort Bliss, no Kansas. Originalmente, essa força-tarefa (que oficialmente "sincroniza e integra recursos do Departamento de Defesa") restringia-se a missões contra os *narcotraficantes* que contrabandeavam grandes quantidades de cocaína ao longo da fronteira sul. Agora, como os cartéis supostamente "expandiram suas operações para incluir ou se vincular a organizações criminosas de tráfico de pessoas", a missão da força-tarefa foi ampliada pelo Congresso para que abranja também a vigilância e a interdição de imigração ilegal. O Pentágono aprecia esse novo papel porque "não há lugar melhor nos Estados Unidos para oferecer o tipo de treinamento necessário a uma unidade que vai desembarcar no Afeganistão ou no Iraque".

Enquanto as fronteiras são remilitarizadas e os imigrantes e refugiados são desviados para rotas cada vez mais desesperadas, o pedágio humano aumenta inexoravelmente por toda parte. Segundo grupos de direitos humanos, quase 4 mil imigrantes e refugiados morreram às portas da Europa desde 1993 — por afogamento no mar, em explosões de minas ou sufocados em contêineres de carga. Milhares de outros pereceram no Saara, a caminho do Marrocos ou da Tunísia. Enquanto isso, o Comitê de Assistência dos Amigos Americanos, que monitora a carnificina ao longo da fronteira entre o México e os Estados Unidos, estima que um número similar tenha morrido nos tórridos desertos do sudoeste, na última década. Num contexto de tanta desumanidade, a recente proposta da Casa Branca de oferecer a imigrantes ilegais e outros um *status* temporário de trabalhador-visitante pode parecer um gesto de compaixão, em contraste com a frieza da Europa ou o fascismo da Austrália.

Na verdade, como apontam os grupos defensores dos direitos dos imigrantes, essa é uma iniciativa que combina um cinismo admirável com um cálculo político cruel. A proposta de Bush, que lembra o infame programa Bracero do começo da década de 1950, legalizaria uma subcasta formada por mão-de-obra barata, mas não ofereceria um mecanismo para que os cerca de 5 a 7 milhões de trabalhadores ilegais que já se encontram em solo norte-americano obtenham residência ou cidadania definitivas. Trabalhadores sem direito a voto ou domicílio permanente, obviamente, são uma utopia republicana. O plano de Bush forneceria ao Wal-Mart e ao McDonald's um estável e quase infinito suprimento de mão-de-obra contratável.

Isso também lançaria um bote salva-vidas para o neoliberalismo ao sul da fronteira. O Nafta, que já tem uma década de existência, mostrou ser uma brincadeira cruel, como até antigos simpatizantes admitem, que destruiu tantos empregos quanto criou. De fato, a economia mexicana vem eliminando postos de trabalho há quatro anos seguidos. A proposta neo-Bracero da Casa Branca oferece ao presidente Vicente Fox e seus sucessores uma válvula de segurança econômica vital. Finalmente – e este é o achado realmente sinistro –, a oferta de legalidade temporária seria uma isca irresistível para atrair os trabalhadores ilegais para campo aberto, onde o Departamento de Segurança Nacional pode identificá-los, etiquetá-los e monitorá-los. Ao invés de abrir uma rachadura na grande muralha, a proposta fecha uma brecha e assegura um policiamento ainda mais sistemático e invasivo da desigualdade humana.

fevereiro de 2004 – Socialist Review

25
Homem vigilante

> A população local obrigou a si mesma a entrar em um molde de crueldade. Então, ela criou unidades, esquadrões e os armou – ela os armou com tacos, com gás, com pistolas. O país é nosso. Não podemos deixar esses *okies* saírem do controle.
>
> John Steinbeck, *As vinhas da ira*

Os vigilantes estão de volta. Em 1850, eles linchavam irlandeses; em 1870, aterrorizavam chineses; em 1910, assassinavam *wobblies** grevistas; em 1920, organizavam campanhas cujo slogan era "bata no japa"; e, em 1930, perseguiram os refugiados da catástrofe de Dust Bowl** com gás lacrimogêneo e tiros de espingarda. Os vigilantes são para o oeste norte-americano o que a Ku Klux Klan foi para o sul: intolerância cruel e covarde, organizada na forma de uma turba obstinada. Quase de década em década, algum triste grupo autoproclamado patriota se mobiliza para afastar uma nova invasão ou ameaça subversiva.

A ira desses grupos quase sempre se volta contra os segmentos mais pobres, indefesos e trabalhadores da população: imigrantes recém-chegados de Donegal, Guangdong, Oklahoma e, agora, Oaxaca. Sua arenga, transmitida diariamente por dúzias de programas de ódio das rádios AM, em toda a Califórnia e no sudoeste dos Estados Unidos, é praticamente a mesma descrita por Steinbeck: "Esses malditos *okies* são sujos e ignorantes. São degenerados, maníacos sexuais. Esses malditos *okies* são ladrões. Eles roubam qualquer coisa. Não têm nenhuma noção de direito de propriedade".

Hoje, os vigilantes mais propalados são os Minutemen, que iniciaram sua patrulha armada na fronteira do Arizona com o México – de modo muito apropriado – no dia 1º de abril. O grupo de Tombstone, no Arizona, é a última en-

---

* Denominação usual dos membros da Industrial Workers of the World (IWW) [Trabalhadores Industriais do Mundo], organização trabalhista criada em 1905. (N. T.)

** Do inglês, tigela de pó. Catástrofe ambiental ocasionada por gigantescas tempestades de pó que varreram o território das Grandes Planícies dos Estados Unidos de 1933 a 1939. (N. T.)

carnação das patrulhas antiimigrantes que empestearam nossas terras limítrofes por mais de uma década. Clamando pela defesa da soberania nacional contra o perigo pardo, uma série de grupos paramilitares obscuros, liderados por rancheiros racistas e autodeclarados "guerreiros arianos" – ovacionados por radialistas de direita –, perseguiu, deteve ilegalmente, surrou e matou imigrantes que cruzavam os caldeirões desérticos do Arizona e da Califórnia.

O projeto Minutemen é tanto um teatro do absurdo como uma astuta tentativa de levar o "vigilantismo" para o centro da política conservadora. Seus principais organizadores – um contador aposentado e um ex-professor de jardim-de-infância, ambos do sul da Califórnia – chocaram a imprensa com a promessa de levar mil superpatriotas fortemente armados para combater as hordas mexicanas ao longo da fronteira internacional do condado de Cochise.

Seja como for, eles conseguiram 150 coitados, entre fanáticos por armas e sociopatas, que passaram alguns dias sentados em cadeiras de plástico, limpando seus rifles, vociferando contra a imprensa e observando com binóculos as montanhas cobertas de cactos, onde, a cada ano, várias centenas de imigrantes perecem de sede e insolação. O Armagedom na fronteira nunca foi muito provável, já que imigrantes ilegais lêem jornais e ouvem noticiários como qualquer outra pessoa. Diante dos Minutemen e das centenas de patrulheiros extras que foram enviados para mantê-los longe de problemas, os camponeses apenas esperaram pacientemente do lado de Sonora até que os vigilantes torrassem sob o sol e partissem.

No entanto, seria um erro subestimar o impacto desse incidente sobre a política republicana. Pela primeira vez, a administração Bush sente-se seriamente ameaçada – não pelos democratas (que jamais seriam tão rudes), mas por rebeliões incipientes em suas próprias fileiras. A impopularidade da tentativa de Bush de privatizar a previdência social deu aos republicanos ditos "moderados" (imagine Colin Powell e John McCain) um tema para disputar a sucessão presidencial em 2008. Ainda mais importante: as bases ativistas do partido, especialmente no oeste e no sul, estão flamejando de ódio contra o acordo proposto ao México pelo presidente para fornecer vistos temporários de trabalho, assim como contra sua estratégia mais ampla para atrair eleitores latinos.

A aversão aos latinos que aquele feiticeiro maligno, Pete Wilson, ex-governador da Califórnia, ajudou a conjurar no começo da década de 1990 recusa-se a se desfazer da maneira tranqüila como queriam Karl Rove e outros estrategistas republicanos. Em vez disso, ao longo da última década, as campanhas contra os direitos sociais dos imigrantes e o ensino do espanhol nas escolas da Califórnia foram exportadas para o Arizona, o Colorado e os estados sulistas com populações latino-americanas crescentes. Como os protestos antiaborto (que culminaram em terrorismo de direita), o movimento vigilante oferece uma tática radical para captar a atenção da imprensa, galvanizar a oposição à imigração e afetar o equilíbrio de forças no interior do Partido Republicano nacional.

Seus principais aliados são os demagogos e mini-Himmlers* dos programas de rádio, como Bill Handel, da KFI-AM – o apresentador mais popular das rádios anglófonas da região de Los Angeles –, que diariamente vomita intolerância no horário de traslado matinal. "Los Angeles está indo para o brejo", esbraveja ele, "porque chovem estrangeiros ilegais pela fronteira toda, essa cidade foi posta num cesto e mandada para o inferno nesses últimos vinte anos." Queixas semelhantes (que Handel chama orgulhosamente de "muralha de ódio") podem ser ouvidas pelo rádio do carro de Long Island até San Jose, em qualquer engarrafamento onde os suburbanos em deslocamento estejam presos e formem, por conseguinte, uma audiência cativa para nativistas e fãs dos vigilantes.

Além disso, para o pesar da Casa Branca, os Minutemen encontraram um ardente (ainda que inconsistente) admirador na pessoa do governador da Califórnia, Arnold Schwarzenegger: "Acho que eles fizeram um trabalho fantástico. Reduziram uma boa porcentagem de entradas ilegais de imigrantes. Portanto, isso mostra que vale a pena fazer alguma coisa, fazer um esforço e se empenhar. É uma coisa factível". Em seguida, depois de ter sido acusado por lideranças latinas enfurecidas de "promover o preconceito contra os imigrantes e tentar transformá-los em bodes expiatórios", Schwarzenegger reiterou desafiadoramente seu compromisso de auxiliar os Minutemen na fronteira californiana. (Como de costume, o governador prosseguiu com a reafirmação *non sequitur* de seu papel como "campeão dos imigrantes".)

Se as palavras do governador soam como se ele estivesse dando vazão ao seu "nazista interior", é porque ele está desesperado. Sua desajeitada celebridade não é mais novidade, e Schwarzenegger é insultado onde quer que vá por enfermeiras, professores e bombeiros furiosos, cujos orçamentos foram mutilados por ele. Nos últimos meses, os níveis de aprovação medidos por pesquisas de opinião caíram vinte pontos, e o fantasma do concorrente democrata, Gray Davis, assombra seu futuro. Sendo assim, Arnie foi tragado de volta para o mesmo diminuto pântano das rádios do ódio e dos homens brancos enraivecidos e suas picapes, de onde saiu para vencer a eleição para governador em 2003. O tópico central, então, era o direito dos imigrantes ilegais à carteira de motorista (como iríamos saber se o próprio Bin Laden não estava passeando pela estrada de Hollywood?). Agora é o direito dos cidadãos de "ajudar a patrulha da fronteira", de eles mesmos oferecerem um pouco de justiça ocidental aos invasores estran-

---

* Referência a Heinrich Himmler, líder das Forças SS nazistas e chefe da polícia do Terceiro Reich. Braço direito de Adolf Hitler, foi o responsável direto pela elaboração e pela implementação da Solução Final. (N. T.)

geiros. Com um vigilante no palácio do governo, em Sacramento, a próxima provocação dos Minutemen ("dezenas de milhares de voluntários bloqueando a fronteira mexicana neste outono") pode virar uma tragédia, não uma farsa.

maio de 2005 – Socialist Review

"Estamos todos destinados a sermos Minutemen?", perguntou recentemente um jornalista californiano. Ele havia acabado de visitar a página www.texasborderwatch. com, um site patrocinado pelo governador do Texas, Rick Perry, que convida os usuários a monitorar as imagens que as câmeras transmitem ao vivo a partir da fronteira do estado com o México. Se um dos vigilantes virtuais de Perry vir um indivíduo ou ato suspeito, ele pode simplesmente apertar um botão e notificar a polícia texana ou a Patrulha de Fronteira. Segundo a assessoria de imprensa do governador, "o Texas investirá 5 milhões de dólares na instalação de centenas de câmeras de vigilância ao longo dos trechos de alta criminalidade e das rotas comumente usadas para entrar no país. Perry afirma que as câmeras cobrirão uma enorme extensão de fazendas e ranchos localizados na fronteira, onde sabidamente ocorrem atividades criminosas". O site é extraordinariamente popular e teve 2,1 milhões de acessos logo na primeira semana de operação. Sendo assim, você não precisa mais ficar sentado numa cadeira de plástico sob o sol abrasador, com uma espingarda no colo, se pode ajudar a patrulhar a fronteira a partir do seu quarto, escritório ou piscina. Os cérebros certamente se exaltam com as aplicações futuras dessa idéia: uma versão participativo-democrática do pesadelo de Orwell, com parte do público entusiasticamente recrutada para vigiar imigrantes, prisioneiros, crianças ou, simplesmente, vizinhos. 1984 na era da vigilância digital. Jeremy Bentham se revira em seu túmulo.

26
Invasão de fronteira

Hoje, o visitante que passa por Tijuana em direção a San Diego é imediatamente esbofeteado por um gigantesco cartaz que diz:"Dê um basta à invasão da fronteira!". Patrocinado por uma organização radical antiimigrante, a Grassfire.com – aliada conservadora dos Minutemen –, o mesmo chavão truculento agride o público que cruza a fronteira no Arizona e no Texas. (Contudo, a localização do anúncio de San Diego é particularmente obscena, porque fica perto do local onde era o McDonald's em que 21 clientes, na maioria mexicanos, foram mortos pelo racista e assassino em massa James Huberty, em julho de 1984.)

Os Minutemen e seus subgrupos, antes caricaturados pela imprensa como palhaços armados, tornaram-se celebridades arrogantes do conservadorismo das bases e dominam tanto a faixa AM da rádio do ódio como o ambiente ainda mais histérico das comunidades virtuais de direita. Nos estados centrais, além dos fronteiriços, os candidatos republicanos lutam desesperadamente por seu apoio. Com o eleitorado alienado pelas carnificinas de Bagdá e de Nova Orleans, o perigo pardo tornou-se de repente o *deus ex machina* republicano para manter o controle do Congresso nas eleições de novembro.

A vacilante hegemonia do Partido Republicano, mantida por tempo demais pelos destroços do 11 de Setembro e pelas armas imaginárias de Saddam, agora demonstra uma nova urgência em seus apelos aos subúrbios. Desde que Kofi Annan conspirou para aterrorizar o Wyoming com seus helicópteros negros, não há nenhum perigo tão claro e imediato para a República do que os sinistros exércitos de aspirantes a ajudante de garçom e jardineiro reunidos no Rio Grande.

Ouvindo um desses demagogos, poderíamos presumir que as Torres Gêmeas foram derrubadas por devotos da Virgem de Guadalupe ou que o castelhano foi declarado oficialmente idioma de Connecticut. Como não obtiveram êxito na tarefa de punir o mundo mau invadindo o Afeganistão e o Iraque, os republicanos, apoiados por uns poucos democratas, agora propõem invadir a nós mesmos, despachando os fuzileiros e os boinas-verdes, além da guarda nacional, para os desertos hostis da Califórnia e do Novo México, onde a soberania nacional supostamente estaria sitiada.

O nativismo, tanto hoje como antigamente, é a intolerância como caricatura surreal, a realidade de cabeça para baixo. A ironia definitiva, no entanto, é que há de fato alguma coisa que se pode chamar de "invasão de fronteira", mas os cartazes dos Minutemen estão do lado errado da rodovia. O que poucas pessoas, pelo menos fora do México, se preocuparam em observar é que, enquanto as babás, os cozinheiros e as empregadas domésticas se dirigem para o norte, para zelar pelo luxuoso estilo de vida dos republicanos irados, hordas de gringos corriem para o sul para gozar dos gloriosos fundos de pensão e dos segundos lares, muito mais acessíveis sob o sol mexicano.

Sim, nas palavras imortais do ex-governador Pete Wilson, "eles vêm sem parar". O Departamento de Estado estima que, na década passada, o número de norte-americanos residentes no México aumentou de 200 mil para 1 milhão (ou um quarto do total de expatriados norte-americanos), enquanto a Associação Mexicana de Profissionais do Mercado Imobiliário relata que os gringos são proprietários de 1,5 milhão de moradias no México. O aumento drástico de remessas fiscais dos Estados Unidos para o México (de 9 bilhões de dólares para 14,5 bilhões em apenas dois anos), interpretado inicialmente como um enorme pico no fluxo de trabalhadores ilegais, revelou ser sobretudo dinheiro enviado por norte-americanos para eles mesmos, com o intuito de financiar lares no México e aposentadorias.

Embora muitos sejam cidadãos norte-americanos naturalizados que estão retornando a suas cidades e vilarejos natais após anos de labuta *al otro lado*, o diretor-geral do Fundo Nacional de Fomento ao Turismo (Fonatur), a agência oficial do governo para o desenvolvimento do turismo, caracterizou recentemente os típicos investidores do mercado imobiliário mexicano como "*baby boomers** [norte-americanos] que já quitaram boa parte de suas primeiras hipotecas e estão vindo à custa do dinheiro que herdaram".

Sem dúvida, de acordo com *The Wall Street Journal*,

[...] a corrida imobiliária está ocorrendo no início de uma grande onda demográfica. Com mais de 70 milhões de *baby boomers* norte-americanos, que se espera

---

* Termo criado para designar pessoas nascidas em períodos em que há elevação dos índices de natalidade (*baby boom*). Aqui, se refere especificamente aos norte-americanos nascidos entre meados da década de 1940 e meados dos anos 1960. (N. E.)

estejam aposentados nas próximas duas décadas [...] alguns peritos prevêem uma ampla migração para climas mais calorosos – e baratos. Com freqüência, esses compradores adquirem uma propriedade dez a quinze anos antes de se aposentar, utilizam-na como casa de veraneio e mudam-se para lá, eventualmente, na maior parte do ano. As construtoras estão tirando cada vez mais proveito dessa tendência, erguendo comunidades fechadas, condomínios e campos de golfe.[1]

Conseqüentemente, segundo um relatório de *The Los Angeles Times*, espera-se que o número de proprietários norte-americanos no México "salte para 12 milhões em vinte anos, à medida que mais *baby boomers* se aposentem ao sul da fronteira"[2].

Além disso, o aumento extraordinário de preços do setor imobiliário nas regiões sul e sudoeste dá aos gringos um imenso trunfo econômico. *Baby boomers* espertos não só estão construindo seus ninhos para uma eventual aposentadoria, como também estão especulando cada vez mais com suas propriedades turísticas no México, elevando os preços imobiliários em detrimento da população local, cujos filhos, conseqüentemente, são levados para as favelas ou forçados a emigrar. Como em Galway, na Córsega, ou até mesmo em Montana, o *boom* global de segundos lares está fazendo da vida em lindas paisagens naturais algo inacessível para os residentes tradicionais.

Muitos expatriados preferem refúgios já estabelecidos para *norteamericanos**, como San Miguel de Allende ou Puerto Vallarta, enquanto outros estão experimentando localidades mais exóticas, como Riviera Maya ou Tulum, em Quintana Roo. Aqui, esses *norteamericanos* se sentem em casa de vários modos. Um jornal de língua inglesa de Puerto Vallarta, por exemplo, aplaudiu recentemente a chegada iminente de um novo shopping center, que deveria abrigar lojas como Hooters, Burger King, Subway, Chili's e Starbucks. Só estava faltando o Dunkin' Donuts (*com salsa?*).

Mas a população de *gringos* é mais expressiva (e traz conseqüências geopolíticas mais significativas) em Baja Califórnia, o deserto de mil milhas de extensão anexo ao congestionado Estado-nação governado por Arnold Schwarzenegger. Sem dúvida, os sites sobre o mercado imobiliário de Baja lançam tantas hipérboles quanto os sites que se dedicam a perseguir a ameaça fantasma da imigração ilegal. Como escreveu recentemente um editorialista de *The Los Angeles Times*, a atração de Baja é quase irresistível: "você pode comprar uma casa com vista para o mar por pouco mais de um terço do que custaria a trinta minutos ao norte da fronteira".

Em essência, a Alta Califórnia está começando a invadir a Baja, um processo periódico que, se não controlado, produzirá uma marginalização social e uma

---

[1] Michael Allen, "Americans Fuel Yucatan Land Grab", *The Wall Street Journal*, 18/4/2006.

[2] Evelyn Iritani, "Mexican Resorts Show No Sign of Catching U.S. Housing's Cold", *The Los Angeles Times*, 26/8/2006.

* Em espanhol, assim como no original. (N. T.)

devastação ecológica intoleráveis na última verdadeira região de fronteira mexicana. Todas as contradições da Califórnia pós-industrial – inflação imobiliária galopante na zona costeira, desenvolvimento suburbano desordenado nos desertos e nos vales interioranos, congestionamentos e falta de fluidez, crescimento astronômico da recreação motorizada, entre outras – ditam a invasão da bela península "vazia" ao sul. Para usar um termo de um passado ruim mas não irrelevante, Baja é o *Lebensraum* da Califórnia anglo-saxônica.

De fato, os dois estágios iniciais da anexação informal já ocorreram. Sob a bandeira do Nafta, o sul californiano exportou centenas de fábricas ilegais e indústrias tóxicas para as zonas *maquiladoras* de Tijuana e Mexicali. A Associação Marítima do Pacífico, que representa as maiores empresas de transportes da Costa Oeste, uniu forças com empresas coreanas e japonesas para construir um novo porto de carga em Punta Colonel, 150 milhas ao sul de Tijuana, o que cortaria as despesas com o sindicalismo portuário de San Pedro e San Francisco.

Em segundo lugar, dezenas de milhares de aposentados gringos e residentes de inverno se agruparam em ambos os lados da península. Ao longo da costa noroeste, que vai de Tijuana a Ensenada, um anúncio recente de uma conferência da UCLA alardeia que "há atualmente 57 projetos imobiliários em andamento [...], com mais de 11 mil casas e apartamentos cujo valor supera os 3 bilhões de dólares [...], todos destinados ao mercado norte-americano", incluindo um projeto de Donald Trump.

Enquanto isso, no extremo tropical de Baja, mais uma "Costa Dourada" emergiu na faixa de vinte milhas situada entre Cabo San Lucas e San Jose de Cabo. Na década de 1960, a região abrigava menos de mil pescadores; agora Los Cabos faz parte de um arquipélago de pontos privilegiados da corretagem imobiliária, para o qual os aumentos constantes de mais de 10% nos valores das propriedades atraem o capital especulativo de todas as partes do mundo. Apesar de as *vilas* de alto padrão em redutos tão exclusivos como a badalada Pedregal serem vendidas por 10 milhões de dólares ou mais, os gringos comuns podem participar do glamouroso cassino imobiliário de Los Cabos comprando e vendendo quotas de condomínios e casas de praia.

Mesmo que especuladores do oeste do Canadá e do Arizona tenham deixado suas gigantescas pegadas por todo o cabo sul de Baja, Los Cabos – ao menos a julgar pelo registro de aviões particulares no aeroporto local – tornou-se um retiro suburbano especialmente do condado de Orange, terra das facções mais veementes dos Minutemen. (Presume-se que para muitos sul-californianos abastados não há contradição aparente entre esbravejar contra a "invasão estrangeira" diante de amigos conservadores na marina de Newport e voar para Los Cabos no dia seguinte para andar de caiaque ou jogar golfe com celebridades.)

O próximo passo na colonização tardia de Baja é a controvertida "Escalera Nautica", uma "escada" de 2 bilhões de dólares, com 27 marinas e estâncias costeiras, cujo projeto foi desenvolvido pelo Fonatur e abrirá rotas prístinas para o iate clube em ambas as costas, o que estimulará ainda mais o turismo motorizado. O objetivo do Fonatur é atrair 1 milhão de turistas a mais e 50 mil embarcações particulares até 2014, erguendo uma "ponte terrestre" no meio do caminho entre Ensenada e Cabo, permitindo que os barcos sejam rebocados entre o Pacífico e o Golfo da Califórnia sem ter de fazer toda a viagem ao redor da península. Além das preocupações ambientais sobre o destino das baleias-cinzentas nos atóis de Scammon e San Ignacio, o projeto também encontra oposição entre os pescadores do Golfo, que temem uma "revitalização" de suas águas. O celebrado ambientalista e poeta Homero Aridjis reclamou que "isso poderia abrir as portas para um desenvolvimento caótico, além do controle de um governo que não consegue controlar nem mesmo a venda de chicletes"[3].

Enquanto isso, o "Truman Show" desembarcou na pitoresca cidadezinha de Loreto, do lado do Golfo da península. O Fonatur uniu forças com uma companhia do Arizona e arquitetos do "novo urbanismo" da Flórida para construir as vilas da Baía de Loreto: 6 mil residências em estilo neocolonial para expatriados, uma San Miguel de Allende instantânea no mar de Cortez. O projeto de Loreto, de 3 bilhões de dólares, vangloria-se de ser a última palavra em design sustentável, em que se explora a energia solar e se restringe o uso de automóveis. Não obstante, inchará a população local dos atuais 15 mil habitantes para mais de 100 mil em uma única década, com as mesmas conseqüências sociais e ambientais que podem ser vistas nas periferias carentes de Cancún e outros grandes retiros.

Evidentemente, um dos atrativos mais irresistíveis de Baja é o fato de ela ter preservado uma natureza intocada, que já desapareceu de outras partes do Ocidente. Os habitantes locais, entre eles um movimento ambientalista muito eloqüente, prezam tanto essa paisagem incomparável quanto a sobrevivência do *ethos* igualitário das pequenas cidades e vilas de pescadores da península. Graças à invasão silenciosa dos *baby boomers* nortistas, entretanto, muito da história natural e da cultura de fronteira de Baja pode desaparecer na próxima geração. Uma das linhas costeiras mais magníficas do mundo pode ser transformada em mais um espraiamento turístico genérico, à espera da inauguração de um Dunkin' Donuts. A população local, por conseguinte, tem todas as razões para temer que os grandes retiros e os subúrbios pseudocoloniais de hoje, como a estratégia de desenvolvimento regional inteiramente voltada para o turismo do Fonatur, sejam simplesmente os mais novos cavalos-de-tróia do Destino Manifesto.

outubro de 2006 – Chronicle *de San Francisco e* News *de Dallas*

---

[3] Chris Kraul e Kenneth Weiss, "Baja Marinas Project OKd", *The Los Angeles Times*, 8/11/2003.

27
Arnie reprogramado

O Exterminador tornou-se tão furtivo e difícil de derrotar quanto seu arquiinimigo, o infinitamente maleável e quase indestrutível ciborgue T-1000. Em um momento, ele é um conservador zeloso, que lidera uma cruzada dos justos contra os déficits e os democratas; no outro, ele é a reencarnação de Pat Brown, conduzindo os democratas de volta à terra prometida de mais escolas e estradas. Atire no republicano que reduz orçamento, e o perdulário democrata ganha vida com um brilho nos olhos e um sorriso nos lábios. Atropele o valentão com um caminhão, como fizeram os professores e as enfermeiras em novembro de 2005, e ele imediatamente se reconstrói como o melhor amigo da educação e da saúde pública. Alguns democratas certamente se ressentem da deslealdade e da hipocrisia dos "saltos" de Arnold Schwarzenegger, mas o governador (ou será ele de fato o gato no chapéu?) simplesmente dá piruetas sobre suas cabeças, gargalhando, enquanto muda suas listras de vermelhas para azuis a fim de se adaptar às pesquisas de opinião.

Para aqueles que vivem fora da Califórnia ou tenham recentemente se entrincheirado em seus lares, deixem-me relembrar a história da reformulação extrema de Arnie. Logo depois de ter pulverizado o sórdido vice-governador, Cruz Bustamante, em uma eleição especial em outubro de 2003, o herói populista Schwarzenegger chegou a Sacramento acompanhado de seu *personal trainer* Pete Wilson (ex-governador da Califórnia), uma corriola de lobistas de empresas e sua trupe de Hollywood. Depois das homilias inaugurais de praxe sobre a necessidade de reinventar o governo e levar o poder de volta para o povo, o desajeitado ator (aparentemente tão enfeitiçado por Wilson quanto Bush pelas garras de Cheney) logo transformou o gabinete do governador em uma crua caricatura marxista de um "comitê executivo" da classe dominante.

Seu tão propalado plano para revitalizar o governo estadual (ou melhor, "explodir o caixa", nesse caso) foi abertamente elaborado por lobistas de grandes empresas, como a Hewlett-Packard, a EDS, a Microsoft e várias gigantes do ramo dos planos de saúde. (Sua brilhante plataforma inclui uma insana recomendação de acelerar o sacrifício de animais recolhidos em abrigos, com o intuito de poupar dinheiro – proposta que até os filhos do governador desaprovaram.) Em uma ousada afirmação de prioridades, Schwarzenegger tirou recursos do ensino médio e fundamental para compensar a renda perdida com o fim da taxa de licenciamento, um favor concedido aos revendedores e proprietários de utilitários. Então, ele renegou a promessa de repor, os 3 bilhões de dólares que foram cortados do orçamento da educação, mentindo de forma descarada sobre suas negociações com as autoridades de ensino.

Essa declaração de guerra aos professores e às crianças foi seguida de ataques a enfermeiros, bombeiros, deficientes e latinos. Com um zelo tacanho, ele alvejou os programas de saúde estaduais para os pobres, propondo, entre outras economias, que se deveria exigir dos deficientes desempregados o pagamento parcial de seus seguros-saúde. Em uma tola reprise da cruzada de Pete Wilson contra os imigrantes ilegais no começo da década de 1990, Schwarzenegger saudou como "heróis" os sociopáticos Minutemen instalados na fronteira (o presidente Bush os acusou de "vigilantes"). O valentão no palácio do governador, que chamou seus críticos de "menininhas", também vetou um projeto popular para aumentar o salário mínimo em um dólar, papagaiando a afirmação da Câmara de Comércio de que isso afastaria os negócios do estado. Simultaneamente, seus aliados empresariais, pobremente disfarçados de organização sem fins lucrativos "Cidadãos para o Resgate da Califórnia", lançaram uma imensa campanha de arrecadação de fundos para promover a votação de quatro iniciativas interligadas: controlar as contribuições políticas do funcionalismo público, reduzir as despesas públicas (incluindo as com educação), eviscerar a estabilidade dos professores e tomar dos democratas o controle legislativo sobre o redistritamento eleitoral.

Com Wilson e a Câmara de Comércio como líderes de torcida e bufões, Schwarzenegger arriscou tudo em uma eleição especial em novembro de 2005. Contudo, a cada etapa da disputa, ele foi acossado por multidões de enfermeiros, bombeiros e professores revoltados. Habituado apenas à adoração pública, ele ficou visivelmente abalado com a militância do funcionalismo público, que o perseguiu pelo estado e contestou sua dissimulada imagem populista. A noite da eleição foi uma catástrofe completa: nos destroços das quatro iniciativas derrotadas, enquetes revelaram que a popularidade do próprio governador havia caído mais de 25 pontos percentuais. De fato, as pesquisas mostraram o superastro perdendo a reeleição para democratas quase desconhecidos, como o secretário estadual de Finanças, Phil Angelides.

Afora o caso patético de Gray Davis, poucos políticos na história da Califórnia conseguiram desperdiçar tanta popularidade tão rápido, ou foram vítimas de uma surra tão humilhante (de nada menos que enfermeiras e menininhas). Sob tais circunstâncias, os Nixon e suas crias fecham a cara, têm acessos de fúria e planejam vingança. Arnie, no entanto, fez algo ainda mais extraordinário: pediu desculpas ao público pela eleição especial, demitiu a chefe-de-gabinete republicana (Patricia Cleary) que ele havia emprestado de Pete Wilson, e, num incrível salto acrobático, tornou-se o defensor de um programa democrata fantasioso, de cunho centrista, para gastar fortunas em escolas, rodovias, canais e energia alternativa. Naturalmente, alguns democratas incrédulos rejeitaram a proposta inicial de um bombardeio de verbas no valor de 68 bilhões de dólares como algo keynesianamente bom demais para ser verdade.

Nos bastidores, a bela estava reprogramando a fera: a politicamente escolada esposa do governador, Maria Shriver, lançou mão de toda a magia do clã Kennedy para ressuscitar a declinante popularidade de Arnie. Para horror dos seguidores de Grover Norquist e dos megafundamentalistas religiosos que dominam o Partido Republicano da Califórnia, a chefe-de-gabinete Cleary foi substituída por Susan Kennedy, uma democrata lésbica que está entre as principais auxiliares de Gray Davis. Ao mesmo tempo, entretanto, Shriver contratou Matthew Dowd e Steve Schmidt, dois dos principais atores republicanos da eleição de Bush em 2004 (ou seja, os mesmos tipos que assassinaram Kerry com incessantes acusações de ser um "vira-casaca"), para coordenar a reeleição de Arnie.

Comentaristas políticos veteranos, como Daniel Weintraub, de *The Sacramento Bee*, e Joe Scott, blogueiro do *Body Politic*, admiraram a audácia de Shriver em remontar o marido com uma mescla tão promíscua de componentes de direita e de esquerda. Schwarzenegger não era menos impressionante na cínica indiferença com que proclamava suas políticas reformuladas. Quando críticos reclamaram de sua mudança aparentemente radical de prioridades, o governador apenas sorriu e encolheu os ombros: "Eu gosto de vencer sempre. Não fico preso a ideologias. O que for preciso fazer, eu farei".

Dessa perspectiva, como ressaltou Kevin Starr, membro da Biblioteca do Estado e historiador emérito, Schwarzenegger retomou a fórmula testada e aprovada de grande governo bipartidário inaugurada por Earl Warren na década de 1940, aperfeiçoada por Pat Brown no período entre as décadas de 1950 e 1960 e continuada por Ronald Reagan (quem mais aumentou impostos na história do estado) no começo da década de 1970[1]. Sem dúvida, "o retorno à Era Dourada" parecia ser o lema de Schwarzenegger, pois ele aumentou as

---

[1] Kevin Starr, "Saving California Centrism", *The Los Angeles Times*, 19/9/2004.

despesas do estado em mais de 10% e desvelou uma imensa venda de títulos do governo para financiar novas rodovias, escolas e um dique de contenção. Os 20 bilhões de dólares para melhorias no transporte, em particular, foram um poderoso paliativo para grandes construtoras, imobiliárias e revendedores de automóveis, que, de outra maneira, poderiam ter se insurgido contra o fato de Arnie ter abandonado as políticas (Pete) wilsonianas de mutilação da previdência e caçada aos sindicatos.

Enquanto isso, os democratas tiveram o que podiam esperar de Gray Davis ou Cruz Bustamante. Para deleite dos grupos ambientalistas (e dos grandes investidores capitalistas do vale do Silício, que serão os principais beneficiários), Schwarzenegger aprovou um projeto para reduzir a emissão de gases nocivos e subsidiar alternativas energéticas sustentáveis, criticando assim a recusa da administração Bush de agir sobre o aquecimento global. Ele também começou a devolver o dinheiro que tinha roubado das escolas, reafirmou seu apoio a um aumento do salário mínimo, endossou uma reforma abrangente nas políticas de imigração e indicou que se empenharia na conquista de uma cobertura médica mais ampla para todos os californianos. Finalmente, o plano de "explodir o governo", inspirado pelas empresas, foi discretamente engavetado, para desgosto dos ratos da Biblioteca do Estado.

Enquanto os republicanos ideológicos e o "anti-Arnold" oficial, o oponente democrata Phil Angelides, assistiam consternados, a campanha de 2006 tornava-se um protesto pacífico bipartidário, em que o presidente do Senado, Don Peralta, e o porta-voz da Assembléia, Fabian Nunez – líderes democratas –, acompanhavam o governador em uma turnê pelo estado para promover sua iniciativa de levar adiante obras de infra-estrutura de 37 bilhões de dólares. Após alguns jantares na mansão de Schwarzenegger, em Brentwood, Nunez, em particular, ficou embaraçosamente fascinado e começou a deitar admiração pelo governador para qualquer pessoa que quisesse ouvi-lo. Enquanto isso, o democrata mais carismático e estimado do estado, o prefeito de Los Angeles, Antonio Villaraigosa, aproveitou todas as oportunidades para celebrar o governador, porque precisava do apoio deste para o seu controverso projeto de assumir o encargo do sistema escolar. (Villaraigosa, com ambições de herdar o palácio após o fim do mandato de Arnold, também tinha tudo a ganhar com a derrota de Angelides.) Finalmente, os sindicatos do setor público, que gastaram quase 80 milhões para derrotar as iniciativas de novembro de 2005 de Schwarzenegger, pouco se agitaram no ano seguinte.

Angelides, em suma, ficou órfão de partido, e seus correligionários reclamaram amargamente dos democratas proeminentes que o desertaram. Também se mostraram incomodados com a incapacidade de Angelides de ganhar "força" em questões centrais, como a educação, após o vácuo criado pela surpreendente *volte-face* do governador – ainda que a mais óbvia e gigantesca contradição da campanha de Schwarzenegger tenha sido precisamente o tema que Angelides não teve coragem de abordar: a ausência de uma base fiscal para uma nova despesa, típica da "Era Dourada".

Como no fim da década de 1990, e nas asas do *boom* das empresas *ponto-com*, em 2005 e 2006 o governo da Califórnia estava mais uma vez se financiando com os frutos dos ganhos de capital individuais, como a venda pública do Google e a rápida retomada do mercado de residências multimilionárias. Schwarzenegger pagou a prazo pelo retorno da popularidade, gerando dívidas imensas com títulos (os juros sobre os 37 bilhões de dólares das obras de infra-estrutura serão de alarmantes 36 bilhões de dólares), que inevitavelmente levarão o estado de novo à beira da falência enquanto os lucros imobiliários e empresariais permanecerem majoritariamente subtaxados e a Proposição 13 (de 1978) for um grilhão para as gerações futuras.

Angelides não se mostrou disposto a falar sobre esse gorila de 400 quilos na sala, porque seria forçado a se opor às obras de infra-estrutura do estado ou – pior – a aceitar a necessidade de aumentar os impostos sobre as empresas e os ricos. Aumentos tributários são, é claro, um assunto sobre o qual todo democrata "centrista" evita desesperadamente ter de tratar. Conseqüentemente, Angelides foi "exterminado" em mais uma arrasadora vitória de Schwarzenegger; agora, tanto o governador como os líderes parlamentares democratas estão presos nas garras de um excesso de despesas que se manterá apenas enquanto durar a bolha imobiliária. Na próxima recessão, os lamaçais fiscais tragarão rapidamente a famigerada Era Dourada.

(Arnie – convertido da noite para o dia, ao que parece, em um zeloso e culto seguidor de John Maynard Keynes – tranqüiliza os céticos, afirmando que o estado está emprestando dinheiro mais do que suficiente para ignorar o déficit estrutural e manter o esbanjamento. "Haverá tantas obras em andamento que, onde o setor privado falhar, o setor público cumprirá. Com nossos títulos de infra-estrutura, estimularemos novamente a economia.")

Isso deveria fazer diferença para qualquer um que não viva na Califórnia ou é só dizer: "Esqueça, Jake, é só Chinatown"*? De sua parte, Schwarzenegger imediatamente proclamou que sua reeleição é o molde do que está por vir na política nacional: o novo centrismo que preencherá todos os buracos e acabará com o venenoso rancor partidário dos tempos de Rove. (O antigo governador também comemorou a conquista democrata do Congresso como um retorno paralelo ao centro dominante.) Obviamente, esse é o tipo exato de ruído que se

---

* Trecho de um diálogo do filme *Chinatown* (1974), de Roman Polanski, cujo enredo inspirado no cinema *noir* tem como pano de fundo a cidade de Los Angeles na década de 1940 e as intrigas que envolvem a instalação do suprimento de gás natural para a cidade. A frase é do fim do filme, em que o personagem de Jack Nicholson, o detetive Jake J. Gittes, encontra-se desolado pela morte da protagonista, evento no qual teve participação involuntária, e por sua impotência diante da corrupção local. Frase tornada célebre como uma máxima moral de conformismo e resignação. (N. T.)

poderia esperar de uma Susan Kennedy, aliada a dois ex-estrategistas da campanha de Bush sob o comando de Maria Shriver – especialmente em meio a uma sangria orçamentária bipartidária selvagem.

Mas essa *fusion cuisine* (como a bolha econômica que a sustenta) pode ser apenas um modismo passageiro na política. O que persistirá, no entanto, será a bestial – não, monstruosa – ambição que elevou Schwarzenegger de garoto caipira a megaastro de Hollywood, para então se tornar governador do maior e mais poderoso estado da União. Arnie disse certa vez a um entrevistador que tinha um "sonho recorrente, em que ele era o rei do mundo inteiro". Há algum motivo para duvidar que nossos outros messias monstruosos – Hillary Clinton, Barack Obama, Rudy Giuliani e John McCain – não tenham o mesmo sonho?

novembro de 2006

parte quatro

ÁGUA NEGRA SUBINDO

Era fácil prever, mas impossível prevenir, os males impendentes.
Edward Gibbon

28
Nossas férias de verão: 50 mil mortos

A onda de calor assassina que assolou a Europa entre julho e agosto de 2003 matou pelo menos 35 mil pessoas. É a maior taxa em desastres "naturais" desde o grande terremoto de Messina em 1908 (60 mil mortos) e o equivalente a mais de dez catástrofes como a do World Trade Center. (Em 2006, as taxas oficiais de mortalidade para o verão de 2003 foram revistas para mais de 50 mil[1].) Na França, onde morreram 15 mil pessoas, esse foi o verão mais quente desde Carlos Magno, mas isso não explica por que 2 mil pessoas, sobretudo idosos e pobres, foram diariamente deixadas à morte no auge de *la canicule**, no começo de agosto. Para entender o que ocorreu durante o longo e quente verão europeu, precisamos voltar ao escândalo das mortes desnecessárias causadas pelo calor oito anos atrás, em Chicago.

Em julho de 1995, a administração do prefeito Richard M. Daley, de Chicago, tornou-se cúmplice no assassinato de mais de setecentos de seus munícipes mais idosos. Assim que as temperaturas se elevaram acima dos 40 graus, os pequenos edifícios sem ar-condicionado e os hotéis baratos do centro se transformaram em crematórios. Milhares de pobres e idosos, principalmente negros, morreram em agonia. No segundo dia da onda de calor, os hospitais superlotados fecharam as portas para os doentes mais graves, e os paramédicos foram incapazes de atender ao dilúvio de chamadas de socorro. Profissionais da saúde alertaram para uma possível mortandade epidêmica e pediram ajuda.

---

[1] Janet Larsen, "Setting the Record Straight: More than 52,000 Europeans Died from Heat in Summer 2003", em resenha do Earth Policy Institute, 28/6/2006.

* Em francês, "a canícula", fenômeno atmosférico caracterizado por um período de calor tórrido. (N. T.)

No entanto, a máquina de Daley Jr. se enclausurou na omissão e no descaso. A mortandade causada pelo calor entre os pobres esquecidos recebeu menos atenção do que os dias de neve precedentes, quando houve poucas mortes, mas muitos transtornos aos deslocamentos suburbanos e aos negócios do centro. Sendo assim, o corpo de bombeiros recusou-se a convocar mais homens ou ambulâncias, e a polícia ignorou os pedidos de busca em residências à procura de idosos solitários. A prefeitura, enquanto isso, contestava a mídia: "Que desastre?". Enquanto os corpos transbordavam dos necrotérios para as ruas, o prefeito criticava os repórteres. "Está quente, mas não vamos exagerar [...], morre-se de causas naturais o tempo todo."

É evidente que a "catástrofe do calor" de Chicago, como agora é oficialmente conhecida, foi tudo, menos um desastre "natural". Como explica o sociólogo radical Eric Klinenberg em seu brilhante livro de 2002, *Heat Wave: A Social Autopsy of Disaster in Chicago* [Onda de calor: uma autópsia social do desastre em Chicago], "essas mortes não foram um ato de Deus"[2]. Ao contrário, ele demonstra que foram conseqüências evitáveis de fatores como pobreza, racismo, exclusão social e negligência cívica criminosa. A visão de Klinenberg é compartilhada por analistas da área de saúde pública. De fato, as lições de 1995 em Chicago foram consagradas por estudos respeitados, publicados pelo Centro de Controle de Doenças dos Estados Unidos e pelo *New England Journal of Medicine*. Esses relatórios, hoje amplamente adotados pelas cidades norte-americanas, defendem sistemas de alerta preventivo, abertura imediata de "centros refrigerados" locais, verificação de porta em porta e subsídio público para ares-condicionados em apartamentos de baixa renda[3].

Essa literatura é um cânone científico, facilmente acessível na internet e bastante conhecida dos profissionais europeus. Em outras palavras, a lição de Chicago grita das prateleiras. Não havia desculpa para ignorá-la. Mesmo assim, no mês de agosto passado [2003], os mais vulneráveis foram novamente massacrados por condições sociais análogas e reações similares às de Chicago. Na França, por exemplo, o ministro da Saúde, Jean-François Mattei, de direita, prosseguiu suas férias – "tênis, alguém quer jogar?" – enquanto milhares de seus concidadãos pereciam. Letargia heróica também foi a resposta do governo Berlusconi na Itália, que mentiu à imprensa e cortou das estatísticas as mortes causadas pelo calor.

Enquanto a direita européia culpa a jornada de 35 horas semanais e o colapso dos valores familiares por essa atrocidade, a esquerda deve ser incansável na respon-

---

[2] Eric Klinenberg, *Heat Wave: A Social Autopsy of Disaster in Chicago* (Chicago, University of Chicago Press, 2003).

[3] J. Semenza et al., "Heat-Related Deaths During the July 1995 Heat Wave in Chicago", *New England Journal of Medicine*, v. 335, n. 2, 1996.

sabilização das políticas neoliberais. Os socialistas devem exigir uma "autópsia social" – da qual Klinenberg dá um modelo admirável – que exponha os papéis funcionais da pobreza, do preço exorbitante da moradia e dos serviços públicos em colapso, assim como do ocaso consternador da solidariedade entre gerações. Além disso, diante dessa pequena montanha de cadáveres, não se pode mais subestimar o fato de o neoliberalismo europeu ter realmente mais "compaixão" que seu primo norte-americano, de natureza mais predatória. Afinal, é preciso que haja um enorme buraco na rede social para que 35 mil pessoas caiam dela.

O que ainda estará por vir desse insólito agosto? Como as políticas socialistas deveriam abordar a interação cada vez mais violenta entre as mudanças ambientais e as cidades de capitalismo tardio? Por exemplo, há evidências crescentes de uma sinistra sinergia entre estafa provocada pelo calor, trânsito e poluição do ar. Os estudos pós-Chicago concentraram-se sobretudo na hipertermia e na desidratação, dando pouca atenção à qualidade do ar *per se*. Cientistas franceses, porém, acreditam que os altos níveis de concentração de ozônio foram a causa principal de 3 mil mortes, no mínimo. Os congestionamentos das férias de agosto podem se tornar mortais nos dois sentidos. Esse é o motivo por que grupos como o Greenpeace voltaram a pedir a implantação de rodízios veiculares temporários ou permanentes nos grandes centros urbanos. Além disso, agosto foi uma ilustração viva do tipo de história "não natural" que podemos esperar que se torne a norma. Essa não será uma história que se desdobrará lentamente, numa estável progressão linear, como nas biografias dos liberais vitorianos. Muito provavelmente, a dialética do aquecimento global e do neoliberalismo – em especial a doutrina bushista de "consumir todas as coisas boas da terra ao longo de nossas vidas" – produzirá um passeio não linear de montanha-russa através de desastres imprevisíveis. O capitalismo global é o trem desgovernado onde somos todos mantidos reféns. E cada verão extremo pode estar nos aproximando pouco a pouco do precipício de uma mudança climática catastrófica.

outubro de 2003 – Socialist Review

29
O fogo perfeito

Manhã de domingo em San Diego. O sol é uma aterrorizante esfera laranja, como o olho de uma horrenda abóbora de Halloween. O fogo na encosta da montanha Otay, que acompanha a fronteira mexicana, gera um imenso cogumelo cinza-esbranquiçado. É uma visão antes sublime, como o Vesúvio em erupção. Enquanto isso, o céu negro derrama cinzas de reservas florestais e casas de sonho.

Esse pode ser o incêndio do século no sul da Califórnia. Até o *brunch* de domingo, oito focos de incêndio diferentes se alastravam descontroladamente e dois focos maiores acabaram se fundindo em uma única muralha vermelha de 40 milhas de comprimento. Os recursos emergenciais da megalópole foram utilizados ao limite do esgotamento, e os reforços da Guarda Nacional da Califórnia estão a 10 mil milhas de distância, no Iraque. O pânico se insinua na cobertura ao vivo da televisão de várias cenas caóticas do incêndio.

Quatorze mortes já foram registradas nos condados de San Bernardino e San Diego, e quase mil casas foram destruídas. Mais de 100 mil habitantes foram removidos dos subúrbios – o triplo do grande incêndio do Arizona em 2002 ou dos incêndios de janeiro último em Canberra, na Austrália. Dezenas de milhares de moradores lotaram seus carros com pertences e animais de estimação. Estamos todos esperando para fugir. Não há contenção e prevê-se que o fogo infernal durará até terça-feira.

Obviamente, esse é o momento certo do ano para ocorrer o fim do mundo. Logo antes do Halloween, a diferença de pressão entre o platô do Colorado e o sul da Califórnia começa a gerar os famigerados ventos de Santa Ana. Uma faísca em seu caminho transforma-se em um lança-chamas.

Há exatamente uma década, entre 26 de outubro e 7 de novembro, incêndios propagados pelo Santa Ana destruíram mais de mil casas em Pasadena, Malibu e

Laguna Beach. No último século, quase metade dos grandes incêndios no sul californiano ocorreram em outubro. Dessa vez, o clima, a ecologia e a estúpida urbanização conspiraram para criar os ingredientes de um dos maiores incêndios da história. Especialistas previram sua chegada há meses.

Em primeiro lugar, existe ali uma extraordinária concentração de combustível perfeitamente disposto e altamente inflamável. O clima entre 2001 e 2002 foi o mais seco na história da região. Aqui em San Diego, tivemos apenas 76,2 milímetros de chuvas. (A média anual está acima dos 279,4 milímetros.) No inverno passado, choveu apenas o suficiente para fazer crescer uma densa camada de arbustos (ou seja, componente incendiário), que há meses secou completamente.

Enquanto isso, nas montanhas, uma estiagem épica, que pode ser uma manifestação do aquecimento global, abriu caminho para uma praga de besouros que devastou ou ainda está devastando 90% das florestas de pinheiros do sul da Califórnia. No mês passado, cientistas disseram desalentadoramente aos membros do Congresso, em uma audiência especial no lago Arrowhead, que "é tarde demais para salvar a floresta nacional de San Bernardino". Arrowhead e outras estâncias famosas das montanhas, previram eles, em breve "se pareceriam com qualquer subúrbio não arborizado de Los Angeles".

As florestas desmatadas são um risco apocalíptico para mais de 100 mil habitantes das montanhas e de seus arredores; muitas dessas pessoas dependem de uma via única e estreita para fugir do incêndio. Há alguns meses, autoridades do condado de San Bernardino, desesperadas com a capacidade de evacuação por estrada de todos os vilarejos da montanha, propuseram como último recurso o plano bizarro de reunir os moradores em barcos no meio dos lagos Arrowhead e Big Bear.

Agora, as florestas de San Bernardino se transformaram em um inferno ao longo de dezenas de milhares de acres de encostas cobertas de arbustos nos condados vizinhos. Como em todo período de queimadas do Halloween, há uma histeria em torno dos incêndios criminosos. Mãos invisíveis podem ter iniciado propositadamente muitos dos incêndios atuais. É claro que, com as rajadas do Santa Ana, qualquer maníaco com uma motocicleta e um cigarro aceso pode queimar metade do mundo.

Esse é um espectro contra o qual os grandes inquisidores e as guerras ao terror não podem nos proteger. Além disso, muitos cientistas que estudam os incêndios descartam a "ignição" – seja ela natural, acidental ou deliberada – por ser um fator relativamente insignificante em seus cálculos. Eles estudam o fogo descontrolado como resultado inevitável da acumulação de massa comburente. Se há combustível, "há fogo".

A melhor medida preventiva, evidentemente, é retomar a prática californiana nativa de queimar de forma regular e restrita os arbustos mais velhos e a vegetação rasteira. Esse é atualmente o procedimento-padrão sugerido, mas a suburbanização das áreas de queimada torna impossível implementá-lo em uma escala adequada. Os proprietários dos imóveis são avessos à poluição temporária causada pelas "queimadas controladas", e as autoridades locais temem as conseqüências legais caso o fogo escape do controle.

Conseqüentemente, grandes concentrações de arbustos mais velhos e altamente inflamáveis se acumulam ao longo da periferia e entre os subúrbios novos recém-ampliados. Desde os incêndios devastadores de 1993, dezenas de milhares de residências se deslocaram para os rincões mais distantes dos cinturões de fogo da costa e do interior. Além disso, os novos proprietários esperam níveis heróicos de proteção por parte das mal-financiadas agências de combate a incêndios do estado e do condado.

O fogo, como resultado, é politicamente irônico. Nesse exato momento, enquanto observo Scripps Ranch, o mais novo opulento subúrbio de San Diego, recordo as festas de angariação de fundos realizadas ali por Schwarzenegger há algumas semanas. Ele foi o epicentro da recente impugnação eleitoral, e vozes exageradas ecoaram pelos céus contra a opressão de um setor público sem controle. Agora, os ricos eleitores de Arnold gritam por caminhões de bombeiro, e a única coisa que separa suas residências de 3 milhões de dólares da pilha de cinzas é o "grande governo".

É evidente que os incêndios do Halloween queimam tanto barracos quanto mansões, mas os republicanos tendem a se concentrar de maneira desproporcional nas altitudes e nas ecologias erradas. De fato, é gritante o modo como o atual mapa de incêndios (Rancho Cucamonga, norte de Fontana, La Verne, Simi Valley, Vista, Ramona, Eucalyptus Hill, Scripps Ranch, entre outros) recria os padrões geográficos de maior apoio à impugnação.

Os incêndios também iluminam de forma cruel o dilema fundamental do novo governador: como atender às demandas simultâneas da classe média de redução de despesas e de incremento nos serviços públicos. Os subúrbios fechados e racialmente isolados insistem em padrões irreais de proteção contra incêndios, mas se recusam a pagar apólices de seguros mais altas (que, na Califórnia, são "intersubsidiadas" por todos os proprietários de imóveis) ou impostos mais elevados sobre suas propriedades. Até mesmo um herói hollywoodiano terá problemas nessa missão impossível.

30
A vista do pico de Hubbert

Caminhoneiros raivosos celebraram esse Dia do Trabalho [2004] bloqueando as rodovias de Los Angeles e os terminais de carga de Oakland e Stockton. Com o preço do diesel na Califórnia alçado a níveis recordes nas últimas semanas, a renda dos transportadores de carga independentes caiu abaixo da linha de pobreza. Sem o poder das grandes transportadoras para repassar o aumento do preço do combustível para os consumidores, os caminhoneiros – muitos deles imigrantes mexicanos – não tiveram outra escolha senão dividir um pouco de seu sofrimento com a população. Em uma ação, grandes caminhões foram abandonados na Interestadual 5, ao sul do centro de Los Angeles, bloqueando o traslado matinal. Dezenas de milhares de motoristas se tornaram reféns da crise do combustível. Como disse um motorista exasperado a uma estação de rádio: "É realmente o fim do mundo".

Talvez seja. Embora os preços reais dos combustíveis (ajustados de acordo com a inflação) ainda estejam abaixo do pico de 1981, um coro amplo e cada vez maior, que une vozes que vão do ex-ministro britânico do Meio Ambiente Michael Mercher à *National Geographic*, grita a plenos pulmões que a era do petróleo barato está chegando ao fim. Mesmo que os atuais aumentos de preço desacelerem ou se invertam com uma maior produtividade da Opep[*], logo

---

[*] A Organização dos Países Exportadores de Petróleo (Opep) foi criada em 1960, por iniciativa da Venezuela, com o objetivo de criar regras e entendimentos comuns sobre o comércio desse recurso natural. Em 1973, destacou-se no cenário internacional, quando seus membros árabes decidiram cortar o suprimento de petróleo em represália ao apoio dado pelos Estados Unidos e pelos países da Europa ocidental a Israel na Guerra do Yom Kippur (contra Egito e Síria). Os preços do insumo dispararam. Atualmente, seus doze membros (quatro na África, seis no

chegaremos – afirmam os especialistas em petróleo – ao genuíno ápice do "pico de Hubbert". M. King Hubbert foi um geólogo famoso, especializado em petróleo, que em 1956 previu corretamente que a produção de petróleo norte-americana atingiria seu pico no começo da década de 1970 e então declinaria de modo irreversível. Em 1974, também previu que os campos petrolíferos atingiriam sua produtividade máxima em 2000 – uma estimativa revista posteriormente por seus discípulos e projetada para o intervalo entre 2006 e 2010.

Se a curva da produção global de petróleo estiver de fato próxima do seu ponto de declínio, como prevêem os especialistas, isso tem implicações profundas para a economia mundial. O petróleo mais caro retardará o intenso crescimento de energia da China, levará os países membros da Organização para Cooperação e Desenvolvimento Econômico (OCDE)* de volta aos tristes dias da estagflação e acelerará a exploração ecologicamente destrutiva de petróleo bruto e xistos. Mas, acima de tudo, devastará as economias de países importadores de petróleo do Terceiro Mundo. Agricultores pobres não poderão adquirir fertilizantes artificiais, assim como os moradores mais necessitados das cidades não poderão pagar pelas tarifas de ônibus ou pelo combustível que aquece suas casas no inverno. (A subida do preço do petróleo já provocou blecautes em cidades do sul.)

Os únicos beneficiários incontestáveis desse caos econômico vindouro serão as cinco grandes companhias petrolíferas e seus sócios corruptos – os generais nigerianos, os príncipes sauditas, os cleptocratas russos e outros da mesma laia. O petróleo bruto se tornará ouro negro. O valor crescente de um recurso cada vez mais escasso é uma forma de renda monopolista, e um regime permanente de 50 dólares por barril (ou mais) de petróleo bruto transferiria, a cada década, pelo menos 1 trilhão de dólares dos consumidores finais para os produtores. Para falarmos claramente, seria o maior roubo realizado por uma elite rentista na história mundial.

É claro que os produtores de petróleo da Casa Branca têm a melhor vista da área mais distante do pico de Hubbert. Não surpreende, então, que um mapa da "guerra ao terror" corresponda com tanta precisão à geografia dos campos petrolíferos e dos oleodutos em projeto. Do Cazaquistão ao Equador, as botas de combate norte-americanas estão sujas de petróleo. Para citar dois exemplos recentes: na Malásia, em maio o ministro do Exterior afirmou que Washington estava exagerando a ameaça da pirataria terrorista no intuito de justificar o

---

Oriente Médio, mais a Indonésia e a Venezuela) possuem cerca de dois terços das reservas mundiais de petróleo. (N. E.)

* Criada em 1961, reúne trinta países, dentre os quais Alemanha, Estados Unidos, França e Japão, com o objetivo de promover condições econômicas e sociais para seu crescimento contínuo. (N. T.)

desembarque de forças militares no estreito de Málaca – o ponto de estrangulamento do suprimento de petróleo no Leste Asiático.

Em segundo lugar, Christian Miller, repórter de *The Los Angeles Times*, revelou que as Forças Especiais dos Estados Unidos, assim como a CIA e as empresas de segurança particular norte-americanas, estão integralmente envolvidos no reino de terror que se instalou na província colombiana de Arauca. O objetivo da "Operação Lua Vermelha" é eliminar a guerrilha de esquerda do ELN*, que ameaça os oleodutos e os campos de prospecção operados pela Occidental Petroleum, com sede em Los Angeles. O resultado, relata Miller, é um massacre em câmera lenta: "Prisões em massa de políticos e de líderes sindicais tornaram-se comuns. Refugiados do conflito invadiram as cidades. E as matanças aumentaram na medida em que as forças paramilitares de direita tomaram como alvo os críticos de esquerda"[1].

A América Latina (México, Venezuela, Colômbia e Equador) fornece mais petróleo para os Estados Unidos que o Oriente Médio, e, desde o princípio, a Casa Branca definiu a "guerra ao terror" como uma contra-insurgência inclusiva no hemisfério ocidental. Há um padrão aqui? Existe de fato um plano-mestre dos Estados Unidos para controlar o petróleo em uma época de escassez de oferta e aumento de preço? Estas são perguntas óbvias que não exigem que você seja um adepto de teorias da conspiração para cogitá-las; só não peça respostas a um democrata.

Embora a maior parte dos cidadãos comuns dos Estados Unidos tenha pouca dificuldade para unir os pontos que ligam o sangue ao petróleo, os democratas – salvo raras exceções – recusam-se a elaborar qualquer pergunta mais profunda ou inquiridora sobre a arquitetura econômica do novo império norte-americano. Sendo assim, John Kerry oscilou verborragicamente entre a defesa de uma versão energética da Fortaleza América (por meio da integração de reservas de petróleo canadenses e mexicanas) e as acusações contra a administração Bush por não ter pressionado o suficiente a Opep, em especial a Arábia Saudita, para aumentar sua produção.

Kerry, um dos membros mais ricos do Senado de todos os tempos, parece sofrer de uma alergia congênita ao populismo antiempresarial e à crítica ousada que fizeram de Michael Moore um ícone internacional anti-Bush. De fato, até o momento, Kerry declinou de todas as oportunidades de questionar publicamente os interesses econômicos que norteiam a política externa de

---

* Ejército de Liberación Nacional de Colombia [Exército de Libertação Nacional da Colômbia]. Organização guerrilheira fundada em 4 de julho de 1964 por Fabio Vásquez Castaño. Possui caráter político-militar e inspiração marxista-leninista. (N.E.)

[1] T. Christian Miller, "Riding Shotgun on a Pipeline", *The Los Angeles Times*, 16/5/2004

Bush, ou mesmo de encaminhar a preocupação da população com o futuro da nossa sociedade, que se viciou em petróleo e utilitários. Como conseqüência, a campanha presidencial tem a aparência insignificante de uma primária republicana, em que Kerry concorre como um Bush *light*. Como o senador de Massachusetts enfatiza constantemente, um voto a seu favor assegurará a continuidade bipartidária da "guerra ao terror", do Ato Patriota, do apoio norte-americano ao Likud, do isolamento de Cuba e da Venezuela, além da ocupação militar do Iraque e do Afeganistão.

A essa altura, somente a campanha de Nader oferece genuinamente um espaço político para exigir que os Estados Unidos se retirem do Iraque e contestar a agenda intervencionista de Washington. Somente Nader está apto a pressionar os titereiros corporativistas de ambos os partidos. Ao mesmo tempo, seria utópico esperar que ele – um progressista antiquado, que acabou de conquistar o apoio de ex-eleitores de Perot e de correligionários de Jesse Ventura no Partido da Reforma – ofereça uma crítica coerente ao admirável mundo novo que vai do crepúsculo do petróleo barato ao amanhecer do aquecimento global. Seria uma oferta de emprego para socialistas.

maio de 2004 – Socialist Review

31
O monstro à porta

Como em um filme clássico de ficção científica da década de 1950, nosso mundo é ameaçado por um terrível monstro. Cientistas tentam soar o alarme, mas os políticos ignoram a ameaça até que seja tarde demais. Por fim, a indiferença transforma-se em pânico e este, em catástrofe.

O nome do monstro é H5N1, a gripe aviária letal que surgiu pela primeira vez em 1997, em Hong Kong, e agora está entrincheirada em uma dúzia de países do Sudeste Asiático. Dizimou recentemente inúmeros agricultores e granjeiros que tiveram contato direto com aves doentes. Há sete anos os pesquisadores vêm alertando para o fato de que o H5N1 pode eventualmente se apaixonar por algum tipo de gripe humana existente no corpo de uma pessoa infectada (ou, possivelmente, de um porco) e gerar uma variante mutante com capacidade para viajar a velocidades pandêmicas de uma pessoa para outra. Ironicamente, em nossa "cultura do medo" – em que a administração Bush não pára de arengar sobre a proximidade do apocalipse terrorista –, pouca atenção se dá à ameaça que é de fato ameaçadora.

Em 14 de setembro, o dr. Shigeru Omi, da Organização Mundial da Saúde (OMS), tentou sacudir a apatia com um alerta urgente de que existia uma "grande possibilidade" de haver transmissão da gripe aviária entre seres humanos. Duas semanas depois, autoridades tailandesas aterrorizadas anunciavam que a temida mutação viral já havia ocorrido. Uma jovem mãe, falecida em 20 de setembro, provavelmente contraiu o vírus do filho moribundo.

Um importante limiar havia sido ultrapassado. Obviamente, como as autoridades tailandesas se apressaram em ressaltar, um caso isolado não produz uma pandemia. A gripe aviária transmitida por seres humanos necessitaria de uma certa massa crítica, de uma incidência inicial mínima, antes que pudesse começar a dizimar o mundo. O precedente invariavelmente evocado para ilustrar as possibilidades de tal evento é a pandemia de gripe de 1918-1919 – o evento de maior mortandade na história do planeta. Em apenas 24 semanas, uma gripe aviária letal matou entre 2% e 5% da humanidade (de 50 a 100 milhões de pessoas).

Contudo, alguns pesquisadores temem que o H5N1 seja, na verdade, uma ameaça ainda mais mortífera que o H1N1 (o vírus de 1918). Em primeiro lugar, a gripe atual – ao menos na forma de contágio de aves para seres humanos – é um assassino muito mais feroz. Em 1918-1919, 2,5% dos norte-americanos infectados morreram. Em compensação, em mais de 70% dos casos de gripe aviária deste ano (30 em cada 42), houve morte. Além disso, o H5N1 parece ser imune a pelo menos três das quatro drogas antivirais do mercado.

Em segundo lugar, como a OMS vem enfatizando repetidamente, a gripe aviária parece ter conquistado um nicho ecológico de dimensões inauditas. O surgimento de uma avicultura industrial na Ásia ao longo da última década e as condições perigosamente anti-higiênicas das granjas e das indústrias de processamento criaram uma incubadora perfeita para o novo vírus. Além disso, apesar dos esforços desesperados da OMS para conter geograficamente a pandemia aviária por meio da eliminação de populações de aves infectadas, o vírus literalmente alçou vôo. O H5N1 foi identificado em garças, gaivotas, gaviões e pombos mortos. Assim como o vírus do Nilo Ocidental, o H5N1 possui asas e, com elas, consegue cruzar oceanos e infectar populações de aves por toda parte. Além disso, em agosto os chineses anunciaram que a variante aviária havia sido detectada em porcos. Essa é uma evolução particularmente sombria, já que os porcos, sendo suscetíveis tanto à gripe aviária quanto à humana, são pontos de cruzamento prováveis para um "rearranjo" genético entre os vírus. A contenção parece ter falhado.

Em terceiro lugar, uma nova pandemia se servirá dos meios de transporte modernos. O vírus de 1918-1919 foi contido pelo transporte marítimo e pelo isolamento das comunidades rurais. Seu descendente atual poderia dar a volta ao mundo em uma semana. Além disso, as megafavelas da Ásia, da África e da América Latina são como lagos de petróleo, à espera apenas de uma faísca de H5N1.

Quais são as linhas da defesa contra uma catástrofe tão inconcebível? Uma das tarefas mais urgentes é assegurar que os avicultores do Sudeste Asiático recebam vacina contra a gripe comum, no intuito de prevenir uma possível mistura entre genes aviários e humanos. Porém, a vacinação periódica contra a gripe restringe-se principalmente aos países mais ricos, e as autoridades tailandesas reclamam que não estão conseguindo doações suficientes de doses para estabelecer uma vacinação sistemática. Além disso, o recente fechamento, por motivo de contaminação, do centro de produção do laboratório Chiron no Reino Unido eliminou um quinto do estoque global de vacina contra a gripe, no exato momento em que é necessário reforçar os programas de vacinação no Sudeste Asiático.

Está sendo desenvolvido um protótipo da vacina contra o H5N1, mas somente em quantidades suficientes para resguardar a linha de frente da saúde pública e dos profissionais do setor nos Estados Unidos, na Europa e no Japão. A indústria farmacêutica compete furiosamente no mercado para curar doenças menos letais, mas carece de incentivos para aumentar a produção de vacinas e de antivirais mais importantes. Como enfatizou *The New York Times* em 30 de setembro, houve uma desastrosa "incongruência entre as necessidades da saúde pública e o controle privado da produção de vacinas e de medicamentos". De fato, em abril passado, em um encontro convocado pela OMS para discutir as defesas globais contra uma possível pandemia, especialistas proeminentes expressaram seu profundo pessimismo acerca das medidas já tomadas. Segundo a OMS,

> A conferência concluiu que os estoques de vacina, a primeira linha defensiva na prevenção da alta morbidez e da mortalidade, seriam brutalmente inadequados no início de uma pandemia e nos estágios mais avançados da primeira onda de proliferação internacional. [...] A capacidade limitada da produção largamente concentrada na Europa e na América do Norte exacerbaria o problema da desigualdade de acesso.

Evidentemente, "desigualdade de acesso" é um eufemismo para morte de um amplo segmento da humanidade – uma triagem insensível preparada com antecedência pela indiferença da saúde pública do Terceiro Mundo à praga do H5N1.

Esse é o contexto moral do silêncio generalizado no debate presidencial atual a respeito da ameaça do H5N1. Apenas Ralph Nader estava atento ao perigo. Em agosto, em uma carta ao presidente Bush, ele reproduziu os alertas dos cientistas contra a chegada do "Big One" e insistiu em uma "conferência presidencial sobre epidemias e pandemias de gripes" para enfrentar "as ameaças iminentes à saúde de milhões de pessoas". É claro que, em alguns círculos "progressistas", virou moda tachar a presença de Nader na campanha de egoísmo desagregador. No entanto, quem foi que mais nos alertou para o monstro à nossa porta?

novembro de 2004 – Socialist Review

32
Pobres, negros e esquecidos

A evacuação de Nova Orleans diante do furacão Ivan mostrou cidadãos brancos e ricos fugindo da Big Easy* em seus utilitários, enquanto os velhos e os sem-carro – na maioria negros – foram deixados para trás, para enfrentar a fúria aquática em prédios velhos e em barracos construídos abaixo do nível do mar.

Nova Orleans passou décadas se preparando para a inevitável submersão causada pela força destrutiva de um furacão de categoria 5. A Defesa Civil admitiu ter 10 mil sacos de cadáveres disponíveis para enfrentar o pior cenário possível. No entanto, ninguém parece ter se preocupado em traçar um plano para a evacuação dos habitantes mais pobres e vulneráveis da cidade. Um dia antes da chegada do furacão à costa do Golfo, o jornal *Times-Picayune*, de Nova Orleans, publicou uma matéria alarmante sobre um "grande grupo concentrado principalmente nos bairros mais pobres" que desejava sair da cidade, mas não tinha meios para isso. Só no último instante, quando os ventos já agitavam o lago Pontchartrain, o prefeito Ray Nagin abriu relutantemente o Louisiana Superdome e algumas escolas para os moradores desesperados. Ele estava manifestamente preocupado com o fato de que os refugiados das classes mais baixas pudessem danificar ou grafitar o Superdome.

Naquela ocasião, Ivan, o Terrível, poupou Nova Orleans, mas o descaso oficial com a população negra e pobre continuou. Na última geração, a prefeitura e sua comitiva de poderosos empreendedores imobiliários não cansou de tentar empurrar os segmentos mais pobres da população – vistos como responsáveis pelas altas taxas de criminalidade da cidade – para o outro lado do rio Mississippi.

---

* Como também é conhecida Nova Orleans. (N.T.)

Projetos históricos de habitação popular, realizados por negros, foram demolidos a fim de abrir espaço para moradias urbanas de luxo e um Wal-Mart. Em outros projetos de habitação, os moradores foram despejados por delitos tão triviais quanto seus filhos violarem o toque de recolher. O objetivo final parece ser um parque temático de Nova Orleans destinado aos turistas – um grande distrito Garden –, onde a pobreza crônica fique escondida em pântanos, parques de trailers e prisões distantes da região metropolitana.

Porém, Nova Orleans não é o único caso daquilo que os nixonianos chamaram outrora de políticas de "negligência benigna". Em Los Angeles, fiscais municipais anunciaram recentemente o fechamento do centro de traumatologia do Hospital Martin Luther King Jr., próximo de Watts. O hospital, localizado no epicentro das brigas de gangue de Los Angeles, possui um dos pronto-socorros mais movimentados do país por casos de ferimento a bala. A perda do centro de traumatologia, segundo os paramédicos, poderia "aumentar em até trinta minutos o tempo médio de transporte dos pacientes para outras unidades". O resultado, quase certo, será uma enxurrada de mortes evitáveis. De qualquer modo, as vítimas serão negras ou pardas e pobres.

Apesar da proximidade do 40º aniversário do Ato de Direitos Civis[*] de 1965, os Estados Unidos parecem ter retrocedido ao grau zero da consciência moral no que diz respeito à maioria dos descendentes de escravos e segregados. Se os negros pobres vivem ou morrem, é algo que parece merecer apenas desinteresse e indiferença arrogantes. Sem dúvida, em termos de questões de vida ou morte para os afro-americanos – desemprego estrutural, superencarceramento com base na raça, brutalidade policial, arrefecimento da ação afirmativa e escolas decadentes –, a atual eleição presidencial poderia estar ocorrendo na década de 1920.

Nem toda a culpa recai no atual ocupante da mansão e antiga casa-grande localizada no fim da avenida Pensilvânia. O prefeito de Nova Orleans, por exemplo, é um democrata negro (embora tenha apoiado Bush em 2000), e o condado de Los Angeles é um célebre bastião democrata. Não, a invisibilidade política das pessoas de cor é um feito estritamente bipartidário.

Do lado democrata, é a culminação da longa cruzada empreendida pelo Conselho de Liderança Democrata (DLC) para exorcizar o espectro da Coalizão Multicolorida da década de 1980. Obviamente, o DLC anseia por trazer caras brancos e magnatas de volta a um Partido Democrata nixonizado. Ao afirmar que a raça dividiu mortalmente os democratas, o DLC tentou alvejar o partido com a marginalização dos temas relacionados aos direitos civis e à liderança negra. Os afro-americanos, e isso é cinicamente assumido, permanecerão leais aos

---

[*] Lei que tornou ilegais nos Estados Unidos quaisquer tipos de discriminação por etnia ou gênero e universalizou o direito ao voto. (N.T.)

democratas independentemente das traições cometidas contra eles. Na verdade, eles são, efetivamente, reféns. Daí o sórdido espetáculo — retratado em *Fahrenheit 9/11* — dos senadores democratas brancos quando se recusaram a apoiar a corajosa contestação, promovida pelo cáucus negro no Congresso, à eleição roubada de novembro de 2000.

Enquanto isso, a campanha de Kerry envereda por um estreito caminho pró-DLC em direção ao esquecimento. Nenhum presidenciável democrata desde Eugene McCarthy mostrou tamanho desdém patrício pela base social mais leal e fundamental do partido. Enquanto Connie Rice paira taciturna e constantemente ao redor de Dubya, a patente autoproclamada "afro-americana" mais alta nas fileiras de Kerry é Teresa Heinz (que nasceu numa família de *colonos* ricos de Moçambique). Essa piada cruel tem sido catalisada pela relutância semi-suicida de Kerry em mobilizar os eleitores negros. Como têm ressaltado com amargura os veteranos da Coalizão Multicolorida, como Ron Waters, Kerry foi absolutamente irredutível sobre o financiamento do traslado para se fazer o registro eleitoral em comunidades afro-americanas.

Ralph Nader foi de uma precisão cruel quando afirmou recentemente que "os democratas não vencem quando não têm Jesse Jackson e os afro-americanos no centro da campanha". Na verdade, Kerry, o ex-herói de guerra, foge o máximo que pode do som dos canhões, tanto no Iraque quanto nas cidades igualmente arrasadas do interior dos Estados Unidos. É evidente que a questão interna mais emergencial é a indescritível desigualdade socioeconômica, aprofundada pela isenção fiscal e pelos catastróficos fechamentos de indústrias. Contudo, essa desigualdade ainda tem uma cor predominante, ou melhor, cores predominantes: negra e parda.

A atitude apática e nada carismática de Kerry com relação aos negros não será remediada com discursos de última hora ou indicações para cargos. Também não será compensada por seus esforços ardentes para atrair os democratas reaganianos e os brancos com estórias de guerra passadas no antigo Mekong. Um partido que, em sentido real ou figurado, se recusa a proteger os pobres contra um furacão não arrebatará a paixão moral necessária para derrotar o rei George.

setembro de 2004 — Socialist Review

33

Um dia chuvoso em Tijuana

Juana Tapia perdeu suas duas filhas – Martha, de oito anos, e Maria, de treze – para a enchente repentina e para os destroços que atingiram seu barraco como uma explosão. As meninas não tiveram tempo nem mesmo de gritar. Vizinhos ajudaram Juana e o marido a escapar da sujeira, mas não conseguiram localizar as crianças. Mais tarde, os bombeiros chegaram e desenterraram os corpos destroçados. A vizinhança era um caos de lama e pesar inconsolável. Alguns quarteirões dali, um garoto de cinco anos também foi levado e morreu afogado, enquanto centenas de casas haviam sido danificadas ou destruídas.

Poderia ser Sumatra ou Sri Lanka, mas era San Antonio de los Buenos, uma pobre *colonia* na margem sul da cidade fronteiriça de Tijuana, em meados de janeiro. Os Tapia são catadores de papel que tiram sustento de um lixão municipal próximo. Viviam em San Antonio havia nove anos e, ao contrário de muitos de seus vizinhos recém-chegados, tinham medo da chuva. Logo após o Ano Novo [de 2005], um poderoso fenômeno climático, alimentado pelo ar tropical úmido do Havaí, cercou o sul da Califórnia e o norte de Baja Califórnia. A média de quase um ano de chuvas despencou em um furioso ataque de duas semanas.

Tempestades de inverno são temidas em Tijuana, porque a maioria da população de 1,5 milhão de habitantes vive em *colonias* erguidas por eles e que se sustentam precariamente nas encostas dos morros erodidos ou ocupam pequenos platôs. Embora Tijuana ainda seja uma fantasia pornográfica para muitos *gringos*, sempre associada à jogatina e ao vício que os gângsteres norte-americanos trouxeram para o sul durante a Proibição[*], a verdadeira cidade tira

---

[*] Também conhecida como "Lei Seca". Diz respeito ao período de 1920 a 1933, no qual a fabricação, comercialização, importação e exportação de bebidas alcoólicas se tornou ilegal nos Estados Unidos. (N.T.)

seu sustento como plataforma manufatureira das gigantes coreanas e japonesas. As *maquiladoras* – fábricas que exportam para os Estados Unidos sob a bandeira do Nafta – estão localizadas em parques industriais modernos e bem planejados, indistinguíveis de seus equivalentes ao norte da fronteira, com amplas ruas pavimentadas e um bom sistema de drenagem pluvial.

As *colonias*, por outro lado, terão de esperar décadas por água encanada e saneamento básico. A pavimentação das ruas pode ser que demore uma vida inteira. Embora paguem impostos municipais irrisórios, as *maquiladoras* consomem a maior parte do orçamento da cidade. Em outras palavras, a classe trabalhadora de Tijuana subsidia as opulentas empresas estrangeiras. Deixados à própria sorte, os *colonos* enfrentam da melhor maneira possível as ruas esburacadas, os morros pelados e sujos e as sufocantes nuvens de poeira que encobrem a maior parte da cidade. Para proteger suas casas das chuvas de inverno, os *colonos* constroem engenhosos terraços com pneus velhos recheados de terra.

Contudo, duas ou três vezes por ano, tipicamente em ano de El Niño, ocorrem tempestades que sobrecarregam até mesmo as defesas das *colonias* mais robustas. As encostas estéreis dos morros de Tijuana se dissolvem em rios de lama e o seco rio Tijuana se transforma em um Mississipi tóxico. Nos últimos invernos, muitas casas foram destruídas e inúmeras pessoas, talvez centenas, morreram. No fim da década de 1970, o governo se aproveitou de uma situação de emergência durante uma inundação para remover milhares de *colonos* e substituir suas casas por *maquiladoras*.

Apesar de San Diego ser contígua a Tijuana, formando uma extraordinária metrópole binacional, a mídia de língua inglesa deu pouca atenção à morte das meninas Tapia, ou mesmo aos vários afogamentos ocorridos no poluído rio Tijuana. Alguém poderia jurar que nós, *gringos*, estávamos simplesmente mais absortos em nossas próprias tragédias pitorescas – como a da comunidade costeira próxima a Santa Barbara, que foi soterrada por um deslizamento de terra que havia tempos os geólogos alertavam ser inevitável. Mas, na verdade, nós pressupomos simplesmente que os tijuaneses viverão na sujeira e morrerão na lama. Não é o que acontece praticamente todos os anos?

A verdadeira história do "desastre global" tem pouco a ver com falhas geológicas, zonas de subducção, vulcões em fúria, tempestades cataclísmicas e outros aspectos do metabolismo corriqueiro da Terra. Ao contrário, ela se refere à situação trágica de San Antonio de los Buenos multiplicada centenas de milhares de vezes. Dois anos atrás, a ONU-Habitat publicou uma pesquisa fundamental, segundo a qual 1 bilhão de pessoas residem, hoje, em favelas nas cidades do hemisfério sul – um número que duplicará até 2020. Houve um tempo em que os recém-chegados podiam ter esperanças de viver nos arredores agrícolas das cidades, mas hoje as terras planas e bem drenadas são escassas e caras por toda parte. Os migrantes urbanos pobres, conseqüentemente, têm sido forçados a ocupar terrenos rejeitados pelo mercado por causa da sua toxicidade ou suscetibilidade a desastres naturais.

Urbanistas progressistas defendem algo que denominam "zoneamento de desastres", cujo objetivo é excluir empreendimentos e remover populações de vales alagadiços, pântanos, encostas instáveis, regiões de vegetação propensa a incêndios e zonas de deslizamentos. A urbanização capitalista no Terceiro Mundo trabalha exatamente com o princípio oposto: concentra altas densidades de pessoas pobres e vulneráveis nos locais de maior instabilidade e risco. O resultado é que a urbanização informal multiplica por toda parte, às vezes por uma ordem de magnitude decimal ou mais, o risco natural inerente aos ambientes urbanos.

Em geral, o resto do mundo só vê as conseqüências quando a contagem de corpos atinge a casa dos milhares: as inundações repentinas de 1999 na Venezuela; o colapso de uma "montanha de lixo" em 2000 em Manila; o terremoto de 2001 em Gujarat; a explosão de um arsenal em Lagos em 2002; e agora a catástrofe causada por um tsunami no oceano Índico. Longe das vistas do público, esconde-se uma epidemia global de desastres crônicos de menor escala, que apenas raramente merece o adjetivo "natural". É a crise habitacional global, não as placas tectônicas ou o El Niño, que determina a sentença de morte dos miseráveis.

fevereiro de 2005 – Socialist Review

34
Afogando todas as ilusões

A tempestade que destruiu Nova Orleans foi conjurada pelos mares tropicais e por uma atmosfera hostil a 125 milhas da costa das Bahamas. Inicialmente denominada "depressão tropical 12", em 23 de agosto, ela logo se intensificou e virou "tempestade tropical Katrina" – a 11ª tempestade designada em uma das temporadas de furacões mais movimentadas da história. Aterrissando nas cercanias de Miami no dia 24, o Katrina tornou-se um pequeno furacão – categoria 1 na escala Saffir-Simpson de furacões –, com ventos de 125 quilômetros por hora que mataram 9 pessoas e deixaram 1 milhão de habitantes sem energia elétrica.

Ao cruzar a Flórida na direção do golfo do México, por onde vagou por quatro dias, o Katrina sofreu uma transformação monstruosa e bastante inesperada. Extraindo uma vasta quantidade de energia das águas anormalmente quentes do golfo (3°C acima da temperatura habitual em agosto), o Katrina expandiu-se rapidamente na forma de um surpreendente furacão de categoria 5, o topo da escala, com ventos de 290 quilômetros por hora que propeliram tempestades semelhantes a tsunamis de quase 10 metros de altura. (Mais tarde, a revista *Nature* relatou que o Katrina absorveu tanto calor do golfo que "as temperaturas da água diminuíram drasticamente após a sua passagem, de 30°C para 26°C em algumas regiões"[1].) Os meteorologistas, aterrorizados, raramente tinham visto um furacão caribenho ganhar força de maneira tão drástica, e os pesquisadores debateram se o crescimento explosivo do Katrina teria sido resultado do impacto do aquecimento global.

---

[1] Quirin Schiermeir, "The Power of Katrina", *Nature*, n. 437, 8/9/2005.

O Katrina caiu para a categoria 4 (ventos de 210 a 249 quilômetros por hora) no momento em que aportava languidamente na paróquia de Plaquemines, na Louisiana, perto da embocadura do rio Mississippi, na manhã de segunda-feira, 29 de agosto. Porém, isso foi de pouco consolo para portos petrolíferos, áreas de pesca e vilarejos cajun* que estavam diretamente em seu caminho. Em Plaquemines, assim como na costa do golfo, entre o Mississippi e o Alabama, o Katrina revolveu os pântanos com uma fúria implacável, deixando para trás uma paisagem devastada que lembrava uma Hiroshima aquática.

A princípio, a região metropolitana de Nova Orleans, com 1,3 milhão de habitantes, estava no exato percurso do Katrina, mas o furacão desviou para a direita depois de chegar em terra, e seu olho passou 55 quilômetros a leste da metrópole. A região da Big Easy – que está predominantemente abaixo do nível do mar e é cercada pelos mangues conhecidos como lago Pontchartrain (ao norte) e lago Borgne (a leste) – foi poupada dos piores ventos do Katrina. Os temporais trazidos pelo furacão, afunilados pelo célebre canal portuário conhecido como MRGO, destruíram as barreiras reconhecidamente precárias que guarnecem a região leste de Nova Orleans, ocupada sobretudo por negros, assim como os subúrbios brancos operários próximos à paróquia de St. Bernard. Não houve alerta e as águas subiram depressa, encurralando e matando milhares de pessoas que não haviam sido retiradas de seus quartos, inclusive 34 idosos de um asilo.

Mais tarde, provavelmente em torno do meio-dia, uma barragem cedeu no canal da rua 17, logo seguido de outras rupturas nos canais London, permitindo que o lago Pontchartrain alagasse os distritos mais baixos da cidade. Embora os patrimônios turísticos mais famosos de Nova Orleans, inclusive o bairro francês e o distrito Garden, além de suas vizinhanças mais nobres, como Audubon Park e Lakeshore, tenham sido construídos em regiões altas e tenham sobrevivido à maior parte da inundação, o resto da cidade foi coberto até o nível dos telhados ou mais – danificando ou destruindo mais de 250 mil unidades habitacionais. Os moradores prontamente apelidaram a área de "lago George", em homenagem ao presidente que não mandou construir novas barragens nem prestou auxílio quando as antigas se romperam.

Mesmo que Bush tenha alegado mais tarde que "a tempestade não discriminou", todos os aspectos da catástrofe foram moldados, de fato, por desigualdades de classe e de raça. Além de desmascarar as reivindicações fraudulentas do Departamento de Segurança Interna para aumentar a segurança dos norte-americanos, a tática do "choque e pavor" do Katrina também expôs as conseqüências

---

* Termo que faz referência ao grupo étnico formado pelos descendentes de colonos franceses que migraram da região sudeste do Canadá para o estado norte-americano da Louisiana. (N. E.)

devastadoras da negligência federal com as maiorias negras e latinas e com a infra-estrutura vital das grandes cidades. A assombrosa incompetência da Federal Emergency Management Agency (Fema)* demonstrou a irresponsabilidade que é atribuir mandatos públicos de vida ou morte a indicados políticos inexperientes ou inimigos ideológicos do "grande governo". E a velocidade com que Washington suspendeu os valores salariais prevalentes do Projeto Davis-Bacon** e escancarou as portas de Nova Orleans para empresas saqueadoras como Halliburton, Grupo Shaw e Seguros Blackwater – já engordadas pelo espólio do rio Tigre – contrastou obscenamente com a maneira fatal como a Fema protelou o envio de água, comida e transporte para as multidões encurraladas no inferno fétido em que se transformou o Louisiana Superdome.

Mas se Nova Orleans – como acreditam muitos de seus amargurados exilados – foi deixada à morte como conseqüência da incompetência e da negligência governamentais, a culpa também recai precisamente no Palácio do Governador, em Baton Rouge, e sobretudo na Prefeitura de Nova Orleans, localizada na rua Perdido. O prefeito C. Ray Nagin – um afro-americano rico, executivo de uma rede de TV a cabo, que se elegeu em 2002 com 87% dos votos da população branca – era o responsável de fato pela segurança de cerca de um quarto da população, que era pobre ou doente demais para ter um carro. O espantoso fracasso do prefeito em mobilizar recursos e evacuar os moradores que não tinham carro e os pacientes dos hospitais – apesar dos sinais de alerta emitidos pela reação desastrada da cidade ao furacão Ivan, em setembro de 2004 – refletiu não só uma inaptidão pessoal, como também foi o símbolo da indiferença das elites de Nova Orleans, tanto brancas como negras, com relação aos seus vizinhos pobres dos distritos pantanosos e dos conjuntos habitacionais deteriorados. De fato, a revelação definitiva trazida pelo furacão Katrina – que atingiu a costa do golfo logo após o 40º aniversário do Projeto de Direitos Eleitorais de 1965 – foi o quão amplamente a promessa de igualdade de direitos para os afro-americanos pobres fora desonrada e traída por cada nível do governo.

Onde está o calvário?

O ocaso de Nova Orleans, evidentemente, teve aviso prévio; certamente nenhum desastre na história norte-americana foi previsto de maneira tão precisa. Embora o secretário de Segurança Interna, Michael Chertoff, tenha afirmado

---

* Agência Federal de Controle Emergencial. Subordinada ao Departamento de Segurança Interna, coordena as ações de auxílio e reparos a desastres no território nacional. (N.T.)

** Lei federal norte-americana de 1931 que estabelece um piso salarial para trabalhadores empregados em obras contratadas pelo governo. O valor não pode ser menor do que o mínimo pago na localidade onde a obra é executada. (N.T.)

mais tarde que "o tamanho da tempestade estava além de qualquer coisa que este departamento pudesse antecipar", isso era uma mentira deslavada. Se os cientistas foram surpreendidos pelo crescimento repentino do Katrina para as dimensões de uma supertempestade, eles confiavam sombriamente naquilo que Nova Orleans poderia esperar de fato da chegada de um grande furacão. "A parte triste", lamentou um pesquisador após a passagem do Katrina, "é que antecipamos isso em 100%."

Desde a desagradável experiência do furacão Betsy, em setembro de 1965 – uma tempestade de categoria 2 que inundou muito da parte oriental da paróquia de Orleans, submersa de novo pelo Katrina –, a vulnerabilidade de Nova Orleans a temporais de vento tem sido intensamente estudada e divulgada. Em 1998, depois de outro susto com o furacão Georges, a pesquisa se fortaleceu e um sofisticado estudo por computador, realizado pela Universidade do Estado da Louisiana, alertou para a "destruição virtual" que a cidade sofreria com a tempestade de categoria 4 que estava se aproximando pelo sudoeste[2]. As barragens e as defesas de Nova Orleans foram projetadas para suportar apenas um furacão de categoria 3, mas mesmo esse patamar de proteção se revelou ilusório em simulações de computador adotadas no ano passado pelo Corpo de Engenharia do Exército. A erosão contínua das barreiras insulares e dos terrenos alagados dos pântanos do sul da Louisiana (uma perda de área costeira estimada em 60 a 100 quilômetros quadrados) eleva a altura dos temporais à medida que eles se aproximam de Nova Orleans, enquanto a própria cidade, junto às suas barreiras, afunda lentamente. Como conseqüência, até mesmo um furacão de categoria 3, caso se movesse devagar, inundaria a maior parte da cidade[3]. O aquecimento global e a elevação dos níveis do mar apenas tornarão o "Big One" – como o povo de Nova Orleans e de Los Angeles chamam o apocalipse local – ainda maior.

Caso os políticos tenham dificuldade para entender as implicações dessas predições, outros estudos estabeleceram a extensão exata das inundações, como também das fatalidades já esperadas, por ocasião de um impacto direto. Supercomputadores continuaram a produzir os mesmos números aterradores: 160 quilômetros quadrados ou mais da cidade submersos, e de 80 mil a 100 mil mortos – o pior desastre da história norte-americana. À luz desses estudos, em 2001 a Fema alertou para o fato de que uma enchente causada por furacão em Nova Orleans era uma das três grandes catástrofes com maior probabilidade de atingir os Estados Unidos em um futuro próximo (ao lado de um

---

[2] Richard Campanella, *Time and Place in New Orleans* (Gretna, Pelican Publishing Company, 2002); sobre o estudo de Joseph Suhayda, ver p. 58.

[3] John Travis, "Scientists Fears Come True as Hurricane Floods New Orleans", *Science*, n. 309, 9/9/2005.

terremoto na Califórnia e um ataque terrorista em Manhattan). Pouco tempo depois, a *Scientific American* publicou um relato sobre o perigo das inundações ("Drowning New Orleans" [Afogando Nova Orleans]), que, do mesmo modo que uma série premiada do *Times Picayune* ("Washing Away" [Indo por água abaixo]), era assustadoramente preciso em seus avisos[4]. No ano passado, depois que os meteorologistas previram um forte aumento na atividade dos furacões, as autoridades federais promoveram um elaborado treinamento preventivo contra desastres ("Hurricane Pam" [Furacão Pam]), que mais uma vez reafirmou que as fatalidades estariam provavelmente na casa das dezenas de milhares.

A reação da administração Bush a essas projeções assustadoras foi rejeitar o pedido urgente da Louisiana por mais proteção contra as enchentes: um projeto crucial, o Costa 2050, para revitalizar as áreas alagadiças que protegem a cidade – a culminação de uma década de pesquisas e negociações – foi engavetado, e as verbas para a construção das barragens, incluindo a finalização das defesas em torno do lago Pontchartrain, foram repetidamente cortadas. Isso foi conseqüência, em parte, das novas prioridades de Washington, que reduziram o orçamento do Corpo de Engenharia do Exército: uma enorme isenção fiscal para os ricos, o financiamento da guerra no Iraque e, ironicamente, os gastos com "segurança interna". Todavia, há também um indubitável e descarado motivo político: Nova Orleans é uma cidade de maioria negra e solidamente democrata, cujos eleitores com freqüência afetam o equilíbrio de forças nas eleições estaduais. Por que uma administração que se empenha tanto no conflito partidário premiaria a pedra no sapato de Karl Rove com 2,5 bilhões de dólares, valor que as altas patentes do Corpo de Engenharia do Exército estimam ser necessário para construir um sistema de proteção contra as tempestades de categoria 5 em Nova Orleans?

É certo que, quando o chefe do Corpo de Engenharia do Exército, um ex-congressista republicano, protestou em 2002 contra a maneira como os projetos de controle de enchentes estavam sendo preteridos, Bush o retirou do cargo. No ano passado, a administração também pressionou o Congresso para que 71 milhões de dólares fossem cortados do orçamento destinado ao Corpo de Engenharia do distrito de Nova Orleans, apesar dos avisos de proximidade de uma temporada de furacões épicos. (Para ser honesto, Washington gastou muito dinheiro na Louisiana, mas principalmente com obras públicas que nada tinham a ver com a prevenção de furacões e que beneficiaram interesses portuários e distritos republicanos centrais.)

Além do parco financiamento para a reconstrução da costa e a construção de barreiras, a Casa Branca também vandalizou de forma inconseqüente a Fema.

---

[4] Mark Fischetti, "Drowning New Orleans", *Scientific American*, out. 2001; John McQuaid e Mark Schleifstein, "Washing Away", *Times-Picayune*, jun. 2002.

Sob a direção de James Lee Witt (que gozava de um cargo de alto escalão), a agência foi a menina-dos-olhos da administração Clinton e granjeou prestígio bipartidário por sua eficiência no envio de equipes de busca e salvamento, além do rápido auxílio federal às enchentes do rio Mississippi, em 1993, e ao terremoto de Los Angeles, em 1994. Contudo, quando os republicanos assumiram a agência, em 2001, ela foi considerada território inimigo: o novo diretor e ex-coordenador da campanha de Bush, Joe M. Allbaugh, condenou o auxílio aos desastres por ser "um programa de benefícios superdesenvolvido" e exortou a população a contar mais com o Exército da Salvação e outros grupos confessionais. Antes de deixar o cargo em 2003 e tornar-se um consultor bem-remunerado de empresas em busca de contratos no Iraque, Allbaugh cortou pontualmente as verbas de muitos dos programas mais essenciais de prevenção a tempestades e inundações. (Caçador inveterado de ambulâncias, ele reapareceu recentemente na Louisiana como corretor infiltrado de empresas que estavam atrás das lucrativas obras de reconstrução que se seguiram ao Katrina.)

Desde que foi absorvida em 2003 pelo novo Departamento de Segurança Interna (com a correspondente perda de representatividade no alto escalão), a Fema tem sido constantemente reduzida, esmagada sob novas camadas de burocracia e patronagem. No ano passado, os funcionários da agência denunciaram ao Congresso que os "coordenadores de emergências da Fema têm sido substituídos no cargo por empreiteiros com conexões políticas e por funcionários recém-contratados, com pouca experiência ou conhecimento"[5]. Um excelente exemplo disso é Michael Brown, sucessor e protegido de Allbaugh, um advogado republicano sem qualquer experiência na área de assistência emergencial e com um currículo falso, cuja função anterior era representar ricos proprietários de cavalos árabes. Com Brown, a agência continuou a metamorfose: de uma abordagem "para todo tipo de desastres", ela passou para uma ênfase monomaníaca no terrorismo. Três quartos das verbas federais de preparação contra desastres, que a Fema utilizava para apoiar a prevenção local a terremotos, tempestades e inundações, foram desviados para diversos cenários antiterrorismo. A administração Bush construiu de fato uma Linha Maginot contra as ameaças hipotéticas da Al Qaeda, e negligenciou barragens, barreiras e bombas.

Assim, havia toda razão para ansiedade, senão pânico, quando Max Mayfield, diretor do Centro Nacional de Furacões em Miami, alertou o presidente Bush (ainda veraneando no Texas) e as autoridades do Departamento de Segurança Interna, em uma videoconferência no domingo, 28 de agosto, de que o Katrina estava prestes a devastar Nova Orleans. Todavia, o diretor da Fema – diante da

---

[5] Ken Silverstein, "Top FEMA Jobs: No Experience Required", *The Los Angeles Times*, 9/9/2005.

possível morte de 10 mil habitantes – mostrou-se de uma fanfarronice ansiosa e arrogante: "Estávamos muito preparados para isso. Fizemos planos para esse tipo de desastre durante muitos anos, porque sempre soubemos de Nova Orleans [...]". Durante meses, Brown e seu chefe, o secretário de Segurança Interna, Michael Chertoff, trombetearam o Novo Plano de Resposta Nacional, que asseguraria uma coordenação sem precedentes entre agências governamentais durante desastres de grandes proporções.

No entanto, à medida que as águas engoliam Nova Orleans e arredores, tornou-se difícil encontrar quem atendesse ao telefone, quanto mais quem tomasse as rédeas da operação de socorro. "Um prefeito do meu distrito", disse um furioso congressista republicano a *The Wall Street Journal*, "tentou conseguir comida para seus munícipes, que foram atingidos diretamente pelo furacão. Pediu ajuda e ficou esperando 45 minutos ao telefone. Por fim, um burocrata se comprometeu a redigir um memorando para o seu supervisor." Embora a última palavra em sistemas de comunicação fosse supostamente a espinha dorsal do Plano de Resposta Nacional, o pessoal do resgate e as autoridades da cidade, em desespero, foram prejudicados pela queda do sistema de telefonia e pela ausência de uma faixa de freqüência compartilhada. Enfrentaram, além disso, a carência imediata de todos os itens básicos de logística – comida, água potável, sacos de areia, geradores, telefones por satélite, banheiros químicos, ônibus, barcos e helicópteros –, que a Fema deveria ter posicionado com antecedência em Nova Orleans. E o mais decisivo: o secretário Chertoff esperou que 24 horas completas se passassem depois da inundação da cidade para elevar o desastre à categoria de "incidente de relevância nacional" – precondição legal para pôr a resposta federal em marcha acelerada.

Além da relutância do presidente em voltar ao trabalho, ou do vice em interromper sua busca por uma mansão, ou mesmo da secretária de Estado em pôr fim à sua expedição de compra de sapatos em Manhattan, foi a lentidão jurássica do cérebro da Segurança Interna para reconhecer a magnitude do desastre que condenou tantas pessoas à morte, ilhadas em telhados ou em leitos de hospital. Lambuzados de elogios prematuros e embaraçosos do presidente aos seus feitos heróicos, tanto Chertoff como Brown mais pareciam sonâmbulos. Mais tarde, na quinta-feira (2 de setembro), Chertoff surpreendeu um entrevistador da Rádio Pública Nacional ao afirmar que as cenas de morte e de desespero no interior do Superdome, vistas pela televisão em todo o mundo, eram apenas "boatos e anedotas". Já Brown, diretor da Fema, responsabilizou as vítimas, declarando que a maior parte das mortes se devia a "pessoas que não respeitaram os alertas de evacuar", embora ele soubesse que "respeitar" tem pouco a ver com falta de carro ou confinamento em cadeira de rodas.

Apesar das afirmações do secretário de Defesa, Donald Rumsfeld, de que o Iraque nada teve a ver com o Katrina, a ausência de mais de um terço da

Guarda Nacional da Louisiana e de boa parte do seu equipamento pesado comprometeu seriamente as operações de resgate e auxílio prévio. Em geral, a Fema mais obstruiu do que facilitou o auxílio – por exemplo, proibindo que aeronaves civis removessem pacientes dos hospitais e protelando a autorização para que as equipes de resgate e da Guarda Nacional de outros estados entrassem na área de Nova Orleans. Como um amargurado representante da paróquia de St. Bernard disse ao *Times-Picayune*: "O socorro canadense chegou antes do Exército norte-americano".

Uma nova Jerusalém conservadora

A prefeitura de Nova Orleans também poderia ter aproveitado a ajuda canadense: o centro de comando emergencial, localizado no 9º andar do prédio, saiu do ar durante a crise porque faltou diesel para fazer funcionar o gerador auxiliar. Durante dois dias, o prefeito Nagin e seus assessores ficaram completamente isolados do mundo lá fora porque houve uma falha nas linhas telefônicas fixas e móveis. O colapso do aparato de comando e controle da cidade é algo intrigante, tendo em vista os 18 milhões de dólares de verbas federais que a cidade gastou em exercícios de treinamento, desde 2002, para enfrentar precisamente tais contingências. Ainda mais misteriosa foi a relação entre Nagin e seus correspondentes estaduais e federais. Como mais tarde resumiu o prefeito, o plano contra desastres da cidade era "levar as pessoas para as áreas mais altas e lançar mão das forças federais e estaduais para levar comida até elas por via aérea"; no entanto, o diretor de Segurança Interna de Nagin, coronel Terry Ebbert, espantou os jornalistas ao admitir que "jamais conversou com a Fema sobre o planejamento estadual contra desastres".

Mais tarde, Nagin reclamou, com razão, do fato de a Fema não ter preposicionado alimentos nem enviado de imediato ônibus e medicamentos para o Superdome. Mas o plano de evacuação era, antes de mais nada, uma responsabilidade da cidade, e os exercícios prévios de planejamento, além dos levantamentos, mostraram que ao menos um quinto da população seria incapaz de sair de Nova Orleans sem ajuda. De fato, em setembro de 2004, Nagin foi muito criticado porque não fez nenhum esforço para evacuar os moradores mais pobres, enquanto seus afortunados vizinhos abandonaram a cidade de carro, com antecedência, quando da chegada do furacão Ivan, de categoria 3 (que felizmente se desviou no último instante). Como resposta, a cidade produziu (mas nunca distribuiu) 30 mil fitas de vídeo destinadas aos bairros pobres, em que fazia um apelo aos moradores: "Não esperem pela cidade, não esperem pelo Estado, não esperem pela Cruz Vermelha... fujam". Na ausência de um planejamento oficial para fornecer ônibus para a evacuação – ou melhor, trens –, esse conselho parece implicar que os pobres seriam obrigados a caminhar. (Quando centenas de pessoas tentaram fugir da cidade cruzando uma ponte localizada no subúrbio branco de Gretna, depois que o sistema de saneamento e a ordem entraram em colapso no Superdome, elas foram obrigadas a dar meia-volta por uma polícia local em pânico, que atirou por cima da cabeça delas.)

É inevitável que muitos dos que foram deixados para trás, em bairros submersos, interpretem a negligência inescrupulosa da prefeitura sob a perspectiva das amargas cisões econômicas e raciais que há muito tempo fazem de Nova Orleans a cidade mais trágica do país. Não é segredo que as elites empresariais de Nova Orleans e seus aliados na prefeitura gostariam de forçar as camadas mais pobres da população – vistas como responsáveis pelas altas taxas de criminalidade da cidade – a abandonar o local.

Não surpreende que alguns defensores de uma Nova Orleans mais branca e mais segura vislumbrem um plano divino no Katrina. "Finalmente limpamos as moradias públicas de Nova Orleans", confessou um líder republicano da Louisiana a lobistas de Washington. "Nós não teríamos conseguido, mas Deus sim." Do mesmo modo, o prefeito Nagin gabou-se das ruas vazias e dos bairros destruídos: "pela primeira vez, esta cidade está livre das drogas e da violência, e pretendemos mantê-la assim". A limpeza étnica parcial de Nova Orleans será certamente um *fait accompli* se não houver esforços maciços do município ou da federação para garantir moradia acessível às dezenas de milhares de inquilinos pobres que foram dispersados pelo país, em abrigos para refugiados. Já existe um intenso debate sobre alguns dos bairros mais pobres das áreas baixas, como Lower Ninth Ward, serem transformados em lagoas de retenção para proteger as partes mais ricas da cidade. Como enfatizou acertadamente *The Wall Street Journal*, "isso significaria sentenciar alguns dos habitantes mais pobres de Nova Orleans a jamais retornar aos seus bairros"[6].

Como todos reconhecem, a reconstrução de Nova Orleans e do resto da região do golfo atingida será uma rinha política de proporções épicas. O prefeito Nagin já estava de olho nas demandas das classes nobres locais quando anunciou que nomeará uma comissão de reconstrução composta por dezesseis notáveis, dividida de modo equânime entre brancos e negros, embora a cidade seja constituída por mais de 75% de afro-americanos. Entretanto, os subúrbios brancos isolados de Nova Orleans (o trampolim social para o assustador sucesso eleitoral do neonazista David Duke, no início da década de 1990) pressionarão ferozmente o governo em favor de sua causa, e o poderoso *establishment* republicano no Mississippi já avisou que não será coadjuvante dos democratas da Big Easy. Em meio a esse choque inevitável de interesses, é improvável que os bairros negros tradicionais de Nova Orleans – o

---

[6] Jackie Calmes, Ann Carns e Jeff Opdyke, "As Gulf Prepares to Rebuild, Tensions Mount Over Control", *The Wall Street Journal*, 15/9/2005.

verdadeiro coração da sensibilidade alegre e da cultura jazzística da cidade – sejam capazes de exercer uma grande influência.

A administração Bush, enquanto isso, procura sua própria ressurreição com uma combinação de violento keynesianismo fiscal com uma engenharia social fundamentalista. Evidentemente, o impacto imediato do Katrina sobre o Potomac significou uma queda tão exorbitante na popularidade do presidente – e, de modo colateral, da ocupação norte-americana no Iraque – que a própria hegemonia republicana se viu ameaçada de repente. Pela primeira vez desde os tumultos de Los Angeles, em 1992, os tópicos dos "democratas de antigamente", como pobreza, injustiça racial e investimento governamental, comandaram por algum tempo o discurso público. *The Wall Street Journal* avisou que os republicanos deveriam "retomar a ofensiva política e intelectual" antes que liberais como Ted Kennedy conseguissem reviver as teorias do New Deal, tais como o agenciamento federal maciço para o controle de enchentes e a restauração da linha costeira ao longo da costa do golfo.

Conseqüentemente, a Fundação Heritage passou a abrigar reuniões noturnas, nas quais ideólogos conservadores, o quadro congressista e os fantasmas do passado republicano (como Edwin Meese, ex-procurador-geral de Nixon) discutiram uma estratégia para salvar Bush das conseqüências tóxicas da desgraça da Fema. A excessivamente iluminada, porém vazia, praça Jackson de Nova Orleans tornou-se o sinistro pano de fundo para o discurso presidencial de 15 de setembro sobre reconstrução urbana após furacões. Foi um desempenho extraordinário. Bush tranqüilizou alegremente os 2 milhões de vítimas do Katrina, afirmando que a Casa Branca pagaria a maior parte dos danos causados pela inundação, estimados em 200 bilhões de dólares – déficit que daria vertigem até ao próprio Keynes. (O presidente ainda propõe mais cortes tributários para os super-ricos.) Então, ele cortejou sua base política com uma lista dos sonhos com reformas sociais conservadoras há muito esperadas: crédito escolar e habitacional, papel central das igrejas, loteria para a "casa própria", isenções fiscais para os negócios, criação de uma zona de oportunidades no golfo e suspensão das incômodas regulamentações governamentais (que, ao se ler as letras miúdas, incluem pagamentos freqüentes em construção e regulamentação ambiental para perfurações em alto-mar)[7].

Para os conhecedores do palavrório de Bush, o discurso na praça Jackson foi um momento de saboroso *déjà vu*: essas mesmas promessas não foram feitas às margens do Eufrates? Como Paul Krugman ressaltou de maneira cruel, a Casa Branca tentou e não conseguiu transformar o Iraque "em um laboratório para políticas econômicas conservadoras", e agora vai experimentá-las com os

---

[7] John Wilke e Brody Mullins, "After Katrina, Republicans Back a Sea of Conservative Ideas", *The Wall Street Journal*, 15/9/2005.

moradores traumatizados de Biloxi e Ninth Ward[8]. O congressista Mike Pence, líder do poderoso Grupo de Estudos Republicano, que ajudou a esboçar a agenda de reconstrução presidencial, enfatizou que os republicanos transformariam os destroços da tempestade em uma utopia capitalista. "Queremos tornar a costa do golfo um ímã para o livre empreendimento. A última coisa que desejamos é uma cidade federal onde antes se localizava Nova Orleans."[9]

Sintomaticamente, conforme destacou há pouco tempo *The New York Times*, o Corpo de Engenharia do Exército de Nova Orleans é agora comandado pela mesma autoridade que antes supervisionava os contratos no Iraque. O Lower Ninth Ward talvez jamais venha a existir novamente, mas os proprietários de casas de tolerância e bares do bairro francês já saboreiam os dias vindouros, quando os funcionários da Halliburton, os mercenários da Blackwater e os engenheiros da Bechtel deixarão seus salários federais na rua Bourbon. Como dizem eles, tanto na Vieux Carré quanto na Casa Branca: *laissez les bons temps roulez*[*]!

outubro de 2005 – Le Monde Diplomatique

---

[8] Paul Krugman, "Not the New Deal", *The New York Times*, 16/9/2005.

[9] John Wilke e Brody Mullins, "After Katrina, Republicans Back a Sea of Conservative Ideas", cit.

[*] "Deixe os bons tempos rolarem", expressão que, embora incorreta no francês vernacular (a forma correta seria "laissez les bons temps rouler"), é característica da francofonia *créole* de Nova Orleans e designa um mote hedonista típico da região, adaptado do inglês ("let the good times roll"). (N.T.)

35

Na esquina de Nova Orleans com a humanidade

A alguns quarteirões do campus severamente alagado e isolado da Universidade de Dillard, uma placa entortada pelo vento anuncia a interseção entre Humanidade e Nova Orleans. Noite adentro, os arranha-céus das ruas Poydras e Canal, no centro, já resplandecem de luzes, mas um extenso cinturão do norte e do leste da cidade, incluindo o bairro de Gentilly, nos arredores de Dillard, permanece às escuras.

As luzes estão apagadas há seis meses e ninguém parece saber quando, e se, elas serão religadas. Na grande Nova Orleans, mais de 125 mil casas continuam danificadas e desocupadas, uma vasta cidade fantasma que apodrece na escuridão, enquanto *les bons temps* retornam a uma faixa culpada de bairros próximos do rio, que não foram atingidos pelas inundações e são predominantemente ricos. Como uma enorme parcela da população negra partiu, algumas estações de rádio estão mudando sua programação musical de funk e rap para soft rock.

O prefeito Ray Nagin gosta de se vangloriar de que "Nova Orleans está de volta", apontando para os turistas que transitam de novo pelo bairro francês e para os estudantes de Tulane que lotam os bistrôs da rua Magazine. No entanto, a população atual da cidade, que fica na margem ocidental do Mississippi, é praticamente a mesma da Disney World em um dia normal. Mais de 60% dos munícipes de Nagin – incluindo cerca de 80% de afro-americanos – ainda estão espalhados no exílio, sem nenhuma perspectiva clara de retornar para casa.

Na ausência deles, as elites empresariais locais, aconselhadas por *think tanks* conservadores, "novos urbanistas" e neodemocratas, usurparam quase todas as funções do governo eleito. Com a Câmara Municipal amplamente excluída das deliberações, as comissões nomeadas pelo prefeito e os peritos vindos de fora, na maioria brancos e republicanos, propõem reduzir e remodelar de modo radical uma cidade majoritariamente negra e democrata. Sem mandato dos eleitores locais, o sistema público de ensino já foi virtualmente abolido, assim como os empregos de professores e de funcionários do setor afiliados a sindicatos. Milhares de outros empregos sindicalizados foram perdidos com o fechamento do Hospital Charity, antes a nau capitânia da saúde pública da Louisiana. E a proposta de uma junta de supervisão, dominada por indicados do presidente Bush e da governadora Kathleen Babineaux Blanco, daria cabo do controle local em favor das finanças públicas.

Enquanto isso, a promessa solene de Bush de "acabar o trabalho rapidamente" e montar "um dos maiores esforços de reconstrução já vistos" provou ser feita do mesmo ouro-de-tolo que as suas garantias anteriores de reconstruir a infra-estrutura bombardeada do Iraque. Em vez disso, a administração deixou os moradores de bairros como Gentilly no limbo: a maioria ficou sem postos de trabalho, moradias de emergência, proteção contra enchentes, auxílio hipotecário, empréstimos para pequenos negócios ou um plano coordenado de reconstrução.

A cada semana de descaso – designado pelo deputado Barney Frank como "uma política de limpeza étnica pela inércia" – aumenta a probabilidade de que muitos habitantes negros jamais possam retornar. Como observou *The New York Times* no começo de fevereiro [2006], o Katrina "quase não mereceu menção" no discurso anual do presidente, e "Nova Orleans foi completamente apagada do mapa das prioridades nacionais". O prefeito Nagin está tão desesperado por ajuda que implorou auxílio aos países estrangeiros, inclusive França e Jordânia.

Todavia, mesmo que os peritos reclamem da burrice dos habitantes, que querem retornar para casas construídas abaixo do nível do mar, está claro que a negligência federal, não a natureza furiosa, foi a maior responsável pelo assassinato de Nova Orleans.

Abandono do dever

> Não houve apenas erro humano. Também pode ter havido descaso oficial.
> Engenheiro forense, sobre as fendas nas barragens[1]

A rua Humanidade foi inundada em 29 de agosto por um rompimento no canal da avenida London, que – assim como os canais das ruas Orleans e 17, mais a oeste – forma uma lagoa para escoamento das águas de chuva, bombeadas dos distritos residenciais mais baixos, como Gentilly, que eram originalmente áreas pantanosas.

---

[1] John Schwartz, "Malfeasance Might Have Hurt Levees, Engineers Say", *The New York Times*, 3/11/2005.

Após o Katrina, o Corpo de Engenharia do Exército e o Conselho de Barragens da Paróquia de Orleans declararam que a região norte da cidade foi inundada porque uma tempestade de furacões de dimensões bíblicas excedeu as barreiras, erguidas e mantidas em conjunto por essas agências ao longo dos canais de Nova Orleans. "A intensidade da tempestade", disse em 2 de setembro o comandante do Corpo de Engenharia, o tenente-general Carl Strock, "simplesmente excedeu a capacidade do projeto dessa barragem"[2]. Mais tarde, testemunhando diante do Congresso, representantes de ambas as entidades continuaram culpando o "temporal de categoria 4 ou 5", apesar das evidências mostradas por uma investigação da Sociedade Norte-Americana de Engenheiros Civis de que o nível da água, na verdade, estava "bem abaixo da altura máxima das barreiras" (projetadas para suportar um furacão de categoria 3), e que as fendas foram resultado de falhas de projeto e de construção, não de ondas monstruosas[3].

Agora, graças a pesquisas mais aprofundadas de uma equipe de engenheiros forenses patrocinados pela National Science Foundation (NSF) [Fundação Nacional da Ciência] e à inspirada denúncia da imprensa, há evidências surpreendentes de que as autoridades federais estavam bem cientes de que o sistema de barragens da cidade estava comprometido por incompetência no projeto e pela baixa qualidade da construção, além de um subfinanciamento crônico que deixou falhas críticas nas defesas da cidade.

No caso dos canais da rua 17 e, provavelmente, da avenida London, por exemplo, análises precárias do solo, que ignoraram as camadas perigosamente instáveis de lodo pantanoso, levaram os engenheiros projetistas a construir muros finos e mal firmados demais para resistir às mudanças no solo que os sustentava. Quando o Corpo de Engenharia de Vicksburg – o nível mais alto de autoridade em engenharia de todo o sistema do Mississippi – descobriu essas falhas potencialmente catastróficas em uma revisão do projeto realizada em 1990, seus colegas de Nova Orleans aparentemente ignoraram o aviso e não fizeram nenhuma tentativa de reforçar as estruturas instáveis[4].

No caso da barragem do canal de Orleans – que os investigadores da NSF dizem ter "praticamente ruído antes de a tempestade começar" –, um vão largo (e por fim fatal) fora deixado para evitar que a pressão da água rompesse os muros de uma antiga estação de bombeamento. Apesar dos apelos urgentes tanto

---

[2] "The Loss of New Orleans Wasn't Just a Tragedy. It Was a Plan", *National Journal*, 17/9/2005.

[3] Peter Nicholson, "Hurricane Katrina: Why Did the Levees Fail?", testemunho em nome da Sociedade Norte-Americana de Engenheiros Civis, Senado dos Estados Unidos, Comitê de Segurança Interna e Assuntos Governamentais, 2 de novembro de 2005.

[4] Bob Marshall, "Corps never pursued design doubts", *Times-Picayune*, 30/12/2005.

do Corpo de Engenharia quanto do Conselho de Barragens, a administração Bush recusou-se a aprovar os 10 milhões de dólares para a reconstrução da estação e a finalização da barreira. (Na qualidade de fortaleza democrata no controle do equilíbrio de forças das eleições da Louisiana, Nova Orleans não é obviamente a caridade favorita da Casa Branca republicana.)

Enquanto isso, como já se sabia, o efeito de afunilamento causado pelo conhecido MRGO – um canal fluvial pouco usado e mantido a alto custo pelo Corpo de Engenharia do Exército – amplificou a potência do Katrina em 40%, à medida que se dirigia ao canal Industrial e ao Lower Ninth Ward. "Furacão Pam", um exercício de planejamento interagências realizado em 2004, confirmou o cenário e previu com precisão a extensa inundação no lado leste da cidade. Ainda assim, o Corpo de Engenharia, obedecendo aos interesses portuários, rejeitou durante anos os pedidos urgentes de desativação do MRGO[5].

Diante da evidência cada vez maior de negligência, o Corpo de Engenharia apenas aumentou as suspeitas ao sonegar documentos cruciais à equipe da NSF e impedir várias vezes o acesso aos locais de rompimento da barragem. Do mesmo modo, nas audiências no Congresso, os republicanos tentaram desviar a culpa do Corpo de Engenharia pelo fiasco do Katrina e jogá-la no Distrito de Barragens da Paróquia de Orleans – descrito como uma máquina de patronagem corrupta, menos preocupada com o controle das enchentes do que com subsidiárias lucrativas, entre elas uma marina, um parque de diversões e um barco-cassino. Essa caricatura pode ser verdadeira, mas é quase irrelevante, pois o Corpo de Engenharia e seu chefe supremo, o secretário de Defesa Donald Rumsfeld, carregam a derradeira responsabilidade legal pela proteção contra as inundações e pelos padrões dos projetos de barragens e barreiras da cidade. Pela tradição, supõe-se que o Corpo de Engenharia deva representar o padrão de excelência em engenharia nos Estados Unidos; em vez disso, agora ele enfrenta a desgraça de ter perdido Nova Orleans (e ter desperdiçado bilhões na fracassada "reconstrução do Iraque").

Deite e fique

> Os piores medos de muitos políticos estão se concretizando [...]. Entraves burocráticos estão fazendo do esforço de recuperação algo perturbadoramente lento e ineficaz.
>
> Senador Tom Coburn (republicano, Oklahoma)[6]

Falsas promessas são uma tradição na dinastia Bush. Na primavera de 1992, o presidente George H. Bush visitou os destroços chamuscados da região

---

[5] Michael Gunwald e Susan Glasser, "The Slow Drowning of New Orleans", *The Washington Post*, 9/10/2005.

[6] Citado em Spencer Hsu, "Post-Katrina Promises Unfulfilled", *The Washington Post*, 28/1/2006.

centro-sul de Los Angeles, assegurando aos moradores que Washington tinha "uma responsabilidade absoluta na resolução dos problemas centrais da cidade". Em resposta aos tumultos provocados pelo caso Rodney King*, a Casa Branca prometeu grandes iniciativas para ajudar Los Angeles e outras grandes cidades esquecidas. Porém, a compaixão presidencial logo se converteu em indiferença, e os líderes republicanos no Congresso vetaram cada esforço para "recompensar os vândalos"[7].

Do mesmo modo, após a desastrada resposta inicial ao Katrina, Bush personificou Roosevelt e Lyndon Johnson quando reconfortou a nação em seu discurso na praça Jackson, em 15 de setembro, afirmando que "temos o dever de enfrentar a pobreza [de Nova Orleans] com ações ousadas [...]. Faremos o que for preciso, ficaremos o quanto for preciso, para ajudar os cidadãos a reerguer suas comunidades e suas vidas".

Naquela ocasião, a Casa Branca se acomodou em suas promessas durante todo o outono, resmungando sermões sobre as limitações do governo, enquanto no Congresso seus cães de ataque conservadores compensavam a ajuda ao golfo com cortes de 40 bilhões na assistência hospitalar, nos vales-refeição e nos empréstimos estudantis. Os republicanos também negaram ajuda a um estado que foi descrito como uma sociedade venal do Terceiro Mundo, um estado falido como o Haiti, em descompasso com os valores nacionais. "Louisiana e Nova Orleans", de acordo com o senador Larry Craig, de Idaho, "são os governos mais corruptos do nosso país, e sempre foram [...]. A fraude está na cultura dos iraquianos. Acredito que isso é verdade também na Louisiana"[8].

Os democratas, exceto o cáucus negro congressual, fizeram pateticamente muito pouco contra esse repúdio ou para pressionar Bush a cumprir os compromissos que ele assumiu na praça Jackson. A promessa de um debate nacional sobre a pobreza urbana nunca se realizou; ao contrário, Nova Orleans, como um grande navio à deriva, vogou desamparado nas correntes traiçoeiras da hipocrisia da Casa Branca e do desprezo dos conservadores.

Um golpe prévio e mortal foi dado pelo secretário do Tesouro, John Snow, que se recusou a garantir títulos do governo à cidade, obrigando o prefeito Nagin a demitir 3 mil funcionários municipais, além dos milhares de desempregados da saúde e do ensino públicos. A administração Bush também vetou medidas bipartidárias para estender a cobertura médica para os refugiados do Katrina e conceder ao Estado da Louisiana – confrontado com uma perda de renda de

---

* Em 1991, um taxista negro de Los Angeles foi vítima de violência policial, filmada por um cinegrafista amador. A absolvição dos oficiais levou a ondas de levantes na cidade. (N. T.)

[7] Burt Solomon, "Bush and Clinton's Urban Fervor", *National Journal*, 16/5/1992.

[8] Mary Curtius, "Image Problem is Costing Louisiana", *The Los Angeles Times*, 3/12/2005.

cerca de 8 bilhões de dólares pelos próximos anos – uma parte dos lucros gerados pela exploração de gás e petróleo em sua costa.

Ainda mais egrégia foi a discriminação flagrante da Small Business Administration (SBA)[Administração de Pequenos Negócios] contra os bairros negros, quando rejeitou a maioria dos pedidos de empréstimo feitos por comerciantes e proprietários locais. Uma análise de *The New York Times*, em meados de dezembro, concluiu que "os empréstimos aprovados [pela SBA], até o momento, parecem fluir para os bairros abastados de Nova Orleans, não para os pobres"[9]. Ao mesmo tempo, um projeto bipartidário do Senado, cujo objetivo era salvar os pequenos empreendimentos com empréstimos provisórios emergenciais, foi sabotado pelos funcionários de Bush e deixou milhares de pessoas à beira da falência e do confisco de seus negócios.

Conseqüentemente, as bases econômicas da classe média afro-americana da cidade (cargos públicos e pequenos negócios) foram eliminadas por decisões deliberadas, tomadas na casa Branca e presumivelmente supervisionadas pelo triunvirato da política doméstica: Dick Cheney, Andrew Card e Karl Rove. Do mesmo modo, o doloroso fracasso da Fema, que não conseguiu fornecer moradias temporárias dentro da cidade, impediu que os operários nova-orleaneses exilados em Baton Rouge, Houston e Atlanta retornassem para trabalhar na reconstrução da cidade e no turismo redivivo. Em seis meses, a Fema entregou apenas um sétimo dos trailers que havia prometido a Nova Orleans; até os policiais ainda não tinham onde morar.

Na ausência de iniciativas federais ou estaduais para empregar a população local ou fornecer moradia temporária adequada, é provável que os negros de baixa renda estejam perdendo seus nichos na construção e nos serviços para forasteiros que tenham maior mobilidade. No último outono, Christine Hauser afirmou:

> Com postos perdidos, transferidos e solicitados, a crise da força de trabalho está mudando até mesmo a demografia de Nova Orleans. Com as escolas ainda fechadas, por exemplo, as famílias migraram para outros estados à procura de trabalho e de estabilidade. Muitos dos novos trabalhadores são jovens e solteiros, e podem dividir apartamentos. Tendo maior mobilidade e autonomia – alguns vieram de áreas vizinhas –, eles começaram a substituir os trabalhadores que não podem manter um carro.[10]

---

[9] Leslie Eaton e Ron Nixon, "Federal Loans to Homeowners Along Gulf Lag", *The New York Times*, 15/12/2005.

[10] Christine Hauser, "Its Work Force Scattered, New Orleans Wrestles with Job Crisis", *The New York Times*, 26/10/2005.

Em franco contraste quanto ao descaso com o socorro local, a Casa Branca tem feito esforços hercúleos para gratificar as grandes empresas e os infiltrados políticos que formam sua própria base. A vereadora Nydia Velazquez, que ocupa uma cadeira na Comissão de Pequenos Negócios, ressaltou que a SBA permitiu que grandes empresas ganhassem contratos federais de 2 bilhões de dólares, mas excluiu empreiteiros locais saídos das minorias. Do mesmo modo, a suposta "zona de oportunidade do golfo" beneficiou sobretudo as empresas que estavam fora da área do desastre. Um exemplo típico, segundo John Magginis, analista político veterano da Louisiana, são

> [as] incorporadoras residenciais de Baton Rouge e de Lafayette, que puderam aumentar as prestações para se adequar à demanda dos habitantes deslocados, e que agora podem lucrar sem o esforço de construir mais unidades.[11]

Contudo, os maiores beneficiários do auxílio governamental ao desastre do Katrina – para surpresa de ninguém – foram as republicanas KBR (subsidiária da Halliburton) e o Grupo Shaw, empresas gigantes de engenharia que utilizam os serviços do lobista Joe Allbaugh (ex-diretor da Fema e coordenador de campanha de Bush, em 2000). A Fema e o Corpo de Engenharia do Exército, apesar de não terem conseguido explicar à governadora Blanco, no outono passado, como estavam empregando o dinheiro na Louisiana, obtiveram níveis tão altos de lucratividade que provocariam espanto até nas margens do Eufrates mais castigadas pela guerra. Obviamente, é garantido que muito dessa liberalidade será reciclado em doações de campanha para o Partido Republicano.

A Fema, por exemplo, pagou 175 dólares por quadra (9,3 metros quadrados) ao Grupo Shaw para instalar cobertura impermeabilizante nos telhados danificados pela tempestade em Nova Orleans. Mas quem de fato a instala ganha míseros 2 dólares por quadra e a cobertura é fornecida pela Fema. Da mesma maneira, o Corpo de Engenharia do Exército paga às empreiteiras cerca de 20 dólares por metro cúbico de entulho removido, ao passo que os operadores das escavadeiras recebem apenas 1 dólar. (Além disso, a limpeza segue tão lentamente que, em fevereiro, as empreiteiras tinham removido apenas 6 dos cerca de 50 milhões de metros cúbicos de destroços da cidade[12].)

Em outras palavras, cada nível da cadeia alimentar contratual está grotescamente supernutrido, exceto os níveis inferiores, onde o trabalho efetivo é realizado. Enquanto os amigos de Bush garimpam ouro nas ruínas de Nova Orleans, muitos trabalhadores desiludidos – em geral imigrantes mexicanos e salvadorenhos, acampados em parques municipais e shopping centers abandonados – mal conseguem se manter.

---

[11] John Maginnis, "Small Business Waiting for Relief", *Times-Picayune*, 4/1/2006.
[12] Gordon Russell e James Varney, "Blue Tarps", *Times-Picayune*, 29/12/2005.

O grande pontapé

> Os legisladores precisam entender que, para Nova Orleans,
> as palavras "pendente no Congresso"
> são uma sentença de morte que não exige assinatura.
> *The New York Times*[13]

No indômito e impiedoso mundo da política da Louisiana, uma ampla solidariedade de interesses é algo tão raro como um rochedo em um pântano – ainda que o Katrina tenha criado um consenso bipartidário inédito em torno de demandas compartilhadas de proteção contra furacões de categoria 5 e auxílio hipotecário para casas danificadas. De republicanos conservadores a democratas liberais, todos concordam unanimemente que a recuperação da região depende de investimento federal em novas barragens, da revitalização da costa e do auxílio financeiro aos 200 mil proprietários cujos seguros não conseguiram cobrir os prejuízos reais. (Não houve um consenso equivalente e pouca atenção se deu ao direito dos inquilinos – que constituíam 53% da população antes do Katrina – e dos moradores de habitações públicas de retornar à cidade.)

Na verdade, uma ampla proteção contra furacões de categoria 5 já havia sido ordenada pela administração Johnson para a região de Nova Orleans, depois que o furacão Betsy inundou partes da cidade em 1965. No entanto, elementos-chave do plano, inclusive as comportas para os canais de escoamento do lago Pontchartrain, foram executados a toque de caixa, e outros, como a barreira do canal Orleans, permaneceram inacabados. Até 1990, os gastos anuais com proteção contra furacões foram menores que as verbas urgentes requeridas pelo Corpo de Engenharia e pelas autarquias locais.

Enquanto o compromisso federal com o sul da Louisiana mingua, o perigo dos temporais aumenta de modo constante, já que a proteção dada pelo delta está se dissolvendo no golfo do México. A catastrófica erosão costeira, que avança um acre a cada 24 minutos, é conseqüência, em parte, da construção de represas e da mudança no curso dos rios que o Corpo de Engenharia tem promovido, porque elas reduzem a dieta vital de sedimentos requerida pelo delta; mas ela é, principalmente, subproduto das constantes e promíscuas escavações e obstruções de canais realizadas pelas indústrias de gás e petróleo[14]. Em ambos os casos, a última salvaguarda de Nova Orleans e das localidades vizinhas está sendo comprometida para satisfazer poderosos interesses econômicos externos (o agronegócio situado rio acima, as companhias portuárias e as empresas do setor de energia), sem qualquer meca-

---

[13] The New York Times (editorial), "Death of an American City", 11/12/2005.
[14] Mark Fischetti, "Drowning New Orleans", *Scientific American*, out. 2001.

nismo que recicle a renda na forma de revitalização compensatória da costa e controle das enchentes urbanas.

Em 1998, após uma assustadora passagem do furacão Georges, uma coalizão entre agências e governos – incluindo o Corpo de Engenharia, a Agência de Proteção Ambiental e todas as vinte municipalidades costeiras – uniu-se em favor do Costa 2050, um plano abrangente de 14 bilhões de dólares para reconstruir as barreiras insulares e revitalizar as áreas alagadiças rarefeitas. Peritos concordaram que a proteção de Nova Orleans exigiria ainda a modernização e a realocação das bombas de drenagem, comportas maciças no lago, a construção de barragens sólidas e a desativação do famigerado MRGO. O custo conjunto da revitalização costeira e das novas defesas contra as tempestades foi estimado em cerca de 30 bilhões de dólares, para serem gastos ao longo de uma geração.

Antes do Katrina, nunca houve a menor chance de uma Casa Branca republicana ou um Congresso controlado pelo partido pensar em gastar tanto dinheiro para proteger a cidade "mais azul", mais democrata do sul profundo. Sendo assim, o discurso presidencial na praça Jackson, após o dilúvio, pareceu assinalar uma nova distribuição: o Costa 2050 e as barragens contra furacões de categoria 5 tornaram-se, de repente, assunto de discussões sérias. Delegações bipartidárias da Louisiana precipitaram-se em direção à Holanda para ver o que um compromisso nacional genuinamente sério pode fazer pela proteção costeira.

Porém, os habitantes da Louisiana logo descobriram, como os de Los Angeles antes deles, que a Bush Inc. oferece pouco mais do que palavras vazias e garrafas de óleo de cobra. No início de novembro, ficou evidente que salvar Nova Orleans não estava mais no topo das prioridades da administração – se é que esteve algum dia. Quando repórteres perguntaram se o presidente apoiava a construção de barragens de categoria 5, seus porta-vozes se recusaram a dar qualquer resposta direta. Havia rumores de que Washington padecia de certa "fadiga do Katrina", e que o Congresso não estava muito interessado em despejar bilhões de dólares no suposto "buraco negro" da corrupção pantanosa. Quando os delegados da Louisiana tentaram conseguir proteção contra as enchentes, observou um repórter, eles foram "muitas vezes encarados com ceticismo, ignorância e franca hostilidade" – atitudes que o novo czar indicado para a renovação do golfo, o banqueiro texano e grande colaborador de Bush, Donald Powell, nem se incomodou em repelir.

É claro que, para os moradores, Washington estava culpando a vítima de forma descarada, ainda mais à luz do que foi exposto sobre a negligência do Corpo de Engenharia. Como reclamou o *Times-Picayune*: "Eles [o Congresso] agem como se usássemos saias curtas demais e quiséssemos confusão". Um dos poucos aliados eloqüentes de Nova Orleans, a página editorial de *The New York Times*, ressaltou que o projeto de trinta anos para proteger a cidade equivalia a "quase um terço do custo de 95 bilhões de dólares em cortes fiscais aprovados na semana passada pela Câmara dos Deputados"[15]. Os cidadãos da Louisiana acrescentaram que não precisariam implorar se recebessem os *royalties* pela exploração de gás e petróleo em sua costa, como tradicionalmente recebem a Califórnia e o Texas pela exploração de petróleo em suas terras.

Mas ambos os argumentos eram discutíveis. À medida que o Congresso se preparava para o recesso de Natal, a delegação da Louisiana entrou em pânico: um plano para tempestades de categoria 5 havia sido retirado da pauta e havia dúvidas sobre se as barragens danificadas seriam reparadas antes do início da temporada de furacões. (No começo de março, os engenheiros que estavam monitorando o avanço dos trabalhos do Corpo de Engenharia reclamaram que os solos frágeis e arenosos e a falta de um "reforço" de concreto eram uma garantia de que as barragens se romperiam novamente sob uma grande tempestade.)

Por fim, o Congresso votou uma ajuda de 29 bilhões de dólares para a costa do golfo. Ainda assim, como relatou *The Washington Post*, "Apenas 6 bilhões do previsto pela medida não eram mera redistribuição de parte dos 62 bilhões já aprovados como auxílio às vítimas do Katrina. O resto foi financiado por 1% de cortes distribuídos entre programas discricionários não emergenciais"[16]. O Pentágono obteve a aprovação de vultosos 4,4 bilhões de dólares para o reparo de instalações e outras necessidades relacionadas ao Katrina, mas o Congresso vetou os 250 milhões de dólares destinados ao combate da erosão costeira. Enquanto isso, o poderoso triunvirato republicano do Mississippi – o governador Haley Barbour e os senadores Trent Lott e Thad Cochran – persuadiram seus colegas de partido a apoiar uma ajuda habitacional discricionária de 6,2 bilhões para a Louisiana e de 5,3 bilhões para o Mississippi.

Os democratas da Louisiana coraram de gratidão por seus colegas do Mississippi, mas tratava-se, na verdade, de um negócio diabólico: o estado vermelho conseguiria cinco vezes mais ajuda por domicílio danificado que o rosado estado da Louisiana. Embora a administração tenha recebido os créditos por ter dobrado o gasto com as barragens para 3,1 bilhões, isso foi apenas um truque de prestidigitação, pois 1,4 bilhões destinados à assistência ao desenvolvimento comunitário foram desviados para o controle das enchentes – tudo no intuito de fornecer (como apontou o *Times-Picayune*) "a proteção contra furacões de categoria 3 que a área de Nova Orleans deveria ter antes de o Katrina revelar as inadequações estruturais do sistema".

---

[15] The NewYork Times (editorial), "Death of an American City", cit.

[16] Spencer Hsu, "$29 Billion Approved for Gulf Coast Storm Relief", *The Washington Post*, 23/12/2005.

A Louisiana recebeu outro golpe em 23 de janeiro, quando Bush rejeitou o plano do deputado republicano Richard Baker para a criação de uma Companhia de Reconstrução da Louisiana, com garantia federal. Ela beneficiaria os proprietários por meio da compra das propriedades prejudicadas e posterior agregação em grandes propriedades para revenda a construtoras. Republicanos locais, assim como democratas, urraram de raiva, e o futuro do sul do estado mergulhou novamente no caos. Ainda que a administração tenha prometido 4,2 bilhões de dólares adicionais em auxílio habitacional, a verba continua a ser disputada pelo Texas e por outros estados invejosos.

Velhas calúnias

> Odeio a forma como nos retratam na mídia. Se você vê uma família negra, isso significa que eles estão saqueando. Se você vê uma família branca, isso significa que eles estão procurando comida.
>
> Kanye West, astro de rap

É evidente que a hostilidade republicana contra Nova Orleans é mais profunda e mais sórdida do que uma mera preocupação com a probidade cívica (afinal, a cidade mais corrupta dos Estados Unidos está situada no Potomac, não no Mississippi). Sob todas as circunlocuções jazem os preconceitos e estereótipos antediluvianos que foram usados para justificar a violenta derrubada da Reconstrução, há 130 anos.

Retornemos por um momento ao cruzamento simbolicamente carregado da Nova Orleans com a Humanidade. A rua Humanidade e a vizinha rodovia 610 estabelecem uma divisão social local. Ao sul, estão os bairros mais antigos da classe trabalhadora, compostos na maioria por velhos bangalôs e sobrados, com alguns poucos prédios de apartamentos e conjuntos habitacionais públicos. Já ao norte da Humanidade estão os charmosos bairros de casas de tijolinho: parte de um universo de classe média negra em expansão que inclui tanto o parque Pontchartrain, com seu campo de golfe e seu clube, quanto os elementos suburbanos típicos, como o Home Depot e o Days Inn, no leste de Nova Orleans, depois do canal Industrial.

Os pobres normalmente se tornam invisíveis sob os escombros dos desastres urbanos, mas no caso de Nova Orleans eles são a classe média profissional afro-americana e a classe trabalhadora qualificada. Na confusão e no sofrimento causados pelo Katrina – um teste de Rorschach do inconsciente racial norte-americano –, a maior parte dos políticos brancos e comentaristas da mídia optou por ver apenas os demônios dos seus preconceitos. A complexa geografia histórica e social da cidade foi reduzida à caricatura de uma vasta favela habitada por uma classe inferior de criminosos ou miseráveis, cuja salvação está na bondade de estranhos de cidades mais brancas. Realidades inconvenientes, como a normalidade de tijolinhos vermelhos de Gentilly – ou, nesse caso, o orgulho de possuir uma casa e a exuberância do ativismo cívico no Lower Ninth Ward operário – não conseguiram interferir na crença, adotada tanto pelos novos democratas quanto pelos velhos republicanos, de que a cultura negra urbana é inerentemente patológica.

Assim, a mídia nacional promoveu, de forma desavergonhada e acrítica, o espetáculo de uma cidade inundada sob o domínio terrorista de bandidos, estupradores e zumbis – uma alucinação que, para sermos honestos, se originou da histeria do prefeito Nagin e das altas autoridades policiais. Imagens horripilantes de uma classe baixa furiosa que "afetou o desembarque de tropas, atrasou as transferências médicas, levou policiais a se demitirem, impediu que helicópteros decolassem" e deixou um legado tóxico na opinião pública. Membros aterrorizados da oligarquia local, como James Reiss, chefe de tráfego, mandaram vir de helicóptero seguranças israelenses fortemente armados para proteger suas mansões em Audubon Place[17]. Entretanto, a agitação se devia em grande parte a um mito urbano: em setembro passado, Eddie Compass, superintendente da polícia de Nova Orleans, confessou ao *The New York Times* que "não tivemos nenhum relato oficial de assassinato. Nem sequer de estupro ou violência sexual"[18].

Mas a verdade jamais desanimará o terço de fundamentalistas conservadores, como se viu pela tentativa de David Boaz, do Instituto Cato, de jogar a culpa da catástrofe do Katrina em um Estado de bem-estar que "destruiu de tal maneira a riqueza e a auto-confiança do povo de Nova Orleans que ele tornou-se incapaz de se defender em uma crise"[19]. Nem impedirá que Joel Kotkin, ao escrever para a *American Enterprise Magazine*, difame "o refugo afro-americano imóvel e isolado, atolado na pobreza urbana", ou que David Brooks afirme, com uma certeza arrogante, que "se erigirmos novos edifícios e deixarmos as mesmas pessoas retornarem a seus antigos bairros, a Nova Orleans urbana se tornará tão decadente e disfuncional quanto antes"[20].

Tais calúnias reproduzem velhas caricaturas – negros descontrolados, incapazes de um comportamento honesto – evocadas pela sanguinária Liga Branca,

---

[17] Christopher Cooper, "Old-Line Families Escape Worst of Flood and Plot the Future", *The Wall Street Journal*, 8/9/2005.

[18] Christopher Drew e Jim Dwyer, "Fear Exceeded Crime's Reality in New Orleans", *The New York Times*, 29/9/2005.

[19] David Boaz, "Did Big Government Return with Katrina?", *Cato Policy Report*, nov.-dez. 2005.

[20] David Brooks, "Katrina's Silver Lining", *The New York Times*, 8/7/2005; Joel Kotkin, "Ideological Hurricane", *American Enterprise Magazine*, jan.-fev. 2006.

quando conspirou contra a Reconstrução em Nova Orleans, na década de 1870. (A plataforma da Liga declarava que "onde a raça branca governa, o negro é pacífico e feliz; onde os negros dominam, o negro é faminto e oprimido". Ela prometeu restaurar "aquela justa e legítima superioridade na administração dos assuntos de nosso Estado, aos quais temos direito por responsabilidade superior, número superior e inteligência superior"[21].) De fato, alguns veteranos dos direitos civis temem que a batalha de 1874 na rua Canal, uma sangrenta insurreição organizada pela Liga contra uma administração republicana eleita por sufrágio negro, esteja sendo reencenada – talvez sem armas e tridentes, mas com o mesmo objetivo fundamental de privar a Nova Orleans negra do poder econômico e político. Certamente, uma ampla transformação no equilíbrio de poder entre as raças no interior da cidade está nos planos de algumas pessoas há muito tempo.

O *krewe** de Canizaro

Como desejo, assim comando.

Lema do Comus

O poder e o *status* em Nova Orleans sempre foram definidos pela participação em *krewes* secretos do Mardi Gras e nos clubes sociais, como o *krewe* de Comus e os clubes de Boston e Louisiana, quando ainda estavam no ápice. "Talvez mais do que em qualquer outra cidade dos Estados Unidos", escreveu o historiador John Barry, "Nova Orleans foi [é] governada por uma cabala de membros [...]. Olhando-a como se estivessem por trás de um espelho de dupla face, esses membros observavam, julgavam e decidiam."[22]

No início da década de 1990, ativistas dos direitos civis, liderados pela combativa vereadora Dorothy Mae Taylor, finalmente conseguiram a desintegração simbólica do Mardi Gras, e alguns clubes admitiram com relutância uns poucos milionários afro-americanos. Apesar da resistência da velha-guarda (como o Comus, que preferiu não desfilar a ter de se integrar), a parte alta da cidade parecia se adaptar, embora com rancor, à realidade do potencial de influência dos negros[23]. Porém, como mostraram de maneira brutal os eventos pós-Katrina, se a oligarquia está morta, então vida longa à oligarquia.

---

[21] James Gill, *Lords of Misrule* (Jackson, University Press of Mississippi, 1997).

* Nome dado aos grupos que organizam marchas de carnaval em Nova Orleans. (N. T.)

[22] John Barry, *Rising Tide* (Nova York, Touchstone, 1997). O capítulo 17, "The Club", é uma leitura essencial, um extraordinário retrato da elite histórica de Nova Orleans.

[23] James Gill, *Lords of Misrule*, cit.

Enquanto autoridades negras eleitas protestam em vão das portas para fora, uma elite majoritariamente branca tomou o controle do debate sobre a reconstrução da cidade. Esse governo *krewe de facto* inclui: Jim Amoss, editor do *Times-Picayune* de Nova Orleans; Pres Kabacoff, construtor civil e revitalizador, além de patrono do novo urbanismo; Donald Bollinger, dono de um estaleiro e bushista proeminente; James Reiss, investidor imobiliário e presidente da Autoridade Regional de Trânsito (ou seja, o responsável pelos ônibus que não evacuaram as pessoas); Alden McDonald Jr., diretor executivo de um dos maiores bancos de propriedade negra; Janet Howard, do Gabinete de Pesquisa Governamental (criado originalmente por elites da parte alta da cidade para se opor ao populismo de Huey Long); e Scott Cowen, o ambicioso presidente da Universidade Tulane.

Contudo, a figura predominante e líder do grupo é Joseph Canizaro, um rico empreendedor imobiliário com destaque entre os apoiadores de Bush e com laços pessoais que o ligam ao círculo interno da Casa Branca. Ele também é a força por trás do trono do prefeito Nagin, um democrata nominal (apoiou Bush em 2000) que se elegeu em 2002 com 85% dos votos brancos. Finalmente, na qualidade de presidente do Urban Land Institute (ULI)[Instituto da Terra Urbana], Canizaro tem o apoio de alguns dos mais poderosos empreendedores e prestigiados planejadores da nação.

Em uma cidade onde o dinheiro é muitas vezes tão recluso quanto os vampiros de Anne Rice, Canizaro posa como um bravo líder cívico, sem medo de dizer verdades amargas, porém necessárias. Eis o que ele disse à Associated Press sobre a diáspora provocada pelo Katrina em outubro último: "É uma questão prática, essas pessoas pobres não têm condições de voltar para nossa cidade, assim como não tiveram condições de deixá-la. Então, não traremos todas de volta. Isso é um fato"[24].

Certamente, é um "fato" que Canizaro ajudou a configurar como um dogma predominante. É evidente que o número de residentes deslocados que retornam à cidade varia em função dos recursos e das oportunidades que são oferecidos a elas, ainda que o debate a respeito da reconstrução tenha se baseado em projeções suspeitas — fornecidas pela Corporação RAND e infinitamente repetidas por Nagin e Canizaro — de que em três anos a cidade recuperaria apenas metade da população de agosto de 2005.

Muitos nova-orleaneses imaginam cinicamente se tais projeções não seriam na verdade metas; afinal, há anos tipos como Canizaro, Reiss e Kabacoff vêm se queixando "dos bandos de desclassificados e das conseqüentes altas taxas de cri-

---

[24] Citado em Associated Press, "Harsh urban renewal in New Orleans", 12/10/2005.

minalidade", da porcentagem de residentes de moradias populares e da proliferação de casas abandonadas ou malconservadas da cidade[25]. Diante das duras conseqüências fiscais provocadas pela fuga dos brancos para os subúrbios, como as paróquias de Jefferson e St. Tammany, além de três décadas de desindustrialização (o que dá a Nova Orleans um perfil econômico mais próximo de Newark do que de Houston ou Atlanta), eles argumentam que a cidade se tornou uma fábrica de destruir almas para afro-americanos subempregados e sem instrução, cujo verdadeiro interesse – assim dizem – seria mais bem atendido com uma passagem de ônibus para outra cidade. Segundo afirmou Kabacoff em 2003, "para uma cidade ser saudável, você precisa dispersar os pobres e concentrar as riquezas. Em Nova Orleans, nós concentramos nossos pobres e dispersamos nossas riquezas"[26].

Dessa perspectiva elitizada, o Katrina oferece uma oportunidade quase utópica para ressuscitar Nova Orleans, livrando-a de seu fardo de crime e pobreza. Como declarou alegremente um magnata do setor imobiliário a um repórter europeu: "O furacão obrigou os pobres e os criminosos a saírem da cidade, e nós esperamos que eles não voltem. A festa dessa gente está quase no fim e agora eles terão de encontrar outro lugar para morar"[27]. Embora Canizaro e Kabacoff jamais tenham se expressado de modo tão cruel, há anos eles vêm se dedicando a substituir os conjuntos habitacionais populares mais antigos e centrais, como St. Thomas (distrito de Lower Garden) e Iberville (do outro lado do bairro francês) por bairros de renda mista inspirados no novo urbanismo. Em outras palavras, a revitalização urbana exige a triagem dos miseráveis onerosos.

A reconversão do conjunto popular de St. Thomas em River Garden, realizada em 2003 por Kabacoff – em grande parte um bairro pseudo-*créole* a preços de mercado –, tornou-se o protótipo da cidade menor e mais branca que a comissão "Traga Nova Orleans de Volta" do prefeito Nagin se propõe a construir (tendo Canizaro como chefe do comitê de planejamento urbano). Segundo informou o *Times-Picayune*, em novembro:

> O prefeito Nagin sugeriu, em um de seus discursos públicos freqüentemente impensados, que a marca River Garden do novo urbanismo deveria ser um modelo de reconstrução para as partes da Big Easy que presumivelmente serão demolidas em breve. Essa afirmação foi de pronto repetida pelo secretário de Desenvolvimento Urbano, Alphonso Jackson, que declarou que River Garden

---

[25] Brian Thevenot, "Returning New Orleanians ponder city's future", *Times-Picayune*, 1/10/2005.

[26] Citado em Christopher Tidmore, "Groundbreaking begins at St. Thomas site", *Louisiana Weekly*, 24/11/2003.

[27] Matthias Gebauer, *Der Spiegel* (entrevista com Finis Shellnut).

é o modelo que será adotado quando outros conjuntos habitacionais inundados forem demolidos.[28]

Apesar de anos de protestos, St. Thomas foi arrasado em 2000 e seus 1.700 moradores foram transferidos para outros lugares. River Garden, construído com recursos do programa federal HOPE VI*, simbolizou o método da era Clinton para acabar com concentrações de pobreza negra para as quais não havia solução: demolir moradias populares e utilizar cartas de crédito para "estimular" os moradores a se mudarem para outras áreas da cidade (em geral para bairros ainda mais pobres e para casas ainda mais miseráveis). O HOPE VI foi visto de início como um substituto individual para as moradias populares, mas logo se transformou em uma estratégia furtiva de revitalização, dando a construtores civis politicamente privilegiados, como Kabacoff, acesso a áreas com um potencial extraordinário de reconstrução. (Nacionalmente, estima-se que o HOPE VI tenha causado a perda de 50 mil unidades habitacionais acessíveis[29].) No caso de River Garden, apenas um punhado de moradores dos conjuntos originais se adequou aos critérios de permanência nas unidades subsidiadas, mas o preço dos terrenos nas áreas próximas ao distrito de Lower Garden subiu.

Subjacente ao novo urbanismo de River Garden existe uma crença dogmática de que os bairros negros de baixa renda, presos há várias gerações na armadilha da "cultura da pobreza", são incapazes de progredir por si mesmos, desperdiçam investimentos públicos e não geram capital social significativo. Apesar de uma quota de 10% a 30% de residentes de baixa renda soar revolucionária quando aplicada a Beverly Hills, "renda mista", no contexto das moradias populares de Nova Orleans significa despejo em massa, temperado apenas por novos lares para uma minoria de "pobres merecedores" (para usar um termo vitoriano). Kabacoff afirma fervorosamente que uma fração reduzida de moradores pobres é a condição *sine qua non* para assegurar a viabilidade da reconstrução dos bairros: "com 30% acessíveis (mães e crianças), vocês estão ultrapassando os limites"[30].

---

[28] Douglas McCash, "New Urbanism dominates rebuilding chatter", *Times-Picayune*, 14/11/2005.

* Homeownership and Opportunity for People Everywhere [Moradia e Oportunidade para Todos], programa assistencial do Departamento de Habitação e Desenvolvimento Urbano. Consiste em um programa trienal, instituído em 1990, que destina verbas para o financiamento de projetos habitacionais populares, algo similar a um "programa da casa própria". (N.T.)

[29] Susan Popkin et al., "The HOPE VI Program: What about the residents?", *Housing Policy Debate*, v. 15, n. 2, 2004.

[30] Citado em Mike Luke, "St. Thomas Redevelopment", *Where Y'At*.

Redução planejada

> Um imenso plano de segregação embrulhado
> em uma gigantesca tomada de terra.
> Ex-prefeito Mark Morial[31]

A embaraçosa sigla BNOB – Bring New Orleans Back [Traga Nova Orleans de Volta] – designa talvez uma das mais importantes iniciativas da elite de Nova Orleans desde que o célebre "Comitê da Água Fria" (do qual participava o pai de Kabacoff) se mobilizou para derrotar os "Velhos Batistas" e eleger o reformador DeLesseps Morrisson como prefeito. O BNOB surgiu de uma notória reunião entre o prefeito Nagin e os líderes empresariais de Nova Orleans (que muitos apelidaram de "os quarenta ladrões"), organizada por Reiss em Dallas doze dias após o Katrina ter devastado a cidade. O encontro excluiu a maioria dos deputados negros de Nova Orleans e, de acordo com o que Reiss informou a *The Wall Street Journal*, concentrou-se na oportunidade de reconstruir a cidade "com serviços melhores e menos pobres"[32].

O temor de que um golpe de Estado municipal estivesse em andamento foi levemente atenuado quando, no fim de setembro, o prefeito encarregou o BNOB de preparar um plano diretor para a reconstrução da cidade. Embora a comissão de dezessete membros fosse equilibrada em termos raciais e incluísse o presidente da Câmara Municipal, Oliver Thomas, e o músico de jazz Wynton Marsalis (que se telecomunicou a partir de Manhattan), a verdadeira influência era dos membros do comitê, especialmente de Canizaro (planejamento urbano), Cowen (educação) e Howard (finanças), que tinham almoços privados com o prefeito antes das reuniões semanais do grupo. Esse local sagrado foi considerado necessário, porque os encontros com todos os membros não forneciam as condições para uma discussão franca a respeito de "temas pesados sobre raça e classe"[33].

O BNOB poderia ter implodido rapidamente, não fosse uma astuta manobra lateral de Canizaro, que persuadiu Nagin a convidar o ULI para trabalhar com a comissão. Anos antes, Canizaro se valeu do ULI para ajudá-lo a convencer os moradores de St. Thomas a usar os recursos do HOPE VI, o que resultou, afinal, no River Garden de Kabacoff e no deslocamento da maioria dos moradores. Ainda que o ULI seja a voz nacional dos interesses próprios das construtoras,

---

[31] Gwen Filosa, "Former mayor rejects idea of a New Orelans reduced in size", *Times-Picayune*, 8/1/2006.

[32] Christopher Cooper, "Old-Line Families Escape Worst of Flood and Plot the Future", *The Wall Street Journal*, 8/9/2005.

[33] Gary Rivlin, "Divisions Appear Within a Storm Recovery Commission", *The New York Times*, 30/10/2005.

Nagin e Canizaro deram as boas-vindas à delegação de construtores, arquitetos e ex-prefeitos como uma heróica cavalaria de especialistas que vinha em socorro da cidade. Em suma, as recomendações do ULI transformaram o histórico desejo da elite de reduzir o perfil socioeconômico da pobreza negra (e do poder político negro) da cidade em uma cruzada para reduzir seu perfil *físico* a contornos condizentes com a segurança pública e com uma infra-estrutura urbana viável em termos fiscais.

Partindo dessas premissas suspeitas, os "peritos" externos (incluídos aqui representantes de algumas das maiores empresas de construção civil e escritórios de arquitetura do país) propuseram uma triagem inédita em uma cidade norte-americana: os bairros das áreas mais baixas seriam alvo de uma desapropriação maciça e de uma futura conversão em área verde, para proteger Nova Orleans contra as inundações. Como disse um construtor visitante ao BNOB: "Essas moradias agora são recurso público. Não se pode mais pensar nelas como propriedade privada"[34].

Agudamente ciente da inevitável resistência popular, o ULI também propôs a criação de uma Companhia de Reconstrução de Crescent City*, que, armada de autoridade suprema, prescindiria da Câmara Municipal e de uma junta de supervisão com poder sobre as finanças da cidade. Com o controle das escolas de Nova Orleans usurpado pelo Estado, a ditadura de peritos e de indicados pela elite proposta pelo ULI derrubaria efetivamente a democracia representativa e anularia o direito dos moradores de decidir as próprias vidas. Especialmente para os veteranos do movimento de direitos civis da década de 1960, isso cheirava a revogação pura e simples de direitos, uma volta ao paternalismo dos tempos das *plantations*.

A Câmara Municipal, apoiada por um número surpreendente de representantes e proprietários brancos de imóveis, rejeitou enfaticamente o plano do ULI. O prefeito Nagin – um verdadeiro gato em teto de zinco quente – pulou de um lado para o outro do campo, desaprovando o abandono de áreas e, ao mesmo tempo, alertando para o fato de que a cidade não poderia atender a todos os bairros. No entanto, as autoridades nacionais e estaduais, incluindo o secretário de Desenvolvimento Urbano, Alphonso Jackson, aplaudiram o esquema do ULI, do mesmo modo que o editorial do *Times-Picayune* e o influente Gabinete de Pesquisa Governamental. Houve apoio adicional de políticos de fora, como James Glassman, do Instituto Norte-Americano de Empreendimento ("Essas áreas deveriam voltar a ser pântanos"), Ron Utt, da Heritage ("Deveríamos pensar em uma Nova Orleans que se reduza novamente ao seu núcleo original e que seja mais viável?") e Nicole Gelinas, do Instituto Manhattan ("Eu

---

[34] Martha Carr, "Rebuilding should begin on high ground, group says", *Times-Picayune*, 19/11/2005.

* Cidade crescente, em inglês, como também é conhecida Nova Orleans. (N.T.)

proporia que toda a estrutura da junta escolar eleita seja dissolvida [...]")[35]. Nova Orleans foi tratada como um Estado falido, um Haiti doméstico.

Diante da formidável coalizão de plutocratas, editores de jornais, políticas bitoladas e até mesmo ambientalistas a favor da redução de Nova Orleans, e com suas bases espalhadas em exílio ao longo das fileiras sulistas, os adversários do ULI (inclusive igrejas, sindicatos e grupos ativistas locais, como Acorn*) encontraram uma enorme dificuldade para fazer com que suas vozes fossem ouvidas. O *Times-Picayune*, assim como os principais jornais nacionais, pregou incansavelmente que Nova Orleans teria de escolher entre a anarquia promovida por sua irresponsável Câmara eleita, e a sabedoria de Canizaro e dos anciãos do ULI. Ainda em dezembro, enquanto os comitês terminavam seus relatórios, havia um nervosismo considerável entre os instigadores originais, porque o BNOB poderia ter de se curvar à opinião pública e diminuir o ímpeto.

Logo antes do Natal, o Gabinete de Pesquisa Governamental publicou um artigo ("Wanted – A Realistic Development Strategy" [Procura-se – uma estratégia realista de desenvolvimento]) que alertava para o fato de que a cidade enfrentaria novos desastres se permitisse que a política, e não as "realidades físicas e demográficas", determinasse "exatamente quais partes da cidade podem ser reconstruídas e quando".

> A menos que o plano da cidade aborde as incongruências entre perfil e população dirigindo inicialmente o desenvolvimento para áreas mais compactas, o resultado será um avanço aleatório e disperso em um mar de ruínas.[36]

As recomendações do BNOB, apresentadas em janeiro por Canizaro, seguiram fielmente o esquema geral do ULI: incluíram a indicação de uma companhia para a retomada do desenvolvimento sem o controle da Câmara Municipal, que agiria como um banco imobiliário, adquirindo com recursos federais casas e bairros muito danificados, e exerceria a autoridade suprema necessária para converter as áreas baixas em áreas verdes ("bairros negros que estão virando parques brancos", segundo se comentou) ou para construir prédios comerciais e bairros residenciais de renda mista, como River Garden[37]. Outros comitês recomendaram uma diminuição radical

---

[35] Bill Berkowitz, "Heritage Foundation Capitalizes on Katrina". Disponível em <www.mediatransparency.com>, 15 de setembro de 2005.

* Association of Community Organizations for Reform Now [Associação das Organizações Comunitárias pela Reforma Imediata]. (N.T.)

[36] Bureau of Government Research, Wanted – A Realistic Development Strategy, Nova Orleans, 22 de dezembro de 2005.

[37] Bring Back New Orleans Urban Planning Committee, *Action Plan for New Orleans: The New American City*, 11 de janeiro de 2006.

do poder do governo eleito – por exemplo, eliminando o direito da Câmara Municipal de passar por cima das decisões tomadas pela Comissão de Planejamento, reunindo sete gabinetes de assessores eleitos em um único gabinete indicado e transferindo o controle financeiro para uma junta de supervisão controlada por banqueiros, como a MAC de Felix Rohatyn, que governou Nova York durante a década de 1970.

Quanto à importante questão sobre quais bairros poderiam ser reconstruídos e quais seriam arrasados, o BNOB defendeu o conceito de aquisição forçada, mas errou no decorrer do processo. Em vez do mapa impiedoso que o Gabinete de Pesquisa Governamental desejava, Canizaro e seus colegas propuseram uma moratória imobiliária ao estilo de Rube Goldberg, com reuniões de planejamento dos bairros que ajudariam a coletar as intenções dos proprietários dos imóveis. Apenas esses bairros, para os quais pelo menos metade dos que moravam ali antes do Katrina se comprometeu a voltar, seriam considerados sérios candidatos a receber Community Development Block Grants (CDBGs)[Empréstimos Consolidados para Desenvolvimento Comunitário] e outros auxílios financeiros.

Canizaro apresentou o relatório a Nagin em uma audiência pública, em 11 de janeiro. "Gosto do plano", disse o prefeito, e agradeceu aos membros da comissão por "um trabalho bem-feito". O *Times-Picayune*, como era de se esperar, teceu homilias (em editoriais publicados nas edições de 27 de dezembro e 15 de janeiro) sobre o fato de que "a morte dos bairros é uma idéia desconfortável para muitos, mas pode ser inevitável diante das conseqüências do Katrina". Contudo, "isso não quer necessariamente dizer", acrescentaram os editores, "que Nova Orleans se tornará uma versão menor de si mesma. A cidade pode ser reerguida com o mesmo charme".

Muitos habitantes, porém, acharam o relatório de Canizaro pouco charmoso. "Vou sentar à minha porta com uma espingarda", avisou um morador em uma reunião que lotou as salas da Câmara, em 14 de janeiro, enquanto outro perguntou: "Nós vamos deixar que construtores, gatunos e grileiros tomem nossas terras, nossas casas, para fazer delas e de nossas vidas uma versão da Disney World?". Como era de se esperar, Nagin entrou em pânico e acabou desaprovando a moratória imobiliária. Logo depois, a Casa Branca bombardeou o plano de Baker e deixou o BNOB apenas com a verba de controle estadual dos CDBGs para financiar sua visão ambiciosa de Nova Orleans: uma dúzia de River Gardens interligados por trens de alta velocidade.

Contudo, Canizaro não parece nem um pouco preocupado. Ele reafirmou aos seus parceiros que o plano ULI-BNOB pode seguir adiante apenas com os CDBGs, se necessário. Não obstante, ele sabe que, independentemente do clima político local, existem poderosas forças externas – seguros que não dão cobertura, novos mapas de enchente da Fema, financeiras que se recusam a renegociar hipotecas. Além disso, como sabe qualquer um que seja versado na *realpolitik* da Louisiana moderna, nada está realmente decidido em Nova Orleans até que alguns dos bons e velhos meninos (e meninas) de Baton Rouge digam a palavra final.

Mudança de poder

> Estamos preocupados que esteja ocorrendo tanto uma tomada de terras como uma tomada de poder.
> National Association for the Advancement of Colored People* (NAACP)[38]

Mesmo antes de o último corpo inchado ser retirado das águas fétidas, analistas políticos conservadores já escreviam obituários exultantes sobre o poder democrata negro em Louisiana. "A margem de vitória dos democratas", disse Ronald Utt, da Fundação Heritage, "[está] no Astrodome de Houston." Outros apontaram entusiasmados para o novo cálculo: subtraia o Ninth Ward de Nova Orleans e a senadora Mary Landrieu e inúmeros outros democratas, grandes e pequenos, estarão provavelmente desempregados[39]. Graças às barragens defeituosas do Corpo de Engenharia do Exército, os republicanos esperam ganhar mais uma cadeira no Senado, duas no Congresso e provavelmente o governo estadual. Os democratas também considerariam impossível repetir o feito de Clinton em 1992, quando ele levou a Louisiana por quase a exata margem de vitória em Nova Orleans. Com um especialista eleitoral impiedoso como Karl Rove na Casa Branca, é inconcebível que essas considerações não tenham influenciado a descarada resposta de Bush ao desastre.

Houve celebrações maquiavélicas também em Baton Rouge. Como disse entusiasmado a um repórter da Califórnia o deputado Charlie DeWitt, um democrata conservador da região rural de Lecompte: "Esse estado mudou politicamente. Acredito que será provavelmente um dos estados mais conservadores do sul". Um analista político de Shreveport acrescentou: "Até as pessoas boas estão se acomodando, não estão dando apoio à reconstrução de Nova Orleans. O que se está vendo é um bando de pessoas sorrindo maliciosamente, dando piscadelas, balançando a cabeça [...]"[40].

Pode-se presumir que muitos dos "sorrisos maliciosos" e das "piscadelas" estejam ocorrendo logo ali, do outro lado dos limites paroquiais. Nova Orleans

---

* Associação Nacional para a Promoção das Pessoas de Cor. (N.T.)
[38] Michael Fletcher e Spencer Hsu, "Storms Alter Louisiana Politics", *The Washington Post*, 14/10/2005.
[39] Idem.
[40] Ellen Barry, "Power Shifting with Population", *The Los Angeles Times*, 17/11/2005.

sempre rivalizou com Detroit no que se refere à violenta antipatia dos subúrbios brancos isolados pela parte central negra da cidade; então, não surpreende que os representantes da paróquia de Jefferson (que em 1989 elegeu o líder da Klan, David Duke, para a legislatura estadual) e a paróquia de St. Tammany tenham saboreado particularmente as mudanças na população metropolitana e no poder eleitoral que ocorreram após o Katrina. Ambos os municípios estão em meio a uma explosão habitacional que pode consolidar o esvaziamento e o declínio de Nova Orleans. Em dezembro, por exemplo, a gigante KB Homes da Califórnia anunciou uma parceria com o Grupo Shaw para iniciar a primeira etapa da construção de 20 mil casas na margem oeste da paróquia de Jefferson – uma jogada claramente planejada para garantir a reconstrução de bairros abastados de Nova Orleans do outro lado do rio. Do mesmo modo, na margem oposta do lago Pontchartrain, em St. Tammany, onde se prevê que a população aumente 30% nos próximos anos, há um "frenesi alimentar" em cima do "mercado [imobiliário] do desespero"[41]. A superlotada Baton Rouge, por sua vez, se apressa em construir novos bairros, apartamentos e escritórios para acomodar dezenas de milhares de expatriados na jusante.

De sua parte, a governadora Blanco, uma democrata, expressou pouca preocupação com essa reconfiguração fundamental da maior área metropolitana da Louisiana. De fato, suas respostas imediatas ao Katrina, como as de Bush, consistiram em ajudar a arquitetar a ocupação estadual das escolas de Nova Orleans e a cortar 500 milhões de dólares das despesas estaduais, enquanto dava isenções fiscais (em nome da recuperação econômica) às companhias de petróleo já encharcadas de lucros. O cáucus negro legislativo sentiu-se ultrajado com a "completa falta de visão e de liderança" de Blanco e foi aos tribunais desafiar seu direito de fazer cortes sem consultar os legisladores. Mas Blanco, apoiada por ruralistas conservadores e lobistas de empresas, foi intransigente e claramente hostil com os democratas negros cujo apoio ela havia antes cortejado. O deputado Cedric Richmond, democrata de Nova Orleans e presidente do cáucus negro, interpretou o confronto como uma prova do realinhamento político pós-Katrina. "Até parece que a administração está se movendo para a direita." Ele prometeu, entretanto, que o cáucus "continuaria a falar pelas pessoas cuja voz é ignorada, e essas pessoas são os pobres – não apenas os afro-americanos, mas os pobres de todo o estado"[42].

Mas os pobres não têm voz no interior da Louisiana Recovery Authority (LRA)[Autoridade de Recuperação da Louisiana], cuja corriola barulhenta de reitores de universidades e figurões indicados por Blanco é ainda menos afeita

---

[41] Meghan Gordon, "Quick Sell", *Times-Picayune*, 1/12/2005.

[42] Ellen Barry, "Power Shifting with Population", cit.

aos eleitores negros de Nova Orleans e seus representantes do que a *krewe* de Canizaro. O conselho da LRA, composto por 29 pessoas e dominado por representantes dos grandes negócios, conta com apenas um sindicalista e não tem um único representante das bases negras. Além disso, em contraste com a comissão de Nagin, a LRA tem o poder de decidir, e não apenas o de aconselhar: ela controla a alocação de fundos da Fema dos CDBGs que o Congresso pôs à disposição para a reconstrução.

De acordo com entrevistas do *Times-Picayune*, membros de destaque da LRA acreditam que a simples falta de incentivos econômicos fará a cidade encolher até os contornos propostos pelo Instituto da Terra Urbana[43]. Sendo assim, a LRA recusou-se a desembolsar um centavo sequer de seus fundos de prevenção de riscos para áreas consideradas inseguras e, presume-se, será igualmente rígida com relação à alocação de gastos dos CDBGs. Em uma sessão especial da legislatura, a governadora Blanco enfatizou que o estado, e não o governo local ou os comitês de planejamento de bairros, controlará o destino dos empréstimos e dos auxílios. Blanco anunciou que deseja dispor dos 4,4 bilhões de dólares dos CDBGs para ajudar os proprietários de imóveis em todo o estado, com 1 bilhão adicional para acesso à moradia: de longe, muito pouco para reconstruir Nova Orleans, e menos ainda para curar as feridas de uma dúzia de outras paróquias devastadas. Na ausência de mais auxílio federal, a ameaça de uma triagem controlada por deputados rurais e suburbanos paira agourenta sobre a cidade. Como disse a *The New York Times*, em 8 de janeiro, o publicitário Sean Reilly, um indicado da LRA para Baton Rouge: "Alguém tem de ser duro, manter sua posição e dizer a verdade. Nem todos os bairros de Nova Orleans poderão ser salvos".

Mas as elites talvez tenham ignorado o fator Fats Domino.

"Não à terraplenagem!"

> A luta por Nova Orleans tornou-se uma guerra de guerrilha, travada de quarteirão em quarteirão, de casa em casa.
> Wade Rathke, organizador da Acorn[44]

Como centenas de outras residências atingidas pela inundação, mas estruturalmente mais sólida, a casa de Fats Domino ostenta uma faixa desafiadora: "Salvem nosso bairro: Não à terraplenagem!". O ícone do R&B, que sempre esteve próximo de suas raízes, no bairro operário de Holy Cross, sabe que os ribeirinhos e o resto de Lower Ninth Ward são os primeiros alvos dos "redutores urbanos".

---

[43] Gordon Russell e Frank Donze, "Officials tiptoe around footprint issue", *Times-Picayune*, 8/1/2006.

[44] Wade Rathke, "A New Orleans for All". Disponível em <www.tompaine.com>.

De fato, no dia de Natal, o *Times-Picayune* – que declarou que "antes de uma comunidade poder se reerguer, ela precisa sonhar" – publicou uma visão do que poderia ser uma Nova Orleans "menor e melhor": "Turistas e crianças em idade escolar visitam um museu vivo, que inclui o antigo lar de Fats Domino e a escola secundária de High Cross, um memorial de várias quadras ao Katrina que se espraia pelo bairro devastado".[45]

"Museu vivo" (ou "museu do holocausto", como observou amargamente um amigo negro) soa como uma piada de mau gosto, mas é a perspectiva elitista daquilo que a Nova Orleans afro-americana deveria se tornar. No admirável mundo do novo urbanismo de Canizaro e Kabacoff, os negros (ao lado de outro grupo colorido minoritário, os cajuns) reinarão apenas como figuras de entretenimento e caricaturas deles mesmos. A potente energia que antes movia botecos, projetos habitacionais e blocos carnavalescos secundários será embalsamada com toda a segurança para turistas de um evento já proposto, chamado Louisiana Music Experience, que será realizado no distrito central de negócios.

Porém, antes de mais nada, essa versão do futuro assemelhada a um espetáculo de menestréis precisa derrotar uma notável história local de organização de bases. O segredo mais bem guardado da Crescent City – ao menos na grande mídia – é o ressurgimento da organização sindical e comunitária desde meados da década de 1990. De fato, Nova Orleans, a única cidade sulista em que o trabalhismo sempre foi poderoso o bastante para convocar uma greve geral[46], tornou-se um importante caldeirão de novos movimentos sociais. Tornou-se, em particular, a base local da AOCRJ, uma organização nacional de proprietários e inquilinos da classe trabalhadora que conta com a participação de mais de 9 mil famílias de Nova Orleans, a maior parte delas dos bairros ameaçados pela triagem. A adesão à AOCRJ é o motor por trás da tumultuada luta pela sindicalização dos hotéis do centro, que se arrasta há uma década, e do bem-sucedido referendo de 2002 pelo primeiro salário mínimo municipal do país (posteriormente vetado por uma Suprema Corte estadual de direita). Desde o Katrina, a Acorn emergiu como o principal oponente do plano ULI–BNOB para reduzir a cidade. Seus membros estão novamente lutando contra muitas das figuras da elite que foram seus adversários na questão da sindicalização dos hotéis e de um salário digno.

O fundador da Acorn, Wade Rathke, zomba das projeções da Corporação RAND, que indicam que a maioria dos negros abandonará a cidade. "Não acre-

---

[45] Martha Carr, "What will New Orleans look like five years from now?", *Times-Picayune*, 25/12/2005.

[46] Eric Arnesen, *Waterfront Workers of New Orleans: Race, Class, and Politics, 1863-1923* (Urbana, University of Illinois Press, 1994).

dite nesses números falsos", disse-me enquanto saboreávamos pastéis doces no Café du Monde, em janeiro.

> Fizemos um levantamento dos membros da Acorn que se deslocaram para Houston e Atlanta. Todos esmagadoramente querem voltar, mas entendem que essa é uma guerra dura, já que temos de combater em duas frentes ao mesmo tempo: para reformar as casas e para trazer os empregos de volta. É também uma corrida contra o tempo. O desafio é: você faz, você leva. Então, nossos membros estão votando com base nas circunstâncias de acordo.

Sem esperar por CDBGs, mapas de controle de enchentes da Fema ou permissão de Canizaro, os voluntários da Acorn estão trabalhando dia e noite em todo o país para reformar as casas de mil famílias em algumas das áreas mais atingidas. A estratégia é colocar os "redutores urbanos" diante do fato incontestável de que há bairros reocupados e viáveis no centro.

A Acorn aliou-se à AFL-CIO e à NAACP para defender os direitos dos trabalhadores e pressionar pela contratação de moradores nos esforços de recuperação. Rathke ressalta que o Katrina se tornou pretexto para o ataque mais insidioso, apoiado pelo governo, contra os sindicatos desde que o presidente Reagan demitiu os controladores de tráfego aéreo que fizeram greve em 1981. "Primeiro, a suspensão da Davis-Bacon [a lei salarial federal prevalente], em seguida a apropriação das escolas por parte do Estado e o fim do sindicato dos professores, e agora isso." Ele aponta para um caminhão de lixo verde e malconservado que se arrasta pela praça Jackson. "A coleta de lixo no bairro francês costumava ser um encargo público sindicalizado, de membros da SEIU. Agora a Fema contratou o serviço de uma companhia pelega de fora do estado. É isso que significa 'trazer Nova Orleans de volta'?"

A Acorn também foi à justiça para garantir que a população deslocada e predominantemente negra de Nova Orleans tivesse acesso a locais de votação fora do estado, em especial em Atlanta e em Houston, para as eleições municipais marcadas para 22 de abril. Quando um juiz federal rejeitou o pedido, o organizador da Acorn, Stephen Bradberry, disse que é "óbvio que há um plano orquestrado para tornar essa cidade mais branca". A NAACP concorda, mas o Departamento de Justiça negou o pedido de obstrução de uma eleição que provavelmente transferirá o poder para a maioria branca artificialmente criada pelo Katrina.

Enquanto a Acorn tenta trazer seus membros de volta para casa, uma coalizão de grupos menores, que inclui o Fundo Popular de Auxílio contra Furacões (cuja genealogia remonta ao SNCC* e à sessão de Nova Orleans do Partido dos

---

* Student Nonviolent Coordinating Committee [Comitê de Coordenação Estudantil Não Violenta]. (N.T.)

Panteras Negras), o coletivo de voluntários Common Ground e o Partido Verde de Nova Orleans, além de estudantes de direito progressistas e ativistas de todo o país, tem lutado contra as demolições propostas no Lower Ninth Ward. Depois do Natal, o município tentou furtivamente pôr abaixo mais de cem casas por constituírem "risco à segurança pública", sem fazer nenhum esforço para localizar ou notificar seus proprietários. Ativistas locais e voluntários correram para se colocar no caminho, ganhando tempo para que Bill Quigley, um advogado veterano dos direitos civis, abrisse um processo contra o município pela violação gritante do procedimento padrão que deve ser seguido em situações como essa. Como ambos os lados estavam bem cientes, essa seria apenas a primeira batalha do conflito vindouro contra a demolição em massa e a triagem dos bairros.

Teria sido inspirador ver, nessa última batalha de Nova Orleans, as dores do parto de um novo ou renovado movimento dos direitos civis. Contudo, o ferrenho ativismo local ainda tem de encontrar eco numa solidariedade significativa do movimento trabalhista, os assim chamados democratas progressistas, ou mesmo do cáucus negro no Congresso. Promessas solenes, comunicados à imprensa e delegações ocasionais, sim; mas não o inabalável ultraje nacional nem o senso de urgência que deveriam ter comparecido à tentativa de assassinato de Nova Orleans no 40º aniversário do Projeto de Direitos Eleitorais. Em 1874, segundo destacou o historiador Ted Tunnell, o fracasso dos radicais do norte quando lançaram uma retaliação combativa e armada contra a insurreição branca ajudou a condenar a primeira Reconstrução[47]. Será que agora a nossa frágil resposta ao furacão Katrina guiará o retrocesso da segunda?

fevereiro de 2006, versão resumida publicada em abril – The Nation

As luzes ainda estão apagadas na maior parte de Gentilly. Até o dia de Ano Novo de 2007, menos de cem proprietários de imóveis de Nova Orleans receberam empréstimos federais para a reconstrução. Os exames periciais de engenharia, juntamente com as audiências publicadas pelos comitês bipartidários da Câmara e do Senado, confirmaram a responsabilidade do Corpo de Engenharia do Exército pelos rompimentos nas barragens, assim como esclareceram o público a respeito do catastrófico fracasso do Departamento de Segurança Interna em cada aspecto de sua resposta. (Já que o governo federal é amplamente imune a ações legais, qualquer tipo de restituição aguarda audiências extras, que devem ser realizadas pela nova maioria democrata no Congresso.) Entrementes, mais da metade da população da cidade em 2001 permanece exilada (muitos atualmente despejados também das moradias de emergência em outras cidades) e, dos que retornaram, uma pesquisa recente indica que um terço planeja partir o mais rápido possível. O plano

---

[47] Ted Tunnel, *Crucible of Reconstruction* (Boston Rouge, Louisiana State University, 1984).

do BNOB foi engavetado após uma furiosa oposição da comunidade e substituído por um processo local de planejamento feito de remendos e sem garantia de apoio federal ou estadual. Centenas de arquitetos, planejadores e peritos externos de todo tipo "revislumbraram" Nova Orleans em inúmeros esquemas e planos, mas o progresso em campo vem sendo traído pela lentidão criminosa da reação governamental. O contraste com o boom de reconstruções no Mississippi (ou, nesse caso, nas paróquias suburbanas de Jefferson e St. Tammany) apenas reforça a percepção de que Nova Orleans — uma cidadela de poder eleitoral afro-americano — foi deliberadamente assassinada.

36
Irmã Catarina

A gênese de dois furacões de categoria 5 (Katrina e Rita) que atingiram em seqüência o golfo do México é uma ocorrência inédita e preocupante. No entanto, para a maioria dos meteorologistas, a "tempestade da década", de fato espantosa, ocorreu em março de 2004. O furacão Catarina – assim chamado por ter chegado à terra pelo estado de Santa Catarina, no sul do Brasil – foi o primeiro furacão registrado no Atlântico Sul em toda a história.

A ortodoxia dos manuais havia muito já excluíra a possibilidade de tal evento; especialistas afirmavam que as temperaturas do mar são muito baixas e os ventos sopram com muita força para permitir que depressões tropicais evoluam para o estágio de ciclones ao sul do Equador atlântico. De fato, os meteorologistas esfregaram os olhos por não acreditar no que viam, enquanto os satélites meteorológicos transmitiam as primeiras imagens de um clássico disco em turbilhão, com um olho bem definido, em latitudes proibidas.

Em uma série de encontros e publicações recentes, os pesquisadores debateram a origem e o significado do Catarina. Uma das questões cruciais era esta: o Catarina foi um evento raro, muito distante da curva normal da atmosfera do Atlântico Sul (no mesmo sentido, por exemplo, que a incrível média de acertos de Joe Di Maggio em 56 jogos no ano de 1941 – uma analogia celebrizada por Stephen Jay Gould) *ou* foi um evento "limiar", que assinala uma mudança abrupta e fundamental no estado do sistema climático?

Discussões científicas sobre mudanças ambientais e aquecimento global há muito têm sido assombradas pelo espectro da não-linearidade. Modelos climáticos, como os econométricos, são mais fáceis de construir e compreender quando são simples extrapolações lineares de um comportamento passado bem quantificado, em que as causas mantêm uma proporcionalidade consistente com relação aos efeitos. Contudo, todos os principais componentes do clima global – ar, água, gelo e vegetação – são, na verdade, não lineares: em certos limiares, eles mudam de um estado de organização para outro, com conseqüências catastróficas para as espécies sintonizadas demais com as normas antigas.

Até o início da década de 1990, contudo, a crença generalizada era de que essas grandes transições climáticas levavam séculos, senão milênios, para se consumar. Agora, graças à decodificação de traços sutis em núcleos de gelo e sedimentos no fundo do mar, sabemos que a temperatura global e a circulação oceânica podem mudar abruptamente – em uma década ou até menos.

O exemplo paradigmático é o chamado evento Younger-Dryas, ocorrido há 12.800 anos, quando uma barreira de gelo se rompeu e liberou no oceano Atlântico um imenso volume de água do degelo da placa glacial lourenciana através do rio São Lourenço, aberto naquele instante. O resfriamento do Atlântico Norte impediu que a corrente do golfo levasse água quente para o norte, fazendo com que a Europa mergulhasse novamente em uma era glacial milenar.

Mecanismos de mudança abrupta no sistema climático, como alterações relativamente pequenas na salinidade da água, aumentam com os ciclos causais que agem como amplificadores. O exemplo mais famoso talvez seja o albedo do gelo marinho: o oceano Ártico, branco e gelado, reflete o calor de volta para a atmosfera, garantindo assim uma realimentação positiva à tendência de resfriamento; por outro lado, a redução do gelo marinho aumenta a absorção de calor e acelera o aquecimento do planeta.

Limiares, mudanças, amplificadores, caos – os geofísicos contemporâneos admitem que a história da Terra é inerentemente revolucionária. Esse é o motivo pelo qual muitos pesquisadores proeminentes – em especial os que estudam questões como a estabilidade das placas polares e a circulação de correntes no Atlântico Norte – são muito cuidadosos com relação às projeções consensuais do Painel Intergovernamental de Mudança Climática [Intergovernmental Panel on Climate Change, IPCC], autoridade mundial em aquecimento global.

Em contraste com os obscurantistas bushistas e entusiastas da indústria petrolífera, o ceticismo desses pesquisadores baseia-se no temor de que os modelos do IPCC não tenham condições de prever adequadamente as não-linearidades catastróficas, como o evento Younger-Dryas ou o furacão Catarina. Enquanto os outros pesquisadores aplicam modelos climáticos do século XXI aos precedentes Altitermal (a fase mais quente do atual Holoceno, ocorrida há 8 mil anos) e Eemiano (o episódio interglacial mais próximo e mais quente, ocorrido há 120 mil anos), eles brincam com a possibilidade de haver um aquecimento descontrolado que leve a Terra de volta ao caos tórrido do Máximo Térmico do Paleoceno-Eoceno (MTPE, que ocorreu há 55 milhões de anos), quando o aquecimento extremo e rápido dos oceanos levou a uma extinção em massa.

Surgiram recentemente novas e dramáticas evidências de que podemos estar indo, se não de volta ao aterrorizante e quase inconcebível MTPE, ao menos para uma aterrissagem muito mais forçada do que a prevista pelo IPCC. Há três semanas, enquanto voava em direção à Louisiana e à carnificina provocada pelo Katrina, eu lia atentamente a edição de 23 de agosto da *EOS*, a revista da União Geofísica Norte-Americana. Logo congelei ao ler um artigo intitulado "Arctic System on Trajectory to New, Seasonally Ice-Free State" ["O sistema ártico rumo a um novo estado periodicamente sem gelo"], de autoria de 21 cientistas de quase o mesmo número de universidades e institutos de pesquisa[1]. Dois dias depois, andando pelas ruínas do Lower Ninth Ward, eu me sentia mais consternado com o artigo da *EOS* do que com o desastre que me cercava.

O artigo começa com a recapitulação de tendências familiares a qualquer leitor da seção de ciência de *The New York Times* de terça-feira: há quase trinta anos o gelo do oceano Ártico vem derretendo e encolhendo de forma tão dramática que "um oceano Ártico sem gelo no verão será uma possibilidade real dentro de um século". No entanto, o artigo da *EOS* acrescenta a observação de que é provável que esse processo seja irreversível: "surpreendentemente, é difícil identificar um único mecanismo de compensação no interior do Ártico que tenha capacidade ou velocidade para alterar o curso atual do sistema".

Um oceano Ártico sem gelo não existe há no mínimo 1 milhão de anos, e os autores do artigo alertam para o fato de que a Terra está indo inexoravelmente em direção a um estado "superinterglacial [...] externo ao escopo das flutuações glaciais-interglaciais que prevaleceram ao longo da história recente do planeta". Eles enfatizam que, em um século, o aquecimento global provavelmente excederá a temperatura do Eemiano e, por conseguinte, todos os modelos que a usaram como cenário provável.

Em outras palavras, estamos em um trem desgovernado que ganha velocidade à medida que passa pelas estações "Altitermal" e "Eemiano". Além disso, "fora do escopo" significa que não só estamos deixando para trás os afortunados parâmetros climáticos do Holoceno – os últimos 10 mil anos de atmosfera quente e amena que favoreceu o crescimento explosivo da agricultura e da civilização urbana –, mas também do Pleistoceno tardio, que assistiu à evolução do *Homo sapiens* na África oriental. Outros pesquisadores, sem dúvida, contestarão as conclusões extraordinárias do artigo da *EOS* e – assim devemos esperar – sugerirão forças de reação à catástrofe do albedo do gelo marinho. Entretanto ao menos até o momento presente, as pesquisas sobre a mudança global apontam para os piores cenários possíveis.

---

[1] J. Overpeck et al., "Artic System on Trajectory to New, Seasonally Ice-Free State", *EOS*, v. 86, n. 34, 23/8/2005.

É evidente que tudo isso é um tributo perverso ao capitalismo industrial e ao imperialismo exploratório como forças geológicas tão extraordinárias que conseguiram, no espaço de pouco mais de dois séculos – na verdade, sobretudo nos últimos cinqüenta anos –, derrubar a Terra do seu pedestal climático e empurrá-la para o desconhecido não linear.

O demônio que existe em mim diz: festeje e seja feliz. Não há por que se preocupar com Kyoto, reciclar latas de alumínio ou usar pouco papel higiênico, já que em breve estaremos discutindo quantos caçadores-coletores poderão sobreviver nos desertos tórridos da Nova Inglaterra ou nas florestas tropicais do Yukon. Entretanto, o bom pai que existe em mim exclama: como é possível que só agora se possa discutir com seriedade científica se os filhos dos nossos filhos terão filhos eles mesmos? Deixemos para a Exxon responder em um de seus anúncios tão cheios de santimônia.

7 de dezembro de 2005 – The Los Angeles Times

37

Nós somos os anasazis

O urso polar em sua diminuta placa de gelo tornou-se o símbolo urgente do aquecimento global e da mudança climática descontrolada. Mesmo o ignaro da Casa Branca agora admite que esses ursos magníficos podem estar condenados à extinção, à medida que as calotas derretem e o oceano Ártico é transformado em um mar de água azul pela primeira vez em milhões de anos. O "grande experimento geofísico" da humanidade, como há anos o oceanógrafo Roger Revelle caracterizou o crescimento acentuado da curva de emissões de dióxido de carbono, derrubou a natureza de suas fundações holocenas nas terras do Círculo Polar.

Mas o Ártico não é o único palco da espetacular e inequívoca mudança climática, e os ursos polares não são os únicos arautos de uma nova era de caos. Consideremos, por exemplo, alguns dos parentes distantes do *Ursus maritimus*: os ursos-pretos, que procuram alimento de forma jovial, mas ameaçadora, pelas lendárias montanhas Chisos, no parque nacional Big Bend, no Texas. Eles podem ser os mensageiros de uma transformação ambiental nas terras fronteiriças quase tão radical quanto aquela que está ocorrendo no Alasca ou na Groenlândia.

Enquanto caminhava em direção ao pico Emory, em um dia excepcionalmente quente de janeiro de 2002, ainda com a mente assombrada pelas imagens apocalípticas de setembro, saudei um urso jovem, brincalhão e inofensivo, em um acampamento. Aparições de ursos são sempre meio mágicas, e presumi que o encontro era a confirmação de uma paisagem silvestre, em grande parte ainda intocada. Na verdade, como me espantei ao saber por um guarda florestal no dia seguinte, o jovem urso era, por assim dizer, um *mojado* – cria de imigrantes ilegais recentes, vindos do outro lado do rio Grande.

Ursos-pretos costumavam ser comuns nas montanhas Chisos quando estas ainda eram o reduto quase mítico dos apaches mescaleros e dos guerreiros comanches nos séculos XVII e XVIII; porém, os fazendeiros os caçaram sem trégua até a extinção, no começo do século XIX. Então, quase por milagre, no início da década de 1980, os ursos reapareceram entre os pinheiros e medronheiros do pico Emory. Admirados, os biólogos especializados em vida selvagem conjecturaram que os ursos teriam migrado da serra Del Carmen, em Coahuila, nadando pelo rio Grande e cruzando quarenta milhas de deserto escaldante até chegar às montanhas Chisos, a terra prometida, onde há abundância de lixo e de dóceis veados.

Como o jaguar, que se restabeleceu nas montanhas fronteiriças do Arizona nos últimos anos ou, nesse caso, o hematófago chupa-cabra do folclore *norteño* – que, segundo dizem, tem sido visto nos subúrbios de Los Angeles – os ursos-pretos fazem parte de uma emigração épica da vida selvagem, assim como de pessoas, *al otro lado*. Embora ninguém saiba ao certo por que os ursos, os grandes felinos e os lendários vampiros estejam se dirigindo para o norte, uma hipótese plausível é que estejam ajustando seus territórios e suas populações a um novo reinado de seca no norte do México e no sudoeste dos Estados Unidos.

O caso humano é bem conhecido: *ranchitos* abandonados e cidades semifantasmas em Coahuila, Chihuahua e Sonora testemunham a implacável sucessão de anos quentes – que se iniciou na década de 1980, mas adquiriu uma intensidade realmente catastrófica no fim da década de 1990. Essa onda de calor empurrou centenas de milhares de pobres habitantes das áreas rurais para as fábricas ilegais de Ciudad Juarez e para os *barrios* de Los Angeles.

Em poucos anos, a "estiagem excepcional" atingiu completamente as planícies do Canadá ao México; mais alguns anos e incêndios púrpuras surgiram nos mapas meteorológicos, deslizando pela costa do golfo até a Louisiana, ou cruzando as Rochosas para o interior do nordeste. Mas os epicentros semipermanentes continuam sendo o Texas, o Arizona e seus estados-irmãos no México.

Até 2003, por exemplo, o volume do lago Powell diminuiu quase 24 metros no intervalo de três anos; reservatórios cruciais ao longo do rio Grande se transformaram em pouco mais que lamaçais. Enquanto isso, no sudoeste, o inverno de 2005-2006 foi um dos mais secos já registrados, e Phoenix ficou 143 dias sem uma única gota de chuva. As raras interrupções na seca, como a monção diluviana do último verão (partes de El Paso registraram incríveis 762 milímetros de chuva), foram insuficientes para abastecer de forma adequada os lençóis freáticos ou os reservatórios. Em 2006, tanto o Arizona como o Texas relataram as piores perdas de safra e de gado na história por decorrência da seca (7 bilhões de dólares no total).

A seca persistente, como o gelo que está derretendo, reorganiza rapidamente os ecossistemas e transforma a paisagem. Sem a umidade necessária para produzir a seiva protetora, milhões de acres de pinheiros norte-americanos e ponderosas foram devorados por pragas de besouros; essas florestas e chaparrais mortos, por sua vez, favoreceram os incêndios deflagrados nos subúrbios de Los

Angeles, San Diego, Las Vegas e Denver, assim como destruíram parte de Los Alamos. No Texas, as pastagens também foram queimadas — quase 2 milhões de acres somente em 2006 — e, à medida que o solo empobrece, os campos se transformam em desertos.

Alguns climatologistas não hesitaram em chamar essa situação de "megaestiagem" ou mesmo "a pior em quinhentos anos". Outros foram mais cuidadosos, ainda sem confirmação de que a atual aridez no oeste tenha ultrapassado os famosos níveis da década de 1930 (as tempestades de poeira nas planícies do sul) ou da década de 1950 (a seca devastadora no sudoeste). Mas o debate talvez seja irrelevante: uma pesquisa recente e respeitada mostra que o "crepúsculo vermelho, no oeste" (para evocar o portentoso subtítulo de *Meridiano de sangue*, de Cormac McCarthy) não é apenas uma seca episódica, e sim o novo "clima normal" da região.

Em um assustador testemunho diante do Conselho Nacional de Pesquisa, em dezembro último, Richard Seager, um experiente geofísico do Observatório Terrestre Lamont Doherty, da Universidade de Colúmbia, avisou que os principais especialistas mundiais em modelagem climática estavam obtendo os mesmos resultados que seus supercomputadores: "Segundo os modelos, um clima semelhante ao da estiagem da década de 1950 será o novo padrão no sudoeste no decorrer dos próximos anos ou décadas".

Essa previsão extraordinária — "o ocaso iminente do sudoeste norte-americano" — é um subproduto de um esforço computacional monumental que abrange dezenove modelos climáticos separados (incluindo as unidades de maior destaque em Boulder, Princeton, Exeter e Hamburgo), para o 4º Relatório de Avaliação do IPCC.

Evidentemente, o IPCC é a suprema corte da ciência climática, criado pelas Nações Unidas e pela Organização Meteorológica Mundial em 1988 para avaliar a pesquisa sobre o aquecimento global e seus impactos. Embora o presidente Bush agora aceite, com certa relutância, o aviso do IPCC de que o Ártico está derretendo rapidamente, é provável que ele ainda não tenha registrado a possibilidade de que, um dia, seu rancho em Crawford possa se tornar um monte de areia.

Há anos os climatologistas que estudam os nós das árvores e outros arquivos naturais sabem que o Acordo do Rio Colorado de 1922 — que transfere água para os oásis rapidamente urbanizados do sudoeste — baseia-se em um registro de 21 anos (1899-1921) do fluxo fluvial, que, longe de ser uma média, é na verdade a mais úmida anomalia dos últimos 450 anos, no mínimo. Mais recentemente eles chegaram a um entendimento a respeito do modo persistente como La Niña (fenômeno que provoca episódios de resfriamento no leste do Pacífico equatorial) podem interagir com as ondas de calor no Atlântico Norte subtropical, gerando secas nas planícies e no sudoeste norte-americano que podem durar décadas.

No entanto, como Seager enfatizou em Washington, as simulações do IPCC apontam para algo muito diverso dos áridos episódios catalogados no atlas norte-americano da estiagem (um compêndio superavançado de nós de árvores de 2 a. C. até o presente). Inesperadamente, é o próprio clima básico, e não suas perturbações, que está mudando.

Além disso, essa abrupta transição para um clima novo e mais extremo ("diferente de qualquer um do último milênio e provavelmente do Holoceno") resulta não de flutuações nas temperaturas do mar, mas de "padrões cambiantes de circulação atmosférica e de transporte de vapor que surgem como conseqüência do aquecimento do ar". Em suma, as regiões secas se tornarão mais secas e as regiões úmidas, ainda mais úmidas.

Os eventos de La Niña, acrescentou Seager, continuarão a influenciar as precipitações na região de fronteira; porém, erguendo-se de bases mais áridas, elas poderão causar o pior pesadelo do oeste: secas na escala das catástrofes medievais, que contribuíram para o notório colapso das complexas sociedades anasazis da região dos cânions Chaco e Mesa Verde no século XII. (Para piorar as más notícias dadas pelos supercomputadores, também se prevê aridez intensa em grande parte do Mediterrâneo e do Oriente Médio, onde as estiagens épicas são um sinônimo histórico bem conhecido para guerra, deslocamento populacional e genocídio.)

Contudo, é pouco provável que simples pronunciamentos científicos, mesmo corroborados por dezenove modelos climáticos unânimes, causem comoção nos campos de golfe dos subúrbios de Phoenix, onde o estilo de vida luxuoso consome 1.512 litros de água *per capita* a cada dia. Nem deterão os tratores que dão forma às monstruosas faixas suburbanas de Las Vegas (uma projeção de 160 mil novas casas) ao longo da US-93 até Kingman, no Arizona. E, apesar do possível esgotamento do lençol freático de Oglalla, também não impedirão o Texas de duplicar sua população até 2040.

Apesar dos muitos slogans que surgiram recentemente a respeito do "crescimento sustentável" e do uso inteligente da água, as incorporadoras continuam erguendo subúrbios no deserto, nos mesmos moldes "estúpidos" e ambientalmente ineficazes que há gerações vêm destruindo o sul da Califórnia. Além disso, o trunfo do sudoeste livre-empreendedor é que grande parte da água represada no sistema dos rios Colorado e Grande ainda é reservada para a irrigação agrícola.

Ao menos no médio prazo, a desertificação pode se sustentar matando algodão e alfafa, enquanto os grandes "expandidores" se mantêm ricos vendendo água subsidiada pelo Estado para os subúrbios sedentos. Um protótipo dessa reestruturação já é visível no vale Imperial da Califórnia, do qual San Diego é um comprador agressivo dos direitos de uso da água. Conseqüentemente, um passageiro de avião atento notará um aumento recente de quadras estéreis no meio do xadrez esmeralda na região de cultivo de alfafa e melões do vale.

Apologia dos bárbaros

No futuro, também haverá a opção "saudita". Steve Erie, um professor da Universidade da Califórnia, San Diego, que pesquisa as políticas do uso da água no sul da Califórnia, disse-me que as incorporadoras do sudoeste e de Baja Califórnia acreditam que podem manter o bom abastecimento do *boom* populacional no deserto mediante a dessalinização da água do mar.

> O novo mantra das agências de água, obviamente, é incentivar a conservação e a reivindicação, mas as vorazes incorporadoras já estão de olho no oceano Pacífico e na alquimia da dessalinização, sem terem noção de suas perniciosas conseqüências ambientais.

Em qualquer ocasião, enfatiza Erie, mercados e políticos continuarão a votar pela suburbanização desenfreada e pelo extenso impacto que pavimenta e ergue shopping centers em milhares de quilômetros quadrados dos frágeis desertos de Mojave, Sonora e Chihuahua. É claro que estados e cidades competirão de forma mais agressiva do que nunca pelo abastecimento de água, "mas, coletivamente, a máquina do crescimento tem o poder de tomar a água dos outros usuários".

À medida que a água se torna mais cara, o fardo da adequação ao novo regime climático e hidrológico pesará sobre os grupos subalternos, como os trabalhadores rurais (empregos ameaçados pela transferência de água), os pobres das cidades (que facilmente verão sua conta de água subir de 100 para 200 dólares mensais), pequenos agricultores (inclusive muitos norte-americanos nativos) e, em especial, as comunidades rurais vulneráveis do norte do México.

Certamente, o fim da era da água barata no sudoeste – em especial se coincidir com o fim da energia barata – acentuará os níveis já altos de desigualdade de raça e de classe na região, assim como levará mais emigrantes a brincar com a morte nas perigosas travessias dos desertos. (Não é preciso ter muita imaginação para adivinhar o novo slogan dos Minutemen: "Eles estão vindo para roubar NOSSA água!".)

A política conservadora no Arizona e no Texas se tornará ainda mais venenosa e etnicamente pesada, se é que isso é possível. O sudoeste inteiro já está permeado de uma violenta xenofobia e de algo que só pode ser descrito como protofascismo: nas secas por vir, essas podem ser as únicas sementes que germinarão.

Como Jared Diamond ressalta em seu recente best seller *Collapse*[*], os antigos anasazis sucumbiram não apenas à seca, mas sobretudo ao impacto de uma aridez inesperada que se abateu sobre uma paisagem extremamente explorada e habitada por um povo pouco disposto a sacrificar seu "estilo de vida dispendioso". Por fim, eles preferiram comer uns aos outros.

---

[*] Ed. bras.: *Colapso* (Rio de Janeiro, Record, 2005). (N. E.)

parte cinco

VELHAS CHAMAS

Ele pretendia reacender a guerra dos escravos, que havia sido recém-extinta,
e parecia precisar de pouco combustível para abrasá-la de novo.
Plutarco sobre a rebelião de Espártaco

38

Artífices do terror
Entrevista de Mike Davis concedida a Jon Wiener, publicada em *Radical History*

Ouvi dizer que você está trabalhando num livro sobre terrorismo.
Meu trabalho diário no momento é uma história popular de Los Angeles na década de 1960. Mas também tenho trabalhado num projeto extracurricular intitulado (e inspirado num poema de Mother Earth) "Heróis do Inferno". Pretende ser uma história mundial do terrorismo revolucionário de 1878 a 1932.

Por que escolheu essas datas específicas como recortes do livro?
O ano de 1878 marca o início da era "clássica" do terrorismo: o meio século em que o imaginário burguês foi assombrado pela figura infame do bombardeiro niilista ou anarquista. De fato, surgidos em 1878, bakuninistas de várias nacionalidades e seus primos, os *narodniki* russos, adotaram o assassinato como uma arma poderosa, ainda que desesperada, na luta contra a autocracia.

O calendário daquele ano é extraordinário. Em janeiro, Vera Zasulich fere o general Trepov, o sádico carcereiro dos *narodniki*. Em abril, Alexander Solovev leva a cabo um atentado contra o czar, o início da caçada à realeza que culminaria no assassinato de Alexandre II pela Vontade do Povo*, em 1881. Em maio e junho temos os sucessivos ataques ao velho kaiser, em Berlim, pelos anarquistas Holding e Nobiling, que dá a Bismarck o pretexto, havia muito esperado, para reprimir os extremamente inocentes socialdemocratas alemães. Enquanto isso,

---

* No original, People's Will. Tradução usual para o nome da Narodnaya Volya, organização revolucionária russa que iniciou suas atividades entre 1879 e 1880, reivindicando a instauração da democracia na Rússia. Teve um programa de natureza socialista, mas divergia de outras correntes marxistas por conferir papel central ao campesinato na revolução. (N. T.)

no outono, Moncasi tenta matar Afonso XII da Espanha; Giovanni Passanante, escondendo uma adaga sob uma bandeira vermelha, esfaqueia o rei Humberto da Itália. O ano termina com uma encíclica histérica do papa Leão XIII sobre a "pestilência mortal do comunismo".

A estréia do terrorismo moderno, devo enfatizar, veio na esteira do fim das esperanças dos levantes populares na Rússia, na Andaluzia e no Mezzogiorno. (Os bakuninistas italianos estabeleceram efetivamente um foco de guerrilha, à moda do Che, nas montanhas Matese, perto de Nápoles, em 1877, durante algumas semanas.) Em outras palavras, o terrorismo foi uma resposta ao duplo fracasso dos arcaicos blanquismo urbano e garibaldismo rural. Há um paralelo óbvio com a experiência contemporânea da Irmandade Revolucionária Irlandesa: após a traição e supressão da grande conspiração feniana, uma facção secreta passou da insurreição para o assassinato individual, assim como à primeira campanha em que se utilizou dinamite contra cidades inglesas.

E 1932 como final?
No ano de 1932 ocorre o último de uma série de atentados desesperados por parte de anarquistas italianos, descendentes diretos de Passanante, para assassinar Mussolini. O fascismo e o stalinismo conseguiram – enquanto outros regimes falharam – levar o anarquismo (e, na Rússia, o poderoso movimento social revolucionário) à beira da extinção. O clássico *attentat* tornou-se impotente diante do moderno Estado totalitário, embora até a década de 1950 tenha persistido um rescaldo enfraquecido da FAI espanhola que ajudou a reacender a "propaganda da ação", com uma explosão na década de 1960. Mas isso é história para outro volume.

O que pôs você em contato com Malatesta, Ravachol e Durruti? Trata-se de uma resposta política e intelectual ao 11 de Setembro?
Só depois do acontecido e, mesmo assim, relutantemente. O real motivo desse projeto foi a leitura do magnífico *Histoire de l'Internationale Communiste*, de 1997, de Pierre Broué*. Como Victor Serge e Isaac Deutscher, Broué escreve no idioma quase extinto da oposição esquerdista. Sua história é um compromisso apaixonado – às vezes insuportavelmente sincero – com a tragédia shakespeariana da geração revolucionária dizimada por Stalin e por Hitler. Ele recupera a memória – a coragem e a grandiosidade moral – de centenas de homens e mulheres extraordinários.

Broué me inspirou a observar um grupo ainda mais obsoleto e politicamente incorreto: os anjos vingadores que perseguiam reis e barões gatunos com

---

* Ed. bras.: *História da Internacional Comunista* (São Paulo, Sundermann, 2007). (N. E.)

bombas e adagas em punho. Eles tendem a ser os párias da esquerda (até para o anarquismo "respeitável"), assim como os demônios da direita. Quero entender a arquitetura moral do universo deles, assim como as repercussões de seus atos. É claro que, ao fazer isso, eu entro na periferia dos debates consagrados a esta categoria tão ampla – o terrorismo.

Você espera revisar a historiografia anterior ou é esse um trabalho inovador?
Felizmente tenho ombros gigantescos nos quais posso me apoiar. O anarquismo – incluindo suas denominações violentas – teve historiadores nacionais magníficos: Abel Paz (Espanha), Jean Maitron (França), Paul Avrich (Estados Unidos) e Osvaldo Bayer (Argentina). O trabalho deles deve ser familiar a todos os historiadores radicais, embora a história do movimento anarquista na França, de Maitron, e da Rebelião na Patagônia, de Bayer, como também o livro sobre o Comintern de Broué, inexplicavelmente não tiveram traduções para o inglês.

Deve-se ser extremamente modesto diante dessas conquistas. Por outro lado, não há ainda um relato sinóptico que englobe o escopo mundial do terrorismo anarquista e social-revolucionário. Os principais atores eram internacionalistas fervorosos – às vezes até promoviam o esperanto como sua primeira língua! – que se concebiam em combate comum contra o Capital e o Estado. (Um lema popular, atribuído a um russo que se explodiu no Bois de Vincennes em Paris, era "vingue-se da burguesia, onde quer que ela esteja".) Anarcoterroristas chineses e japoneses, por exemplo, foram diretamente inspirados pelos heróis russos; já os veteranos do submundo europeu acabaram plantando bombas e executando serviços em bancos no Novo Mundo. Anarquistas norte-americanos, por sua vez, cruzaram o Atlântico para se vingar dos déspotas do Velho Mundo. Meu projeto é um levantamento global, que vá de Chicago ao Cantão, da Letônia à Patagônia.

Walter Laqueur já não escreveu sobre a história do terrorismo em uma investigação internacional abrangente?
Sem dúvida, Laqueur tem reputação de ser "o" historiador, ou "o" intérprete histórico, do terrorismo clássico e contemporâneo. Mas sua maior obra, *The Age of Terrorism* [A era do terrorismo], de 1987, personifica tudo que há de mais intelectualmente pobre no que se refere aos "estudos do terrorismo" (ou aquilo que, de outro modo, pode ser chamado de "o paradigma da Instituição Hoover*"). Para começar, ele

---

* *Think tank* sediado na Universidade Stanford e fundado por Herbert Hoover, presidente norte-americano do período entreguerras e da Grande Depressão. Entre seus objetivos estão a proteção e a promoção de valores nacionais predominantemente conservadores. (N.T.)

imola a si mesmo com contradições espetaculares. Num primeiro momento, afirma que, "ainda que psicologicamente interessante, a ère des attentats não teve grande significância política"; no momento seguinte, responsabiliza os mesmos "propagandistas da ação" pela maior parte da carnificina do século XX – a saber, o fracasso da "reforma pacífica" [sic] na Rússia, o surgimento das ditaduras ibéricas, o massacre dos armênios, e assim por diante. Como a maioria dos "especialistas" em terrorismo, ele reifica o terrorismo de esquerda, abstraindo a violência da classe dominante e do Estado, à qual ele é quase sempre uma reação. A imagem de um terror totalmente autônomo e autopropelido – o equivalente político do satanismo – sempre teve certo aspecto sublime, mas isso é apenas um mito. O terrorismo revolucionário estava completamente incrustado em ciclos de luta de classes e de repressão, além de culturas de revolta popular. O niilista que tanto cativou escritores do *fin de siècle*, como Conrad e Henry James, e que continua a fornecer um estipêndio a acadêmicos como Laqueur, é mero fantasma.

Fale-nos mais a respeito dessa espiral recíproca de violência de classe.
Qualquer um que tente trabalhar nesse terreno deve ter o cuidado de levar em conta os avisos de Eric Hobsbawm e Arno Mayer. Hobsbawm, num ensaio sobre o "assassinato político", recorda que a "violência" é um conceito muito problemático, usualmente definido a partir da posição administrativa e legal da classe dominante e que exclui as épicas, embora cotidianas, violências da pobreza e da exploração. Mayer, que em *The Furies* [As fúrias] tenta reinstaurar a relação dialética entre as violências contra-revolucionária instigadora e revolucionária reativa, escreve: "O terror[ismo] induz a interpretações que são diversamente sobredeterminadas, monocausais, demonizantes e escolares".

Tudo bem, isso soa como senso comum historiográfico. Mas qual é o lugar histórico específico do "terrorismo clássico"?
Em uma palavra, o Mur des Fédérés. Trata-se do infame muro do cemitério Père Lachaise, no qual os últimos membros da Comuna foram executados. Como Eugène Poitier, o autor da Internationale, diz num poema contemporâneo: "Sua história, burguesia, está escrita nesse muro. Não é um texto difícil de decifrar". O massacre de 30 mil trabalhadores e boêmios parisienses promovido por Thiers, com a aprovação quase universal da classe média, foi o divisor de águas moral na história trabalhista da Europa. Como enfatiza Mayer, foi essencialmente um massacre colonial trazido para o solo da metrópole. Juntamente com outras atrocidades subseqüentes – como as execuções em massa na Rússia, o assassinato de membros da Internacional de Cádiz em 1873, a violenta repressão da onda de greves de 1877 e os enforcamentos em Haymarket –, acabou convencendo muitos revolucionários de que o terror tinha de ser combatido com o terror. Se a vitória parecia impossível, que viesse a vingança. Historiadores do trabalho

tendem a se sentir desconfortáveis com as ocasiões em que os trabalhadores não foram vítimas, mas tentaram ficar quites com os empregadores individuais e com os governantes.

Se a escalada da violência de classe, por parte tanto dos governantes republicanos quanto dos absolutistas, era a condição necessária para esse novo terrorismo, a causa suficiente, como mencionei anteriormente, foi dada pela frustração das esperanças bakuninistas e narodniki nos levantes de grande escala nas regiões interioranas do Mediterrâneo e da Rússia. Na geração que vai do ocaso da Comuna até o Primeiro de Maio inaugural da Internacional em 1890, os revolucionários foram constrangidos pela imaturidade das condições sociais necessárias para sustentar uma luta de classes em grande escala. O artesanato europeu agonizava, desde o Pale irlandês até a Sicília, enquanto o proletariado industrial moderno, exceto na Inglaterra, não havia ainda nascido completamente. As greves eram usualmente sufocadas ou se tornavam pequenos cataclismos violentos, como o retratado por Zola em *Germinal*. Conquistas obtidas por meio do sufrágio, por sua vez, eram anuladas por leis anti-socialistas ou cerceadas pela corrupção (como na Espanha e nos Estados Unidos). Nesse contexto, a estratégia socialdemocrata – o conselho de Marx e Engels com relação a uma organização paciente e um lento acúmulo de forças – apresentava-se como enlouquecedoramente vagarosa, em especial para jovens artesãos forçados a escolher entre a fome, a emigração e o crime.

O terrorismo, então, era uma patologia inerente à transição estrutural ou à modernização tardia?
É tentador simplificar a questão e dizer que o anarcoterrorismo do período entre 1880 e 1900 foi a Dança dos Fantasmas do artesanato europeu, com Ravachol no papel de Wovoka ou Mahdi. Essa certamente tem sido a abordagem tradicional no entendimento do anarquismo popular e por vezes violento da Andaluzia, mesmo depois de Temma Kaplan ter demonstrado, num importante estudo revisionista, que a interpretação milenarista se esvai sob um escrutínio atento ou, pelo menos, aponta para um modelo mais próximo ao do ator racional.

Da mesma maneira, as tradicionais tentativas de retratar os anarquistas como loucos criminosos ou megalomaníacos ávidos por publicidade – a começar pelo criminologista italiano Lombroso, na década de 1890 – são refutadas pelas personalidades sóbrias e exemplares de figuras como Bresci (o assassino do rei Humberto) ou Durrutti (cujos feitos ao estilo de Robin Hood desafiam a credulidade). Até mesmo Czolgosz, o assassino de McKinley, que sempre foi retratado como um "lunático" pelos historiadores, era bastante lúcido, assim como extraordinariamente modesto, e levava uma vida digna. Como mostra James Clarke, Czolgosz estava buscando vingança pelo massacre, cometido anos antes, de 19 mineiros eslavos (21, segundo alguns relatos) de Latimer, na Pensilvânia.

(Quando alguns dos feridos pediram água, os delegados responderam: "Nós lhes daremos o inferno, não água, *hunkies**!".)

A abordagem criminológica está falida no estudo do anarquismo, mas isso não quer dizer que não tenham existido sobreposições significativas entre o terrorismo e os submundos vitorianos tardios. Porém, os anarquistas violentos da década de 1880 e começo da década de 1890 representam menos uma criminalização do movimento trabalhista que uma politização inédita dos estratos criminosos do proletariado urbano. (Há semelhanças interessantes entre a orientação dos Panteras Negras** e a do proletariado de rua no final da década de 1960.) Em Montmartre e Belleville pós-1871, como mostraram Maitron e outros, havia um fascinante *continuum* entre o anarquismo, a boêmia, a subcultura proletária e a criminalidade. Na década de 1890, uma das canções mais populares nos cabarés era *La Ravachol*: "Senhora Dinamite, que tão rápido dança, faça-nos dançar e cantar... e dinamitar"!

Era uma articulação entre posição de classe e política muito diferente daquela do lumpemproletariado parisiense que Marx acusou de tropa de choque do bonapartismo em 1848-1850. O *attentat* – no sentido pleno usado no Père Peinard e na imprensa clandestina da época – implicava o ato de vingança revolucionária contra a classe opressora e expropriações rotineiras que permitiram que Ravachol vestisse ternos novos ou comprasse livros, digamos. Uma economia moral comum – aparentemente adotada por uma minoria significativa da classe trabalhadora parisiense – justificou tanto o assassinato quanto o roubo em bases classistas.

Mas pode-se generalizar a partir desse exemplo parisiense?
Não, embora haja contrapartidas fascinantes em Berlim, Barcelona e Buenos Aires, especialmente na década de 1920. Minha pesquisa está estruturada em torno de uma tipologia e de uma periodização provisórias. Em minha leitura, o terrorismo revolucionário é amplamente punitivo, ainda que às vezes messiânico. É útil diferenciar quatro tipos distintos de violência revolucionária elitista. O terrorismo simbólico-moral era realizado tipicamente por lobos solitários (*solitarios*), como Ravachol e Bresci, com o apoio de alguns colegas, ou por células autônomas (*groupuscules* ou *grupitos*) que jamais excediam um punhado de membros. Nessa escala,

---

* Termo depreciativo utilizado nos Estados Unidos para designar os eslavos, em especial os de origem húngara. (N.T.)

** Organização revolucionária radical criada por Huey P. Newton e Bobby Seale na esteira dos movimentos de luta pelas liberdades civis em 1966, que propugnava a luta pela defesa dos direitos dos afrodescendentes norte-americanos. Diferia de outros grupos contemporâneos com objetivos similares por colocar a luta armada como elemento possível de resistência da população negra e enfatizar a luta de classes nesse projeto. (N.T.)

eles não tinham capacidade para manter campanhas longas; então, a seqüência terrorista envolvia tipicamente um ato de vingança, a execução do vingador e a vingança posterior por sua morte. Algumas vezes esse ciclo se repetia.

Assim, em Paris, em 1892, Ravachol vinga o massacre dos trabalhadores de Fourmies com uma série de atentados a bomba contra promotores e juízes. Depois de sua execução, Meunier explode o restaurante Very, Leautheir esfaqueia o primeiro burguês que encontra na rua (que aconteceu de ser o ministro sérvio) e Valliant bombardeia a Câmara dos Deputados. Quando Valliant é guilhotinado, sua morte é vingada por Henry, que explode o Café Terminus e uma delegacia de polícia. A prisão de Henry enfurece o crítico de arte Feneon, que coloca uma bomba no elegante Café Foyot – que ironicamente fere o anarquista Tailhade, que, no entanto, aprova o ataque. Finalmente, Caserio, clamando justiça por Valliant e Henry, mata a facadas o presidente da França, Sadi Carnot. Um ciclo de vingança similar – a princípio em resposta à repressão contra o levante de Jerez, em 1892 – ocorre simultaneamente em Barcelona. Ambos levam ao julgamento em massa de simpatizantes do anarquismo (inclusive editores e escritores) e a uma legislação repressiva. Em Barcelona, os réus são presos na famigerada fortaleza Montjuich e são horrendamente torturados. É claro que isso só fornece mais combustível para a desforra.

Isso soa como a Cisjordânia de hoje.
Certamente há similaridades no aspecto da oferta e da demanda. De fato, desde a década de 1890, todo crime contra a classe dominante parece evocar um "herói infernal" para vingar grevistas mortos ou revolucionários executados. O lema implacável dos anarquistas russos era *smert za smert*, morte por morte. Assim, Frick foi morto por causa de Homestead; Canovas del Castillo, o primeiro-ministro espanhol, foi assassinado por vingança tanto contra a morte dos anarquistas quanto contra execução do patriota filipino Rizal; o rei Humberto foi assassinado por causa das centenas de mortes cometidas por suas tropas durante as revoltas do pão, em 1898; McKinley foi morto por causa de Latimer; o príncipe de Gales foi alvejado em Bruxelas, em 1900 – uma resposta anarquista às mortes de milhares de mulheres e crianças bôeres; do mesmo modo, o rei Leopoldo levou um tiro em 1902 por causa das atrocidades que cometeu no Congo; o ex-governador Stuenenberg foi vítima de uma explosão por causa dos ultrajes de Coeur d'Alene; o coronel Falcón, que matou manifestantes no Dia do Trabalho em Buenos Aires, em 1909, foi devidamente despachado no melhor estilo anarquista; treze anos depois, o general Varela, o açougueiro da Patagônia, teve o mesmo fim; quatro anarquistas nova-iorquinos foram pelos ares com uma bomba que pretendiam usar contra Rockefeller, por causa do massacre de Ludlow; o conde Sturgkh foi morto a tiros em Viena (pelo filho de um líder socialista), em protesto contra a guerra; membros australianos do Industrial Workers of the World (IWW) combateram o

recrutamento com incêndios criminosos, enquanto os simpatizantes de Galleani usaram cartas-bomba nos Estados Unidos; em 1920, Wall Street foi bombardeada por causa dos ataques de Palmer; Petlura, o carniceiro dos judeus ucranianos, foi derrubado com uma bala anarquista em Paris, em 1926; um ano depois, o Banco de Boston em Buenos Aires foi explodido em retaliação pela eletrocução de Sacco e de Vanzetti.

Isso é apenas uma derrocada parcial. Os anarquistas também assassinaram a imperatriz da Áustria e muitos outros primeiros-ministros espanhóis, e realizaram um sem-número de atentados contra outros monarcas, inclusive o xá da Pérsia e o micado japonês. No Império Russo, a espiral do olho-por-olho tornou-se quase incontável. Se dezenas de milhares de insurgentes eram eliminados pelos sabres cossacos ou morriam no patíbulo, muitos milhares de autoridades czaristas, de policiais rasos a grão-duques, eram mortos a tiros, esfaqueados ou explodidos, numa estimativa de 20 mil ataques terroristas independentes entre 1902 e 1917. O terrorismo europeu e norte-americano era um trabalho artesanal; o terrorismo russo era uma produção em massa. Por isso mesmo, ele é um tipo separado.

Explique.
O terrorismo estratégico na Rússia, que foi imitado pelos anarquistas chineses entre 1907 e 1912, visava aleijar o Estado autocrático, quer no intento de forçar reformas liberais de cima para baixo (o objetivo de Narodnaya Volya entre 1879 e 1882), quer para abrir uma brecha que poderia ser inundada por camponeses e trabalhadores revolucionários – essa era a meta dos revolucionários socialistas e de suas facções, como também de várias formações revolucionárias polonesas, letãs e armênias, entre 1902 e 1908. A justiça simbólica era uma dimensão constitutiva, mas o objetivo real era dizimar a infra-estrutura humana do despotismo. Ainda que a luta tenha sido levada adiante por pequenas células, os vínculos com os partidos de massa deram ao terrorismo russo uma vitalidade formidável, que o distinguiu dos *attentats* episódicos e amadorísticos dos anarquistas europeus e norte-americanos. Por outro lado, como os socialdemocratas constantemente ressaltaram, a Organização de Combate dos revolucionários socialistas tornou-se a cauda que balançava o cão. O terrorismo transformou-se num fim em si mesmo: uma genuína "teodicéia da violência", nas palavras de um historiador.

Quais eram os outros dois tipos clássicos de terrorismo?
O terrorismo expropriador consistia em duas subespécies. De um lado, havia os famosos bandos de foras-da-lei anarquistas, como o "Trabalhadores da Noite" de Jacob, a gangue de Bonnot (que incluía o jovem Victor Serge) em Paris e os *desperados* de Severino Di Giovanni em Buenos Aires. Eles prosperaram tanto pela fama como pelos saques e, em plena consciência, "atuaram" diante do olhar

fixo da imprensa popular. De outro lado, havia muito mais grupos anônimos, embora não menos lendários, que roubavam bancos em nome de partidos e de sindicatos de esquerda. O exemplo mais famoso foi a célula mista de revolucionários socialistas letões, anarquistas e bolcheviques – sob a liderança do misterioso "Pedro, o Pintor" – que perpetraram o "ultraje de Tottenham" em 1909, os "assassinatos de Houndsditch" em 1910 e atiraram em Winston Churchill com suas Mausers durante o "cerco da rua Sidney", em 1911. Mas houve outras instâncias notáveis: revolucionários socialistas russos e anarquistas fizeram roubos a bancos por toda a Europa; Durruti e Ascaso foram os Butch Cassidy e Sundance Kid do anarquismo espanhol, abrindo caminho por Cuba, México e Argentina no início da década de 1920.

O terrorismo defensivo surgiu em condições semelhantes às de uma guerra civil, quando empregadores e Estado se empenharam em eliminar líderes radicais e sindicais, ao mesmo tempo em que mantinham uma fachada de democracia eleitoral. Essa era a situação em Barcelona, de 1917 a 1921, e em partes da Alemanha, entre 1919 e 1923. Assim, os *pistoleros* dos patrões catalães eram confortados por Durruti, pelos irmãos Ascaso e por outros destemidos *justicieros* da Confederación Nacional del Trabajo (CNT), enquanto na Saxônia Max Hoelz encabeçava um conhecido bando de combatentes anarco-comunistas – o Exército Vermelho de Vogtland – que roubou bancos, saqueou propriedades nobiliárquicas, expulsou a polícia paramilitar de fábricas, seqüestrou patrões, libertou prisioneiros políticos e, por fim, combateu o Reichswehr em barricadas durante a ação insurrecional de março. Do mesmo modo, houve instâncias em que, tanto no decorrer da Revolução de 1905 como da Guerra Civil, revolucionários judeus – bundistas, anarquistas e outros – usaram o assassinato ou uma bomba bem posicionada para deter os pogromistas. (Por acaso, um júri francês absolveu o anarquista judeu Sholom Schwartzbard depois que ele atirou em Petlura, o *ataman** dos brancos ucranianos, em frente a um bistrô do Quartier Latin em 1926.)

Isso soa muito romântico, mas com certeza o balanço geral de cada um desses tipos de terrorismo deve ser negativo. Cada bomba e cada bala não acabaram ricocheteando nos movimentos trabalhistas de massa? Como Debray destacou anos atrás, "a revolução revoluciona a contra-revolução". O terrorismo, por analogia, revoluciona a repressão estatal e, de fato, em alguns casos, foi instigado pela polícia secreta no intuito expresso de legitimar um estado de emergência. A esquerda em massa – na verdade a classe trabalhadora como um todo – foi repetidamente vitimizada pelos feitos "heróicos" de uns poucos. E, apesar das tradicionais declarações dos teóricos, o terror substitui o

---

* Título usado pelos chefes cossacos no comando de unidades militares ou de aldeias. (N. E.)

papel messiânico do indivíduo que se auto-sacrifica – ou o totemismo mágico do *attentat* – pelo movimento consciente das massas. É por isso que Lenin chamou o terrorismo dos revolucionários socialistas de "o ópio dos intelectuais". Do mesmo modo, Trotski – talvez o primeiro sociólogo autêntico do fenômeno – alertou que o terrorismo era excessivamente "absolutista", uma forma de luta demasiado messiânica para coexistir com o movimento trabalhista democrático.

Mesmo assim, a crítica socialista clássica do terrorismo anarquista e populista nunca foi simplista ou inteiramente consistente. Marx, por exemplo, execrava os bakuninistas, embora admirasse profundamente Narodnaya Volya (assim como muitos liberais europeus) e acreditasse que o assassinato do czar pudesse realmente acelerar a história na direção certa. Lenin, apesar da ferocidade de seus ataques aos revolucionários socialistas (que, por sinal, eram apoiados por Trotski), era incansável em seus apelos aos socialdemocratas para que adotassem métodos terroristas a fim de resistir aos pogroms e ao terror cossaco que se seguiram à derrota da insurreição de Moscou, em dezembro de 1905. Trotski, ainda que hostil à pauta de "ministro após ministro, monarca após monarca, Ivã após Ivã" dos revolucionários socialistas, afirmou que a vingança era uma emoção revolucionária poderosa e positiva. "Independentemente do que os eunucos morais e os fariseus possam dizer", escreveu ele, "o sentimento de desforra tem seu mérito. A classe trabalhadora tem uma probidade moral maior porque não olha com tola indiferença para o que acontece neste que é o melhor dos mundos".

Além disso, se qualquer um se propuser a esboçar um balanço frio e objetivo, nem todos os atos terroristas do século XIX e início do século XX terminam na coluna de débito. Alguns historiadores da primeira Revolução Chinesa, por exemplo, creditam ao anarquista "Corpo Oriental de Assassinato" (calcado no modelo da Organização de Combate dos revolucionários socialistas) a aceleração da derrocada do poder Qing. Nesse mesmo período, sem dúvida nenhuma a morte do rei português e do príncipe herdeiro em Lisboa, em 1908, pelo anarco-republicano Carbonari, abriu caminho para a Revolução de Outubro de 1910. Além disso, o assassinato de notórios incitadores de guerra e assassinos de pobres algumas vezes refletiam a demanda popular por justiça revolucionária, como nos célebres feitos de Zasulich, Bresci, Spiridonova, Radowitzy, Adler, Durruti e Schwartzbard. Algumas pessoas também podem se ressentir do fato de os anarquistas italianos não terem conseguido matar Mussolini ou de o Kommunistische Partei Deutschlands (KPD) ter se oposto tão dogmaticamente ao assassinato depois de 1933.

Sem dúvida, o problema é que esses métodos são – com o perdão da palavra – literalmente de "tentativa e erro", e é muito provável que estejam fadados a se voltar contra os grupos revolucionários que autorizam seu uso. Considere a ação terrorista singular mais "bem-sucedida" na história européia: o bombardeio da catedral Sveta-Nedeia em Sófia, em 1925. Uma equipe conjunta de comunistas e agricultores de esquerda conseguiu plantar uma bomba durante a cerimônia fúnebre de um general assassinado dias antes numa emboscada anarquista. Embora o rei Bóris não tenha comparecido, a maior parte da classe dominante búlgara se reuniu na catedral. A enorme explosão matou 11 generais, assim como o prefeito de Sófia, o chefe de polícia e 140 outras pessoas eminentes. Esse foi o único exemplo de terrorismo clássico do qual me lembre que tenha sido levado a cabo por um partido membro do Comintern. E suas conseqüências foram nocivas: um novo reinado de terror que dizimou a esquerda búlgara.

Todos os exemplos que você citou, ainda que hoje tenham sido esquecidos, geraram manchetes terríveis na época. Estou certo de que devem se somar a uma montanha impressionante de cadáveres ilustres. Mas e as formas de violência mais anônimas e menos relatadas, digamos, o assassinato de chefes de fábrica? Os *attentats* famosos eram apenas a ponta do iceberg ou o corpo dele?

Acredito que os historiadores radicais estão mais dispostos hoje do que no passado a se concentrar na retaliação popular e na autodefesa proletária. Há um reconhecimento cada vez maior, por exemplo, de que a população negra do sul, na época de Jim Crow*, freqüentemente revidou ao terror racista de armas em punho, e que nem todos os corpos no pântano eram de afro-americanos. Da mesma forma, historiadores mexicanos estão começando a apreciar a importância do Plano de San Diego e a tradição insurrecional do sul do Texas. Contudo, ainda estamos longe de compreender a extensão ou o papel da contraviolência da classe trabalhadora em disputas no local de trabalho. Certamente os *intransigenti*, que consideravam Ravachol uma figura sagrada ou subscreveram a sanguinária Cronaca Sovversiva de Galleani, consideravam o assassinato do patrão um ato absolutamente admirável. E, durante as greves, os trabalhadores norte-americanos – em particular – não precisaram de muita instigação ideológica para abrir fogo contra os Pinkerton ou a milícia. Não é surpresa, porém, que haja poucos testemunhos de trabalhadores sobre esses aspectos ilegais e violentos do movimento trabalhista. Trata-se de uma vasta terra incógnita, embora a brilhante escavação de Paul Avrich sobre a história secreta dos galleanistas norte-americanos (*Sacco and Vanzetti: the Anarchist Background* [Sacco e Vanzetti: o antecedente anarquista]) seja uma inspiração.

---

* Personagem folclórico do século XIX ao estilo daqueles que, posteriormente, ganhariam notoriedade por meio da comédia de menestréis em *blackface*, a maquilagem de cor preta tipicamente usada em tais apresentações. A expressão acabou por denominar de modo pejorativo tanto as leis (Jim Crow Laws) sob as quais foi promovida a segregação racial nos Estados Unidos até 1965, quanto o período em que vigoraram (Jim Crow Era). (N.T.)

Onde você traça a linha divisória entre o terrorismo revolucionário *per se* e os vários movimentos violentos de libertação nacional na Irlanda, nos Bálcãs e no Leste Asiático contemporâneos?
Há obviamente uma sobreposição considerável em termos de ideologia e de formação dos quadros, assim como inúmeras instâncias de colaboração. Os irlandeses, que fique bem claro, eram pouco anarquistas, mas sua experiência, sua coragem e sua tenacidade eram admiradas da Catalunha até a China. Por outro lado, os OSB (organização de combate polonesa que podia mobilizar mais de 5 mil homens) dos *dashnaki* e dos *pilsudski* armênios claramente faziam parte do meu relato. Seu nacionalismo, como o dos Letts e dos Finns revolucionários, ainda não havia comprometido sua orientação política anticapitalista. Mais difíceis de avaliar, por causa da heterodoxia ideológica, são grupos como o dos Carbonari portugueses (que parecem ter mesclado um republicanismo mazziniano com elementos do anarquismo espanhol), os revolucionários sérvios (nacionalismo mais uma vez temperado com anarquismo) e os terroristas contemporâneos mais temidos: os macedônios. A IMRO (Organização Revolucionária Interna da Macedônia) é, talvez, um fenômeno *sui generis*, mas que demonstrou repetidamente sua solidariedade com os revolucionários socialistas russos e socialdemocratas. Ninguém jamais construiu uma bomba mais eficaz, nem mesmo os irlandeses.

Quão grande era a base política do terrorismo clássico? É possível mensurar a popularidade de seus "heróis infernais"?
Os próprios anarquistas, sem mencionar a polícia secreta, estavam muito interessados nesse censo e produziram diversas estimativas. Na Espanha, na década de 1890, por exemplo, havia provavelmente 25 mil anarquistas ativos e 50 mil simpatizantes, que às vezes compareciam a reuniões ou assinavam os periódicos. Quase todos se encontravam na Catalunha, em Valência ou na Andaluzia. Apenas 10% deles, segundo o escritor Gil Maestre, eram *anarquistas de acción*, ou seja, propagandistas da ação. Na Paris *fin de siècle*, os defensores do *attentat* certamente não eram mais do que quinhentos entre os inúmeros *groupuscules*, com talvez 10 mil simpatizantes. Havia provavelmente um número similar em Buenos Aires, a capital do terrorismo de esquerda no hemisfério sul. Por outro lado, o Partido Socialista Revolucionário Russo, embora ilegal, reivindicava 45 mil membros e 300 mil simpatizantes sérios em 1907.

Afora isso, é difícil saber como mensurar a opinião da classe trabalhadora contemporânea. Com certeza os socialdemocratas e, depois deles, os anarcossindicalistas conduziram uma guerra de propaganda implacável contra o terrorismo (embora raramente tenha ido aos extremos dos partidos socialistas e comunistas da Europa Ocidental na década de 1970). Mas eu sustento que muitos de seus membros nutriam uma simpatia pelos terroristas ou, no mínimo, concordavam com Séverine, editora de Le Cri du Peuple, quando declarou – durante uma amarga polêmica com o "papa" anarquista, Jean Grave, cuja intenção era denunciar um "crime revolucionário" – que estava "do lado dos pobres sempre, apesar de seus erros, apesar de suas falhas, apesar de seus crimes".

Sugestão de obras

Alberola, Octavio; Gransac, Ariane. *El anarquismo espanol y la acción revolucionaria, 1961-1974*. Paris, Ruedo Iberico, 1975.

Avrich, Paul. *The Russian Anarchists*. Nova York, Norton, 1967.

_____. *The Modern School Movement*. Princeton, Princeton University Press, 1980.

_____. *The Haymarket Tragedy*. Princeton, Princeton University Press, 1984.

_____. *Anarchist Portraits*. Princeton, Princeton University Press, 1988.

_____. *Sacco and Vanzetti: The Anarchist Background*. Princeton, Princeton University Press, 1991.

Bayer, Osvaldo. *Anarchism and Violence: Severino Di Giovanni in Argentina, 1923-1934*. Londres, Elephant Editions, 1985. [Original em espanhol de 1970.]

_____. *Los vengadores de la Patagonia tragica*. Buenos Aires e Wuppertal, Editorial Galerna, 1972-1984. 4 v.

_____. *Los anarquistas expropriadores, Simon Radowitzky y otros ensayos*. Buenos Aires, Editorial Galerna, 1975.

_____. *La Patagonia rebelde*. Buenos Aires, Editorial Galerna, 1972-1974.

Broué, Pierre. *Histoire de L'Internationale Communiste, 1919-1943*. Paris, Fayard, 1997.

Christowe, Stoyan. *Heroes and Assassins*. Londres, Gollancz, 1935.

Clarke, F. G. *Will-o'-the-wisp: Peter the Painter and the anti-tsarist terrorists in Britain and Australia*. Melbourne, Oxford University Press, 1983.

Dirlik, Arif. *Anarchism in the Chinese Revolution*. Berkeley, University of California Press, 1991.

Duval, Clément. *Moi, Clément Duval*. Paris, Les Éditions Ouvrières, 1991.

Florencio, Rafael Nunez. *El terrorismo anarquista, 1988-1909*. Madri, Siglo XXI, 1983.

Geifman, Anna. *Thou Shalt Kill: Revolutionary Terrorism in Russia, 1894-1917*. Princeton, Princeton University Press, 1993.

Goldstein, Robert. *Political Repression in 19th Century Europe*. Londres, Croom Helm, 1983.

Guillen, Abraham. *Philosophy of the Urban Guerrilla*. Nova York, William Morrow, 1973.

Hobsbawm, Eric. *Bandits*. Nova York, New Press, 2000.

Hoelz, Max. *From White Cross to Red Flag*. Londres, Jonathan Cape, 1930.

Kaplan, Temma. *Anarchists of Andalusia, 1868-1903*. Princeton, Princeton University Press, 1977.

Maitron, Jean. *Histoire du Mouvement Anarchiste en France (1880-1914)*. 2. ed., Paris, Société Universitaire, 1955.

_____. *Ravachol et les anarchists*. Paris, Julliard, 1964.

Mayer, Arno. *The Furies: Violence and Terror in the French and Russian Revolutions*. Princeton, Princeton University Press, 2000.

Parry, Richard. *The Bonnot Gang*. Londres, Rebel Press, 1987.

Paz, Abel. *Durruti: the people armed*. Montreal, Black Rose, 1976.

_____. *Durruti in the Spanish Revolution*. San Francisco, AK Press, 2007.

Pestana, Angel. *Terrorismo en Barcelona: Memorias ineditas*. Barcelona, Planeta, 1979.

Petacco, Arrigo. *L'anarchico che venne dall'America: Storia di Gaetano Bresci e del complotto per uccidere Umberto I*. Milão, Mondori, 2000.

Pouget, Émile. *Le Père Peinard*. Paris, Éditions Galilée, 1976.

Short, K. *The Dynamite War: Irish-American bombers in Victorian Britain*. Londres, Gill & MacMillan, 1979.

Snowden, Frank. *Violence and the Great Estates in the South of Italy*. Cambridge, Cambridge University Press, 1986.

Sonn, Richard. *Anarchism and Cultural Politics in Fin de Siècle France*. Lincoln, University of Nebraska, 1989.

Thomas, Bernard. *Jacob*. Paris, Tchou, 1970.

Trautmann, Frederic. *The Voice of Terror: A Biography of Johann Most*. Westport, Greenwood, 1980.

Varias, Alexander. *Paris and the Anarchists*. Nova York, St. Martin, 1996.

39
Ilíada urbana

Numa noite gélida de 1855, o célebre lutador de rua John Morrissey entrou num salão da Broadway e esbofeteou Bill "Açougueiro" Poole, o ainda mais renomado Golias das ruas de Nova York. Poole, que liderou uma turba assassina de "sabe-nada" anticatólica, era arquiinimigo de Morrissey e de outros chefes de gangue irlandeses do rentável Tammany Hall. Morrissey tentou estourar os miolos de Poole com uma pistola, mas a arma falhou e Bill Açougueiro se preparava para "desossar o irlandês" quando a polícia interveio.

Mais tarde, naquela mesma noite, Poole e alguns companheiros retornaram ao mesmo salão, onde foram atacados pelo resto da gangue de Morrissey. O estilo de luta da época era de violência deliberada e descomedida com cutelos, pistolas antigas e muitas mordidas em orelhas e narizes. Poole foi atingido no coração por uma bala, mas agonizou durante duas semanas até sussurrar suas famosas últimas palavras: "Adeus, meninos, morro como um verdadeiro norte-americano!". Cinco mil admiradores seguiram seu funeral, e Poole tornou-se um mártir-símbolo para os nativistas antiimigrantes.

A lenda de "Bill o Açougueiro", esquecida de maneira geral depois da Guerra Civil, foi vividamente ressuscitada em 1927 por Herbert Asbury, em *The Gangs of New York* [As gangues de Nova York][1]. Embora de precisão dúbia como história social, a genealogia que Asbury esboça das gangues de Manhattan é inquestionavelmente maravilhosa enquanto conto: uma contrapartida urbana ao épico homérico ou à saga islandesa. Como a rivalidade de Aquiles e Heitor, o

---

[1] Herbert Asbury, *The Gangs of New York* (Nova York, Knopf, 1927). [Ed. bras.: *As gangues de Nova York*, São Paulo, Globo, 2002.]

combate heróico entre Morrissey e Poole (ou, posteriormente no livro, entre Monk Eastman e Paul Kelley) seduziu gerações de leitores – entre eles, nada menos que Jorge Luis Borges e Luc Sante.

Hoje, *As gangues de Nova York* dá tanto o título quanto a frouxa moldura narrativa ao filme de 120 milhões de dólares de Martin Scorsese. Daniel Day-Lewis, que reconhecidamente se preparou para o papel escutando ininterruptamente os CDs de Eminem, interpreta Bill o Açougueiro, e Leonardo DiCaprio é o filho vingativo de um imigrante irlandês morto pelo chefe da gangue. O filme retrata as épicas batalhas de rua, ocorridas dois anos depois do assassinato histórico de Poole, entre os Coelhos Mortos irlandeses e os Garotos Bowery protestantes e nativos. E termina com o apocalipse da revolta da conscrição, em julho de 1863, a mais sangrenta insurreição urbana da história norte-americana, em que regimentos vindos de Gettysburg dispararam salvas de chumbo a queima-roupa contra as turbas de moradores dos cortiços irlandeses.

O perturbador argumento do filme é que "os Estados Unidos nasceram nas ruas", ou melhor, nessas batalhas urbanas. Scorsese é, sem dúvida, o maior fabulista contemporâneo das ruas sórdidas. *As gangues de Nova York* é seu mito de criação urbana, em que ele explica as origens do mundo que eventualmente seria herdado por ladrões insignificantes, "cobras-criadas", motoristas de táxi, meninas prostitutas, boxeadores ilegais, policiais corruptos, malandros da Times Square e diretores de cinema ítalo-americanos.

Mas essa ilíada de Manhattan é a história real? A resposta curta (e generosa) é que essa é a metade da história. De fato, as violentas rivalidades entre os trabalhadores norte-americanos nativos e os imigrantes irlandeses pobres forneceu combustível ao grande motor do Tammany Hall (o Partido Democrata de Manhattan), com suas intermináveis e astutas manipulações de uma classe trabalhadora dividida étnica e confessionalmente. Sem dúvida, as gangues de rua, além das companhias de bombeiros voluntários, eram a verdadeira base das disputas pelo espólio étnico que passavam por "democracia" na cidade com o maior eleitorado do mundo na metade da era vitoriana.

Mas as ruas de Manhattan, nas décadas de 1850 e 1860, também eram um campo de batalha épico entre o capital e o trabalho. Enquanto Morrissey e Poole conduziam suas tribos para a guerra a mando de líderes políticos inescrupulosos, outros imigrantes – cartistas ingleses, fenianos irlandeses e comunistas alemães – lutavam ao lado de sindicalistas nativos dos Estados Unidos para construir um movimento trabalhista unificado. Essa é a história não relatada no interior da "história secreta" de Asbury e Scorsese da Nova York do século XIX.

O contingente mais radical da população – os artesãos imigrantes e os operários da Kleindeutschland ("Pequena Alemanha") – mal aparece no drama levado à tela grande. Esses alemães do Lower East Side (um terço da população da cidade em 1870) eram o segmento de maior consciência de classe entre os trabalhadores – igualmente contrária a chefes de gangue, líderes políticos e demagogos racistas, além da plutocracia da parte alta da cidade. De fato, essa Nova York germânica, para citar seu historiador mais proeminente, foi "a primeira fortaleza do socialismo na história norte-americana"[2].

Na abertura do filme de Scorsese, imigrantes alemães e irlandeses povoavam os cortiços da zona portuária e os prédios de apartamentos de Nova York em 1846. Do mesmo modo, dezenas de milhares de jovens ianques trocavam o trabalho duro das fazendas e das cidades do canal pelos florescentes grupos de trabalho em ferrovias, estaleiros e matadouros da ilha de Manhattan. A classe popular tradicional, com suas longas e radicais tradições "produtivistas", tiveram de enfrentar a competição desses novos imigrantes, ao mesmo tempo em que seus negócios eram desfalcados ou substituídos pela produção mecânica.

A turbulência social que resultou daí, ampliada pela crise de 1857, não pode ser resumida numa narrativa simples; a realidade era dialética, não alegórica. Enquanto gangues de irlandeses e de norte-americanos se trucidavam nos becos de Bowery, o líder trabalhista irlandês James McGuire, o comunista alemão Albert Komp e o radical Ira B. Davis, natural dos Estados Unidos, organizavam milhares de desempregados na ativa Liga dos Trabalhadores Norte-Americanos. Quando a imprensa burguesa pediu à milícia que "abatesse a tiros qualquer quantidade de irlandeses e alemães" para romper o movimento, os trabalhadores nativos se enfileiraram desafiadoramente ao lado dos imigrantes na praça Tompkins.

Embora os grandes capitalistas daquele tempo – Astor, Vanderbilt, Grinnell, Belmont e outros – desprezassem o Tammany Hall e seus aliados irlandeses ("rum e arruaça" era o lema da época), eles temiam menos as gangues que os sindicatos, menos uma classe trabalhadora dividida que um movimento sindical unificado. Fracassadas as tentativas de impor sua própria ordem à cidade na década de 1850 (levando a uma crise política que incluiu as famigeradas "revoltas dos Coelhos Mortos"), a elite comercial da cidade, às vésperas da Guerra Civil, movia-se na direção de um ajuste com o prefeito populista Fernando Wood e com o líder democrata William Tweed.

Dois grupos resistiram em aderir a essa solução. O primeiro deles era composto pela ala radical do movimento trabalhista, solidamente enraizada entre os 48 Vermelhos e os socialistas da Kleindeutschland, cujo objetivo estratégico era formar um partido trabalhista independente. Muitos deles eram abolicionistas e anticapitalistas. O outro era formado por irlandeses pobres – diaristas e trabalhadores semi-escravos –, cuja miséria estarrecedora (retratada de maneira brilhante por Scorsese) era agravada pela inflação dos tempos de guerra e inflamada

---

[2] Stanley Nadel, *Little Germany: Ethnicity, Religion, and Class in New York City* (Urbana, University of Illinois Press, 1996).

pelas terríveis perdas de regimentos irlandeses na Virgínia. Os irlandeses também estavam assustados com a propaganda pró-confederados, que alertava para a chegada de uma onda de escravos libertos ao mercado de trabalho do norte, caso a União vencesse.

Esses dois grupos – a vanguarda trabalhista e os pobres dos cortiços – desempenharam papéis contrastantes na insurreição de 1863. A loteria da conscrição de julho daquele ano foi universalmente rejeitada pelos trabalhadores do norte por ser uma institucionalização do privilégio de classe, já que por trezentos dólares os bem-remunerados podiam comprar suas dispensas. Em conseqüência, a manifestação maciça e a greve da manhã de segunda-feira de 13 de julho foram amplamente lideradas por operários irlandeses e alemães da parte alta da cidade, apoiados por companhias de bombeiros voluntários.

Até o início da noite, contudo, os sindicatos haviam perdido a liderança para as gangues de rua e para os simpatizantes dos confederados, que conduziram a ira dos irlandeses pobres contra as mansões dos ricos e os casebres dos afro-americanos. O Asilo dos Órfãos de Cor virou cinzas, e os negros foram caçados e hediondamente assassinados. Os alemães e certamente muitos trabalhadores irlandeses (em particular aqueles que durante muito tempo conviveram com os negros nos Cinco Pontos) repeliram a carnificina, não tomando parte ou se opondo ativamente ao pogrom.

Enquanto isso, as histéricas classes altas exigiram um banho de sangue retaliativo nos cortiços. Seis mil tropas federais, muitas delas formadas por irlandeses de Nova York, varreram obsequiosamente as ruas com salvas de tiros e baionetas. Os heróis de Gettysburg tornaram-se os açougueiros de Nova York. Em cenas que observadores estrangeiros compararam aos massacres de junho de 1848 em Paris, muitas mulheres e crianças irlandesas e maltrapilhas foram mortas ao lado de seus compatriotas, em desesperadas batalhas de rua.

Scorsese certamente tem licença poética para retratar a grande revolta como o clímax da era das gangues. De fato, ela foi resultado direto do papel político da violência urbana que dividiu os trabalhadores nova-iorquinos por religião e raça. Mas essa catástrofe esteve longe de aniquilar a consciência de classe ou petrificar a história numa trajetória predeterminada.

Sem dúvida, a conseqüência direta foi uma sólida campanha, amplamente liderada por socialistas, para construir um movimento trabalhista independente e não sectário. Como enfatizou um historiador, "as greves maciças durante dias inteiros de trabalho, na primavera de 1872, foram o desfecho sóbrio para a revolta da conscrição". Dessas lutas, por sua vez, surgiram o poderoso ramo nova-iorquino da Primeira Internacional, a pioneira Associação dos Trabalhadores, o "espectro vermelho da Comuna" na praça Tompkins em 1874 e, por fim, a campanha radical de Henry George para a prefeitura, que chegou muito perto de tomar o Tammany Hall.

Certamente devemos apreciar a fábula heróica de Scorsese, em especial sua vívida encenação da Manhattan da década de 1850 como uma cidade do Terceiro Mundo. Porém, não devemos esquecer que socialistas e combatentes de classe, não gângsteres, deixaram as pegadas mais fundas nas verdadeiras ruas da velha Nova York.

janeiro de 2003 – Socialist Review

40
O resgate do soldado Ivan

A batalha decisiva pela libertação da Europa começou há sessenta anos, em junho de 1944, quando uma guerrilha soviética emergiu das florestas e dos pântanos da Bielorrússia para lançar um ousado ataque surpresa contra a retaguarda da poderosa Wehrmacht. As brigadas guerrilheiras, incluindo muitos combatentes judeus e fugitivos de campos de concentração, plantaram 40 mil cargas de explosivos, devastando linhas férreas vitais, que ligavam os 700 mil soldados do Grupo Central de Guerra alemão às suas bases de suprimentos na Polônia e na Prússia oriental.

Três dias depois, em 22 de junho, terceiro aniversário da invasão de Hitler à União Soviética, Marshall Zhukov deu ordem para o assalto principal às linhas de frente alemãs: 26 mil peças de artilharia pesada pulverizaram as posições avançadas da Alemanha. O pavoroso estridor dos foguetes Katyusha foi seguido pelo rugido de 4 mil tanques e pelos gritos de batalha (em mais de 40 idiomas) de 1,6 milhão de soldados soviéticos. Havia começado a operação Bagration (assim batizada em homenagem a um herói russo de 1812), um ataque por uma frente de 500 milhas de extensão.

Essa *blitzkrieg* vermelha – a resposta ao pedido de Eisenhower de uma grande "distração" para encobrir os desembarques na Normandia – rompeu a frente alemã em cinco pontos estratégicos, deflagrando o ataque das forças blindadas soviéticas contra a retaguarda das posições alemãs, onde 130 mil soldados nazistas foram aniquilados apenas na primeira semana. No fim de agosto, mais de cinqüenta divisões alemãs, inclusive algumas das mais famosas unidades da frente oriental, haviam sido destruídas, e a Rússia branca estava completamente liberta. No final, Hitler deslocou reservas de elite da Europa ocidental para deter temporariamente a onda soviética nos bancos do Vístula, nos arredores de Varsóvia.

Conseqüentemente, as tropas norte-americanas e britânicas enfrentaram poucas das veteranas divisões Panzer, que estavam posicionadas originalmente para rechaçá-las de volta para o mar; também não tiveram de enfrentar os reforços enviados do leste, como temia Eisenhower. Assim, dezenas de milhares de vidas aliadas foram salvas pela coragem e pelo sacrifício dos soviéticos. Mas o que os norte-americanos já ouviram falar a respeito dos feitos notáveis do 23º Corpo de Guarda de Yermakov, da 4ª Tropa de Choque de Malyshev ou dos combatentes dos pântanos de Pripyat? Junho de 1944 significa a praia de Omaha, não o avanço ao sul de Vitebsk ou a corrida de tanques a Borisov. Não encontramos a operação Bagration em nenhum livro básico sobre a história norte-americana moderna.

E isso apesar de a ofensiva de verão soviética – o "grande terremoto militar", como a denominou o eminente historiador Jon Erickson[1] – ter sido muitas vezes mais grandiosa que a operação Overlord (a invasão da Normandia), tanto em escala de forças envolvidas quanto em custo direto infligido aos alemães. De fato, Walter Dunn Jr., historiador militar norte-americano, caracterizou Bagration – não as épicas batalhas de Stalingrado ou de Kursk, e muito menos a de El Alamein – como "a pior derrota sofrida pelo exército alemão na Segunda Guerra Mundial"[2]. No final do verão, o Exército Vermelho havia alcançado os portões de Varsóvia, assim como os estreitos dos Cárpatos que controlavam a entrada para a Europa central. Tanques soviéticos prenderam o Grupo Central de Guerra entre pinças de ferro e o esmagaram, enquanto outro gigantesco exército nazista fora cercado e finalmente aniquilado no litoral báltico. A estrada para Berlim estava aberta.

Agradeça ao soldado Ivan

Não desonra os bravos homens que morreram no deserto norte-africano ou nas geladas florestas ao redor de Bastogne lembrar que quase 80% da Wehrmacht estão enterrados não nos campos franceses ou nas areias saarianas, mas nas estepes russas. Na luta contra o nazismo, cerca de quarenta "Ivans" morreram para cada "soldado Ryan". Estudiosos acreditam atualmente que cerca de 28 milhões de soldados e cidadãos soviéticos tenham perecido durante a Segunda Guerra Mundial, incluindo 3,3 milhões de prisioneiros do Exército Vermelho que foram deliberadamente privados de alimento pelos alemães entre 1941 e 1942[3]. No

---

[1] Jon Erickson, *The Road to Berlin* (Boulder, Cassel Publishing, 1983).

[2] Walter Dunn Jr., *Soviet Blitzkrieg: The Battle for White Russia, 1944* (Boulder, Lynne Rienner, 2000).

[3] Esse outro holocausto esquecido dos soldados vermelhos raramente é reconhecido pelos historiadores norte-americanos da guerra e pelos "acadêmicos do holocausto". A medida de sua negligência é que a inovadora análise de Christian Streit sobre o tratamento que os alemães dispensaram aos prisioneiros soviéticos – *Keine Kameraden* (Stuttgart, Deutsche Verlags-Anstalt, 1978) – causou um célebre debate na Alemanha, mas nunca foi traduzida para o inglês.

entanto, o soldado soviético comum – o mecânico de tratores de Samara, o ator de Orel, o mineiro de Donetsk e a colegial de Leningrado – é invisível na atual celebração e mitificação da "geração grandiosa".

É como se o suposto "Novo Século Norte-Americano" de George W. Bush não pudesse nascer completamente sem o exorcismo do papel central desempenhado pelos cidadãos soviéticos na significativa vitória contra o fascismo no último século. De fato, a maioria dos norte-americanos é espantosamente ignorante a respeito dos ônus dos combates e das baixas da Segunda Guerra Mundial. E mesmo a minoria que compreende algo da grandiosidade do sacrifício soviético tende a julgá-lo nos termos dos estereótipos crus do Exército Vermelho: uma horda bárbara conduzida por um sentimento cruel de vingança, um frenesi por estupros e um nacionalismo russo primitivo. (Sem dúvida, a imagem norte-americana convencional não difere muito do estereótipo oficial de Goebbels dos soviéticos como "robôs motorizados".) Apenas GI Joe e Tommy são vistos como combatentes genuínos dos ideais civilizados de liberdade e democracia.

Sendo assim, é ainda mais importante lembrar que – apesar de Stalin, do NKVD e do massacre de uma geração de líderes bolcheviques – o Exército Vermelho ainda mantinha elementos poderosos de fraternidade revolucionária. Aos seus próprios olhos, e aos olhos dos escravos que foram libertados das garras de Hitler, foi o maior exército de libertação da história. Além disso, em 1944 o Exército Vermelho ainda era um exército soviético. Entre os generais que lideraram o avanço contra Dvina, havia um judeu (Chernyakovski), um armênio (Bagramyan) e um polonês (Rokossovski). Em contraste com as forças norte-americanas e britânicas segregadas por classe e raça, o comando no Exército Vermelho era uma hierarquia aberta, ainda que implacável, de oportunidades.

Qualquer um que duvide do elã e da humanidade hierárquica do Exército Vermelho deveria consultar as extraordinárias memórias de K. S. Karol e de Primo Levi[4]. Ambos odiavam o stalinismo, mas amavam o soldado soviético comum e viam nele(a) as sementes da renovação socialista. Atestam o impacto transformador radical das vitórias do Exército Vermelho em 1944 e 1945 sobre Ivans e Ivanas comuns que levou à emergência de uma cultura popular crítica, que obviamente aterrorizava Stalin e seus asseclas. O resultado trágico desse novo despertar, é claro, foi o expurgo realizado pelo ditador, após a guerra, desses incomparáveis heróis soviéticos, como Marshall Zhukov e Leopold Trepper (líder da famosa rede de espionagem "Orquestra Vermelha" na Alemanha e na Europa ocupada), além da liquidação de milhares de comunistas

---

[4] K. S. Karol, *Between Two Worlds: The Life of a Young Pole in Russia, 1939-46* (Nova York, Henry Holt & Co., 1987); Primo Levi, *The Reawakening* (Nova York, MacMillan, 1965). [Ed. bras.: *A trégua*, São Paulo, Companhia das Letras, 1997.]

do Leste europeu (servir nas Brigadas Internacionais na Espanha era um atestado de óbito virtualmente garantido).

A "vitória" norte-americana na Guerra Fria infligiu ainda mais infâmias e mentiras aos túmulos do Exército Vermelho. Então, depois que George Bush depreciou recentemente a memória do Dia D, com o objetivo de granjear apoio aos seus crimes de guerra no Iraque e no Afeganistão, decidi promover minha própria comemoração.

Em primeiro lugar, lembrarei meu tio Bill, o vendedor de Columbus, por mais difícil que seja imaginar alma tão gentil como um soldado adolescente cheio de determinação na Normandia. Em segundo lugar – como estou certo de que meu tio Bill teria desejado –, lembrarei seu camarada Ivan.

O Ivan que lançou seu tanque contra os portões de Auschwitz e lutou para abrir caminho até o esconderijo de Hitler. O Ivan cuja coragem e tenacidade sobrepujaram a Wehrmacht, apesar dos erros e dos crimes fatais de Stalin durante a guerra. Dois heróis comuns: Bill e Ivan. Seria obsceno celebrar o primeiro sem comemorar o segundo.

junho de 2004 – The Guardian, *Londres*

41
Camisas Fantasmas

Em 1º de setembro de 1934, milhões de teares de algodão pararam de rodar. Por todo o sul do Piedmont, os apitos dos moinhos soaram, mas os trabalhadores não apareceram. A mais explorada força de trabalho dos Estados Unidos – os "cabeças de cotão" das Carolinas, Tennessee, Georgia e Alabama – estava em greve.

Enquanto os donos dos moinhos apelavam precipitadamente para injunções, gás lacrimogêneo e a Guarda Nacional, um vasto e pacífico exército de trabalhadores têxteis demoliu a imagem do trabalhador sulista como culturalmente servil e desorganizado. Ao contrário: com vozes afiadas para levar beleza aos coros das igrejas batistas das montanhas, eles entoaram poderosos hinos de solidariedade. E foram vigorosamente respondidos (muitas vezes em português, italiano ou francês) pelos trabalhadores dos moinhos da Nova Inglaterra, que se juntaram àquilo que seria a primeira greve geral da indústria na década de 1930 – e também a mais violentamente reprimida. Antes de Franklin D. Roosevelt – mais preocupado em agradar aos "donos dos teares" do que em libertar seus escravos – convencer o sindicato têxtil nacional a pôr fim à greve, milhares de trabalhadores foram gaseados e presos. Treze – a maioria no sul – foram mortos a tiros.

Hoje, setenta anos depois, e com apenas um punhado de veteranos de olhos turvos ainda vivos para lembrar o heroísmo e a angústia da grande greve têxtil, os teares de algodão de Dixie mais uma vez pararam de rodar. Mas dessa vez eles pararam para sempre.

As indústrias de tecidos e de vestuário dos Estados Unidos estão morrendo. Desde a posse de George W. Bush, em janeiro de 2001, 350 mil postos de trabalho – quase um terço do total – foram perdidos. Estima-se que outros 400 mil desapareçam até o fim da década. A manufatura têxtil no Piedmont, tanto hoje como em 1934, é uma ampla monocultura e, à medida que os moinhos fecham, as cidades morrem. Muitas ruas principais das cidades altas do sul são povoadas apenas por brechós de caridade, serviços de aconselhamento a viciados e de recrutamento militar.

O declínio paralelo da indústria do vestuário está erodindo da mesma maneira a economia de subsistência dos imigrantes latinos e asiáticos recém-instalados nos prédios de apartamentos das áreas centrais de Los Angeles, Nova York e Miami. Em breve, até mesmo as fábricas ilegais serão lembradas com nostalgia. Assim, outro amplo segmento da classe trabalhadora industrial dos Estados Unidos está sendo rapidamente levado em direção àquele admirável mundo novo que Kurt Vonnegut antecipou com tão sombria presciência em seu romance de 1952, *Player Piano* – uma sociedade de trabalhadores sem utilidade, cuja única opção é se alistar nas legiões imperiais que lutam por petróleo e outros recursos naturais em fronteiras distantes[1].

Essa tragédia quase invisível – quem fala do fechamento de fábricas na Fox News ou na CNBC? – faz parte de uma catástrofe global de empregos mais ampla, que vem na trilha da liberalização do comércio. As últimas barreiras que protegem as indústrias norte-americanas de tecidos e de vestuário serão derrubadas no próximo mês de janeiro. As exportações de tecidos chineses para os Estados Unidos duplicaram desde a entrada da China na Organização Mundial do Comércio (OMC) em 2001. O *Financial Times* prevê que os chineses abocanharão a maior fatia do mercado global numa reestruturação vertiginosamente rápida, eliminando milhões de empregos em todo o mundo, de Danville a Dhaka. A principal vantagem comparativa da China, como argumentou a AFL-CIO em março passado, numa petição que solicitava ao representante comercial dos Estados Unidos a promoção dos direitos dos trabalhadores fabris chineses, provém da "incessante repressão por parte do governo aos direitos trabalhistas" e da implacável exploração de estimados 100 milhões de migrantes rurais.

Não foi surpresa a administração Bush ter rejeitado o apelo da AFL-CIO para reforçar os acordos principais (facultativos) da OIT. Os trabalhadores também não podem esperar muito mais solidariedade de um Partido Democrata que se orgulha do Nafta e da OMC. É claro que John Edwards pode fazer poses heróicas do lado de fora de suas fábricas fechadas, no estado natal da Carolina do Norte, mas isso não quer dizer, para citarmos um estúpido lema de campanha, que "a ajuda está a caminho". Ao contrário, a linha partidária predominante, como sustentou recentemente em *The New York Times* William Gould IV (presidente do Comitê Nacional de Relações do Trabalho do governo Clinton), é "manter os níveis de emprego fora dos acordos comerciais".

---

[1] Kurt Vonnegut, *Player Piano* (Nova York, Random House, 1999). [Ed. port.: *Utopia 14*, Lisboa, Livros do Brasil, s.d.]

Apologia dos bárbaros

Aos olhos da maioria dos líderes democratas, a conquista típica dos anos Clinton foi levar a riqueza e o glamour da dita "nova economia" para dentro do partido. Improvável, portanto, que uma Casa Branca sob Kerry-Edwards arrisque os direitos de propriedade intelectual das indústrias de biotecnologia, ou os lucrativos *royalties* de Hollywood na nova China capitalista, em prol de alguns "cabeças de cotão" na Geórgia ou de imigrantes ilegais em Los Angeles. Diante desse cataclismo do livre-comércio, os trabalhadores sindicalizados dos setores de tecidos e de vestuário (reunidos desde 1976 no Unite) uniram-se ao Here, o dinâmico sindicato dos trabalhadores de hotelaria. Embora o United Here prometa dedicar metade de seu orçamento a uma nova organização, pode ser tarde demais para salvar os empregos ameaçados de perigo iminente pela liberalização do comércio.

Edna Bonacich (co-autora de *Behind the Label: Inequality in the Los Angeles Apparel Industry* [Por trás da marca: desigualdade na indústria de acessórios de Los Angeles]) é tanto uma proeminente pesquisadora quanto uma respeitada ativista[2]. Pedi a ela que me desse uma perspectiva franca sobre a situação:

> O Unite provavelmente perderá um bom pedaço de seu quadro de membros. O sindicato já desviou o foco dos trabalhadores de vestuário, acreditando que é inútil organizá-los em razão da fuga da indústria para fora do país. Certamente Los Angeles, como centro produtivo de acessórios e ímã de imigrantes, sofrerá conseqüências sérias. As vítimas tenderão a ser os imigrantes mais novos e mais pobres. O que quer que reste da indústria no país, é certo que funcionará nos mais baixos níveis de proteção trabalhista.

Bonacich acredita que as lutas heróicas, porém localizadas, contra o fechamento de fábricas estão fadadas ao fracasso: "Esse é um tema muito importante para ser tratado numa base fragmentária". Ela admite que a receita para a resistência trabalhista globalizada contra o capital global – "a questão política dos nossos tempos" – permanece vaga.

Em *Player Piano*, os sobreviventes da classe trabalhadora qualificada, como os últimos índios das planícies, formam um movimento de resistência milenarista, os Camisas Fantasmas, antes da derrota e da desorganização finais. No esquecido aniversário de uma greve épica, a fábula edificante de Vonnegut adquire um novo e infeliz significado.

5 de setembro de 2004 – The Los Angeles Times

---

[2] Edna Bonacich e Richard Appelbaum, *Behind the Label: Inequality in the Los Angeles Apparel Industry* (Berkeley, University of California Press, 2000).

42

Malcolm – mais do que nunca

Há quarenta anos, no inverno de 1964-1965, eu era um dos adolescentes que trabalhavam no escritório nacional de Nova York da Students for a Democratic Society [SDS, Estudantes por uma Sociedade Democrática]. A SDS estava à beira de um crescimento e de uma radicalização explosivos, que a tornariam a líder da resistência no campus contra a Guerra do Vietnã. De fato, a maioria de meus colegas de escritório trabalhava dezesseis horas por dia para organizar a primeira passeata em Washington D.C. (em 17 de abril de 1965) para protestar contra a escalada intervencionista dos Estados Unidos, promovida por Lyndon Johnson, e especialmente contra sua brutal campanha de bombardeios no Vietnã do Norte.

Minha atribuição era organizar uma manifestação pacífica (19 de março de 1965) no enorme arranha-céu do banco Chase Manhattan, na parte baixa da cidade. Após o massacre de Sharpeville, em 1960, quando a polícia sul-africana matou inúmeros manifestantes desarmados, o Chase Manhattan encabeçou um consórcio de bancos internacionais que concedeu empréstimos a Pretória e estabilizou seu crédito internacional. Aos nossos olhos, o banco controlado pelos Rockefeller era o parceiro central do *apartheid*, e esperávamos usar essa manifestação para tornar públicas as miríades de investimentos de Wall Street em racismo, tanto no sul da África como no sul dos Estados Unidos.

O aliado principal da SDS era o Student Nonviolent Coordinating Committee [SNCC, Comitê de Coordenação Estudantil Não Violenta], então envolvido na célebre luta por direitos eleitorais em Selma, Alabama. A organizadora do SNCC em Nova York era Betita Martinez, a famosa escritora mexicana, que se tornou a planejadora tática do ato. Também recebemos um apoio extraordinário dos africanos de Nova York, inclusive alguns membros exilados do

Congresso Nacional Africano, assim como dos membros mais jovens da missão da Tanzânia nas Nações Unidas. Um destes últimos – o primeiro revolucionário "autêntico" que conheci em minha vida – estava em contato com Malcolm X e sua nova Organização de Unidade Afro-Americana.

No início de 1964, o carismático líder negro muçulmano deixou a Nação do Islã com o objetivo de construir uma organização revolucionária que uniria as lutas da população negra dos Estados Unidos aos movimentos de libertação anticoloniais e nacionais. Após sua famosa peregrinação a Meca, Malcom X celebrou as revoluções cubana e chinesa e engajou-se ativamente em discussões estratégicas com marxistas, como também com muçulmanos militantes e com nacionalistas do Terceiro Mundo.

Meu amigo tanzaniano, que nos apresentou a outros nacionalistas negros, esperava conseguir um encontro entre Malcolm e o grupo da SDS. A possibilidade nos encheu de temor. "Você sabe quem é Malcolm X?", perguntou-me um dia, enquanto caminhávamos pelo Harlem. Balancei bisonhamente a cabeça. "Ele é o seu Lenin norte-americano."

Duas semanas após essa conversa (21 de fevereiro), nosso Lenin estava morto, alvejado enquanto discursava numa convenção no Salão Audubon de Manhattan. Ele tinha apenas 39 anos. Os assassinos de Malcolm eram capangas da Nação do Islã, mas historiadores e ativistas nunca deixaram de discutir a sinistra atuação do FBI e da polícia de Nova York, que, como sabemos agora, perfidamente insuflaram as divisões no interior das fileiras nacionalistas negras.

Nesse ínterim, o pesar no Harlem e por toda a América do Norte negra era extremo. No funeral de Malcolm, seu amigo íntimo, o ator Ossie Davis, proferiu a célebre elegia "nosso resplandecente Príncipe Negro". "O que depositamos na terra", disse ele aos enlutados, "não é mais um homem, mas uma semente, que, depois do inverno do nosso descontentamento, virá de novo ao nosso encontro". Davis, uma querida figura progressista por seus próprios méritos, morreu em 4 de fevereiro de 2005, depois de ter passado quatro décadas defendendo o legado de Malcolm X tanto do vilipêndio quanto do comércio.

Deste lado do oceano, nós obviamente estamos acostumados com o assassinato periódico de nossos profetas, dissidentes e revolucionários, mas a morte de Malcolm X, sem dúvida nenhuma, deixou o maior buraco na história dos Estados Unidos. Como escreve John Simon na edição de fevereiro da revista marxista independente *Monthly Review*: Malcolm X foi "possivelmente a figura mais perigosa na história deste país a confrontar a classe dominante"[1].

O "perigo" que Malcolm X personificava – e que tirou o sono de J. Edgar Hoover – era a ameaça de transformar um movimento reformista de direitos

---

[1] John Simon, "The Achievement of Malcolm X", *Monthly Review*, fev. 2005.

civis em um movimento radical de libertação, que se via como parte integrante de um levante global da população negra. Havia naquela época uma histeria muito grande por parte dos brancos pelo fato de Malcolm rejeitar a não-violência dogmática em favor da autodefesa armada. Contudo, ele apenas deu voz à atitude da maioria dos afro-americanos da classe trabalhadora, que se recusava a oferecer a outra face aos vigilantes assassinos e aos fascistas azuis. Mais radical ainda era Malcom rejeitar uma estratégia paroquial de "direitos civis", baseada nos tribunais federais e no Partido Democrata nacional, em favor de uma estratégia internacionalista de "direitos humanos", que aliou a revolta negra nos Estados Unidos a uma revolução tricontinental contra a hegemonia européia e norte-americana.

Malcolm X – um pensador brilhante e dinâmico cujas idéias rapidamente evoluíram para um diálogo com outros guerreiros da liberdade – era a principal ponte entre essa dialética revolucionária global e os setores mais oprimidos da população norte-americana. Assassinado apenas seis meses antes do grande levante dos guetos de Los Angeles, em agosto de 1965, ele foi a única figura política nacional que mereceu a admiração universal da juventude dos guetos do norte. E havia já muito era defensor apaixonado da união dos negros com os insurgentes nativos norte-americanos, latinos e asiáticos.

Malcolm X foi eliminado não apenas no seu melhor momento, mas no processo mesmo de uma profunda reorientação política, às vésperas da sua grande liderança. Seu assassinato, como o de Rosa Luxemburgo em 1919 ou o de Trotski em 1939, mudou o curso da história. Se tivesse vivido, quase com certeza Malcolm X teria galvanizado a oposição afro-americana conta a guerra genocida na Indochina – talvez, como muitos radicais negros acreditam, em aliança com um Martin Luther King, que pendia para a esquerda. Do mesmo modo, os levantes vulcânicos nos guetos em 1965 e 1968 poderiam ter adquirido uma organização e uma direção ideológica realmente "perigosas". O FBI, por sua vez, poderia ter encontrado mais dificuldade para espalhar o veneno da inveja e da desunião entre os revolucionários negros.

Esses "e se" assombram os radicais da minha geração, para quem Malcolm X era o símbolo da história alternativa que tentamos criar, mas fracassamos. Para as gerações mais jovens, contudo, as "sementes" da vida de Malcolm continuam a dar frutos gloriosamente intransigentes e subversivos.

março de 2005 – Socialist Review

43
Hora de bater a saída*

O soco mais famoso na história norte-americana não foi dado por Manassas Mauler ou por Brown Bomber, mas pelo líder trabalhista John L. Lewis. Setenta anos atrás, o irascível presidente de grossas sobrancelhas da União dos Mineiros desferiu contra o líder dos carpinteiros, o grande Bill Hutchinson, um baita murro no queixo.

Essa foi a maneira de Lewis de dizer adeus à American Federation of Labor (AFL) e aos conservadores – e freqüentemente xenofóbicos – *craft unions*** que a controlavam. A AFL recusou-se a endossar ou a apoiar seriamente os inexperientes sindicatos da indústria borracheira, automobilística, siderúrgica e elétrica, e Lewis estava notoriamente preocupado com o fato de que a revolta nos escalões inferiores da indústria de base pudesse se transformar numa ameaça esquerdista à burocracia sindical *per se*. Ele então retirou o sindicato dos mineiros e o Committee for Industrial Organization [Comitê para a Organização Industrial] dos salões de convenções e voltou às fileiras dos piquetes. Vinte anos se passaram até que um expurgado e desradicalizado Congress of Industrial Organization (CIO) se juntasse novamente à AFL numa união inquieta e, em geral, tempestuosa.

Numa reunião recente da AFL-CIO em Las Vegas (1º a 2 de março), Andy Stern, líder do maior sindicato da federação, o Sindicato dos Empregados do

---

* Trocadilho com o nome da rede de supermercados Wal-Mart e o vocábulo *war*, "guerra" em inglês. (N. T.)

** Sindicatos de habilidade. Tipo alternativo de sindicalismo corrente nos Estados Unidos e que difere do convencional por efetuar a representação dos trabalhadores por meio da especificidade de sua atividade profissional ou habilidade, em vez de referir-se diretamente ao setor econômico no qual esta se enquadra. (N. T.)

Setor de Serviços (SEIU), eximiu-se de literalmente desferir um golpe em seu antigo chefe e presidente da AFL-CIO, John Sweeney, mas a atmosfera de desavença remetia a 1935. Dez anos depois de a equipe de "Novas Direções" de Sweeney ter assumido o leme da AFL-CIO com a promessa de restaurar a unidade trabalhista e trazer energia heróica à nova organização, a Federação está prestes a se partir em duas.

Embora a última década tenha testemunhado campanhas memoráveis e bem-sucedidas de organização de zeladores, pessoal da hotelaria e enfermeiros, o balanço geral da era Sweeney é de um declínio implacável. Hoje, menos de 8% dos trabalhadores do setor privado pertencem a algum sindicato – o nível mais baixo desde 1901. Enquanto a indústria tradicional encolhe, os sindicatos não conseguem fazer nenhum progresso na organização das indústrias de alta tecnologia ou do setor de varejo de baixa renda. Não há selos de sindicatos nos Macs e menos ainda nos Big Macs. Enquanto isso, aquele megaexplorador da mão-de-obra norte-americana e terceiro-mundista, o Wal-Mart, ameaça extinguir o sindicalismo na indústria de bens de consumo não duráveis.

Apesar da promessa grandiosa de Sweeney, feita em 1995, de "organizar, organizar, organizar", a Federação sofreu uma perda real de 800 mil membros – um déficit que seria duas vezes maior se o SEIU não tivesse adicionado 800 mil membros aos seus quadros desde 1996. Além disso, "reconstrução" atualmente significa debandada. A crucial e importante greve dos trabalhadores do setor de bens de consumo não duráveis no sul da Califórnia entre 2003 e 2004 fracassou, em grande parte, por causa da incompetência das lideranças. No ano seguinte, os trabalhadores do setor automotivo, os operadores de maquinário e os funcionários das companhias aéreas foram obrigados a fazer imensas concessões em termos de empregos, benefícios e cobertura médica.

Ao mesmo tempo, a maior parte do orçamento da AFL-CIO continuava indo por um velho ralo: o Partido Democrata. Como um jogador compulsivo na frente de uma máquina caça-níqueis, a AFL-CIO gasta obsessivamente a contribuição de seus membros em campanhas de democratas, na esperança de um resultado eleitoral que nunca chega. A lealdade a Clinton–Gore, por exemplo, só resultou em acordos de livre-comércio que acabaram com os empregos sindicalizados da antiga região industrial central. Como conseqüência, a maioria dos eleitores da classe trabalhadora branca parece ver a administração republicana da economia como o menor entre dois males. Uma nova análise dos votos de novembro passado mostra que os trabalhadores brancos preferiram Bush a Kerry à frente da economia: 55% a 39%.

Stern, sem romper com a política bipartidária *per se*, tornou-se um crítico cada vez mais loquaz da relação trabalhista unilateral com os democratas. "Os trabalhadores não têm, neste momento, um partido que se dirija de maneira clara e precisa aos seus interesses econômicos." Em Las Vegas, ele propôs cortar pela metade a contribuição que a AFL-CIO destinava aos candidatos democratas e ao *lobby* em Washington: os fundos, em vez disso, seriam direcionados para novas formas de organização, cujo alvo principal seria o Wal-Mart.

A proposta foi co-patrocinada por James Hoffa, do sindicato dos caminhoneiros, e apoiada pelos trabalhadores dos setores de hotelaria, alimentação, serviços pesados e automotivo. Embora Sweeney tenha vencido com facilidade esse desafio frontal à sua liderança, com uma votação de 15 a 7, a reunião de Las Vegas foi apenas o prelúdio da batalha real que se espera na convenção da AFL-CIO, em julho. No verão passado, Stern alertou para o fato de que seus 1,8 milhão de membros (na maioria trabalhadores do setor hospitalar e zeladores) deixarão a AFL-CIO se esta não conseguir enxugar sua estrutura, forçar a fusão dos sindicatos menores, acabar com as disputas jurisdicionais e destinar recursos para a nova organização, como foi prometido em 1995. É muito provável que o aliado de Stern, John Wilhelm, do setor de hotelaria, concorra com Sweeney na convenção. Se ele perder, presumivelmente esse será o sinal para que os sindicatos da reforma se retirem e formem uma nova aliança trabalhista nacional, possivelmente com a participação do sindicato dos carpinteiros, que já é independente.

Como em 1935, há uma tentação a retratar os reformistas como a "esquerda" e as lideranças da federação como a "direita". De fato, até onde vai o compromisso com a organização agressiva, Stern imita de modo consciente, e até teatral, o precedente de Lewis. Porém, como sabiam em 1935 os amargurados mineiros das minas de carvão e os trabalhistas radicais, Jonh L. Lewis também era um autocrata que havia esmagado os trabalhadores locais dissidentes e perseguido socialistas e comunistas.

Stern não chega a ser um tirano do calibre de Lewis, mas maltrata com freqüência as lideranças de base do seu próprio sindicato. Os partidários da democracia sindical também estão preocupados com o modelo de-cima-para-baixo das grandes fusões e com as campanhas de organização que aliam Stern a figuras mais sinistras, como o jovem Hoffa (filho do corrupto líder sindical dos caminhoneiros, assassinado na geração anterior). Stern não cansa de pregar a necessidade de os sindicatos menores se amalgamarem em sindicatos maiores, um sermão que inevitavelmente assusta tanto os *craft unions* quanto os sindicatos da indústria em declínio. Tom Buffenbarger, dos operadores de maquinário, acusou Stern de "tentar corporativizar o movimento trabalhista". Os que apóiam Stern, inclusive a legião de jovens organizadores do SEIU que foram recrutados nas universidades de elite, respondem que a densidade sindical somente será reconstruída com a adaptação da estrutura dos sindicatos à era Wal-Mart.

Numa carta aberta divulgada recentemente, Donna Dewitt, presidente da AFL-CIO da Carolina do Sul, e Bill Fletcher, ex-diretor educacional da AFL-CIO e proeminente marxista negro, unidos a uma variedade de outros sindicalistas progressistas, escreveram que "a abordagem de-cima-para-baixo para revitalizar as organizações dos trabalhadores não granjeará participação e apoio significativos dos membros". Eles também alertaram para o fato de que uma ofensiva organizada não renovaria um movimento trabalhista norte-americano em vias de extinção: os sindicatos precisam estar na linha de frente das batalhas contra a "sociedade fortificada" que se criou em nome da guerra contra o terrorismo.

Entrementes, Sweeney e seus seguidores – incluindo, entre os grandes sindicatos, os operadores de maquinário, os funcionários públicos, os professores e os trabalhadores do setor de comunicações – ainda teimam em entregar o dinheiro do aluguel dos trabalhadores ao democrático bandido dos caça-níqueis. Depois de derrotar a proposta de Stern de direcionar as contribuições para a organização, a maioria dos diretores votou a favor de duplicar o investimento anual em programas políticos e legislativos. Portanto, pelo menos até o momento, a luta dentro da liderança da AFL-CIO tem definido dois grupos de prioridades claramente contrastantes. Agora é tarefa urgente do novo presidente nacional do Partido Democrata, Howard Dean, persuadir Stern a moderar os golpes em julho e evitar que a convenção da AFL-CIO realmente debata – pela primeira vez em sua história – a triste monogamia do trabalho com os democratas.

abril de 2005 – Socialist Review

Como esperado, Stern boicotou a convenção de Chicago e juntou-se aos caminhoneiros, ao Unite Here e a quatro outros sindicatos para formar a Mudar para Vencer (6 milhões de membros em sete sindicatos) como pólo alternativo à AFL-CIO de Sweeney (9 milhões em 53 sindicatos). Embora o pior dos cenários – a cisão das federações trabalhistas da cidade e dos distritos – tenha sido evitado graças a um compromisso de última hora de Sweeney, que permitiu que os federados lançassem um suposto "contrato de solidariedade" com os sindicatos secessionistas, o impacto imediato do divórcio (que Stern gabou como sendo análogo à formação da CIO) tem sido uma onda dramática de ataques entre sindicatos rivais. Os mais pungentes exemplos envolvem as tentativas do SEIU de atrair contingentes do setor público há muito cultivados pela AFSCME, especialmente os trabalhadores do serviço de cuidados infantis em Maryland, Illinois e Iowa[1].

As federações rivais também conseguiram debilmente unir forças para apoiar os democratas nas eleições de 2006 para o Congresso, ocasião em que o SEIU – apesar da afirmação de que põe a organização em primeiro lugar – gastou uma fortuna com uma variedade de candidatos, tanto do DLC quanto liberais. Contudo, como notou Harry Kelber em sua circular LaborTalk, os sindicatos estão silenciosos demais a respeito da catástrofe no Iraque e da guerra ao terrorismo. "Os líderes de ambas as federações trabalhistas [...] instituíram um blecaute total de notícias e informação sobre a guerra no Iraque,

---

[1] Jonathan Walters, "Solidarity Forgotten", *Governing*, jun. 2006.

como se isso não fosse de nenhum interesse para as famílias de trabalhadores dos Estados Unidos."[2] *A cisão, em outras palavras, não aperfeiçoou significativamente as políticas públicas de trabalho nem reclamou uma voz crítica na política externa e em outras questões importantes que se apresentavam mesmo na era Reuther.*

*Embora Stern continue insistindo que a Mudar para Vencer herdou o verdadeiro manto da CIO e da tradição organizacional militante, ele estabeleceu um diálogo com líderes empresariais que lembra diretamente os esforços de Samuel Gompers para negociar um contrato social com os barões ladrões por intermédio da Federação Cívica Nacional, na virada do século. Baseando-se na prática bem estabelecida da SEIU e da Unite Here de apoiar os objetivos políticos setoriais de seus empregadores (redesenvolvimento urbano, reforma das leis de jogo, entre outros) em troca de barganha coletiva, Stern propõe em seu novo livro (*A Country that Works *[Um país que trabalha], de 2006) acomodar as demandas empresariais para eliminar a cobertura médica e os benefícios previdenciários em favor de uma frente unificada no Congresso pela reforma nos sistemas de saúde e previdência*[3]*. Como no caso de Gompers e seus sucessores, William Green e George Meaney, tais "parcerias" entre os trabalhadores e a direção (que os europeus chamam de "corporativismo") sempre foram um chão escorregadio entre a colaboração de classes e a derrota total. É curioso como idéias antigas e desacreditadas ressurgem do túmulo para se tornarem "novos paradigmas" e um pensamento "fora dos padrões" – talvez alguém precise dar dois socos em Andy Stern.*

---

[2] Harry Kelber, *LaborTalk*. Disponível em <www.laboreducator.org>.
[3] Andy Stern, *A Country That Works: Getting America Back on Track* (Nova York, Free Press, 2006).

44

Feliz aniversário, grande Bill

Salão Brand, Chicago, 27 de junho de 1905. O grande Bill Haywood bateu o martelo e impôs a ordem na primeira convenção do Industrial Workers of the World (IWW): "Este é o congresso continental da classe trabalhadora. Estamos aqui para confederar os trabalhadores deste país num movimento da classe trabalhadora que deve ter como propósito emancipar a classe da escravidão do capitalismo".

O salão ressoou em aplausos. Além do sindicato do próprio Haywood – a Western Federation of Miners [WFM, Federação dos Mineiros do Oeste] –, os delegados incluíam mineiros das minas de carvão do Kansas, alfaiates de San Francisco, gráficos de Schenectady, zeladores de Chicago, estivadores de Detroit e de Hoboken, ferreiros de Pullman, cervejeiros de Milwaukee e peleiros de Montreal. Os principais discursistas incluíam os dois mais célebres socialistas revolucionários da América do Norte: Eugene Debs e seu velho antagonista, Daniel De Leon. Outros membros proeminentes incluíam Mother Jones, do sindicato de mineiros, e A. M. Simons, editor da *International Socialist Review.*

Mas o chamado para a convenção teve origem na WFM. Como Haywood lembrou aos delegados, os trabalhadores das pedreiras têm travado uma guerra trabalhista brutal nas Rochosas desde 1892: "Não houve sequer uma greve nas pedreiras, promovida pela WFM, em que não tenhamos sido confrontados pela milícia". Em contraste com a American Federation of Labor (AFL) sob o comando de Samuel Gompers, a WFM não se sentou à mesa com os barões ladrões, não apoiou o imperialismo dos Estados Unidos nem implorou ao presidente Roosevelt para que mediasse as disputas na indústria. Quando necessário, seus membros sabiam como usar o lado negociador de um rifle 30-30 Winchester. Como notou precisamente Haywood, "a classe capitalista deste país teme a WFM mais do que a todo o resto das organizações trabalhistas".

Agora, os mineiros do oeste vinham para o leste com o intuito de ajudar a erguer uma nova "organização trabalhista, ampla o suficiente para abranger toda a classe trabalhadora" – uma organização, insistiu Haywood, "formada, baseada e fundada na luta de classes, não tendo em vista nenhum tipo de comprometimento ou rendição". A AFL, afirmou Haywood, não era um movimento da classe trabalhadora, e sim um cartel exclusivista, que representava uma elite de trabalhadores brancos, nativos e qualificados. "O que queremos estabelecer a essa altura é uma organização trabalhista que abra suas portas para todo homem [sic] que ganhe a vida com seu cérebro ou com seus músculos".

No mais eloqüente discurso da convenção, Lucy Parsons deixou claro que essa nova solidariedade deveria incluir as mulheres trabalhadoras, "as escravas dos escravos". Ex-escrava ela mesma, e viúva de Albert Parsons, um dos radicais trabalhistas de Chicago que foram executados por causa dos acontecimentos de Haymarket, Lucy era uma das figuras mais extraordinárias da esquerda norte-americana. Instou os delegados a voltar os olhos "para a distante Rússia e tomar a paixão e a coragem daqueles que estão travando uma batalha ali e do fato mais profundo que leva grande terror à classe capitalista de todo o mundo – a bandeira vermelha foi hasteada".

De fato, os relatos de greves em Moscou e de motins em Odessa eletrizaram o salão da convenção. No decorrer do ano seguinte, a solidariedade com a revolução em curso na Rússia se tornaria uma das principais prioridades do novo movimento. Quando a Internacional Socialista convocou uma ação global em apoio aos russos em 22 de janeiro de 1906, o IWW organizou reuniões em massa e, em seguida, patrocinou a famosa turnê de angariação de fundos do escritor Máximo Gorki, saudando-o como um "representativo sindicalista internacional".

Quando Gorki descobriu que, entrementes, Bill Haywood e o presidente da WFM, Charles Moyer, haviam sido presos em Idaho pelo suposto assassinato de um ex-governador fura-greve, ele imediatamente lhes enviou um telegrama: "Saudações a vocês, meus irmãos socialistas. Coragem! O dia da justiça e da libertação dos oprimidos de todo o mundo está próximo". De sua cela, Haywood e Moyer responderam: "Irmão. A luta de classes, que é mundial, que é a mesma nos Estados Unidos e na Rússia, faz-nos irmãos de fato. Leve nossos melhores votos aos colegas trabalhadores em sua terra natal".

Tais efusões de internacionalismo eram mais que mero sentimento. Segundo Philip Foner, historiador do trabalho, a solidariedade apaixonada dos *wobblies* com a revolução na Rússia granjeou-lhes a simpatia dos trabalhadores imigrantes em vilas operárias do leste. Isso abriu caminho para o papel central do IWW na onda de greves de 1909-1913, que mobilizou uma classe trabalhadora imigrante supostamente "desorganizada" em confrontos da militância com as maiores empresas industriais do país. Centenas de revolucionários russos, poloneses, finlandeses e judeus exilados logo se tornaram organizadores e tribunos populares do IWW, dando ao movimento um caráter cosmopolita inédito na história dos Estados Unidos.

No centésimo aniversário do IWW, é vital considerar o movimento como ele realmente era e descartar o estereótipo popular dos *wobblies* como anarquistas românticos, porém essencialmente inofensivos e vagabundos. Há uma tendência na história do trabalho norte-americana, especialmente entre liberais e socialdemocratas bem-intencionados, de idealizar o IWW a ponto de torná-lo uma caricatura. Em sentido análogo, alguns historiadores aplaudem as tradições "nativas" de protesto, mas denigrem ou patologizam a solidariedade com revoltas de outras terras. De fato, como Foner demonstrou de maneira irrefutável em suas histórias essenciais, porém freqüentemente ignoradas, o IWW foi a primeira organização trabalhista norte-americana de significância nacional a fazer do internacionalismo a pedra fundamental de seus valores[1]. Como resultado, tornou-se rapidamente um extraordinário cadinho de tradições revolucionárias e sabedoria tática de cada canto do planeta.

Isso ficou ilustrado de maneira dramática durante a grande greve de 1909, que inaugurou o levante de quatro anos da nova classe trabalhadora imigrante. Na famosa fábrica de automóveis Pressed Steel, em McKees Rocks, na Pensilvânia, morria em média um trabalhador por dia, em virtude de acidentes de trabalho. Dezesseis nacionalidades diferentes trabalhavam na fábrica, e a direção contava com a intolerância dos trabalhadores nativos com relação aos *hunkies* imigrantes para manter o sindicalismo à distância. Quando uma greve espontânea eclodiu em julho, os chefes da companhia e da AFL esperavam que ela acabasse em um ou dois dias. Ao invés disso, porém, a força de trabalho estrangeira, sob a liderança do IWW, enfrentou os fura-greves, a polícia das minas de carvão e de ferro e os guardas locais durante 45 dias. Treze grevistas foram mortos, mas os trabalhadores conquistaram suas reivindicações.

Foi uma vitória impressionante dos supostos "camponeses europeus ignorantes". Na verdade, como explicou um artigo na *International Socialist Review*, o comitê interno de greve era uma internacional revolucionária em miniatura, que incluía anarquistas e socialistas italianos, um socialdemocrata russo, vários sobreviventes do massacre do "Domingo Sangrento" em São Petersburgo, suíços desterrados e sindicalistas húngaros, assim como um quadro de metalúrgicos alemães veteranos.

Alguns anos depois, o IWW se envolveria profundamente com outra revolução contemporânea no México; centenas de *wobblies* cruzariam a fronteira para lutar na breve república vermelha instaurada por anarquistas mexicanos em Baja Cali-

---

[1] Philip Foner, *The Industrial Workers of the World, 1905-1917* (Nova York, International Publishers, 1980 – v. 4 de *History of the Labor Movement in the United States*).

fórnia. Mais tarde, quando o presidente Wilson tentou conseguir apoio para o desembarque dos fuzileiros em Veracruz, o grande Bill Haywood lembrou aos manifestantes em Nova York: "É melhor ser traidor de seu país que de sua classe". O IWW opôs-se implacavelmente à intervenção dos Estados Unidos na Primeira Guerra Mundial e apoiou fervorosamente rebeldes antimilitaristas de toda parte. Não surpreende que a organização tenha se tornado o alvo principal da repressão governamental e do vigilantismo patriótico em 1917. Afinal de contas, eles eram de fato perigosos. Nenhuma outra organização trabalhista na história norte-americana foi menos patriota ou mais gloriosamente internacionalista.

janeiro de 2005 – Socialist Review

45
Coragem radical

Na primavera de 1951, *The Nation*, a nau capitânia da opinião radical independente, estava acuada. O fato de sua valente editora, Freda Kirchway (1937-1955), recusar-se a incluir a revista nas fileiras do liberalismo da Guerra Fria transformou-a no alvo preferido dos inquisidores da imprensa e dos intelectuais anticomunistas. Enquanto Joe McCarthy perseguia a subversão nas margens do Potomac, figuras importantes do Congresso para a Liberdade Cultural – entre eles Arthur Schlesinger Jr., Sidney Hook, Elliot Cohen e Irving Kristol – cercaram *The Nation* como um cardume de tubarões furiosos. Num ataque típico, Schlesinger, historiador de Harvard, acusou Kirchway de "trair as mais caras tradições" da revista ao publicar, "semana após semana, essas miseráveis apologias ao despotismo soviético"[1].

Uma simples assinatura de *The Nation* garantia a suspeita de que se era "tolerante com o comunismo" e, ao menos em um caso (o do escritor Edward Eliscu, de Hollywood), comprar a revista em uma banca de jornais era pretexto para ser incluído na lista negra. A revista foi banida das escolas públicas de Nova York; apelos para a angariação de fundos levaram a resultados pífios; doadores de longa data se recusaram a atender aos telefonemas de Kirchway; velhos colaboradores desertaram da bandeira; e o ex-crítico de arte da revista, Clement Greenberg, acusou ferozmente o editor estrangeiro, Julio Alvarez del Vayo, um republicano espanhol exilado, de ser agente de Stalin. Percebendo a vulnerabilidade de *The Nation*, seus arquiinimigos, com o apoio da CIA, de *Commentary* e de *The New Leader*, lançaram-se ao ataque mortal com campanhas ininterruptas de insinuações e alegações de deslealdade.

---

[1] Peter Richardson, *American Prophet: The Life and Work of Carey McWilliams* (Ann Arbor, University of Michigan Press, 2005).

Sitiada e quase falida, Kirchway pediu a Carey McWilliams, colaborador da costa Oeste, que fosse a Nova York por algumas semanas para editar um número especial sobre as liberdades civis e ajudá-la na coleta de fundos. McWilliams – que já havia insistido com Kirchway para que *The Nation* fosse transferida para a Califórnia, para longe da atmosfera tóxica da *intelligentsia* nova-iorquina – concordou em ir por um mês. Permaneceu mais de 25 anos.

O escritor de Los Angeles, advogado e ativista progressista, cujo aclamado livro de 1939, *Factories in the Field* [Fábricas no campo], foi a contrapartida não ficcional de *As vinhas da ira*, levou uma coragem inflexível do oeste para os campos de batalha de Manhattan. Embora muitos de seus amigos mais próximos, entre eles o acadêmico literário marxista F. O. Matthiessen e o autor imigrante Louis Adamic, tenham sido levados ao suicídio pelo macarthismo, McWilliams mantinha-se firme sob os ataques: na verdade, ele gostava do combate político, mesmo nos terrenos mais desiguais. Na Califórnia, durante muito tempo brigou com grupos semifascistas, como os Fazendeiros Associados e os Filhos do Oeste Dourado. Durante seu mandato (1939-1942) como diretor de habitação para migrantes na administração do governador Floyd Olsen, afinada com o New Deal, os latifundiários o apelidaram de "peste agrícola número 1, pior que a ferrugem ou que a broca", e o republicano Earl Warren fez sua campanha para governador em 1942 com a promessa de que a demissão de McWilliams seria seu primeiro ato ao assumir o cargo. (McWilliams pediria demissão antes disso.)

Ao aceitar o convite de Kirchway, ele a preveniu de sua fama: "Eu me considero um democrata radical, que pode ser mais bem classificado de socialista, com o 'democrata' e o 'socialista' escritos sem maiúsculas". Freda respondeu que ela também era uma "socialista de um certo tipo" – quem não fora na década anterior? Como braço direito de Kirchway, e depois de 1955 como seu sucessor, McWilliams trabalhou incessantemente para recuperar as finanças de *The Nation* e evitar os ataques difamatórios dos literatos anticomunistas. A tarefa era exaustiva: em suas memórias, *The Education of Carey McWilliams* [A educação de Carey McWilliams], de 1978, ele escreve: "Continuei achando que a crise na revista, que refletia a tensão crescente da Guerra Fria, passaria logo, mas ela piorou cada vez mais. Não havia tempo para pensar em mais nada"[2].

Nessa época, McWilliams reformulou substancialmente a cultura interna de *The Nation* e, praticamente sozinho, reviveu a tradição dos cronistas de época do jornalismo norte-americano. Como um bom estrategista militar, ele acreditava que era essencial ir da defesa para o ataque o mais rápido possível e, para isso, levou para a revista repórteres investigativos como Fred J. Cook, Gene

---

[2] Carey McWilliams, *The Education of Carey McWilliams* (Nova York, Simon and Schuster, 1978).

Gleason, B. J. Widick e Mathew Josephson, que escreveram os famosos relatos sobre o julgamento de Alger Hiss, o FBI, os intelectuais da CIA, o complexo militar-industrial, a cultura de consumo e muito mais. Durante a década de 1920, McWilliams, como muitos outros jovens escritores anônimos do oeste e do sul, tiraram proveito do patrocínio editorial e da amizade de H. L. Mencken e de seu *American Mercury*; agora ele retribuía o favor, tornando-se o defensor dos novos talentos, como Ralph Nader, Dan Wakefield, Howard Zinn, Richard Cloward, Frances Piven e uma pobre e desesperada alma chamada Hunter S. Thompson, a quem McWilliams profeticamente sugeriu a idéia de uma reportagem sobre as gangues de motociclistas da Califórnia.

Ele também combateu fortemente o paroquialismo endêmico da cena nova-iorquina do tipo "não há vida inteligente a leste de Hudson". Além da cobertura consistente da política na costa oposta (incluindo as várias facetas ameaçadoras do conservadorismo californiano), ele publicou relatos fascinantes e em primeira mão do movimento de libertação sulista e avaliações anuais dos progressos alcançados por Martin Luther King, assim como os retratos ácidos que Robert Sherrill pintava dos líderes dixiecratas. Até mesmo aquele órfão perpétuo dos liberais nova-iorquinos, Chicago e seu vasto interior meio-oeste, teve menções ocasionais em *The Nation* durante os anos Carey.

McWilliams foi o *think tank* de um homem só da esquerda californiana durante os anos do New Deal, e levou para Nova York um desejo singular de transformar o jornalismo em investigação sociológica e vice-versa. Ele abriu as portas da revista para o influente C. Wright Mills – outro fora-da-lei do oeste dos Pecos – e lançou uma série de explorações sociológicas ambiciosas sobre as áreas centrais do conformismo da era Eisenhower: burocracia empresarial, cultura do consumidor, famílias suburbanas, histeria dos abrigos nucleares e, sim, campi de faculdades. Ele também manteve em destaque na capa os maiores correspondentes da época – Alexander Werth, Edgar Snow, Basil Davidson, Isaac Deutscher, Carleton Beals, Claude Bourdet –, assim como os historiadores da nova esquerda, como William Appleman Williams e Gabriel Kolko.

Em suma, McWilliams não apenas salvou *The Nation* dos cães do inferno da Guerra Fria, como também a transformou num lugar privilegiado, em que os acadêmicos radicais, os cronistas, os marxistas independentes, os rebeldes sindicais, os defensores dos direitos civis, os *beatniks* e os protestantes pacifistas encontraram uma voz comum depois da era das trevas do macarthismo. Desafiando a notória "distância entre as gerações", ele tentou conscientemente fazer da revista uma ponte intelectual entre a cultura do ativismo da década de 1930 e os membros da nova esquerda na década de 1960. E, talvez o mais importante, ele manteve a atenção dos progressistas brancos voltada para o movimento de libertação negra e para a revolta dos trabalhadores rurais da Califórnia. *The Education of Carey McWilliams*, infelizmente já esgotado, permanece como a história indispensável dos anos mais heróicos de *The Nation*, além de ser uma enciclopédia fascinante de sua miríade de colaboradores e personagens[3].

No entanto, como lembra Peter Richardson em sua soberba biografia sobre McWilliams, os californianos pagaram um preço alto por terem perdido para os salões do leste seu mais brilhante crítico radical e documentarista social[4]. Em 1949, em apenas uma década, McWilliams já havia escrito oito livros e mais de cem artigos, incluindo dois estudos clássicos sobre o trabalho rural (*Factories In The Field* e *Ill Fares the Land* [O mal assola a terra]); uma introdução até hoje definitiva à região de Los Angeles (*Southern California Country* [O país sul-californiano]); uma impressionante e quase braudeliana interpretação dos principais contornos da história californiana (*California: the Great Exception* [Califórnia: a grande exceção]); o primeiro relato em forma de livro da experiência mexicana (*North from Mexico* [Ao norte do México]); e quatro estudos canônicos sobre o racismo e a discriminação (*Brothers Under the Skin* [Irmãos por baixo da pele], *Prejudice: Japanese-Americans* [Preconceito: nipo-americanos], *Symbol of Racial Intolerance* [Símbolo de intolerância racial] e *A Mask for Privilege: Anti-Semitism in America* [Uma máscara para o privilégio: anti-semitismo nos Estados Unidos]). *Witchhunt: The Revival of Heresy* [Caça às bruxas: a revivescência da heresia] foi publicado às vésperas de sua mudança para Nova York. No entanto, sua disciplina e sua produtividade literárias espantosas foram em seguida desviadas em grande parte para as tarefas editoriais e para o generoso planejamento de projetos levados a cabo por outros escritores de *The Nation*.

O livro de Richardson, com sua perspectiva equilibrada sobre seus anos iniciais, médios e derradeiros, chega a uma junção crucial quando até os admiradores ferrenhos de McWilliams ameaçam perder de vista o homem completo. Na Costa Leste, ele é uma memória amplamente querida, mas apagada para os veteranos de *The Nation* e de seu meio, que tendem a saber pouco a respeito de seus anos seminais na Califórnia. Mais uma vez ele é um pólo de atração no oeste: desde o começo da década de 1990 há uma grande revivescência de sua obra, graças à incessante promoção do historiador Kevin Starr, do jornalista de Sacramento Peter Schrag e do instigador dos "Estudos da Califórnia" Jeff Lustig. Entretanto, os leitores californianos contemporâneos têm pouco apreço por seu período à frente de *The Nation* ou por suas contribuições para as causas progressistas nacionais.

As biografias atuais, obviamente, podem fazer digressões de milhares de páginas e consumir uma geração de pesquisa; *American Prophet* [Profeta norte-americano] é mais econômica e permanece focada na produção literária. Robinson,

---

[3] Idem.
[4] Peter Richardson, *American Prophet: The Life and Work of Carey McWilliams*, cit.

que admite nunca ter ouvido falar de McWilliams até 1999 e então se espantar ao descobrir "um dos mais versáteis, produtivos e coerentes intelectuais públicos do século XX", pretende ser um "leitor competente" dos livros e artigos de McWilliams nos contextos históricos específicos em que foram produzidos. O resultado é um retrato fascinante de ativismo profundo, sustentado por um trabalho hercúleo de pesquisa e de investigação: como McWilliams confessa em suas memórias, "o fato de todos os meus livros representarem um esforço para diminuir minha ignorância em assuntos de interesse obrigatório levou-me freqüentemente a imaginar se escolhi os assuntos ou se foi o contrário"[5].

Certamente, as causas sempre encontravam o caminho até a sua porta: depois de mergulhar nas agendas e nos diários de McWilliams, Robinson assustou-se com a imensa quantidade de comitês de defesa, campanhas de solidariedade, fundos de greve e eventos para angariar fundos que Carey encontrou tempo para organizar ou presidir. Quando combinados com a advocacia ou, posteriormente, com o cargo público, além da cota diária de mil ou mais palavras escritas e de ativismo, fosse em defesa dos grevistas do algodão, dos republicanos espanhóis ou dos defensores da lagoa Sleepy, pouco tempo lhe sobrou para brincar de *pater familias*. Em suas memórias, McWilliams dedica menos de um parágrafo à sua vida familiar adulta: casamentos e filhos, conclui ele, são da esfera privada e estão fora do escrutínio público. Como biógrafo responsável, Robinson entra nos armários de McWilliams, mas encontra pouca coisa além de um primeiro casamento fracassado, muito tempo passado no escritório e uma queda por farras ocasionais com os amigos escritores (mas Carey sempre estava sóbrio e pronto para o trabalho na manhã seguinte).

McWillians, como mostra Robinson, não negava suas origens (escocesas e irlandesas): foi criado numa esparramada fazenda de gado no Colorado, por pais ocupados demais, que tinham pouco tempo para manifestações de afeto, mas que desde cedo deram aos filhos responsabilidade e independência. Carey cresceu com as próprias mãos e imbuído do *ethos* igualitário de irreverência, trabalho duro e auto-confiança dos caubóis. Na imprevisível meteorologia moral de Hollywood na década de 1940 e de Nova York na década de 1950, quando as pessoas podiam perder em um dia seus amigos mais próximos e suas crenças mais profundas, McWilliams foi como o granito de Yosemite: de uma lealdade inabalável para com os antigos amigos e de joviais convicções.

Por pura coincidência, li *American Prophet* logo depois de *No Country For Old Men* [Onde os velhos não têm vez], de Cormac McCarthy. O novo romance de McCarthy, composto em porções iguais de nostalgia sentimental e de violência apocalíptica, é um lamento pela perda daquelas qualidades cavalheirescas – hon-

---

[5] Carey McWilliams, *The Education of Carey McWilliams*, cit.

ra, dever, discrição, coragem e, pesa-me dizer, bondade – que um dia supostamente caracterizaram os cavaleiros da fronteira, como o xerife Bell do romance, agora obsoleto num mundo de vagabundos insolentes e de assassinos semelhantes a robôs. Tendemos a pensar em funerais públicos para a nobreza de caráter perdida dos Estados Unidos – *O resgate do soldado Ryan* e *A geração grandiosa* também nos vêm à mente – como cerimônias de um engodo justo e moral para encobrir histórias reais de racismo e carnificina, mas pode haver outras dimensões alternativas para essa nostalgia nacional.

Estou certo de que Carey McWilliams teria lembrado a McCarthy (ou mesmo a Spielberg) que as maiores personificações da coragem moral na história dos Estados Unidos foram os abolicionistas, os *wobblies*, o Batalhão Abraham Lincoln* e o Student Nonviolent Coordinating Committee. Nas tempestades de meados do século XX, o próprio McWilliams foi tão firme quanto Wendell Phillips nas décadas de 1850 e 1860. De fato, como ressalta um de seus filhos – o historiador Wilson Carey McWilliams – num belo posfácio para um comentador recente de McWilliams (*Fool's Paradise* [Paraíso dos tolos]), "ele era um Galahad sardônico, devotado ao Graal democrático"[6].

Robinson também faz um excelente trabalho ao evocar a força do compromisso de McWilliams, mas a última palavra é do próprio editor de *The Nation*:

> Ao fim e ao cabo, sou o radical rebelde que sempre fui (por razões que nunca cheguei a compreender totalmente), ainda tenho uma visão generosa do futuro e continuo basicamente um otimista, a despeito das evidências de que posso estar errado. Olhando para trás, no entanto, meu radicalismo e meu idealismo indígenas passaram pelo teste do tempo tão bem ou até melhor do que muitas das ideologias apocalípticas da esquerda e da direita.

19 de setembro de 2006 – The Nation

---

* Grupo de voluntários oriundos das mais diversas organizações norte-americanas de esquerda. Lutou na Guerra Civil Espanhola contra o governo totalitário de Francisco Franco. (N.T.)

[6] Idem, *Fool's Paradise: a Carey McWilliams Reader* (Berkeley, Heyday Books, 2001).

46
Noites de tumulto na Sunset Strip

*Pouco depois da rebelião de Watts, em agosto de 1965, até o fim de outubro de 1966, eu era o organizador regional da Students for a Democratic Society em Los Angeles. Minhas atribuições, definidas pelo escritório nacional em Chicago, eram construir um núcleo de resistência ao alistamento na cidade (queimei minha própria carteira de reservista no mês de março anterior, e estava esperando para ver se seria ou não processado) e auxiliar dois eloqüentes e carismáticos membros locais da SDS – Margaret Thorpe, da USC, e Patty Lee Parmalee, da UC Irvine – a criar agitação nos campi locais. A mais maravilhosa de todas foi realizada por um grupo de garotos entre 16 e 17 anos da SDS, da escola de ensino médio Palisades. Andando com eles, logo nos tornamos participantes de alguns dos eventos descritos abaixo (com cabelo escovinha e fobia por drogas de diversão, dificilmente eu era um adolescente representativo daquela geração). Deixei Los Angeles em 1967 para trabalhar brevemente para a SDS no Texas e retornei para o sul da Califórnia mais tarde naquele ano, para começar minha vida como aprendiz de açougueiro em San Diego e depois como caminhoneiro no leste de Los Angeles. Não estive nos tumultos da Strip, mas estava ali para o protesto culminante, em 1968. Portanto, o que vem a seguir é um amálgama de pesquisa e de memória. É também um primeiro e pequeno episódio de um projeto de história das contraculturas e dos manifestantes de Los Angeles (*Setting The Night On Fire *[Incendiando a noite]).*

Um momento nos tempos de sonhos do rock and roll: noite de sábado na Sunset Strip no início de dezembro de 1967. Ao longo daqueles famigerados doze quarteirões não corporativizados do condado de Los Angeles, entre Hollywood e Beverly Hills, novos nomes fulguram no firmamento de néon: The Byrds, The Doors, Sonny e Cher, Mamas and Papas e Buffalo Springfield. Mas o espetáculo real está nas ruas: 2 mil manifestantes percorrem pacificamente seu caminho ao longo da Sunset e fazem meia-volta em direção ao ponto de partida na Cafeteria Pandora's Box (número 8.180 da Sunset), logo na entrada de Los Angeles. De um lado da linha divisória estão várias centenas de xerifes com capacetes de choque; do outro lado, um número igual de policiais de Los Angeles agita nervosamente seus cassetetes, como se fosse enfrentar uma turba descontrolada de grevistas furiosos, e não amigáveis adolescentes de quinze anos de cabelos compridos e acne.

Alguma coisa está acontecendo aqui

Os manifestantes – implacavelmente classificados como "moleques", "pirralhos" ou mesmo "trombadinhas" por policiais hostis e seus aliados na imprensa diária – são uma mistura de adolescentes brancos do sul-californiano. Crianças mimadas do cinema, oriundas das colinas ricas da Strip, misturam-se às filhas dos trabalhadores da fábrica de automóveis de van Nuys e aos filhos dos caminhoneiros de Pomona. Há alguns estudantes universitários e uns poucos militares de cabelos desconfortavelmente raspados, mas a maioria é da faixa etária do ensino médio, entre quinze e dezoito anos – portanto, tecnicamente passíveis de prisão após as dez horas da noite, quando o toque de recolher distrital e municipal começa a vigorar. Garotos com cartazes escritos à mão, em que se lêem "Chega do fascismo azul!", "Abaixo o toque de recolher" e "Libertem a Strip".

A manifestação foi convocada (mas parcamente organizada) pelo Right of Assembly and Movement Committee [Ramcom, Comitê pelos Direitos de Reunião e Movimento), sediado na Cafeteria Fifth Estate (número 8.226 da Sunset). O gerente da cafeteria, Al Mitchell, atua como porta-voz adulto dos estudantes e fugitivos adolescentes que se reúnem em torno da Fifth Estate e da Pandora's Box, a um quarteirão de distância. Essa é a quinta de uma série de manifestações de fim de semana – talvez possam ser chamadas mais precisamente de *happenings* – contra uma campanha de um ano dos xerifes e dos policiais para varrer os adolescentes "vadios" da Strip. Em resposta às reclamações dos donos de restaurante e dos proprietários locais, os policiais saem à noite, a partir das dez horas, em busca dos menores. O alvo principal são os garotos de cabelo comprido, colar, óculos coloridos de armação fina e camisetas desbotadas.

Virou costume humilhar os garotos que violam o toque de recolher com xingamentos e piadas obscenas, puxar seus cabelos compridos, jogá-los contra as viaturas e estrangulá-los com os porretes, antes de levá-los para as centrais do xerife de West Hollywood ou para a polícia de Hollywood, onde são mantidos sob custódia até que os pais, furiosos, venham buscá-los. Essa noite (10 de dezembro), contudo, tem sido pacífica até o momento, com mais troca de sorrisos do que de insultos ou golpes. O ponto alto foi a aparição de Sonny e Cher, que acenaram em apoio aos seus jovens adoradores. (Mais tarde, quando as fotografias apareceram nas primeiras páginas do mundo inteiro, a cidade de Monterey Park baniu Sonny e Cher por seu gesto de solidariedade para com os "moleques arruaceiros".)

À meia-noite, a manifestação retorna ao Pandora's e um feliz Al Mitchell declara oficialmente o fim do protesto. Quando os corvos começam a debandar, oficiais do Departamento de Polícia de Los Angeles entram na Pandora's Box para checar os documentos. Eason Monroe, chefe da divisão sul-californiana da União Norte-Americana pelas Liberdades Civis, reclama que a polícia está agindo de maneira ilegal: a Pandora's não serve bebidas alcoólicas, e as regras do toque de recolher não se aplicam aos adolescentes que estão no interior de estabelecimentos regulares. A resposta dos policiais é algemar e prender Monroe. Quando Michael Vossi, relações-públicas dos Beach Boys que trabalha como consultor legal para um grupo de apoio ligado à indústria do entretenimento, se manifesta em defesa de Monroe, ele leva um soco de um oficial. As poucas centenas de manifestantes que ainda estão em frente à Pandora's gritam para que a polícia deixe em paz os adultos que os apóiam. Reforços policias equipados para enfrentar tumultos surgem de todos os lados.

Paul Jay Robbins, outro adulto que apóia o movimento e faz parte do Community Action for Facts and Freedom Committee [Caff, Comitê de Ação Comunitária para Atos e Liberdade] – entre cujos membros se incluem o astro de *Gilligan's Island**, Bob Denver, o empresário de Sonny e Cher, Brian Stone, e Lance Reventlow, herdeiro da Woolworth –, descreveu alguns dias depois, em *The Los Angeles Free Press* (carinhosamente conhecido como *Freep* por seus devotos), a fúria descabida do ataque dos policiais de Los Angeles contra os manifestantes em fuga e em pânico. Depois de ele próprio ter sido atingido por um cassetete, Robbins observa, aterrorizado, um policial espancar um adolescente indefeso:

> Vi um garoto segurar uma placa de trânsito com as duas mãos e começar a empurrá-la para frente enquanto era atingido por trás. Ele caiu na rota dos policiais e, imediatamente, quatro ou cinco deles começaram a espancá-lo com o porrete numa mão. Fiquei paralisado, olhando para ele enquanto os policiais continuavam a bater nele e ele tentava se proteger e ao mesmo tempo rastejar para frente. No fim, ele despencou contra uma parede enquanto um oficial continuava a espancá-lo. Antes que eu fosse girado e atirado para frente de novo, eu o vi ser levantado, de barriga para baixo, e carregado pelos policiais. Depois disso, representantes legais do Caff mediram um rastro de sangue de 75 jardas de extensão, indo desse ponto até onde ele foi colocado em um carro. Onde ele estará agora?

---

* Seriado da televisão norte-americana de grande sucesso na época em que foi exibido (1964-1967). Teve pouca repercussão no Brasil, onde é conhecido como *A Ilha dos Birutas*. (N.T.)

A manifestação pacífica daquela noite foi maliciosamente transformada em outro daqueles "massacres" policiais pelos quais justamente Los Angeles está se tornando conhecida. Como de costume, os dois jornais diários – *The Los Angeles Times*, controlado por Chandler, e *The Herald-Examiner*, de Hearst – caracterizam a agressão policial injustificada como um "tumulto" instigado por adolescentes arruaceiros. Enquanto isso, Al Mitchel e outros adultos que apoiavam o movimento ficaram tão chocados com a violência da polícia de Los Angeles que cancelaram a manifestação planejada para o fim de semana seguinte, com medo de que a polícia pudesse ainda matar ou ferir seriamente algum garoto. Depois de dois meses de debate político, brigas na justiça e negociações frustradas, os protestos recomeçaram de modo maciço em fevereiro de 1967 e prosseguiram episodicamente durante o outono de 1968. Milhares de jovens foram presos por violação do toque de recolher, e a American International Pictures imortalizou os tumultos num filme extravagante (*Riot on Sunset Strip* [Tumulto na Sunset Strip], em 1967), com uma trilha sonora famosa.

Traçando as linhas de batalha

Obviamente, a lendária Batalha da Strip, entre 1966 e 1968, foi um dos episódios mais famosos da luta dos jovens de todas as cores nas décadas de 1960 e 1970 para criar um domínio próprio de liberdade e de socialidade carnavalesca na noite sul-californiana. Houve outras brigas memoráveis com os comerciantes e com a polícia por causa dos protestos de amor no Parque Griffith, das festas na praia, dos concertos inter-raciais, das vizinhanças contraculturais (como a praia Venice), dos distritos de venda de acessórios para o uso de entorpecentes (como Haight-Ashbury, no Fairax de Los Angeles), dos cruzamentos (alamedas Whittier, Hollywood e Van Nuys), dos locais de rachas e da miríade de pontos de encontro onde os garotos desafiavam os pais, a polícia e os toques de recolher, em silêncio ou abertamente[1].

Evidentemente, essas batalhas não eram novidade (Los Angeles teve seu primeiro toque de recolher juvenil em 1880), nem as únicas no sul-californiano. Mas a Califórnia do pós-guerra motorizou a rebeldia juvenil. Uma cultura automobilística, estradas de alta velocidade, espraiamento centrífugo e subúrbios sem atrativos geraram um enorme tédio entre adolescentes aborrecidos, mas capazes de se locomover. Qualquer sinal de agito numa noite de final de semana podia atrair jovens de todas as partes num raio de cento e poucas milhas de alcance das transmissões AM locais. Assim, quando inadvertidamente uma estação de rock anunciou uma festa na praia de Malibu, em 1961, quase 20 mil adolescentes compareceram e se revoltaram quando os xerifes mandaram que fossem

---

[1] Mike Davis, "Worse than an H-Bomb", em *Dead Cities and other tales* (Nova York, New Press, 2002).

embora. Também não surpreende que um dia os "tumultos" da Strip tenham sido celebrados em música (por Stephen Stills, em 1966), assim como nas revistas *Time* e *Life*, e que os quarteirões 8.000 e 9.000 da Sunset Boulevard tenham se tornado ímãs poderosos para garotos alienados dos vales e das terras baixas. De fato, décadas depois, afirmar que se fora preso na Strip em 1966 ou 1967 era o equivalente sul-californiano a se vangloriar de ter estado em Woodstock, no ano da Criação.

Mas por que a Strip? Pais de muitos adolescentes sul-californianos de 1966 também tinham memórias gloriosas de noites – depois de retornar de uma batalha no Pacífico em 1943 ou de se formar na universidade em 1951 – quando jantaram, dançaram e estiveram ombro a ombro com celebridades num dos famosos *night clubs* da Sunset Boulevard, como o Ciro's, o Mocambo ou o Trocadero. A Strip – um desses estranhos "buracos distritais" no tecido urbano de Los Angeles – foi para uma determinada geração o principal centro da vida noturna na colônia cinematográfica e, portanto, o epicentro dos romances e dos escândalos de tablóide. Era também uma cidade-Estado controlada por donos de cassinos famosos e seus amigos gângsteres, além de distrito policial corrupto. Em seus dias mais glamourosos, de 1939 a 1954, o prefeito informal da Strip era o indestrutível Mickey Cohen, príncipe da jogatina e rei dos sobreviventes. Tendo como base uma loja de artigos masculinos no bloco 8.800 da Sunset, Cohen desafiou todos os reveses e emergiu intacto de uma série de emboscadas e atentados promovidos pela máfia e que custaram a vida de meia dúzia de seus guarda-costas.

Porém, no fim da década de 1950, Cohen já estava atrás das grades e a Strip estava em franco declínio. Graças a Bugsy Siegel, Las Vegas usurpou a lucrativa simbiose entre astros de cinema e mafiosos inaugurada pela Strip, e roubou dela os renomados cozinheiros e as famosas estrelas do entretenimento. No entanto, precisamente quando a decadência urbana estava tirando dela grande parte da vitalidade que lhe restava, o popular programa de televisão 77 *Sunset Strip* criou uma nova mitologia. Ed "Cookie" Byrnes – a co-estrela do programa que tinha a cara do Elvis e interpretava um manobrista de estacionamento que também era detetive em tempo parcial – logo se tornou a maior celebridade juvenil do país. A Strip era retratada como um reluzente cruzamento noturno para uma bela combinação entre um Corvette e uma prancha de surfe.

Na verdade, a Strip, como a mais ampla comunidade de Hollywood (oeste e leste), estava em transição entre sua época dourada e duas estratégias concorrentes de reutilização do espaço ocioso que havia sido deixado pelos clubes noturnos e pelo entretenimento. A opção "Times Square" era reabrir os clubes com dançarinas seminuas ou, mais tarde, completamente nuas. A Bodyshop era um caso exemplar de sucesso neoburlesco. A outra opção era agradar as platéias juvenis com rock. Produtores musicais e relações-públicas, em especial, gostaram da idéia de uma cena de clubes juvenis geograficamente concentrada, onde poderiam caçar novos talentos e promover aqueles que já estavam sob contrato. Além disso, o sucesso do programa *77 Sunset Strip* deu prestígio nacional e reconhecimento nominal aos grupos criados na Strip. Em 1965, o distrito acedeu relutantemente aos pedidos dos proprietários de clubes e das companhias fonográficas e criou um sistema de licenças que permitia aos jovens entre 18 e 21 anos entrar em clubes onde se serviam bebidas alcoólicas, assim como estabelecimentos especiais para adolescentes mais jovens, entre 15 e 18 anos, onde não se vendia álcool. A cena jovem nos clubes explodiu rapidamente.

Para jovens mais velhos e adultos mais novos, os clubes principais eram o Whiskey, o Gaazzarri's e o Galaxy. Os recém-batizados *teenyboppers* preferiam o It's Boss (o renomado Ciro's de antigamente), The Trip (onde antes era o Crescendo) e o Sea Witch, assim como as cafeterias baratas e aconchegantes, como a Pandora's (de propriedade do antigo astro do tênis Bill Tilden) e a Fifth Estate (do magnata das revistas para adolescentes Robert Peterson). Como os clubes aumentaram inexoravelmente o preço da entrada, os garotos mais jovens e pobres preferiam participar da colorida cena das ruas, perambulando em grupos pela Sunset ou rondando a entrada dos clubes para dar uma olhadela em Jim Morrisson ou Neil Young. Contudo, à medida que as multidões adolescentes cresciam, os proprietários dos elegantes restaurantes da Strip e sua rica clientela adulta começaram a protestar contra a falta de vagas para estacionar e o crescente congestionamento nas calçadas. Matronas de Beverly Hills e advogados de Century City se ressentiram do contato com as multidões eufóricas.

"Além disso, a essa altura", escreveram mais tarde Edgar Freidenburg e Anthony Bernhard em *The New York Review of Books*, "o bom comportamento dos *teenyboppers* tornou-se um problema." Como os garotos em geral não eram "nem hostis nem agressivos nem desordeiros", não havia pretexto óbvio para tirá-los da Strip. Finalmente, a Câmara de Comércio da Sunset Strip e a Associação Sunset Plaza, que representava os proprietários de imóveis e os donos de restaurantes, convenceram o xerife a aplicar um severo toque de recolher para os jovens. Durante a década de 1940, quando as "acompanhantes" adolescentes eram um escândalo nacional, tanto a cidade como o condado adotaram regulamentos paralelos ao toque de recolher que proibiam qualquer pessoa com menos de 18 anos de vadiar em público após as dez horas da noite. "Vadiar", observaram Freidenburg e Bernhard, "é definido como 'estar à toa, demorar-se, parar negligentemente ou andar, dirigir, perambular sem destino ou sem propósito' – uma definição que poderia muito bem tornar ilegal todo o sistema solar"[2].

---

[2] Philip Foner, *The Industrial Workers of the World, 1905-1917* (Nova York, International Publishers, 1980, v. 4 de *History of the Labor Movement in the United States*).

Pessoas jovens falam o que pensam...

Durante o verão de 1966, os xerifes na Strip, em breve acompanhados pela polícia nos distritos adjacentes de Hollywood e Fairfax, aumentaram a pressão contra os menores. As prisões por desobediência ao toque de recolher aumentaram aos milhares; em uma única noite de julho, trezentos jovens foram levados das calçadas do restaurante Canter's, em Fairfax. "Era como caçar patos numa lagoa", vangloriou-se um delegado. Quando o maior jornal da cidade precisava de uma imagem dramática para uma história sobre as hordas adolescentes, os delegados prendiam solicitamente dez jovens e os punham algemados em fila "para a conveniência direta de *The Los Angeles Times*"[3]. "No decorrer da primavera e do verão", relatou Renata Adler num artigo posterior em *The New Yorker*, "as licenças que autorizavam servir qualquer coisa aos menores foram revogadas numa série de lugares: relutantemente, muitos desses lugares se tornaram estabelecimentos para adultos e *topless* – uma mudança que não pareceu perturbar as autoridades." De fato, muito se comentou que os garotos estavam sendo retirados da Strip no intuito de abrir caminho para o retorno do entretenimento sexual associado à máfia e "para formas de vício mais sérias e menos conspícuas que vadiar após o toque de recolher"[4].

Pouco depois do Halloween, alguns adolescentes enfurecidos decidiram que estava na hora de organizar um protesto formal contra as prisões arbitrárias e o abuso policial contra os garotos na Strip. Mandaram imprimir um folheto – "Proteste contra os maus-tratos da polícia na Sunset Boulevard – chega de prisões de jovens entre 14 e 15 anos" – convocando para uma manifestação no sábado à noite, 12 de novembro. Al Mitchell, ex-marinheiro e cineasta de esquerda que gerenciava a Fifth Estate, e Robert Peterson tornaram-se os patrocinadores informais do movimento. Logo estavam circulando latinhas pela cafeteria para levantar fundos para mais folhetos. Rádios dedicadas ao rock começaram a informar sombriamente que um "grande tumulto" estava se formando e afastaram os garotos da Strip no dia 12. Obviamente, essa foi a melhor publicidade para uma manifestação cuja urgência foi sublinhada pela prisão de oitenta jovens por violação do toque de recolher na sexta-feira à noite.

Na noite seguinte, de acordo com *The Freep*, mais de 3 mil adolescentes, acompanhados por adultos cheios de curiosidade e militares hostis, reuniram-se em frente à Pandora's por volta das nove horas. A não ser um punhado de cartazes pintados de improviso na Fifth Estate algumas horas antes da manifestação, aparentemente não havia nenhuma organização ou liderança. O espírito da época

---

[3] Edgar Friedenberg e Anthony Bernhard, "The Sunset Strip", *The New York Review of Books*, 9/3/1967.
[4] Renata Adler, "Fly Trans-Love Airways", *The New Yorker*, 25/2/1967.

concebeu o protesto como um *happening* espontâneo, e a esmagadora maioria do público concordou com seu propósito pacífico. A certa altura, a polícia convocou uma brigada de incêndio e alguns jovens perguntaram nervosos aos bombeiros se as mangueiras de água seriam ou não usadas contra eles. Um perplexo capitão respondeu: "Divirtam-se e me deixem ir para casa". O caminhão foi embora.

O intenso fluxo de manifestantes na Sunset e no Crescent Heights Boulevard criou um congestionamento; vários motoristas de ônibus buzinavam e berravam enfurecidos contra os jovens. Em resposta, os manifestantes escalavam os ônibus e dançavam no teto. Um deles rabiscou "Libertem os jovens de 15 anos!" numa das janelas e outro quebrou uma vidraça com um extintor. Nas franjas da multidão, houve um breve confronto entre manifestantes de cabelos compridos e alguns marinheiros e fuzileiros. Logo após as dez da noite, uma centena de policiais usou rudemente seus cassetetes para esvaziar as calçadas. A polícia, com armas em punho, perseguiu os garotos até a Pandora's. Manifestantes em pânico, que tentaram escapar pelo extremo oeste da Sunset, depararam com uma muralha de xerifes equipados para enfrentar situações de tumulto. Mais de cinqüenta jovens acabaram presos.

Na noite seguinte, o Departamento de Polícia de Los Angeles declarou um "alerta tático" e fechou a Sunset, de Fairfax até Crescent Heights. Agentes da Patrulha Rodoviária Estadual e seguranças privados de Pinkerton reforçaram a linha dos xerifes. Graças a rumores sombrios nas delegacias, a atmosfera era irracionalmente tensa, e o *Freep* relatou que "muitos policiais pareciam estar em pânico". Enquanto Al Mitchell fazia tomadas para um documentário – *Blue Fascism* [Fascismo azul] –, os trezentos e poucos manifestantes gritavam "Gestapo, Gestapo!" para a linha de policiais e se dispersaram, depois que foram declarados "reunião ilegal". Eles prometeram voltar no fim de semana seguinte.

Na manhã de segunda-feira, foi a vez do *establishment* criar tumulto. Embora apenas um punhado de manifestantes estivesse envolvido no incidente com o ônibus (danos totais estimados em 158 dólares), a manchete de *The Herald-Examiner* gritava: "Pesadelo de cabelo comprido: violência juvenil na Sunset Strip". Do mesmo modo, um editorial de *The Times* alertou para a "anarquia na Sunset Strip" e culpou os adolescentes e seu "tumulto insensível e destrutivo" por um "triste fim para o bulevar que já foi a região mais deslumbrante de Hollywood". *The Times* também deu bastante espaço para as declarações melodramáticas do capitão Charlie Crumly, comandante da Divisão de Hollywood do Departamento de Polícia de Los Angeles, de que "grupos de esquerda e agitadores de fora" haviam organizado o protesto. Crumly também afirmou que "há mais de mil arruaceiros vivendo como vagabundos em Hollywood, advogando idéias como amor livre, maconha legalizada e aborto".

De repente, Los Angeles parecia um patriarcado ameaçado. O vereador de Hollywood Paul Lamport exigiu uma investigação ampla e irrestrita das acusações de Crumly sobre uma conspiração subversiva, enquanto seu colega de condado, o supervisor Ernest Debs, vociferou que "será feito o que for preciso. Seremos rígidos. Não entregaremos aquela região nem nenhuma outra a *beatniks* ou garotos com fogo nos olhos". A Associação Sunset Plaza, que representava os donos de restaurante da Strip, solicitou que a prefeitura realizasse batidas nos tais "pontos de encontro de jovens", como a Pandora's e a Fifth Estate, que davam guarita a adolescentes manifestantes em toda a cidade e no condado.

Apenas *The Freep* desafiou a caracterização da desordem causada pela polícia no fim de semana anterior como um "tumulto de *teenyboppers*", feita pela imprensa diária:

> Aos editorialistas de *The Times*, sentados em sua majestade calva na First Street, completamente isolados dos eventos, incapazes de avaliá-los ou analisá-los de forma adequada, somente se pode dizer: "Vocês são velhos estúpidos que fazem afirmações temerárias e irresponsáveis, que apenas transformam uma situação já ruim em algo ainda pior".

Segundo *The Freep*, na verdade os jovens foram pegos no meio de um conflito econômico entre a Câmara de Comércio da Sunset Strip, que tinha vínculos com a indústria de entretenimento adulto, e a Associação Sunset Strip, que representava os estabelecimentos para jovens. "De fato, a polícia vem cooperando com um grupo abastado de donos de imóveis na Strip contra um grupo menos poderoso de empresários".

A desproporcionalidade da batalha foi comprovada posteriormente, quando a Câmara de Vereadores de Los Angeles aceitou de modo unânime o pedido da Associação Sunset Plaza e votou a favor da desapropriação para demolir a Pandora's Box. Simultaneamente, o xerife Peter Pitchess e o supervisor Debbs pressionaram a Comissão de Bem-Estar Público do condado para impedir a renovação das licenças que permitiam aos clubes da Strip receber menores de 21 anos. Quando a Comissão se recusou, os próprios supervisores anularam o decreto ameaçador e efetivamente expulsaram os adolescentes dos clubes. De repente, o famoso renascimento do rock em Los Angeles estava ele próprio ameaçado, e isso galvanizou a geração mais jovem de produtores musicais e agentes de talentos em torno de uma inesperada solidariedade com a onda seguinte de protestos na Strip.

Há um homem armado ali...

Embora o segundo fim de semana de protestos (de 18 a 20 de novembro de 1966) mais uma vez tenha visto milhares de crianças floridas se posicionarem contra as enormes falanges de policiais e xerifes, os manifestantes ainda sem liderança mostraram um entusiasmo sedutor e uma euforia carnavalesca suficientes para afastar a aparência sinistra da noite. Enquanto marchavam pela Strip, distribuíam flores e soltavam bolhas e beijos. Os policiais pareciam desarmados diante da atitude feliz, apesar de às dez horas da noite o carro de som do xerife ter começado a alertar os menores para que esvaziassem a rua ou então seriam presos. Centenas de jovens encararam firmemente um cordão de guardas, policiais e patrulheiros da Guarda Costeira nos arredores do triângulo entre a Crescent Heights e a Sunset. Embora uma grande quantidade de garotos tenha sido presa por violar o toque de recolher, não houve golpes de cassetete, e o público, ainda num bom humor surpreendente, dispersou-se às duas horas da manhã. Entretanto, correu o boato de que o resultado da noite havia contrariado os interesses financeiros e que os xerifes haviam sido pressionados a usar táticas mais agressivas no fim de semana seguinte.

Para prevenir a esperada violência contra seus fãs, um grupo de celebridades preocupadas e de executivos da indústria fonográfica se reuniu na sexta-feira seguinte. A reunião havia sido convocada por Jim Dickson, empresário de The Byrds, que se dedicou em tempo integral à organização da inabilmente denominada Caff. Os primeiros membros foram Ed Ticker, parceiro de Dickson, Al Mitchell, da Fifth Estate, Elmer Valentine, co-proprietário do Whiskey, Brian Stone, empresário de Sonny e Cher, Bob Denver, astro da televisão, Lance Reventlow, milionário do ramo dos esportes (e membro do Esquadrão Aéreo do xerife), e Michael Vossi e David Anderle, da Beach Boys Empreendimentos. O mirrado grupo de donos de clubes agora crescia drasticamente com o apoio de bandas famosas e de líderes da indústria da música. A Caff decidiu mobilizar membros e amigos para que comparecessem à manifestação da noite seguinte como observadores legais, identificados por braçadeiras amarelas. Um grupo de pastores simpáticos ao movimento e a divisão local da União Americana pelas Liberdades Civis também se comprometeram a aparecer e apoiar o direito ao protesto pacífico.

No local, xerifes enfurecidos deram à Caff e a cerca de trinta membros do clero uma mostra chocante do abuso contra o qual os jovens vinham protestando ao longo do ano. "As pessoas eram ferozmente espancadas e surradas", escreveu Brian Carr, de *The Freep*. "Não havia plano ou propósito evidente para as surras ou para as apreensões subseqüentes. Parecia que as pessoas mais próximas, sem distinção de idade, sexo ou status social, eram espancadas, esmurradas e/ou presas." Bob Denver – um dos astros mais populares da televisão (da série *Gilligan's Island*) – só conseguiu balbuciar: "Inacreditável... simplesmente inacreditável", enquanto os guardas cuspiam numa mulher do seu grupo e voltavam à carga, batendo em adolescente inofensivos. Peter Fonda, que estava filmando em frente à Fifth Estate com o ator Brandon de Wilde, foi preso com 27 outras pessoas, a maioria adultas, enquanto assistiam ao Departamento de Polícia de Los Angeles imitar a ação dos xerifes. ("Cara, os garotos levaram a pior", disse Fonda aos repórteres mais tarde.)

Enquanto isso, no saguão da central do xerife de West Hollywood, Brian Stone – já considerado uma lenda por ter criado Sonny e Cher, assim como Buffalo Springfield – foi preso por se recusar a se identificar quando foi exigido. Por sua vez, Charlie Green, seu sócio, foi preso por protestar contra a prisão de Stone. Antes do final da noite, xerifes e polícia, em conjunto, haviam se tornado inimigos de uma das mais poderosas, ainda que pouco convencionais, indústrias de Los Angeles. Como explicou posteriormente aos jornalistas o grupo Mamas and Papas, nem mesmo as estrelas milionárias do rock podiam "dirigir pelas ruas com a segurança de que não seriam molestadas".

Ainda mais promíscua, a violência policial cometida no protesto de 10 de dezembro (descrita no começo deste ensaio) concretizou o receio da Caff de que o "fascismo azul" fosse uma ameaça direta à cultura de bilhões de dólares do rock local. Como a Câmara de Vereadores e a Comissão de Supervisores levou adiante o plano de demolir a Pandora's e varrer os clubes da cena local, a Caff uniu-se aos proprietários desses estabelecimentos e à União Americana pelas Liberdades Civis em uma última e bem-sucedida tentativa legal de defender o *status quo ante*. Se *The Los Angeles Times* pintou com cores vermelhas os manifestantes cabeludos, como se fossem marionetes dos "clubes de esquerda de W. E. B. DuBois", as rádios AM revidaram com uma gravação dramática de um desafiante adolescente que dizia: "É nossa garantia constitucional poder andar pela Sunset Strip sem sermos molestados", enquanto era empurrado para dentro de um carro de xerife. Em poucas semanas, dezenas de milhões de adolescentes de todo o mundo estavam ouvindo as palavras assustadoras – "Parem! Crianças, que som é esse?" – do hino de Stephen Stills, "For What It's Worth" ["Custe o que custar"], sobre a batalha da Strip.

Al Mitchell e a Caff, apoiados por *The Freep*, suspenderam as manifestações durante o feriado de Natal enquanto promoviam "discussões de paz" com as autoridades do país. O progresso verbal daquele lado, no entanto, foi minado pelo que se via amplamente como uma escalada da pressão policial contra as contraculturas juvenis e adultas em toda a região de Los Angeles. Em meados de dezembro, por exemplo, a polícia de Pasadena atacou a popular galeria de arte Catacombs e prendeu cem jovens sob uma variedade de acusações de porte de drogas, muitas delas gritantemente falsas. Na véspera do Ano Novo, o Departamento de Polícia de Los Angeles percorreu os bares gays do distrito de Silverlake, agredindo e prendendo inúmeras pessoas.

A polícia de Los Angeles também intensificou o assédio ilegal à força de venda de *The Freep*. Apesar de um decreto municipal autorizar a venda de periódicos nas calçadas para veículos em trânsito, os vendedores de *The Freep* foram sistematicamente multados e presos, em especial na Strip e em frente à Pandora's. Já que as redes de televisão e os dois diários locais censuraram as imagens da brutalidade policial, *The Freep*, juntamente com algumas rádios dedicadas ao rock e a franquia local da Pacifica (KPFK-FM), tornaram-se a verdadeira mídia alternativa. Além disso, a perseguição só fez com que os vendedores de *The Freep* se tornassem heróis e a circulação paga do jornal aumentasse para mais de 65 mil exemplares.

Acho que é hora...

A "guerra de mentira" na Strip durou até o fim de fevereiro, quando Al Mitchell anunciou que "precisamos ir para as ruas de novo, a polícia e os xerifes violaram de novo e de novo os termos de uma 'trégua' negociada em 16 de dezembro entre a Ramcom e outros grupos interessados e a Comissão de Crime e Delinquência de Los Angeles". De fato, o capitão Victor Resau, da West Hollywood, humilhou a Comissão quando renunciou publicamente à trégua e a qualquer outra restrição à rigorosa execução da lei do toque de recolher. A tentativa anterior do condado de tornar ilegal a presença de adolescentes em clubes de rock por meio de um decreto foi considerada inconstitucional; sendo assim, a polícia e os xerifes estavam sofrendo uma forte pressão por parte dos proprietários de imóveis para que usassem a força bruta para retirar os jovens da Strip. Mitchell estava particularmente ofendido com as repetidas batidas na Fifth Estate e em outras cafeterias que não vendiam álcool. Cerca de 80 mil folhetos convocando para uma manifestação na noite de sábado, 11 de fevereiro de 1967, inundaram os clubes e chegaram clandestinamente a cada escola de ensino médio do condado.

Pela primeira vez, houve um planejamento estratégico para ampliar a base de protestos, com o intuito de incorporar as reclamações dos gays e das pessoas de cor. Como observou *The Freep*, "uma das reações mais interessantes e marcantes ao convite para a manifestação veio no começo desta semana das organizações de homossexuais, que estão indignadas com as batidas policiais realizadas no Ano Novo em uma série de bares gays da área de Silver Lake". Os dois principais grupos gays, o Pride e o Conselho sobre Religião e Homossexualidade, endossaram a manifestação de 11 de fevereiro e acrescentaram planos para a realização de marchas simultâneas na Sunset, em Silver Lake. O disperso grupo de Mitchell, a Ramcom, também planejou ações em Watts, no leste de Los Angeles e em Pacoima, na esperança de que jovens negros e mexicanos irados se sentissem atraídos a participar. O conceito do movimento da Strip estava passando de um *happening* amorfo para uma coalizão abrangente de todas as culturas urbanas proscritas e perseguidas pela polícia.

Houve uma tentativa precipitada de incriminar o principal líder adulto do movimento. Dez dias antes das manifestações já marcadas, Mitchell – um velho conhecedor de prisões, em virtude do assédio policial e de acusações como permitir cantoria na Fifth Estate ou obscenidades contra a polícia grafitadas em seus banheiros – ficou sob custódia (mas não foi indiciado) sob suspeita de 150 casos de aliciamento de menores. O esquerdista quarentão, caracterizado por *The Times* como o "muezim dos *teenyboppers*", era revelado agora como um sinistro criminoso sexual, que perseguia seus seguidores adolescentes — segundo o que se afirmava nos noticiários de rádio e televisão. Na verdade, a acusadora de dezessete anos de Mitchell logo confessou que suas alegações eram falsas, uma desforra por ter sido expulsa da Fifth Estate por uso de drogas. *The Freep* ponderou sobre o porquê de Mitchell ter sido detido de forma tão desavergonhada e demonizado pela mídia antes que a polícia ao menos checasse a história absurda da jovem.

De qualquer modo, o burburinho em torno de Mitchell não impediu que mais de 3 mil adolescentes, ao lado de um número sem precedentes de estudantes universitários e de adultos, se reunissem em frente à Pandora's no sábado à noite. Pela primeira vez, houve uma concentração organizada — com discursos de Mitchell, do advogado especializado em direitos civis Marvin Chan e do conselheiro da União Americana pelas Liberdades Civis, Phil Croner —, assim como um engenhoso plano tático. De hora em hora, novos contingentes de manifestantes eram enviados pela Strip na direção oeste do condado, onde os xerifes, impassíveis na maior parte, permitiram que eles marchassem, sem perturbá-los. Os manifestantes, carregando cartazes em que se liam "Parem de bater nas crianças floridas" e "Chega de fascismo azul", se mostraram tão exuberantes quanto disciplinados: uma refutação viva do velho mito dos "baderneiros doidões e de olhar selvagem".

Enquanto isso, quinhentos manifestantes reunidos em frente ao bar Black Cat, na esquina da Sunset com a Hyperion, eram instados pelos discursistas a formar "um cordão único de pessoas contra a brutalidade em Silver Lake". Na história de Los Angeles, essa foi a contrapartida menos dramática para o tumulto de Stonewall, no Village, o nascimento de um movimento ativista pelos direitos dos gays. Infelizmente, os outros focos de protesto foram fracassos não históricos. Uma multidão esparsa foi a Venice, onde a maioria dos moradores preferiu se juntar à ação principal, na Strip; em Pacoima um pequeno grupo de garotos azarados do Ramcom, bem-intencionados mas com pouca habilidade para a comunicação, foi atacado e espancado por membros das gangues locais. *The Freep* não conseguiu encontrar sinal de protestos em Watts ou no leste de Los Angeles.

Isso não queria dizer, no entanto, que os protestos da Strip não tiveram impacto sobre os guetos e os bairros. Crianças floridas negras e mexicanas estavam começando a se integrar em pequenos números na Strip, apesar do freqüente tratamento discriminatório de seguranças dos clubes e, evidentemente, dos policiais; alguns líderes negros, tanto moderados quanto radicais, estavam aderindo à idéia, levada adiante por Al Mitchell e grupos da Nova Esquerda, de que havia um terreno novo para uma coalizão abrangente contra o abuso policial. Em março, após outro grande protesto na Strip, o legislador da Geórgia e herói dos direitos civis, Julian Bond, conversou com *teenyboppers* admirados em frente à Fifth Estate, enquanto na periferia os policiais surgiam de maneira ameaçadora em uniforme de choque. Além disso, de fevereiro em diante, todos os protestos na Strip se identificaram conscientemente com as vítimas de uma brutalidade policial ainda mais fatal no centro-sul de Los Angeles. Grupos radicais, especialmente a SDS e os socialistas internacionais, começaram a desempenhar papéis mais proeminentes nos protestos e recrutaram ativamente participantes em idade escolar.

Muitos cidadãos de Los Angeles não tinham noção de que os protestos em massa, cada vez maiores, continuavam a ocorrer na Strip. Em abril, a mais nova adição à mídia alternativa local, *The Los Angeles Underground*, estampou uma enorme manchete: "GUERRA NA STRIP: censura nos noticiários esconde a luta, polícia sabota acordo de trégua". O periódico denunciou *The Herald-Examiner*, e *The Times* ainda mais, por se recusarem a imprimir uma palavra sequer sobre as imensas, e ainda mais disciplinadas, manifestações na Strip. *The Times*, entretanto, continuou vilipendiando a cultura jovem (agora os *teenyboppers* haviam se tornado *hippies*) com histórias constantes e editoriais do tipo: "*Hippies* são culpados pelo declínio da Sunset Strip". Além disso, alertou *The Times*, as hordas de calças boca-de-sino agora ameaçavam "invadir" e presumivelmente destruir Hollywood também. Chamou muito a atenção o discurso que um avaliador imobiliário local, Robert Steel, fez em maio de 1967, em que desabafava que os adolescentes cabeludos haviam causado mais prejuízo que os participantes do tumulto de Watts, ocorrido dois anos antes. Steel afirmou que os menores de 18 anos reduziram em 30% o valor dos imóveis da Strip e espantaram os grandes investidores potenciais, inclusive uma grande financiadora.

The Times, pelo menos, foi preciso quando destacou um novo foco de cobiça em Hollywood, onde os proprietários de imóveis resistiam aos novos estabelecimentos para jovens, especialmente o Hullabaloo, um vasto empório do rock que de vez em quando levava ao palco uma dúzia de bandas populares para maratonas que duravam a noite inteira. Em 28 de julho de 1967, a força policial de Los Angeles, usando iscas elaboradas e táticas militares, investiu contra as filas de ingressos no Hullabaloo e prendeu duzentos fãs por desrespeito ao toque de recolher, embora seus documentos só tenham sido verificados na delegacia. Como de hábito, o incidente não foi registrado por *The Times*, mas gerou ondas de choque no mundo da música, e também despertou um interesse nos moldes daquele do Caff pela defesa do público local dessa indústria.

1968 foi o terceiro ano de luta, e a guerra na Strip ameaçava se tornar tão longa quanto a Guerra Civil, agora com as irmãs e os irmãos mais novos dos primeiros manifestantes na linha de frente. Ninguém conseguia lembrar muito bem o que era um *beatnik*, mas a fobia aos *hippies* ia num crescendo, alimentada, como de hábito, por *The Times*, que fornecia uma rica dieta de insinuações e estereótipos. Contudo, lentamente a imensa máquina da indústria cultural estava mudando o rumo do grande barco do gosto popular. Adultos jovens e sérios, de secretárias a estivadores, calmamente deixavam o cabelo crescer e usavam calças boca-de-sino. Marinheiros e fuzileiros jovens, que anos antes pegavam *teenyboppers* incautos nos becos da Strip, agora negociavam drogas alegremente com suas conexões *hippies*. Donos de lojas e de restaurantes, que antes tinham ataques de apoplexia tão logo avistavam um *teenybopper* vestido com roupas leves, agora mal conseguiam distingui-los das palmeiras.

Na medida em que o senso comum se tornou contracultural, muito da contracultura, inclusive a música, deslocou-se, ainda que temporariamente, para a esquerda política. A polícia de Los Angeles e os xerifes tiveram de mudar suas investidas para lidar com os novos espectros do Partido dos Panteras Negras no centro-sul e as agitações dos colegiais no leste da cidade. A vigilância do toque de recolher na Strip tornou-se uma prioridade menos urgente no cumprimento da lei. Embora o assédio policial tenha continuado por mais de uma década, a batalha da Strip chegou ao clímax em 28 de setembro de 1968, um dia depois de Huey Newton ser condenado à prisão.

Dessa vez, o protesto foi organizado pelo novo Partido Paz e Liberdade, que deu igual atenção a três reivindicações: "Libertem a Strip. Acabem com a brutalidade policial. Libertem Huey Newton". Embora *The Times* – o que se poderia esperar? – tenha dedicado apenas algumas linhas ao protesto, e afirmado que havia pouco mais de seiscentos participantes, posso testemunhar que o número era no mínimo quatro vezes maior. Na verdade, foi uma das manifestações mais memoráveis da minha vida, na qual os mesmos jovens, que antes sofreram com tanta freqüência escárnio e abusos físicos por parte dos delegados, dessa vez não tiveram medo de esfregar na cara deles cartazes que diziam: "Fodam-se os xerifes" e "Chega de assassinatos de negros".

Pela primeira vez, a maré tinha virado. A central do Xerife de West Hollywood foi cercada por manifestantes, sitiada por nada menos que "*hippies* revolucionários". Num tenso confronto de uma hora, os garotos mostraram uma coragem e um bom humor soberbos. Ao final, todos simplesmente se retiraram e voltaram para as noites de rock and roll, enquanto algumas meninas jogavam beijos para xerifes extremamente constrangidos e derrotados.

2007 – Labour/Le Travail

47
Os pobres choraram por Roma?

Nem uma lágrima, de acordo com o grande historiador clássico G. E. M. De Sainte Croix. Em sua obra-prima, *The Class Struggle in the Ancient Greek World (from the Archaic Age to the Arab Conquests)* [A luta de classes no mundo da Grécia Antiga (da era arcaica às conquistas árabes)], ele documenta um sem-número de exemplos de como os bárbaros eram saudados com "prazer positivo e cooperação" pelas classes inferiores do império. Por exemplo, "durante o primeiro sítio de Alarico, o Visigodo, a Roma, no inverno de 408-409, praticamente todos os escravos romanos, num total de 40 mil, passaram para o campo godo". "Outras fontes, ambas gregas e latinas", prossegue De Sainte Croix, "referem-se aos habitantes do Império Romano como realmente desejosos da chegada dos 'bárbaros'."

Além disso, "contrariando todas as evidências apresentadas [...] de descontentamento, rebelião e deserção dos gregos e dos romanos humildes para o lado dos 'bárbaros', encontrei pouquíssimos sinais de resistência espontânea às 'incursões bárbaras por parte de camponeses e citadinos'". Já que a conquista bárbara tendeu a reduzir o grau de exploração promovido pelos grandes latifundiários e pelos coletores de impostos, além de permitir uma maior tolerância religiosa, havia pouco incentivo para lutar heroicamente, até as últimas conseqüências, pelos mestres. ("Há indicações claras de que o regime instaurado pelos vândalos após a conquista do norte da África romana em 429 e nos anos seguintes era menos extorsivo que o sistema romano ali existente, do ponto de vista dos *coloni*.")

Na opinião de Sainte Croix, aqueles "vampiros", as classes superiores romanas e bizantinas, não os malignos "bárbaros" (godos, vândalos, hunos e árabes), eram os verdadeiros saqueadores e destruidores da civilização clássica.

Da maneira como vejo, o sistema político romano (especialmente quando a democracia grega foi eliminada) facilitou uma exploração econômica mais intensa e de fato destrutiva da grande massa do povo, fossem eles escravos ou homens livres, e tornou impossível a reforma radical. O resultado foi que a classe proprietária, os homens ricos de verdade, que criaram deliberadamente tal sistema para seu próprio benefício, drenou a força vital de seu mundo e, assim, destruiu a civilização greco-romana em boa parte do império [...].

Ainda resta ver quem chorará pela nova Roma do Potomac.

"Deus é grande", em árabe.

"Estamos ferrados no Iraque!"

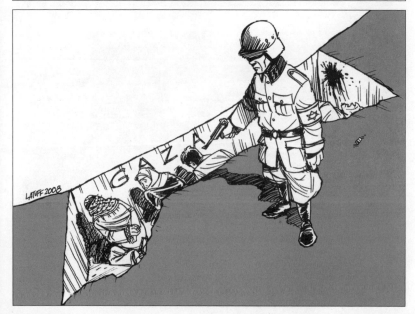

1. A guerra é um negócio – 2006
2. Palestina – 2006
3. Resistência do Iraque – 2007
4. Os EUA fracassaram uma vez – e de novo! – 2007
5. Os pobres morrem primeiro – 2007
6. Palestina livre – 2005
7. Perigo! Guerra por petróleo – 2005
8. Porcos Unidos da América: servir e proteger os ricos – 2005
9. Destitua a Casa Branca – 2004

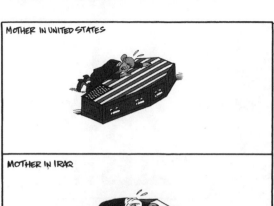

Mãe nos Estados Unidos. Mãe no Iraque. Filho-da-mãe.

CONTOS DA GUERRA DO IRAQUE

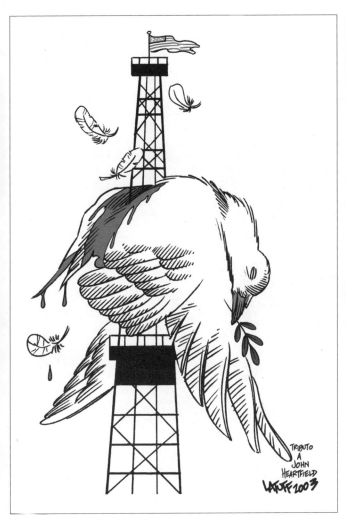

O silêncio mata!

Primeiro, o Katrina.
Agora, o governo.

Somos todos palestinos!

Índice de nomes

ABRAMOFF, JACK (1959) – lobista republicano que teve seu nome envolvido em diversos escândalos políticos. Em 2006, foi condenado por vários crimes, como corrupção de funcionários públicos e fraudes envolvendo tribos indígenas e cassinos.

AGUINALDO, EMILIO (1869-1964) – general e político que ajudou a liderar o movimento de independência das Filipinas. Lutou contra a Espanha e os Estados Unidos, e foi o primeiro presidente do país. Seu governo não obteve reconhecimento internacional.

ALARCON, RICHARD (1953) – político democrata da Califórnia; foi deputado estadual, senador e conselheiro municipal de Los Angeles. Em 2000, criou o Programa Jovens Senadores, que promove a popularização do interesse pela política.

ALBRIGHT, MADELEINE (1937) – secretária de Estado dos Estados Unidos entre 1997 e 2001, no governo de Bill Clinton. Foi a primeira mulher a ocupar o cargo. Antes, atuou como embaixadora na Organização das Nações Unidas (ONU), onde defendeu sanções contra o Iraque e ameaçou o país de intervenção militar.

ALLBAUGH, JOE M. (1952) – político que coordenou a campanha de George W. Bush à Presidência, em 2000. Assumiu a Agência Federal de Controle de Emergências até ser transferido para o Departamento de Segurança Interna.

ANNAN, KOFI (1938) – diplomata de Gana; foi secretário-geral da ONU de 1997 a 2007. Em 2001, recebeu o prêmio Nobel da Paz. É formado em Economia e Relações Internacionais.

ARIDJIS, HOMERO (1940) – diplomata e escritor mexicano. É autor de 38 livros, traduzidos para várias línguas. No jornal *Reforma*, escreve uma coluna sobre meio ambiente, literatura e política.

ARMEY, DICK [RICHARD KEITH ARMEY] (1940) – político norte-americano. Atuou como representante do 26º Distrito do Texas na Câmara dos Representantes dos Estados Unidos (de 1985 a 2003), da qual foi líder entre 1995 e 2003. Nos anos 1990, foi um dos planejadores da chamada "Revolução Republicana" e o principal autor do Contrato Republicano com os Estados Unidos.

ARNOLD, THURMAN (1891-1969) – advogado norte-americano. Durante o governo de Franklin Delano Roosevelt, comandou a Divisão Antitruste do Departamento de Justiça.

ASHCROFT, JOHN (1942) – membro conservador do Partido Republicano, exerceu o cargo de procurador-geral dos Estados Unidos de 2001 a 2005, no primeiro mandato de George W. Bush. Foi governador do Missouri e senador.

BAKER, JAMES (1930) – secretário de Estado norte-americano de 1989 a 1992, é político e diplomata. Teve atuação de destaque na política externa dos Estados Unidos durante a Guerra Fria e a Guerra do Golfo.

BEARD, CHARLES (1874-1948) – historiador norte-americano que abordou os conflitos econômicos de seu país no início do século XX. Junto com a esposa, publicou, em 1927, o livro *The Rise of American Civilization* [A ascensão da civilização norte-americana], sobre a cultura dos Estados Unidos.

BELL, GERTRUDE (1868-1926) – escritora, analista política e administradora britânica na Arábia. Também arqueóloga, mapeou e identificou ruínas da Anatólia e da Mesopotâmia. Em 1917, foi designada Chefe da Ordem do Império Britânico.

BENTHAM, JEREMY (1749-1832) – reformista social e legal, jurista e filósofo inglês. Seus ideais influenciaram os liberais norte-americanos. Defendia a separação entre Igreja e Estado, a abolição da escravatura, os direitos das mulheres, o livre comércio e a liberdade de expressão.

BISMARCK, OTTO VON (1815-1898) – estadista prussiano que realizou a Unificação Alemã. Ficou conhecido como o Chanceler de Ferro.

BLAIR, TONY [ANTHONY CHARLES LYNTON BLAIR] (1953) – político britânico, foi primeiro-ministro do Reino Unido de 1997 a 2007, período em que se destacou por ser o maior aliado de George W. Bush na Guerra do Iraque.

BLANCO, KATHLEEN BABINEAUX (1942) – governadora democrata do estado da Louisiana, a primeira mulher a ocupar o cargo. Foi deputada estadual e vice-governadora.

BOMBER, BROWN [JOE LOUIS] (1914-1981) – boxeador natural de Detroit. É considerado por muitos o melhor peso-pesado de todos os tempos.

BOXER, BARBARA (1940) – senadora democrata desde 1993 pelo estado da Califórnia. Defende idéias relacionadas à geração renovável de eletricidade, com incentivos para a produção de energia eólica e solar.

Índice de nomes

BREJNEV, LEONID (1906-1982) – estadista soviético, foi presidente da União Soviética entre 1977 e 1982. Entre os eventos de destaque em seu governo estão o encontro com Nixon, a conferência de Helsinki e a intervenção militar no Afeganistão.

BREMER, PAUL (1941) – político norte-americano. De 2003 a 2004, representou os Estados Unidos no Iraque, como diretor de Reconstrução e Assistência Humanitária.

BREN, DONALD (1932) – o mais rico magnata do ramo imobiliário, dono da Irvine Company. Patrocinador de várias instituições de ensino na Califórnia e grande apoiador da carreira política de Arnold Schwarzenegger.

BROOKS, DAVID (1961) – historiador canadense que trabalhou como repórter e editor em diversas publicações, como *The Wall Street Journal* e *Newsweek*. Escreveu alguns livros e, na televisão, foi comentarista de cultura pop.

BROUÉ, PIERRE (1926-2005) – historiador francês que escreveu sobre os bolcheviques, a Revolução Espanhola e uma biografia de Trotski. Membro do Partido Comunista francês, participou da Resistência durante a Segunda Guerra Mundial.

BROWN, JERRY [EDMUND GERALD BROWN JR.] (1938) – político que ocupou os cargos de secretário de Estado da Califórnia, governador, diretor do Partido Democrata, prefeito de Oakland e promotor-geral da Califórnia.

BROWN, MICHAEL (1954) – trabalhou no Departamento de Segurança Interna dos Estados Unidos, sob o comando da Agência Federal de Controle de Emergências. Renunciou ao cargo depois de ter cometido erros durante a crise provocada pelo furacão Katrina, que devastou Nova Orleans em 2005.

BROWN, PAT [EDMUND GERALD BROWN] (1905-1996) – natural de San Francisco, onde estudou Direito, foi promotor-geral e governador da Califórnia pelo Partido Democrata.

BROWN, SHERROD (1952) – político norte-americano, membro do Partido Democrata. É senador desde 2006.

BRYAN, WILLIAM JENNINGS (1860-1925) – político democrata norte-americano. Foi secretário de Estado durante o governo do presidente Wilson. Concorreu três vezes à Presidência e terminou derrotado em todas. Defendia os interesses dos fazendeiros e foi contra a participação dos Estados Unidos na Primeira Guerra Mundial.

BRZEZINSKI, ZBIGNIEW (1928) – conselheiro de Segurança Nacional do presidente Jimmy Carter. Foi fundamental no apoio norte-americano ao Afeganistão durante a invasão soviética. Atualmente é professor na Universidade Johns Hopkins e assessor do Center for Strategic and International Studies (CSIS) [Centro de Estudos Estratégicos e Internacionais].

BUCHANAN, PAT [PATRICK JOSEPH BUCHANAN] (1938) – político, escritor, colunista e locutor norte-americano. Atuou como conselheiro dos presidentes

Nixon, Ford e Reagan. É co-fundador da revista *The American Conservative* e criador da fundação The American Cause.

BUFFETT, WARREN (1930) – investidor e empresário norte-americano, diretor da seguradora Berkshire Hathaway. Foi consultor econômico e financeiro de Arnold Schwarzenegger durante a campanha eleitoral de 2003. De orientação democrata, apoiou a campanha de Hillary Clinton para o Senado.

BUSTAMANTE, CRUZ (1953) – político democrata da Califórnia, deputado estadual e vice-governador nos mandatos de Gray Davis (1999-2003) e de Arnold Schwarzenegger (2003-2006). Foi o primeiro latino a assumir esse cargo.

CARTER, JIMMY [JAMES EARL CARTER JR.] (1924) – presidente dos Estados Unidos de 1976 a 1980. Antes, foi eleito senador em 1962 e governador da Geórgia em 1970. Como presidente, aumentou o número de empregos, reduziu o déficit orçamentário, promoveu uma reforma no funcionalismo público e mudou a regulamentação do transporte rodoviário e das companhias aéreas. Sua administração gerou um curto período de recessão.

CEBROWSKI, ARTHUR (1942-2005) – almirante aposentado da Marinha norte-americana. Atuou no Departamento de Defesa dos Estados Unidos de 2001 a 2005, servindo de elemento "catalisador" no projeto de transformação das capacidades militares do exército.

CHENEY, DICK [RICHARD CHENEY] (1941) – vice-presidente dos Estados Unidos até 2008. Político filiado ao Partido Republicano, também é empresário. Figura fundamental do governo Bush, é tido como o arquiteto da Guerra do Iraque. Para justificar a invasão, Cheney se valeu de argumentos que depois se mostraram falsos, como a presença de armas de destruição em massa no país.

CHERTOFF, MICHAEL (1953) – nascido em Nova Jersey, formou-se em Direito na Universidade Harvard e trabalhou muitos anos como promotor federal. Em 2003, assumiu o cargo de juiz da Corte de Apelações dos Estados Unidos. Dois anos depois, foi nomeado secretário de Segurança Interna por George W. Bush.

CHURCHILL, WINSTON (1874-1965) – estadista e líder militar britânico, ocupou diversos cargos políticos na Inglaterra. Foi primeiro-ministro da coalizão governamental e ministro da Defesa, destacando-se no combate ao Eixo durante a Segunda Guerra Mundial. De 1951 a 1955, exerceu novo mandato como primeiro-ministro. Além da marcante trajetória política, destacou-se também como orador e escritor, recebendo em 1953 o prêmio Nobel de Literatura.

CLARK, WESLEY (1944) – general aposentado do exército norte-americano. No fim da década de 1990, atuou na Guerra de Kosovo como comandante supremo da Otan. Em 2003, se lançou na disputa a pré-candidato do Partido Democrata à Presidência dos Estados Unidos.

CLELAND, MAX (1942) – ex-senador dos Estados Unidos, filiado ao Partido Democrata. Veterano da Guerra do Vietnã, integrou a diretoria do Ex-Im Bank (Export-Import Bank of the United States) e é crítico do governo Bush.

CLOWARD, RICHARD (1926-2001) – ativista político, sociólogo e professor da Universidade Columbia.

COBDEN, RICHARD (1804-1865) – industrial e político liberal britânico. Fundou com John Bright a Liga contra a Lei do Milho, em 1836. Membro da Câmara de Comércio de Manchester, participou da fundação do Ateneu da cidade.

COHEN, ELLIOT (1899-1959) – autor e jornalista de origem judaica. Defendia a liberdade cultural e foi o primeiro editor da revista *Commentary*. Também editou o *Menorah Journal* de 1924 a 1932.

COOLIDGE, CALVIN (1872-1933) – presidente dos Estados Unidos de 1923 a 1929. Antes, foi prefeito da cidade de Northampton, senador por Massachusetts e governador do mesmo estado. Sua gestão na Presidência se caracterizou pelo liberalismo econômico.

COX, PERCY (1864-1937) – diplomata britânico que exerceu um papel importante na invasão da Inglaterra nos Emirados Árabes e na Mesopotâmia. Nomeado alto-comissário em Bagdá no ano de 1920, influenciou na formação do Iraque moderno, estabelecendo o Exército e a Constituição do país.

DALEY, RICHARD M. (1942) – político democrata norte-americano. É prefeito de Chicago desde 1989. Entre seus feitos no cargo estão: incremento do turismo, construção do Millennium Park e esforços ambientais.

DAVIS, GRAY [JOSEPH GRAHAM DAVIS JR.] (1942) – político democrata da Califórnia. Foi chefe de gabinete do governador Jerry Brown, deputado estadual, secretário estadual de Finanças e vice-governador. Em 1998, foi eleito governador da Califórnia, mas, devido a sérias crises financeiras, não conseguiu cumprir plenamente o mandato e acabou substituído por Arnold Schwarzenegger em 2003.

DE LEON, DANIEL (1852-1914) – sindicalista nascido em Curaçao e radicado nos Estados Unidos. Foi editor do jornal socialista *The People* e concorreu por três vezes ao cargo de governador de Nova York pelo Partido Socialista Trabalhista. Ajudou a fundar associações sindicais.

DEAN, HOWARD (1948) – presidente do Comitê Nacional Democrata. Em 1991, assumiu o governo interino do estado de Vermont. Foi reeleito duas vezes e governou até 2003. Pretendia concorrer à eleição presidencial de 2004, mas não foi escolhido pelo partido.

DEBRAY, RÉGIS (1940) – professor, jornalista, intelectual e oficial do governo francês. Lutou ao lado de Che Guevara na Bolívia. Teórico de midialogia, estuda a transmissão de signos na sociedade.

DEBS, EUGENE (1855-1926) – líder sindical norte-americano, foi um importante membro do movimento operário nos Estados Unidos. Fundou o Sindicato dos Ferroviários e organizou o Partido Socialista. Tinha ideais pacifistas e se candidatou diversas vezes à Presidência, sem nunca ter vencido.

DELAY, TOM [THOMAS DALE DELAY] (1947) – político norte-americano e membro do Partido Republicano. Conservador, já representou o Texas na Câmara dos Deputados. Foi uma figura importante na Revolução Republicana.

DEUTSCHER, ISAAC (1907-1967) – nascido na Polônia, foi ativista político, jornalista e historiador. Escreveu biografias de Trotski e Stalin. Foi correspondente para *The Economist* e escreveu em *The Observer*.

DIMAGGIO, JOE [GIUSEPPE PAOLO DIMAGGIO JR.] (1914-1999) – importante jogador de beisebol do New York Yankees. Foi o único jogador selecionado para o All-Star Game em todas as temporadas em que jogou.

DOBBS, LOU [LOUIS CARL DOBBS] (1945) – jornalista norte-americano. Âncora da CNN, é apresentador e editor do *Lou Dobbs Tonight*, programa diário de opinião e discussão que tem grande audiência nos Estados Unidos. Também é colunista e palestrante.

DOLE, BOB [ROBERT JOSEPH DOLE] (1923) – político norte-americano aposentado, atuou como senador de 1969 a 1996, ano em que foi candidato à Presidência pelo Partido Republicano. Em 2007, foi designado pelo presidente George W. Bush para investigar problemas em um centro médico do Exército norte-americano.

DOUHET, GIULIO (1869-1930) – teórico italiano para a questão militar aérea. Propunha a idéia de bombardeios estratégicos em conflitos.

DOWD, MATTHEW (1961) – consultor político norte-americano. Foi o principal estrategista da campanha de reeleição de George W. Bush, em 2004. É colaborador político de programas de TV e conselheiro de Arnold Schwarzenegger.

DUBOIS, W. E. B. [WILLIAM EDWARD BURGHARDT DUBOIS] (1868-1963) – sociólogo, historiador, escritor, editor e ativista pelos direitos civis dos afrodescendentes. Tornou-se um símbolo da luta contra a opressão racial nos Estados Unidos. No fim da vida, naturalizou-se cidadão de Gana.

DUKE, DAVID (1950) – ex-membro da Ku Klux Klan. Tentou candidatar-se à Presidência dos Estados Unidos tanto pelo Partido Democrata quanto pelo Republicano. Concorreu também ao Senado e ao governo da Louisiana.

EAGLEBURGER, LAWRENCE (1930) – estadista e diplomata norte-americano. Foi secretário de Estado no governo de George H. W. Bush. Também trabalhou em outros cargos para os presidentes Nixon, Carter e Reagan.

EDSALL, THOMAS (1941) – acadêmico e jornalista norte-americano. Trabalhou mais de duas décadas em *The Washington Post*. É correspondente de *The New Republic* e de *The National Journal*, além de editor de política do *The Huffington Post*.

EDWARDS, JOHN (1953) – senador e advogado norte-americano. É membro do Partido Democrata. Em 2004, foi escolhido por John Kerry para competir pela vice-presidência dos Estados Unidos na eleição federal. Em 2007, se lançou à pré-candidatura democrata à Presidência, sem sucesso.

Índice de nomes

EISENHOWER, DWIGHT DAVID (1890-1969) – presidente dos Estados Unidos de 1953 a 1961, responsável pelo fim da Guerra da Coréia. Atuou como general durante a Segunda Guerra Mundial e foi o principal estrategista da invasão dos Aliados na Europa.

EMANUEL, RAHM (1959) – político democrata norte-americano. Desde 2003 é membro da Câmara dos Representantes dos Estados Unidos, na qual representa o 5º Distrito de Illinois. Atualmente, é o quarto democrata mais importante da Câmara.

FRIST, BILL (1952) – senador norte-americano, é também médico, político e homem de negócios. Foi porta-voz do Congresso em 2001 para assuntos ligados aos ataques de antraz. Em 2002, passou a ser o líder da maioria republicana no Senado.

GATES, ROBERT (1943) – atual secretário de Defesa dos Estados Unidos, cargo para o qual foi nomeado em 2006. Já trabalhou na CIA e na Assembléia Nacional de Segurança, além de ter sido governador do Texas. No início de 2008, declarou que as condições no Iraque eram propícias ao início da retirada das tropas norte-americanas.

GEORGE, HENRY (1839-1897) – economista político da Filadélfia. Foi o mais influente apoiador do Imposto Único. Escreveu, em 1879, *Progresso e pobreza*.

GEORGE, LLOYD (1863-1945) – estadista britânico, membro do Partido Liberal. Foi deputado, chanceler do Tesouro, ministro e primeiro-ministro. Nacionalista e situado à esquerda de seu partido, desenvolveu projetos sociais e reconheceu o Estado livre da Irlanda. Foi obrigado a renunciar, dada a rejeição manifestada contra ele por parte dos conservadores.

GEPHARDT, DICK [RICHARD ANDREW GEPHARDT] (1941) – político norte-americano. Teve notável passagem pela Câmara dos Representantes dos Estados Unidos. Por duas vezes concorreu nas prévias do Partido Democrata à Presidência e em quatro ocasiões foi cogitado pelo partido como candidato à vice-presidência. Também atua como consultor de legislação internacional para a Goldman Sachs.

GINGRICH, NEWT (1943) – orador da Câmara dos Representantes dos Estados Unidos, de 1995 a 1999. Teve papel importante na chamada Revolução Republicana ocorrida na Câmara. Em 1995, foi eleito personalidade do ano pela *Time Magazine*.

GIULIANI, RUDY [RUDOLPH WILLIAM LOUIS GIULIANI] (1944) – prefeito de Nova York, pelo Partido Republicano, entre 1994 e 2002. Combateu a violência com um programa de "tolerância zero", que reduziu de forma significativa a criminalidade na cidade. Pré-candidato às eleições de 2008 para a Presidência dos Estados Unidos, não foi escolhido por seu partido.

GLADSTONE, WILLIAM (1809-1898) – membro do Partido Liberal e primeiro-ministro britânico por quatro mandatos.

GLASSMAN, JAMES (1947) – jornalista, editor e escritor norte-americano responsável pela revista *The American*. Suas colunas sindicais foram publicadas em diversos meios de comunicação. Trabalha na área diplomática do governo Bush.

GOLDBERG, RUBE (1883-1970) – cartunista norte-americano, recebeu o prêmio Pulitzer em 1948 por seus desenhos políticos. Famoso por retratar máquinas altamente elaboradas para realizar tarefas simples.

GORTON, GEORGE – consultor republicano norte-americano. Foi contratado, com Joe Shumate e Richard Dresner, para articular a reeleição do presidente russo Boris Ieltsin, em 1996. Seu envolvimento com a política russa foi retratado no filme *Plano B: América contra o Comunismo* (*Spinning Boris*, EUA, 2003), de Roger Spottiswoode. Também esteve envolvido na campanha de Arnold Schwarzenegger para o governo da Califórnia.

GOULD, STEPHEN JAY (1941-2002) – paleontólogo, biólogo e historiador da ciência. Reconhecido por seus artigos de divulgação científica. Foi professor em Harvard e trabalhou no Museu de Arte Natural de Nova York.

HANDEL, BILL [WILLIAM WOLF HANDEL] (1951) – advogado e radialista brasileiro, naturalizado norte-americano. Em seus programas, transmitidos de Los Angeles, Bill comenta os acontecimentos recentes e dá consultoria jurídica aos ouvintes.

HAYDEN, TOM [THOMAS EMMET HAYDEN] (1939) – político e ativista norte-americano. Na década de 1960, esteve envolvido com movimentos pacifistas e pelos direitos civis. É um dos fundadores do grupo Students for a Democratic Society [Estudantes por uma Sociedade Democrática].

HAYES, CHRISTOPHER (1979) – jornalista norte-americano. É editor do periódico *The Nation* desde 2007. Também atua como editor sênior na revista *In These Times* e contribui para o *Chicago Reader*.

HAYWOOD, BILL [WILLIAM DUDLEY HAYWOOD] (1869-1928) – líder de associações trabalhistas de mineiros e trabalhadores da indústria. Membro do Comitê Executivo do Partido Socialista dos Estados Unidos, esteve envolvido em diversas manifestações trabalhistas em Colorado, Massachusetts e Nova Jersey. Foi condenado por assassinato, mas fugiu para a Rússia.

HEDGECOCK, ROGER (1946) – radialista conservador, prefeito de San Diego pelo Partido Republicano. Na década de 1980, teve problemas com declarações de doações para campanha eleitoral.

HEINZ, TERESA (1938) – esposa do senador John Kerry. Nasceu em Moçambique e dedica-se à filantropia, principalmente na área educacional. Foi casada com o também senador Henry John Heinz III até a morte dele, em 1991.

HEKMATYAR, GULBUDDIN (1947) – militar afegão. Chefe da milícia Hezb-e-Islami Gulbuddin, apoiou ações dos talibãs e da Al Qaeda. É procurado pelos Estados Unidos, que o qualificam como um terrorista global.

HOFFA, JAMES (1913-1975?) – criminoso e líder sindical de Indiana. Foi figura influente como presidente do Sindicato dos Caminhoneiros. Condenado à prisão por oferecer propina, ficou famoso pelas misteriosas circunstâncias de sua morte.

HOGUE, ERIC – radialista conservador de Sacramento, atuante na campanha para derrubar Gray Davis do governo da Califórnia.

HOOK, SIDNEY (1902-1989) – intelectual e filósofo norte-americano que defendia o pragmatismo. Foi diretor do departamento de filosofia da Universidade de Nova York.

HOOVER, HERBERT (1874-1964) – presidente dos Estados Unidos de 1929 a 1933. Republicano, durante a Primeira Guerra Mundial foi diretor-geral para o abastecimento do país e, em 1921, assumiu o cargo de ministro do Comércio. Na Presidência, teve dificuldades para enfrentar a crise pela qual o país passava e acabou derrotado por Roosevelt na eleição de 1932.

HOROWITZ, DAVID (1939) – escritor e ativista conservador norte-americano. Ex-marxista e filho de comunistas, abandonou a esquerda e tornou-se porta-voz da direita. É editor do site conservador *FrontPage Magazine* e tem artigos em várias publicações.

HOWARD, JOHN (1939) – político australiano; foi tesoureiro no governo de Malcolm Fraser, líder do Partido Liberal e quatro vezes primeiro-ministro. Foi aliado de George W. Bush na Guerra do Iraque.

HUBERTY, JAMES (1942-1984) – ex-soldador de Ohio. Em 1984, Huberty invadiu uma lanchonete do McDonald's em San Diego e matou 21 pessoas, além de deixar 15 feridos. Foi morto pela polícia.

HUFFINGTON, ARIANNA (1950) – escritora grega radicada nos Estados Unidos. Fundou o jornal virtual esquerdista *The Huffington Post*. Concorreu (sem partido) contra Schwarzenegger para substituir Gray Davis no governo da Califórnia.

JACKSON, JESSE (1941) – pastor e ativista de direitos humanos, é considerado por alguns como o sucessor de Martin Luther King. Foi duas vezes candidato à Presidência pelo Partido Democrata, em 1984 e 1988.

JARVIS, HOWARD (1903-1986) – político republicano nascido no estado de Utah. Posteriormente, mudou-se para a Califórnia, onde, na década de 1970, fundou a Howard Jarvis Taxpayers Association, entidade dedicada à proteção da Proposição 13 (emenda à Constituição do estado que instituiu corte de cerca de 57% nos impostos sobre propriedade) e à luta pela redução dos demais impostos.

JEFFERSON, THOMAS (1743-1826) – personalidade fundamental na tradição política norte-americana, foi o terceiro presidente dos Estados Unidos, governando de 1801 a 1809. Foi também o autor principal da Declaração da Independência Norte-Americana. Em seu governo, destacam-se eventos como a Guerra Tripolitana, a compra da Louisiana, a expedição de Lewis e Clark e o Ato de Embargo.

JOHNSON, LYNDON (1908-1973) – vice-presidente que assumiu a Casa Branca depois do assassinato de John Kennedy. Venceu a eleição de 1964 para um mandato pleno. Aumentou significativamente o número de soldados enviados para lutar na Guerra do Vietnã.

JONES, MOTHER [MARY HARRIS JONES] (1830-1930) – líder comunitária e sindical. Com ideais socialistas, participou da fundação de associações trabalhistas.

KAPLAN, TEMMA (1948) – crítica social e historiadora norte-americana. Escreve livros e artigos sobre mobilizações sociais, e participa do conselho editorial de várias publicações acadêmicas.

KENNEDY, JOHN (1917-1963) – presidente dos Estados Unidos de 1960 a 1963. Democrata, antes de chegar à Presidência atuou como deputado e senador. No comando da nação, adotou uma política econômica keynesiana. Na política externa, pregava o lema "coexistência pacífica", mas enfrentou problemas, como a crise dos mísseis cubanos, e deu início à intervenção militar no Vietnã. Morreu assassinado.

KENNEDY, TED [EDWARD MOORE KENNEDY] (1932) – irmão mais novo de John e Robert Kennedy. Membro do Partido Democrata e senador pelo estado de Massachusetts desde 1962.

KERREY, BOB [JOSEPH ROBERT KERREY] (1943) – político democrata norte-americano. Foi governador do estado de Nebraska de 1983 a 1987 e senador de 1989 a 2001. Após deixar o Senado, assumiu a presidência da universidade The New School, em Nova York.

KERRY, JOHN (1943) – senador pelo estado de Massachussetts. Concorreu pelo Partido Democrata nas eleições presidenciais de 2004, mas foi derrotado por George W. Bush. Para a disputa de 2008, declarou apoio ao senador Barack Obama na pré-candidatura democrata.

KHADDAFI [MUAMMAR AL-GADDAFI] (1942) – presidente da Líbia desde 1969. Nacionalizou a indústria do petróleo e apoiou diversos grupos terroristas islâmicos. Quebrando anos de isolacionismo em relação ao Ocidente, o ditador reuniu-se em 2007 com o presidente da França, o que gerou críticas de intelectuais e ativistas de direitos humanos franceses.

KIM JONG IL (1942) – presidente da Comissão Nacional de Defesa e secretário-geral do Partido dos Trabalhadores da Coréia do Norte, cargo máximo do país. O ditador, que promove o culto à própria imagem, é chamado popularmente de "querido líder".

KRISTOL, IRVING (1920) – pioneiro do neoconservadorismo nos Estados Unidos. Foi editor das revistas *Commentary* e *Encounter*. Fundou os jornais *The Public Interest* e *The National Interest*, e é colaborador de *The Wall Street Journal*.

KRISTOL, WILLIAM (1952) – analista e estrategista neoconservador. Em 1997, fundou, com Robert Kagan, o Project for the New American Century (PNAC) [Projeto para o Novo Século Americano]. Integra conselhos de instituições neoconservadoras e é editor de *The Weekly Standard*. Defende os ataques israelenses ao Líbano e é favorável a uma guerra contra o Irã

Índice de nomes

LANSBURY, GEORGE (1858-1940) – socialista britânico. Foi duas vezes membro do Parlamento, de 1910 a 1912 e de 1922 a 1940. Exerceu a liderança do Partido Trabalhista no início dos anos 1930 e foi também editor do *Daily Herald*, jornal que ajudou a fundar em 1912.

LAPIN, DANIEL (1950) – comentarista político e radialista. Fundou a Toward Tradition, uma organização judaico-cristã conservadora.

LAWRENCE, T. E. [THOMAS EDWARD LAWRENCE] (1888-1935) – também conhecido como Lawrence da Arábia, foi agente político britânico especialista em assuntos do Oriente. Ao entrar em contato com os árabes nacionalistas, abraçou a idéia de um império árabe. Adotou o modo de vida dos beduínos e apoiou a conquista da Palestina pelo marechal britânico Edmund Allenby. Em 1926, publicou o livro *Os sete pilares da sabedoria*.

LE MAY, CURTIS (1906-1990) – general da Força Aérea do Estados Unidos. Na Segunda Guerra Mundial, desenvolveu estratégias para a campanha de bombardeios no Pacífico. Após a guerra, reorganizou o Comando Aéreo de forma a prepará-lo para um conflito nuclear. Tido como beligerante pelos críticos, em diversos momentos da Guerra Fria sua atuação inflamou situações que já eram tensas, como a crise dos mísseis cubanos.

LEE, BARBARA (1946) – política norte-americana. Desde 1998, é membro da Câmara dos Representantes dos Estados Unidos, pelo 9º Distrito da Califórina. Em 2006, foi considerada pela revista *National Journal* o sexto membro mais liberal da Câmara.

LEWIS, JOHN (1940) – político norte-americano do Partido Democrata. Desde 1987, representa o 5º Distrito Congressional da Geórgia na Câmara dos Representantes dos Estados Unidos. Foi uma grande liderança no Movimento de Direitos Civis e atuou como presidente do Comitê de Coordenação Estudantil da Não-Violência.

LIBBY, SCOOTER [IRVING LEWIS LIBBY] (1950) – político norte-americano. Já foi assessor de George W. Bush e braço direito do vice-presidente, Dick Cheney. Após o envolvimento em escândalos, como o vazamento do nome da agente secreta da CIA Valerie Plame, foi condenado por falso testemunho e obstrução da justiça.

LIEBERMAN, JOE [JOSEPH ISADORE LIEBERMAN] (1942) – senador desde 1988, representando o estado de Connecticut. Foi candidato à vice-presidência do país em 2000. Em 2007, declarou apoio a John McCain para as eleições presidenciais de 2008.

LIMBAUGH III, RUSH (1951) – radialista e apresentador de TV norte-americano. Comentarista de viés republicano e conservador, apresenta o programa *The Rush Limbaugh Show*, sobre política e atualidades.

MARSHALL, ANDREW (1921) – estrategista de política externa, atua no Departamento de Defesa dos Estados Unidos. Figura polêmica entre os militares, Marshall já fez diversas críticas às estratégias do Pentágono. Em 2001, foi designado para conduzir um levantamento sobre as Forças

Armadas norte-americanas, auxiliando na reformulação militar feita pelo governo Bush.

MARTIN LUTHER KING (1929-1968) – pastor da Igreja Batista e um dos principais líderes do movimento pelos direitos civis nos Estados Unidos. Seus feitos levaram à Marcha de Washington, quando proclamou seu famoso discurso "Eu tenho um sonho". Recebeu o prêmio Nobel da Paz em 1964. Foi assassinado em Memphis, durante um comício.

MAULER, MANASSAS [JACK DEMPSEY] (1895-1983) – pugilista norte-americano, campeão dos pesos-pesados em 1919.

MAYER, LOUIS B. [ELIEZER MEIR] (1882-1957) – nascido na Bielorrússia, migrou para os Estados Unidos ainda criança. Teve uma sólida carreira como produtor de cinema e fundou a empresa Metro-Goldwyn-Mayer (MGM), em 1924.

MCCAIN, JOHN (1936) – empresário norte-americano, senador pelo estado do Arizona desde 1986. É veterano da Guerra do Vietnã, na qual chegou a ser prisioneiro. Membro do Partido Republicano, tentou candidatar-se a presidente em 2000, mas foi preterido pelo partido, que optou por George W. Bush. Em 2007, foi escolhido para concorrer à Presidência.

MCCARTHY, JOSEPH (1908-1957) – político norte-americano. Senador republicano pelo estado de Wisconsin, em 1950 iniciou uma cruzada contra o suposto "perigo comunista". Acusou diversos intelectuais, políticos e artistas de serem comunistas, promovendo uma "caça às bruxas" e causando execração pública de muitos suspeitos. Tal política ficou conhecida como macarthismo.

MCCLINTOCK, TOM (1956) – senador republicano pela Califórnia. Concorreu ao governo do estado, em substituição a Gray Davis, e terminou em terceiro lugar. Foi deputado estadual e lutou contra a instauração de impostos.

MCENTEE, GERALD – sindicalista norte-americano. Desde 1981, é o presidente internacional do American Federation of State, County and Municipal Employees (AFSCME) [Federação Norte-Americana de Empregados dos Estados, Condados e Municípios].

MCGOVERN, GEORGE (1922) – político norte-americano do Partido Democrata. Já foi deputado, senador e candidato à Presidência (na eleição de 1972). Veterano da Segunda Guerra Mundial, atualmente é o embaixador da ONU para a fome.

MCKINLEY JR., WILLIAM (1843-1901) – presidente republicano dos Estados Unidos entre 1897 e 1901. Defendia altos impostos sobre importações a fim de gerar progresso da produção nacional. Em seu governo, expandiu os territórios norte-americanos, por meio de anexações e conquistas. Morreu assassinado por Leon Czolgosz, um jovem anarquista, e foi substituído por Theodore Roosevelt.

MCVEIGH, TIMOTHY (1968-2001) – terrorista norte-americano. Em 1995, provocou a morte de 168 pessoas em Oklahoma, no atentado ao edifício federal Alfred P. Murrah. Foi condenado à pena de morte e executado com injeção letal.

MEDVED, MICHAEL (1948) – apresentador de rádio, crítico de cinema e escritor conservador norte-americano. Em seu programa, debate assuntos recentes com os ouvintes e recebe convidados de esquerda e de direita.

MEESE, EDWIN (1931) – formado em Direito pela Universidade da Califórnia, integrou a equipe jurídica de Ronald Reagan. Deu aulas na Universidade de San Diego e comandou o Departamento de Justiça dos Estados Unidos.

MERRIAM, FRANK (1865-1955) – governador da Califórnia após a Grande Depressão, derrotando o candidato democrata Upton Sinclair. Durante seu mandato, teve de enfrentar greves e agitações trabalhistas. Promoveu uma reforma tributária e apoiou a Seguridade Social.

MITCHELL, BILLY [WILLIAM LENDRUM MITCHELL] (1879-1936) – general norte-americano, considerado o pai da Força Aérea dos Estados Unidos. Durante a Primeira Guerra Mundial, foi enviado para a Europa, onde auxiliou franceses e britânicos em ataques aéreos contra a Alemanha.

MOORE, MICHAEL (1954) – documentarista político norte-americano. Em seus filmes critica a globalização, o presidente George W. Bush, o comércio de armas, a Guerra do Iraque e o sistema de saúde dos Estados Unidos. *Tiros em Columbine* (2002) e *Fahrenheit 9/11* (2004) são seus filmes mais conhecidos. Outro destaque de sua obra é o livro *Stupid white men: uma nação de idiotas* (2003).

MOSSADEGH, MOHAMMED (1981-1967) – político iraniano; foi primeiro-ministro de seu país no início da década de 1950. Antes, havia sido deputado. Promoveu a nacionalização do petróleo e fundou a Frente Nacional do Irã. Teve grande apoio popular, mas foi deposto e preso em 1953, em ação conduzida pelo general Zahedi.

MUBARAK, MUHAMMAD (1947) – presidente do Egito desde 1981, com quatro renovações de mandato. De formação militar, ocupou diversos cargos nas Forças Armadas antes de entrar para a política, inicialmente como vice-presidente. Promoveu negociações diplomáticas no Oriente Médio (dentre as quais o acordo de paz com Israel), a aproximação com os Estados Unidos e a afirmação do pluralismo político no país.

MURDOCH, DAVID – conselheiro financeiro da campanha de Schwarzenegger pelo governo da Califórnia. Diretor das empresas do ramo alimentício Castle & Cooke e Dole Pineapple.

MURDOCH, RUPERT (1931) – empresário australiano naturalizado norte-americano. É presidente e diretor-geral da News Corporation, grupo que controla os estúdios de cinema Fox e os canais de TV da Fox, Sky e DirecTV, além do site *MySpace* e do jornal *New York Post*.

MURTHA, JOHN (1932) – político norte-americano do Partido Democrata e veterano da Guerra do Vietnã. Desde 1974, atua na Câmara dos Representantes dos Estados Unidos, pelo 12º Distrito da Pensilvânia. Defende a retirada das tropas norte-americanas do Iraque.

NADER, RALPH (1934) – advogado norte-americano. De origem libanesa, foi quatro vezes candidato à Presidência dos Estados Unidos (duas pelo Partido Verde e duas como candidato independente). Em 1965, seu livro *Unsafe at Any Speed* [Insegurança a toda velocidade] gerou polêmica ao apresentar denúncias contra a indústria automobilística.

NEWTON, HUEY (1942-1989) – um dos líderes e fundadores dos Panteras Negras, grupo que defende a igualdade racial nos Estados Unidos.

NORQUIST, GROVER (1956) – sindicalista republicano dos Estados Unidos. Possui laços com a mídia e o mundo dos negócios. Tem posições políticas consideradas conservadoras.

NORRIS, GEORGE (1861-1944) – senador de 1913 a 1943, representando o estado de Nebraska. Defendia causas liberais e foi contra a participação dos Estados Unidos na Primeira Guerra Mundial.

OBAMA, BARACK (1961) – membro do Partido Democrata, em 2005 foi eleito senador pelo estado de Illinois. Graduou-se em Ciência Política e Direito, tendo sido o primeiro afro-americano a presidir a Harvard Law Review. Potencial concorrente às eleições presidenciais de 2008, defende idéias como o direito ao aborto, a autonomia dos estados quanto ao casamento gay, a redução significativa das emissões de carbono, restrições mais rígidas aos fabricantes de armas e a retirada das tropas norte-americanas do Iraque.

OWEN, WILLIAM (1899-1972) – juiz australiano. Lutou no Exército durante a Primeira Guerra Mundial e foi promovido a tenente. Ao retornar da guerra, prosseguiu seus estudos e ascendeu na carreira. Depois de passar por diversos cargos jurídicos e políticos, chegou à Suprema Corte da Austrália.

PAINE, THOMAS (1737-1809) – escritor e político. Nascido na Inglaterra, emigrou para os Estados Unidos, onde se aliou aos defensores e signatários da Declaração da Independência Norte-Americana. Escreveu a obra de filosofia deísta *The Age of Reason* [A idade da razão] em 1794.

PARSONS, LUCY (1853-1942) – anarquista nascida no Texas. Teve de fugir para Chicago, por intolerância ao seu casamento inter-racial. Envolveu-se com o movimento sindical e defendeu presos políticos, afrodescendentes e desabrigados, além de ter lutado pela causa feminista. Grande oradora, também escreveu em jornais socialistas.

PENCE, MIKE (1959) – congressista republicano pelo estado de Indiana. Graduado em Direito, também trabalhou como radialista.

PERLE, RICHARD (1941) – conselheiro político e lobista nos Estados Unidos. Trabalhou na Secretaria de Defesa do governo Reagan.

PEROT, HENRY ROSS (1930) – empresário do Texas que concorreu à Presidência dos Estados Unidos por duas vezes, na década de 1990. Fundou a Electronic Data Systems (vendida à GM) e a Perot Systems. É um dos homens mais ricos de seu país.

PHILLIPS, KEVIN (1940) – escritor e comentarista norte-americano. Já foi estrategista do Partido Republicano, do qual se desvencilhou e tornou-se severo crítico. Contribui regularmente para *The Los Angeles Times*, em temas como política, economia e história.

Pio XII [Eugenio Maria Giuseppe Giovanni Pacelli] (1876-1958) – religioso italiano que foi papa de 1939 até a morte. Sua postura em relação à Segunda Guerra Mundial e ao Holocausto permanece polêmica. No pósguerra, declarou-se contrário ao comunismo.

Piven, Frances (1932) – professora canadense de Ciências Políticas e Sociologia. Foi presidente da Associação Norte-Americana de Sociologia.

Powell, Colin (1937) – secretário de Estado dos Estados Unidos, de 2001 a 2005. Teve papel fundamental no planejamento da política contra o terrorismo após os atentados de 11 de setembro de 2001. Antes, ocupou diversos cargos importantes ligados à segurança nacional e à política externa.

Powell, Donald (1941) – banqueiro texano que presidiu o First National Bank e trabalhou com George W. Bush.

Rangel, Charles (1930) – político norte-americano do Partido Democrata. É membro da Câmara dos Representantes desde 1971, pelo 15º Distrito de Nova York. Ganhou prêmios de mérito por sua atuação na Guerra da Coréia e defende a retirada das tropas norte-americanas do Iraque.

Reagan, Ronald (1911-2004) – quadragésimo presidente dos Estados Unidos, ficou no poder de 1980 a 1988. Antes, foi por duas vezes governador da Califórnia. A "era Reagan" caracterizou-se pelo aumento do consumo, agravamento do déficit comercial e conservadorismo político e cultural. Reagan foi também ator de cinema e locutor de rádio.

Rice, Condoleezza (1951) – secretária de Estado dos Estados Unidos no governo de George W. Bush. Já havia ocupado outros cargos de destaque na política norte-americana. Integra conselhos administrativos ou consultivos em diversas empresas e instituições. Suas posições muitas vezes despertam críticas internacionais, como o apoio à invasão do Iraque, em 2003.

Romero, Gloria (1955) – formada em Psicologia, foi a primeira mulher a se tornar líder da maioria democrata no legislativo da Califórnia. Suas prioridades são as leis sobre educação e a reforma do sistema penal.

Rommel, Erwin (1891-1944) – oficial do exército alemão. Ganhou notoriedade internacional graças a sua intervenção no norte da África durante a Segunda Guerra Mundial. Com grande capacidade tática, ajudou tropas italianas no combate ao exército britânico.

Romney, Mitt [Willard Mitt Romney] (1947) – homem de negócios e político norte-americano. Atual governador de Massachusetts, é membro do Partido Republicano. Em 2002, foi o organizador dos Jogos Olímpicos de Inverno de Salt Lake City. Em 2007, demonstrou interesse em participar da corrida eleitoral de 2008 para a Presidência.

ROOSEVELT, THEODORE (1858-1919) – ex-presidente dos Estados Unidos. Estudou Direito em Harvard e em Columbia. Foi governador de Nova York e assumiu a Presidência quando McKinley foi assassinado.

ROVE, KARL (1950) – consultor político norte-americano, trabalhou com o Partido Republicano. Foi chefe do Escritório para Iniciativas Estratégicas da Casa Branca, cargo que deixou em 2007. Muitos veículos da mídia o consideram o principal artífice das vitórias eleitorais de Bush, tanto no governo do Texas quanto na Presidência.

RUBIN, ROBERT (1938) – diretor do Citigroup. Trabalhou por mais de duas décadas na Goldman Sachs. Durante a gestão de Bill Clinton, foi diretor do Conselho Econômico Nacional da Casa Branca (1993-1995) e secretário do Tesouro (1995 a 1999).

RUMSFELD, DONALD (1932) – secretário da Defesa dos Estados Unidos de 1975 a 1977 e de 2001 a 2006. Formado em História, exerceu carreira militar até 1962, quando entrou para o Partido Republicano. Foi duas vezes deputado pelo estado de Illinois e trabalhou para os presidentes Richard Nixon e Gerald Ford. Em 2006, demitiu-se de seu cargo no governo Bush.

SAFIRE, WILLIAM (1929) – escritor e jornalista. Por muitos anos foi colunista político de *The New York Times*. Aposentado da carreira jornalística, tornou-se chefe executivo da Dana Foundation, instituição de apoio a atividades e publicações nas áreas de ciência, saúde e educação.

SANTORUM, RICK [RICHARD JOHN SANTORUM] (1958) – senador pelo estado da Pensilvânia. Foi presidente da conferência republicana do Senado. É colaborador do Fox News Channel.

SAVIMBI, JONAS (1934-2002) – político angolano. Por mais de três décadas, foi o líder da Unita (União Nacional para a Independência Total de Angola). Morreu assassinado pelas Forças Armadas angolanas e por mercenários, acontecimento que agravou conflitos armados no país.

SCHLESINGER JR., ARTHUR (1917-2007) – historiador e crítico social norte-americano, ganhador do prêmio Pulitzer em 1946 e 1966. Sua obra aborda o liberalismo de líderes políticos dos Estados Unidos, como Franklin Roosevelt e a família Kennedy.

SCHMIDT, STEVE – estrategista de campanhas políticas e especialista em relações públicas. Foi conselheiro e porta-voz do vice-presidente Dick Cheney e chefiou a campanha pela reeleição de Arnold Schwarzenegger.

SCHULTZ, GEORGE (1920) – político republicano que serviu como ministro do Trabalho, ministro da Fazenda e secretário de Estado dos Estados Unidos. Em 2000, foi consultor da campanha de Bush à Presidência. Em 2003, foi nomeado co-diretor do Conselho de Recuperação Econômica da Califórnia, um grupo consultivo para a campanha de Arnold Schwarzenegger.

SCHWARZENEGGER, ARNOLD (1947) – natural da Áustria, migrou ainda jovem para os Estados Unidos. Começou a vida como fisiculturista e tornou-se ator de filmes de ação e comédia. Em 2003, foi eleito governador da Califórnia pelo Partido Republicano, em substituição a Gray Davis. Em 2006, foi reeleito para cumprir um mandato pleno.

SCHWARZKOPF, NORMAN (1934) – general da reserva norte-americano. Em 1991, liderou tropas internacionais na luta pela libertação do Kuwait durante a Guerra do Golfo.

SCOWCROFT, BRENT (1925) – general da Força Aérea norte-americana, foi conselheiro de Segurança Nacional nos governos de Gerald Ford e George H. W. Bush. No governo Nixon, atuou como assistente para assuntos militares. De 2001 a 2005, no governo George W. Bush, conduziu um órgão para assuntos da inteligência nacional.

SHARON, ARIEL (1928) –primeiro-ministro israelense de 2001 a 2006, quando um derrame o levou ao coma profundo, estado em que ainda se encontra. Em âmbito militar, liderou diversas ações contra vizinhos árabes. Na política interna, participou da fundação dos partidos Likud e Kadima.

SHRIVER, MARIA (1955) – sobrinha de John Kennedy, esposa de Arnold Schwarzenegger e primeira-dama da Califórnia. É jornalista e nasceu em Chicago. Apresentou programas de TV e escreveu livros, como *Ten Things I Wish I'd Known* [Dez coisas que gostaria de saber] (2000).

SHULER, HEATH (1971) – congressista e ex-jogador profissional de futebol americano. Desde 2006 atua na Câmara dos Representantes dos Estados Unidos, pelo 11º Distrito da Carolina do Norte. Em 2007, propôs que as linhas aéreas incluíssem, nos aviões, poltronas cujas telas de exibição de filmes não fossem visíveis para os outros passageiros, a fim de evitar que crianças pudessem assistir a filmes inapropriados a sua faixa etária.

SIMONS, ALGIE MARTIN (1870-1950) – teórico socialista, jornalista e ativista social. Editou a *International Socialist Review* no começo do século XX.

SINCLAIR, UPTON (1878-1968) – romancista norte-americano, famoso por defender o socialismo e o anarquismo em sua obra, traduzida em dezenas de línguas. Em 1943, recebeu o prêmio Pulitzer por *Dragon's Teeth* [Dentes de dragão] (1942). Na área política, candidatou-se ao Senado e ao governo da Califórnia.

SKELTON, IKE (1931) – político do Partido Democrata e membro da Câmara dos Representantes dos Estados Unidos desde 1977, pelo 4º Distrito de Missouri. Atualmente, preside o Comitê de Serviços Armados da Câmara.

SNOW, JOHN (1939) – secretário do Tesouro dos Estados Unidos. Trabalhou no Departamento de Transportes e foi nomeado chefe da Administração Nacional de Segurança de Tráfico de Rodovias.

TAUSCHER, ELLEN (1951) – política norte-americana. Atua desde 1997 como representante do 10º Distrito da Califórnia na Câmara dos Representantes. É membro do Partido Democrata e tida por alguns como moderada.

TAYLOR, DOROTHY MAE – vereadora de Nova Orleans que, por meio de uma lei aprovada em 1994, impediu bares e eventos de proibirem a entrada de freqüentadores afrodescendentes.

THIERS, ADOLPHE (1797-1877) – historiador e político francês. Foi ministro do rei Luís Felipe. Sobrepujou a Comuna de Paris e foi presidente provisório da França.

THOMPSON, HUNTER S. (1937-2005) – jornalista e escritor norte-americano, com ideais libertários. Entre outros livros, escreveu *Medo e delírio em Las Vegas* (1971), obra que foi adaptada para o cinema em 1998.

TOWNSHEND, CHARLES (1861-1924) – general do Exército britânico. Durante a Primeira Guerra Mundial, conduziu a primeira expedição da Inglaterra contra Bagdá, que teve resultado desastroso. Após a guerra, escreveu o livro *My Campaign in Mesopotamia* [Minha campanha na Mesopotâmia] (1920) e foi eleito para o Parlamento inglês.

TRENCHARD, HUGH (1873-1956) – marechal da Real Força Aérea britânica, entidade da qual é tido como idealizador. Foi o chefe da divisão aérea durante Primeira Guerra Mundial. É considerado um dos primeiros estrategistas militares de bombardeio.

TRUMP, DONALD (1946) – executivo, investidor, apresentador de TV e escritor de Nova York. É diretor da Trump Organization, empresa do ramo imobiliário, e fundador da Trump Entertainment, que administra cassinos. Ficou mais famoso depois do sucesso do *reality show O aprendiz*, que produz e apresenta.

VENTURA, JESSE (1951) – político norte-americano que já foi lutador, ator e apresentador de rádio e TV. Foi governador de Minnesota de 1999 a 2003.

VILLARAIGOSA, ANTONIO (1953) – prefeito de Los Angeles eleito em 2005. O primeiro latino a exercer o cargo desde o fim do século XIX. Formado em História pela Universidade da Califórnia, atuou como deputado estadual e organizador trabalhista.

WAKEFIELD, DAN (1932) – romancista, jornalista e roteirista; criou o seriado *James at 15*, exibido na década de 1970. Escreve livros sobre espiritualidade.

WALTON, SAM [SAMUEL MOORE WALTON] (1918-1982) – empresário norte-americano, fundou as redes de varejo Wal-Mart e Sam's Club. Em 1985, iniciou um programa anticomunista e foi considerado pela revista *Forbes* o homem mais rico dos Estados Unidos.

WARREN, EARL (1891-1974) – promotor-geral e governador da Califórnia, além de chefe de Justiça dos Estados Unidos. Considerado o homem mais importante na Suprema Corte do século XX.

WATERS, MAXINE (1938) – política do Partido Democrata, desde 1991 é membro da Câmara dos Representantes dos Estados Unidos, pelo 35º Distrito da Califórnia. Já atuou em diferentes frentes da Câmara, e atualmente integra o grupo responsável por cuidar das questões relativas à igualdade racial. É crítica de Dick Cheney.

WATERS, RON – ativista democrata e membro da Coalizão Multicolorida. Defendeu os direitos dos afrodescendentes, que tiveram dificultado o acesso ao voto na eleição de George W. Bush à Presidência.

WEYLER, VALERIANO (1838-1930) – general espanhol. Foi ministro da Guerra e, posteriormente, chefe do Estado-Maior do Exército. Quando liderava campanhas militares, reprimiu revoltas em diversas cidades e contribuiu para a deflagração da Guerra Hispano-Americana, em 1898.

WHITAKER, CLEM – lobista e jornalista norte-americano. Na década de 1930, fundou uma firma de consultoria política, ao lado da esposa Leone Baxter. A Campaigns, Inc. trabalhou principalmente junto ao Partido Republicano.

WILSON, ARNOLD (1884-1940) – nascido na Inglaterra, iniciou sua carreira militar como oficial do Exército britânico na Índia. Foi comissário civil britânico em Bagdá entre 1918 e 1920, onde reprimiu diversas revoltas, deixando 10 mil iraquianos mortos. Nessa função, foi substituído por Percy Cox. Já foi descrito pela revista *New Statesman* como admirador de Hitler e Mussolini.

WILSON, PETE (1933) – político californiano do Partido Republicano, eleito deputado e senador. Em 1971, assumiu a prefeitura de San Diego, cargo que exerceu por onze anos. Na década de 1990, foi governador da Califórnia.

WILSON, WOODROW (1856-1924) – presidente dos Estados Unidos de 1913 a 1921. Foi também governador de Nova Jersey e professor de Direito, História e Economia Política. Em sua gestão, criou o Banco Central norte-americano, aprovou a Lei Seca e o voto feminino. Atuou contra a Alemanha na Primeira Guerra Mundial. Após o conflito, defendeu a criação da Liga das Nações e o princípio de autodeterminação dos povos, mas o Congresso rejeitou o tratado.

WITT, JAMES LEE (1944) – começou sua carreira no ramo de construção civil. Foi indicado por Bill Clinton, na época governador do Arkansas, para chefiar o Escritório de Serviços de Emergência do estado. Quando Clinton tornou-se presidente, Witt assumiu a direção da Agência Federal de Controle de Emergências.

WOLFOWITZ, PAUL (1943) – professor e político norte-americano. Foi presidente do Banco Mundial de 2005 a 2007, quando renunciou após escândalos de nepotismo envolvendo seu nome. É conhecido também como um dos arquitetos da chamada "Doutrina Bush", que resultou na Guerra do Iraque.

ZASULICH, VERA (1849-1919) – revolucionária e escritora marxista russa. Tentou matar o general Theodore Trepov por punir um revolucionário, mas foi absolvida pelo júri. Foi uma das fundadoras do grupo Emancipação Proletária.

ZHUKOV, MARSHALL [GEORGY KONSTANTINOVICH ZHUKOV] (1896-1974) – comandante militar russo durante a Segunda Guerra Mundial. Conquistou Berlim e liderou o Exército Vermelho contra a ocupação promovida pelos nazistas na União Soviética.

ZINN, HOWARD (1922) – dramaturgo, ativista, crítico social, cientista político e historiador norte-americano. Seus ideais incorporam marxismo, anarquismo e socialismo. Defende os direitos civis e é adepto do pacifismo.

Este livro foi composto em Bembo, corpo 11, títulos em Helvética, e impresso em papel Pólen soft 80g/m² pela gráfica Assahi, em março de 2008, com tiragem de 3 mil exemplares.